清华大学中国农村研究院
China Institute for Rural Studies, Tsinghua University

ADVANCING RURAL REVITALIZATION
RESEARCH ON KEY ISSUES

全面推进乡村振兴

重点问题研究

杨　斌　王亚华
主编

中国发展出版社
CHINA DEVELOPMENT PRESS

图书在版编目（CIP）数据

全面推进乡村振兴：重点问题研究 / 杨斌，王亚华主编. — 北京：中国发展出版社，2023.1

ISBN 978-7-5177-1351-7

Ⅰ. ①全… Ⅱ. ①杨… ②王… Ⅲ. ①农村—社会主义建设—研究—中国 Ⅳ. ①F320.3

中国版本图书馆CIP数据核字（2022）第254404号

书　　名：全面推进乡村振兴：重点问题研究
主　　编：杨　斌　王亚华
责任编辑：郭心蕊
出版发行：中国发展出版社
联系地址：北京经济技术开发区荣华中路22号亦城财富中心1号楼8层（100176）
标准书号：ISBN 978-7-5177-1351-7
经 销 者：各地新华书店
印 刷 者：北京市金木堂数码科技有限公司
开　　本：710mm × 1000mm　1/16
印　　张：26
字　　数：380千字
版　　次：2023年1月第1版
印　　次：2023年1月第1次印刷
定　　价：98.00元

联系电话：（010）68990630　82097226
购书热线：（010）68990682　68990686
网络订购：http://zgfzcbs. tmall. com
网购电话：（010）88333349　68990639
本社网址：http://www.develpress. com
电子邮件：174912863@qq. com

序 言

习近平总书记强调，“从中华民族伟大复兴战略全局看，民族要复兴，乡村必振兴”①。党的二十大报告提出，要“全面推进乡村振兴”“坚持农业农村优先发展”“加快建设农业强国”。作为国家重点支持的大学，清华大学坚持以习近平新时代中国特色社会主义思想为指导，践行为党育人、为国育才的初心使命，以服务党和国家战略需要为导向，坚持立德树人根本任务。2011 年，清华大学百年华诞之际，在中央农村工作领导小组办公室和相关部门的关心支持下，清华大学成立中国农村研究院，致力于建设服务国家“三农”决策的一流智库、培养涉农学科高素质人才的重要基地、繁荣中国农村改革发展理论的一流学术研究平台。建院以来，清华大学中国农村研究院秉承清华大学“自强不息、厚德载物”的光荣传统，充分利用清华大学的综合学科优势，整合了校内外涉农领域的专家学者，开展了丰富的科学研究和学术交流活动，包括课题研究、基金项目、田野调查、论坛讲坛、学术交流等。

本书是清华大学中国农村研究院关于乡村振兴最新科研成果的汇编，收录了乡村振兴重点问题的研究报告，涵盖了经济学、社会学、公共管理、金融、环境等多个学科。课题组通过实地调研、参与式观察、访谈问卷、查阅二手资料等多种方法，对当前乡村振兴重点问题进行了深入的探究，揭示和梳理了亟待解决的问题，提出了具有前瞻性、可操作性的政策建议。

“大国小农”的基本国情是我国推进乡村振兴工作的重要背景。课题研究讨论了小农户与现代农业的衔接问题，探究了实现小农户与现代农业有机衔接的有效路径，对于实现农业现代化、增加农民收入、促进共

① 习近平：《论“三农”工作》，中央文献出版社2022年版，第2页。

同富裕具有重要意义。我国正在迈向高收入国家行列，因此对农业现代化也提出了新的要求。课题研究分析了国家收入与农业现代化的一般逻辑关系，总结了推进农业现代化的总体思路与目标、主要任务和路径，以及政策保障。

加快建设农业强国的重要任务是全方位夯实粮食安全根基，牢牢守住十八亿亩耕地红线，确保中国人的饭碗牢牢端在自己手中。课题组对我国的粮食供给保障能力的翔实研究，回答了如何保障粮食安全的底线问题，并从发展农民合作社的角度提出了促进小农户发展粮食生产的建议。为了保障粮食生产安全，需要落实"长牙齿"的耕地保护措施，课题研究构建了乡村规划促进耕地保护的逻辑和框架，并总结了乡村规划促进耕地保护的经验模式。另外，课题还关注了第二轮土地延包政策、农业补贴政策等，对于保障粮食安全也有重要意义。

打赢脱贫攻坚战、全面建成小康社会后，要进一步巩固拓展脱贫攻坚成果，接续推动脱贫地区发展和乡村全面振兴。书中一篇研究报告以全国大样本数据和实地调研地点微观数据为基础，为农村低收入人口动态监测提供实践依据。还有一篇报告收集了2013—2020年的脱贫摘帽县县级数据，对脱贫摘帽县的经济发展能力、产业竞争能力、公共服务能力、政府调控能力和发展能力进行了综合测量，有助于研判相对落后地区全面转向乡村振兴的问题与挑战。农村金融是乡村振兴的重要杠杆，是实现农业农村现代化的推动力量。课题研究分析了不同的农村合作金融模式和普惠效果，为农村合作金融可持续发展提出了政策建议。

生态振兴是乡村振兴的重要组成部分。课题研究探索了农业绿色发展的现实需求、理论框架和技术手段，体现了党的十九大关于"增强绿水青山就是金山银山的意识"的深刻要求，为保护绿水青山、推进绿色发展、落实"以人民为中心"发展理念指明了现实路径。

数字乡村建设是落实乡村振兴战略的具体行动，是推动农业农村现代化的有力抓手，也是释放数字红利、催生乡村发展内生动力的重要举措。课题研究阐释了数字技术全面赋能乡村治理的理论机制，总结了数字技术赋能乡村治理的实践经验。

科技是第一生产力。科技创新是高质量发展的核心驱动力。课题研究分析了科技支撑乡村全面振兴的必要性、可行性和存在的问题，并提出了以科技带动乡村振兴的政策建议。

习近平总书记强调，“要咬定青山不放松，脚踏实地加油干，努力绘就乡村振兴的壮美画卷，朝着共同富裕的目标稳步前行”①。实施乡村振兴战略是党和国家的重大战略部署，是一篇全面振兴的大文章。清华大学中国农村研究院将继续围绕乡村振兴的伟大使命，坚持把“三农”研究写在祖国的大地上，凝聚涉农研究领域专家学者的智慧，持续深入地研究乡村振兴中的重大问题、重点问题和关键问题，为加快建设农业强国、实现农业农村现代化贡献力量。

清华大学副校长、公共管理学院院长

清华大学中国农村研究院院长

杨 斌

① 《国家主席习近平发表二〇二一年新年贺词》，新华社，2020年12月31日。

目　录

小农户与现代农业衔接运行机制研究*

全面推进乡村振兴，加快农业农村现代化，必须充分考虑“大国小农”的基本国情。随着城镇化工业化深入发展以及全球农业关联性日益增强，解决小农户生产经营面临的困难和挑战，把他们引入现代农业发展大格局事关重大。中央高度重视小农户与现代农业的衔接问题，强调坚持小农户家庭经营为基础与多种形式适度规模经营为引领相协调，按照服务小农户、提高小农户、富裕小农户的要求，加快构建扶持小农户发展的政策体系，促进传统小农户向现代小农户转变，使小农户成为发展现代农业的积极参与者和直接受益者。实现小农户与现代农业有机衔接是开启“大国小农”现代化路径的一把钥匙，科学把握二者衔接的运行机制十分重要。

一、小农户与现代农业衔接的内涵

回答什么是小农户与现代农业衔接、如何衔接等问题，既要结合现代农业的特征，也要注意小农户分化的趋势。所谓现代农业，离不开现代发展理

* 本报告是2020年清华大学国家高端智库自主立项课题重点专项“小农户与现代农业衔接运行机制研究”的研究成果，报告观点仅代表课题组的看法。课题负责人：陈锡文，全国人大常委会委员、农业与农村委员会主任委员。报告执笔人：张红宇、胡凌啸、刘余。

念、现代科学技术、现代物质条件、现代经营形式和管理方式的运用，要以农业为基础，拓展农业的多种功能，形成第一、第二、第三产业融合发展格局，要以市场为导向，优化配置利用资源，实现农业高产、高效、优质、绿色、生态、安全、有竞争力。为此，中国提出了构建现代农业生产体系、现代农业经营体系和现代农业产业体系的设想，并以健全农业支持保护体系作为重要保障。实现小农户与现代农业有机衔接，即处理好小农户与三大体系的关系，并将小农户纳入农业支持保护体系以保护他们的利益。

（一）小农户与现代农业生产体系

生产体系主要强调运用什么样的手段从事生产。现代农业要求运用现代化的手段从事农业生产，从良种培育到栽培种植，到使用各种技术装备，一直到加工营销，都要求实现从传统农业向现代农业转型。生产手段的变革是实现农业现代化的重要途径，从育种到农产品价值的实现，都需要采取现代生产技术。小农户由于经营规模较小，往往会在现代生产手段的采用上遇到一些障碍，尤其是那些对土地规模敏感、要求达到一定规模才能使用的技术装备，小农户通常较难及时采用，从而影响农业生产效率提高。因此，要推动小农户融入现代农业生产体系，帮助小农户以现代农业生产要素替代传统生产要素，让他们成为具备现代经营理念、使用现代农业技术装备的现代农业经营者。一是能够利用先进的生物技术。包括利用育种技术、绿色技术等进行农业生产，实现农业高质量、可持续发展，进而惠及农业发展全局，最大限度保障农业产业安全和生态安全。二是能够利用适宜的技术装备。包括依托农业社会化服务等方式实现大型农机具和投资成本高昂的先进农业装备对小农户的覆盖，让小农户的生产过程也能实现全程机械化，提高单产水平和产出能力。三是能够应用前沿的数字技术。包括互联网、物联网、云计算等技术，让小农户参与发展数字农业和智慧农业，分享数字技术红利，实现从田间到餐桌全链条、全过程现代化。

（二）小农户与现代农业经营体系

现代农业经营体系有着丰富的内涵，其核心是如何将资源、资金、技术、劳动力等要素组合进行优化配置，形成现实的生产能力。土地流转、土地托管等不同模式，以及在少数特定地区出现的某些典型经营方式，都构成了现代农业经营体系的重要内容。在要素的优化配置中，小农户可以通过扩大和优化自身拥有以及从外部获取的要素组合实现要素配置效率的提高。因此，要通过构建立体式复合型现代农业经营体系，引领带动小农户发展。一是推动小农户改造提升。小农户可以充分利用家庭经营的优势，通过土地流转等方式，扩大经营规模，从外部获取资金、技术等更多生产要素，通过掌握和利用先进农业生产技术和装备从事农业的现代化生产，实现现代化、集约化经营。二是推动小农户与新型农业经营主体联结。小农户可以通过与家庭农场、农民合作社、农业社会化服务组织、农村集体经济组织、农业产业化龙头企业等主体联结，获得产前、产中、产后全过程服务，形成资源共用、风险共担、利益共享的紧密联系，通过相互融合建立紧密的利益联结和分配机制，形成互融共通、协同发展、共同壮大的高效经营模式。这种以多元主体合作的形式实现不同要素的最优化配置，可以充分发挥各类主体的优势。

（三）小农户与现代农业产业体系

构建现代农业产业体系要着眼于两个方面：第一个方面是产业结构的优化，即如何充分、科学、合理地利用好农业资源，使得农业资源能够各得其所，产生最大效率；第二个方面是产业链的延长和产业链的增值，即如何适应社会需求的新变化，以现代化的方式进入加工、流通、储运、消费市场。要推动小农户融入现代农业产业体系，核心是帮助小农户适应消费需求的多元化演变趋势，在农业产业链、价值链中立足，尤其是在产业链全球化背景下，要帮助小农户更好地融入大市场。一是推动小农户优化生产结构。由于消费者数量众多，对农产品的偏好各异，农业结构和农产品结构必须能够应对这种多样化需要。同时，农业生产的自然属性较强，各地区土地、气候、地理条件决定了农业结构和农产品结构的具体形态。要协助小农户妥善处理好资源禀赋和消费需求之间的关系。二是推动小农户提升农产品品质。随着社会经济发展，消费者的消费需求呈现升级化、个性化和品质化的发展趋势，这就要求农产品的生产必须顺应消费者的需求特征，打造安全、优质、个性化的农产品。要保障小农户生产的农产品能满足更高的安全和品质要求。三是推动小农户更顺畅地参与农产品流通。要通过完善农产品市场信息、畅通农产品销售渠道、规范农产品包装、打造农产品品牌等，提升农产品流通服务水平和服务能力，保障小农户生产的农产品可以更顺畅地进入流通环节，参与市场收益分配。

（四）小农户与农业支持保护体系

推动小农户与现代农业衔接，不能忽视小农户的收入增长问题。没有小农户的现代化就不可能有真正意义的农业现代化，没有小农户的富裕就不可能有真正意义的共同富裕。小农户全面发展的根本标志是小农户收入水平的提高。在处理好小农户与现代农业生产体系、经营体系和产业体系之间关系的同时，要格外重视完善农业支持保护体系来提高小农户的收入水平和生活质量，发挥好补贴政策、价格政策、金融政策和保险政策的不同作用[①]。根据当前小农户的收入结构特征，农业支持保护体系要找准发力

---

① 当前的农业支持保护政策对保障农民收入发挥了重要作用。自2007年实施农业保险保费补贴政策以来，财政部累计拨付保费补贴资金2201亿元，年均增长21.7%。2020年，财政部拨付保费补贴资金285.39亿元，推动中国成为全球农业保险保费规模最大的国家，实现保费收入815亿元，为1.89亿户次农户提供风险保障4.13万亿元，中央财政补贴资金引导和使用效果放大近145倍。2021年共安排三大粮食作物保费补贴资金148.69亿元，占全年保费补贴资金总额的44.6%。此外，2021年耕地地力保护补贴达到1204.85亿元，采取对农户直补的模式，直接补贴到户。

点。一是支持小农户提高经营性收入。一方面支持小农户发展高品质农业、绿色生态农业，开展标准化生产、专业化经营，推进种养循环、农牧结合，生产高附加值农产品，提高农业经营收入；另一方面支持小农户向第二产业、第三产业拓展，发展新产业新业态，发展特色手工和乡村旅游，提高非农经营收入。二是支持小农户提高工资性收入。一方面为小农户创造更好的进城务工机会，在城市的相关产业部门获得工资性收入；另一方面在农村内部发展康养农业、创意农业、休闲农业及农产品初加工、农村电商等，开辟更多就业岗位，为农民创造就地就近转移就业的机会。三是提高小农户的转移性收入。转移性收入在农民收入中的比重已经超过20%，必须在推进小农户与现代农业衔接的过程中，更加重视相关补贴政策对提高小农户收入的突出作用，继续采用直接补贴或补助的方式，如耕地地力保护补贴、农机购置补贴以及农业社会化服务的专项补贴等，增加小农户转移性收入。

二、小农户与现代农业衔接的地区调查发现

为了解现阶段中国小农户与现代农业衔接状况，总结衔接运行机制，摸清衔接过程中存在的问题，清华大学中国农村研究院在全国范围内组织开展调研，在山东、陕西、吉林、云南、广西、湖南、湖北、福建、安徽、江苏等10个省份开展座谈会20余次，入村调查完成村级问卷45份，农户问卷774份，家庭农场、合作社、企业等新型农业经营主体问卷151份。基于调研成果，本部分将通过数据和案例分析不同主体的农业经营情况及对未来发展的认识，梳理不同地区促进小农户与现代农业有机衔接的经验做法，寻找小农户与现代农业的衔接方向和实现机制。

（一）不同主体对小农户与现代农业衔接的认识

此次调研分别从村集体、新型农业经营主体、小农户三类主体入手，着眼于全面了解不同地区的农业生产经营状况，掌握不同主体对小农户与现代农业衔接的认识以及他们对农业生产经营的未来展望。

1. 村级层面粮食生产经营总体状况

（1）小农户老龄化背景下农业生产向现代化转型

小农户的长期存在是中国基本国情和农情，且小农户的老龄化问题日益突出。从45个样本村来看，60岁以上常住人口占比超过三成，比第七次全国人口普查公报中全国平均水平高12个百分点，粮食主产区老龄人口比例较非粮食主产区省份更高。全国各地从村级层面采取了诸多举措推进小农户的农业生产向现代化转型。一是新型农业经营主体转入小农户土地开展规模经营。样本村耕地平均流转率约为33%，其中，粮食主产区村庄耕地流转率较平均水平高4个百分点，这与村集体在土地流转过程中发挥的协调对接作用密不可分，且不乏整村流转的案例。二是村集体领办农业服务组织对接小农户。村集体在与小农户沟通协调方面存在优势，且村集体领办的农业服务组织所提供的服务价格更低、可信度更高。45个样本村中有20个村集体成立了农机合作社等农业服务组织，其中17个位于粮食主产区，这类农业服务组织为小农户提供了包括农资采购、农机服务、农产品销售和农业技术指导在内的多项服务，基本能够满足小农户的农业服务需要。三是加快推进高标准农田建设，为小农户对接现代农业提供基础条件。在过去十年间，样本村中约23%的农田已经进行过高标准农田改造，按最新划定的基本农田范围，有近27%的基本农田属于高标准农田，其中，粮食主产区样本村的占比超过1/3。

（2）逐步形成以“半托管”为主的农业生产经营方式

在农业生产服务不断发展推广的背景下，调查地区逐步形成了以“半托管”为主的农业生产经营方式（见图1）。45个样本村中，以“土地仍在农户手中，多数生产环节服务外包，少数环节农户自己完成”为主的“半托管”经营方式占 1/3，村集体统一流转土地后集中经营和农户自营两种方式所占比例次之。根据是否是粮食主产区进行划分，主产区中超过 40% 的村庄以“半托管”经营方式为主，而非主产区中仍有近半村庄以农户自营为主。由此可见，粮食主产区在小农户对接现代农业方面具有领先优势。对以“半托管”方式为主的样本村展开进一步观察可以发现，这些村庄普遍具有农村劳动力以就近打工为主、种粮意愿不减、社会化服务组织较为健全等特征，为小农户通过农业服务组织对接现代农业创造了必要条件。

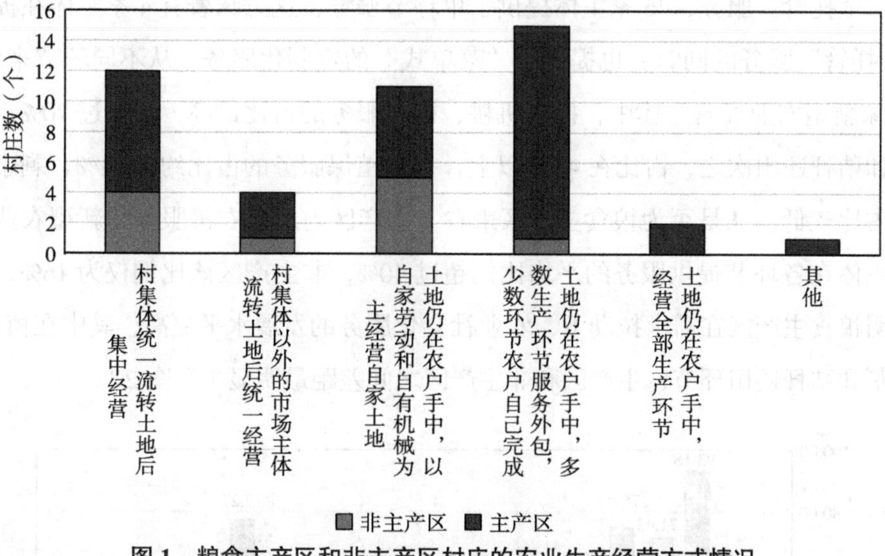

图 1　粮食主产区和非主产区村庄的农业生产经营方式情况

（3）村集体在小农户融入现代农业过程中应发挥积极作用

从村集体对未来农业经营主体判断来看，绝大部分村集体负责人认为未来应当由家庭农场、农业企业、合作社等新型农业经营主体来负责农业经营，仅 10% 左右的村集体提及了小农户在未来农业生产中的经营主体地位。云南省曲靖市咨卡村认为小农户将是未来主要的农业经营主体，但要生产附加价值高的农产品，传统粮食生产小农户难以适从。由此，以粮食生产为主的小农户在农业现代化实现进程中，通过提升经营能力、转入土地扩大经营规模是较为有效的方式。村集体作为农民信赖度较高的组织，应当转变一味协调土地流转、推动耕地规模经营的思路，也要注重农业社会化服务组织的发展和农业生产条件的改善提升，助力小农户与现代农业相衔接。

2. 新型农业经营主体与小农户联结方式

（1）新型农业经营主体对小农户的服务以“半托管”方式为主，且粮食主产区社会化服务发展水平更高

农业社会化服务是小农户与现代农业衔接的重要方式之一，样本总体中1/3的新型农业经营主体为小农户提供了现代农业社会化服务，但在具体服务内容上存在差异。51家提供农业社会化服务的样本中，9家主体为小农户提供了“全托管”服务，46家主体提供了单环节服务，这意味着有4家主体在提供“全托管”服务的同时，也提供了“菜单式”的定制化服务。从不同环节来看，51家新型农业经营主体中，提供机耕、机收服务的占比最高，均超过70%，栽种和秸秆还田次之，占比在45%以上，提供植保服务的占比约为41%，剩余环节占比较低。从是否为粮食主产区来看，主产区内从事农机服务的新型农业经营主体在各环节提供服务的平均比例超过40%，非主产区该比例仅为16%，这表明粮食主产区在需求拉动下，农业社会化服务的发展水平更高，其中在植保、收割和秸秆还田环节，主产区和非主产区之间差距最明显（见图2）。

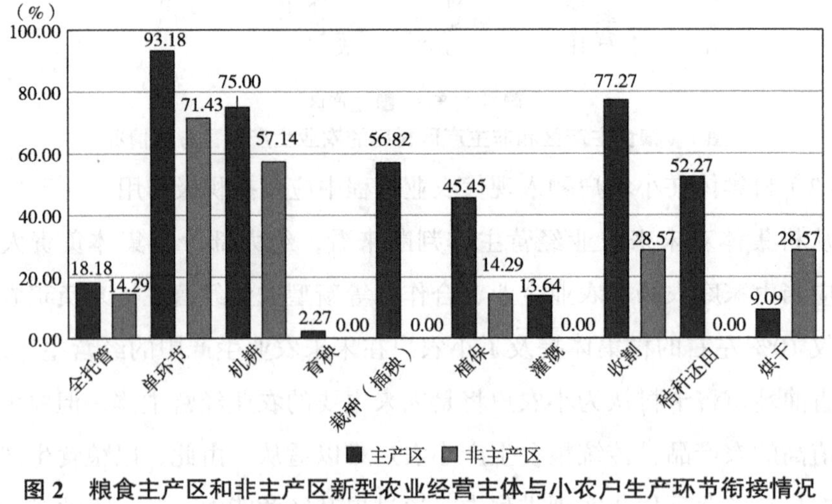

图2 粮食主产区和非主产区新型农业经营主体与小农户生产环节衔接情况

注：图中占比=主产区或非主产区在该环节提供服务的主体数/主产区或非主产区提供农机服务的总主体数。

（2）不同新型农业经营主体之间存在互补衔接机制

经过长期改革探索，中国初步形成了“土地＋服务”的二元规模化路径，同时“土地规模经营”和“服务规模经营”在现实实践中相互依存、相互促进，新型农业经营主体在流转土地从事规模经营的同时，也积极参与到社会化服务市场的发展之中。151 个新型农业经营主体样本中，84% 的主体均转入耕地从事土地规模经营，平均流转耕地 638 亩。其中，粮食主产区内新型农业经营主体的耕地转入规模达到 730 亩，远超非主产区内平均流转规模。在转入耕地实现土地规模经营的同时，新型农业经营主体购置农机的动机逐渐增强，并利用剩余生产能力带动周边小农户实现服务规模经营，在带动方式上以“半托管”服务为主，仅有 9 家主体提供“全托管”服务。尽管新型农业经营主体在耕地经营规模扩张的同时，实现了自身机械装备水平的提高，但上述主体并非完全依赖自有劳动和机械完成生产，仍有 30% 左右的主体采用“半托管”方式开展农业经营，在外包环节选择方面，收割、耕地、播种环节外包比例较高，分别达到 60%、40%、30%。小农户和新型农业经营主体之间以及不同新型农业经营主体之间在与现代农业衔接过程中存在互补机制。

（3）土地集中和社会化服务相结合是未来小农户与现代农业衔接的关键

从新型农业经营主体对未来农业生产组织形式的判断来看，小农户＋社会化服务、规模化主体＋社会化服务、规模化主体自主经营是被提及最多的组织形式，其中规模化主体和社会化服务组织之间可能存在交叉融合，除了以农机合作组织为代表的专业社会化服务组织，绝大部分主体兼具规模化生产和社会化服务供给的双重功能，该类主体也是未来小农户与现代农业衔接的关键。但是，该类主体一方面需要为集中大规模耕地支付大量租金，另一方面在社会化服务供给中需要购置大型农业机械，因此在实践过程中，普遍反映资金压力较大、融资难度较高、进一步发展空间受限。

3. 小农户农业生产经营方式选择与未来经营意愿

（1）以自家劳动和自有机械为主的小农经营方式仍占主导地位

伴随工业化、城镇化快速发展，农村劳动力大量转移进城，人地关系逐渐松动。从 11 个省份的样本农户看，具有农业生产功能的小农户中有 60% 仍以自家劳动和自有机械为主开展经营活动，仅在收割等极少环节购买社会化服务，剩余部分农户中超过 35% 的小农户以“半托管”方式完成农业经营，其中耕地、播种和收割环节购买农业机械服务的比重最高，在育秧、农资采购、灌溉、烘干、产品销售环节购买社会化服务的比重最低，均未超过 10%，这主要是由于上述环节机械化水平较低、劳动需求强度不高且成本难以控制，大部分小农户仍选择按照传统方式完成该部分农业经营（见图 3）。从经营耕地面积来看，以自家劳动和自有机械为主开展农业生产的小农户平均耕地面积约为 9 亩，低于以“半托管”方式进行农业生产的小农户平均规模，小农户内部也逐渐出现了规模的分化。进一步结合农户样本地区分析发现，人地资源禀赋差异下东北地区小农户平均经营规模远大于东南地区和西南地区，耕地资源较少的省份尤其要注重农业社会化服务的发展，推动当地小农户与现代农业衔接。

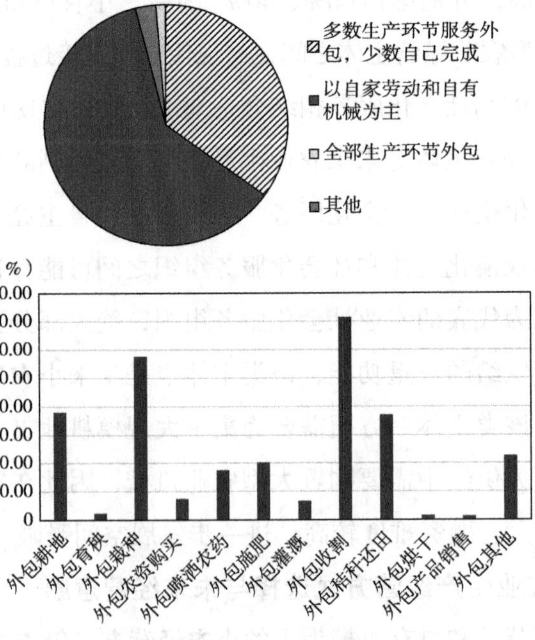

图 3　小农户农业生产经营方式选择及生产环节外包情况（以秋熟作物为例）

（2）小农户退出农业经营意愿上升，且粮食主产区内该倾向更强

在本次调查的774个小农户样本总体中，约17%的小农户已经将耕地全部转出，脱离农业生产经营活动；根据是否为粮食主产区来划分，主产区内样本小农全部转出承包耕地的比例更高，接近20%。与之对应的是，粮食主产区内转入耕地的小农户所占比例较非主产区低7个百分点。这表明粮食主产区内耕地更多的从小农户手中流入新型农业经营主体，粮食经营规模进一步分化集中。从二轮承包到期后是否愿意继续从事农业经营活动的意愿调查情况看，仅63%的小农户愿意继续从事农业经营活动，且该比重在粮食主产区内更低；同时，在农业生产劳动力老龄化问题不断加重的背景下，小农户在农业生产功能延续传承方面压力较大，仅12%的小农户表示子女有意愿接替当前农业生产活动，绝大部分青壮年劳动力从事农业生产经营的意愿较低。

（3）小农户仍将持续存在，需通过多种方式与现代农业衔接

尽管小农户退出农业生产经营的意愿较高，但中国国情和农情决定了小农户仍将长期存在。超过1/4的样本农户认为未来仍将由小农户为主来完成农业生产，家庭农场和合作社是同等重要的两类新型农业经营主体。但是，在农业现代化进程中，小农户继续遵照传统的农业生产方式开展经营活动将无所适从，近50%的小农户认为未来应当通过土地流转将耕地集中至新型农业经营主体手中，或者自主开展土地规模经营；近25%的小农户认为未来应当通过购置农业机械，实现自身农业生产条件现代化水平的提升；近20%的小农户认为未来应当通过外包与自营相结合的方式，将绝大部分生产环节服务外包。在上述方式下，小农户在实现更高收益、提高农业生产便利度的同时，也能够与现代农业进行有机衔接。

（二）促进小农户与现代农业有机衔接的地区探索

基于对调研数据基本面的分析可知，小农户在规模分化、购买社会化服

务的过程中逐步实现了与现代农业的有机衔接，但是仍存在衔接方式单一、衔接紧密程度不高的问题。中国不同地区人地资源禀赋不同，种植结构不同，决定了中国在小农户与现代农业衔接方式的选择上难以依靠一种方式包打天下。因此，本部分基于地区经济发展水平高低和粮食生产功能强弱两个维度，对样本省份进行分类观察，以寻找适应不同地区小农户与现代农业衔接的机制。

1. 经济发达地区：浙江嘉善探索“镇域统筹”模式

浙江省地处长三角地区，经济发展水平高，农民离农意愿强，有很大比重的农民在从事非农就业；同时，省内耕地资源总量偏小，且多丘陵地区，在粮食生产方面开展土地规模经营有一定难度。为实现小农户与现代农业有机衔接，浙江省嘉善县率先探索了农地全域流转模式，在开展农田设施改造基础上引入现代农业企业，实现耕地集中连片流转，并由农业企业分包给家庭经营主体；与此同时，以镇域为落脚点，提升社会化服务能力，为小农户、家庭农场等提供服务。

（1）推进农地全域流转，实施农田设施改造

为解决传统粮食种植规模“小”的问题，嘉善县从2017年开始将全域土地流转作为县、镇、村中心工作重点推进，在农民自愿的基础上，各乡镇基于地区条件以划定统一价格租赁的方式将农田流转到村级组织，并根据实际情况由镇级经济组织实施统筹规划或由村级组织直接拍租。为解决传统农业种植设施“弱”的问题，各乡镇结合自身实际，通过“土地流转＋土地整治”联动实施大规模高标准农田提升创新示范，以促进土地标准化管理和资源要素高效利用。多个乡镇在原有高标准农田的基础上，全面提升沟渠路承载水平，配套生态拦截沟渠、高效节水灌溉设施、大田作业便利化通道等示范功能，叠加土壤改良、土质改善、养分调节等养田措施，全面打造平原地区粮食产业高标准农田的示范典范。

（2）引入现代企业赋能，构建多元联结方式

在成立镇实体经济组织的基础上，积极对接农业龙头企业，承担粮食生

产功能区的建设任务，带动传统农业的转型升级。以天凝镇为例，该镇成功流转给浙粮集团1.5万亩土地，重点打造优质粮油生产全产业链，推动“育种、生产、加工、仓储、科技、营销”全产业链服务项目顺利落地，为整个浙江省提供优质粮油保障。同时，为满足部分农户家庭规模化种植的需求，充分保障其经营收益，嘉善县根据对接主体的不同，开辟了家庭农场生产新模式，衍生出多元化的利益联结方式。一方面，对于未对接农业企业的农地，由镇平台或村平台按照灌溉条件划分多个200 ~ 500亩的地块，让有规模种植意向的家庭农场“竞价”拍租；另一方面，对于流转给农业企业的农地，企业也可按照自身需求分包给区域内家庭农场进行合作经营。

（3）县域规划布局，提升社会化服务能力

在实施全域流转的基础上，嘉善县推动农业设备资源的优化配置和高效整合。2019年出台文件明确提出要“大力推进农业生产托管、机械化烘干等农业生产社会化服务”“强化农业现代化发展用地保障，优先保障主体规模投资在100万元以上的社会化服务主体用地需求”，以有效提升全县对粮食种植户的农业生产社会化服务品质。同时，在镇域统筹实施。以西塘镇为例，镇级农业公司依托红菱村和星建村的社会化服务建设基础，落实设施用地保障、加大设备购置投入，推出“田保姆”的社会化服务品牌，提供定点采购农资服务，并全程提供机械化服务，构建“生产、加工、储藏、销售”四位一体的社会化服务体系。

2. 经济欠发达山区：陕西安康走出多元衔接路径

陕西省地处西部欠发达地区，山地、丘陵广布，机械化和规模化实施难度大、成本高；青壮年劳动力大量外流，村庄空心化、老龄化严重，土地谁来种、怎么种问题突出；现代农业技术和农业生产要素推广使用成本高、难度大，与广大小农户融合程度不够。因此，在上述地区实现小农户和现代农业发展的有机衔接难度更大、路径更窄。陕西安康通过完善社会化服务体系、推进农民组织化建设、鼓励小农户发展特色产业等多种渠道，推进小农户与现代农业衔接。

（1）完善社会化服务体系，促进现代要素下沉

为解决土地撂荒和粗放种植的问题，2019年汉阴县推进农业社会化服务体系建设，在解决土地谁来种问题的同时，促进现代农业技术和生产要素"下沉"。每个镇以镇政府为中心，在原有农机合作社的基础上，组建综合为农服务中心，为域内广大小农户提供农地托管、农资供应、农机租赁作业、农技推广、农业信息服务、农产品加工及销售等全方位服务；同时，鼓励家庭农场、合作社、龙头企业等新型农业经营主体为小农户提供社会化服务。以兴汉农机合作社为例，2020年该合作社共托管社员和周边农户水稻5000余亩，统一采购供应低价籽种2000袋，降低种植成本260元/亩，订单销售促使每亩增收约200元，带动了周边520户小农户受益。

（2）坚持小农主体地位，推进小农户的组织化

汉阴县充分发挥村集体的组织协调能力和村庄的内生发展动力，在坚持小农户主体性的基础上，推进小农户组织化，实现小农户和现代农业主动衔接。以汉阴县盘龙村为例，在确立和发展红桃产业的过程中，村书记敏锐察觉到由于缺少组织带动和供求信息匹配，产业发展过程中新型农业经营主体用工短缺与村内各类劳动力长期赋闲在家并存。于是，村两委主导成立劳务公司，一方面加强对村内闲散劳动力的组织管理；另一方面加强与各新型农业经营主体和其他村庄的沟通衔接，不断提高小农户在现代农业发展过程中的参与程度。

（3）发挥产业多样性特征，多渠道推进组织衔接

汉阴县位于秦岭以南、巴山以北，南北跨度大，降雨量丰富，四季分明，得天独厚的地理位置和气候条件为发展多元产业提供了良好的条件。该县在保障粮食生产的基础上，突出富硒茶、特色林果、畜禽养殖三大优势产业，培育壮大蚕桑、猕猴桃、茶叶、蔬菜、食用菌、生态渔业等多元特色产业，并结合不同产业形态，构建了小农户与现代农业衔接的多元路径：一是对粮食等土地密集型的产业，小农户可选择转出土地，交由村集体或者种植大户统一经营，自己获得稳定的租金收入，抑或是通过购买农业社会化服

务，实现现代农业技术和生产要素对家庭经营的有益补充；二是对于蔬菜林果等劳动密集型产业，小农户可结合自身资源禀赋条件，选择自己经营抑或是为村集体、合作社、种养大户、家庭农场等打工，赚取工资收入；三是对于小类特色农产品生产，小农户更多选择家庭生产、口头契约、本地销售，即在特色农产品生产前与当地的商贩、作坊、加工企业订立书面或口头协议，待产品产出后按市场价本地销售。

3. 粮食主产区：不断强化村两委“统”的功能

山东省和吉林省是中国重要的粮食主产区，实现小农户与现代农业衔接对保障粮食安全有重要意义。在耕地资源相对充沛的资源条件和保障粮食生产能力可持续的约束条件下，山东省和吉林省充分发挥地方村集体、党支部在组织协调农民方面的优势，开展耕地集中连片经营；延伸拓展集体组织功能，为农业经营主体提供农业社会化服务；集中推广应用新技术新模式，将“藏粮于地”战略延伸至小农户群体。

（1）发挥农民组织优势，实现耕地或服务的集中连片

无论是依托要素（农地）载体还是商品（农业社会化服务及粮食产品）载体，有效组织农户避免流转或服务碎片化是推动有效合约方式成立的关键。村两委在组织农户方面具备天然优势，山东省德州市和潍坊市依托村两委作用力，发挥党组织和党员的示范和引领作用，推动农村合作社建设、大规模土地流转等工作深入有效开展；村两委通过将土地整理过程中增加的有效耕地集中连片开展规模经营。在对接小农户、开展订单式农业社会化服务供给的基础上，山东省高密市由村两委牵头，组织农户成立土地股份合作社，委托服务中心开展“全托管”服务，以村为单位实行整建制托管。山东高密宏基农业发展有限公司开辟了农机合作社与村党支部、为农服务中心、农民专业合作社等村级组织合作的“宏基模式”，截至 2019 年，实现了对 12 个村土地股份合作社全托管。吉林省梨树县依托现有合作社、家庭农场等新型农业经营主体，结合地域间不同合作社集约土地规模及地块间相邻相交的现实情况，创建了四个组合式生产单元，单个生产单元经营耕地面积均在

4500 亩左右，提高了农业现代化建设的效率和效果。

（2）拓展集体组织功能，开展农业社会化服务

在发展壮大农村集体经济政策背景下，出现了新一轮的村两委领办合作社促进政策，也让村两委领办合作社无论在数量上还是在功能上再次发生改变。山东省德州市村两委领办合作社的经营内容整体朝着更深入、更宽泛的方向发展。原本只是为农户流转提供服务的合作社，增加了集体租地和提供农业服务的功能；原本仅为本集体成员提供农业服务的合作社，在增加租地自我经营的同时，还扩大了对外服务规模。在齐河县刘桥镇西杨村，2013 年由村两委领办了刘桥乡年丰粮食种植专业合作社，主要从事农资购买、农机服务和订单农业。通过整合本村农民的生产经营过程，实现了生产经营的成方连片，降低了服务成本和收费价格。梨树县在建设大规模生产单元的同时，引导单元内组织为周边家庭经营农户提供农业生产社会化服务，实现了小农户与现代农业衔接。

（3）推广耕地保护技术，确保粮食生产能力可持续

山东省凭借“党建统领、四社共建”提供的有利条件，在开展“服务社会化 + 生产规模化 + 农民组织化”联结的同时，推广运用“测土配方”“水肥一体”“秸秆饲料化”等技术，节约了大量农药化肥，起到了耕地保护作用。山东高密宏基农业发展有限公司与中化现代农业合作，成立中化 MAP 高密技术服务中心，将中化现代农业丰富的工业、农技、农艺、科研资源和公司的属地组织管理优势有机结合，为小农户提供从品种选择到农产品收购的全产业链的农业生产技术解决方案，形成高密农业社会化服务的新动能。梨树县依托科技研发，探索出秸秆覆盖免耕种植、秸秆覆盖条带旋耕种植、秸秆覆盖垄作种植、高留茬垄侧栽培种植等黑土地保护模式（简称“梨树模式”）。同时，“梨树模式”也展示出显著的蓄水保墒、培肥土壤、减少侵蚀、改善土壤生物性状、稳产高产、节本增效等效果。梨树县通过开展作业补贴，依托生产单元内社会化服务主体，将“梨树模式”推广运用至小农户的生产经营活动之中，在提高小农户生产经营方式现代化水平的同时，也实现

了耕地资源可持续利用。

4. 非粮食主产区：构建适宜小农户发展的政策体系

浙江省海盐县不断顺应小农户分化趋势，通过规范土地流转、创新合作经营、健全服务体系、强化政策支持等举措，有效破解小农户生产面临的经营效率不高、组织化程度不够、服务体系不健全、政策支持不到位等问题，为发达地区如何实现小农户与现代农业有机衔接提供重要参考。

（1）规范土地流转，引导适度规模经营

海盐县制定出台《关于建立健全农村土地承包经营权流转机制的意见》，明确要求土地流转不得违背承包方意愿、不得损害农民权益、不得改变土地用途、不得破坏农业综合生产能力和生态环境，规范有序引导土地流转，促进小农户向专业大户、家庭农场转型，有效应对土地经营规模较小、耕地细碎化、土地流转合约不稳定等问题。海盐县全部流转或部分流转的农户占土地承包户的95%，经土地流转中心鉴证的流转面积达21.3万亩，占土地承包面积的76.3%。土地流转既注重提升土地经营规模，又防止土地过度集中，海盐县对县域范围内新增或到期后的土地流转经营总规模，贯彻规模适度原则予以审查审核把关，从事粮油生产的一般不超过1000亩，从事其他农业生产的一般不超过200亩。

（2）创新合作经营，构建多元联结机制

一是加快小农户家庭农场培育。鼓励有长期稳定务农意愿的小农户稳步扩大规模，大力培育家庭农场，海盐县家庭农场注册总数达1232家，其中县域内农户约占1/3。二是引导小农户开展协作联合。海盐县支持同一产业的农户依法组建产业协会、联合会，更好地为会员提供技术、培训、信息等服务，共组建水产等产业协会、联合会6家。三是促进合作社规范健康发展。海盐县积极引导农民专业合作社规范健康发展，共有工商注册农民专业合作社190家，其中市级以上示范社9家，不断加强技术服务型专业合作社培育力度。四是发挥好龙头企业带动作用。海盐县不断发展壮大龙头企业，共拥有县级以上农业龙头企业27家，通过“公司+合作社+基地+农户”“公司+基地+

农户”等模式，健全利益联结机制，带动小农户共享合作收益。

（3）健全服务体系，强化社会化服务供给

一是强化社会化服务主体培育。鼓励装备完善、技术先进的农业经营主体向周边延伸作业服务，鼓励已开展社会化服务的主体进一步扩大服务范围，向专业社会化服务主体转型。重点培育农业生产社会化服务专业组织专门从事粮食加工、农业机械、烘干储存、统防统治、测土施肥、秸秆处理、全程作业、土地托管及农产品销售等社会化服务。二是试点政府购买社会化服务。海盐县将涉农资金扶持重点向承接农业社会化服务的服务组织倾斜。对开展农机作业（机插、粮食烘干、育秧）和统防统治等社会化服务的实施主体，按评定的五星、四星、三星、二星、一星标准，分别给予7.5万元、6万元、4.5万元、3万元、1.5万元的奖励。对服务能力达到一定规模的商品化育苗经营主体，经评定给予2万～10万元的奖励。此外，海盐县大力推动区域性农合联的实体化运作，建成2个县级区域性服务中心，不断提升农合联为农服务水平。

（4）强化政策支持，有效缓解小农风险

一是建立土地流转费履约保证金制度。海盐县在浙江省首创土地流转费履约保证保险，进一步降低农户流转成本，推行土地流转风险保障金和履约保险双轨运行机制，完善土地流转风险防范机制。二是发展农村普惠金融。海盐县推进全国农村承包土地的经营权抵押贷款试点，首创《农村承包土地经营权抵押贷款管理规范》地方标准。创新开发“农钻通、农宅通、农股通”“三权”金融产品，“三权”抵押贷款累计发放逾15亿元。三是拓宽农业保险覆盖面。海盐县坚持“政府推动、市场运作、农户自愿”原则，深化政策性农业保险试点。组建“镇镇有网点、村村有人员”的“三农”保险服务网络。积极开发家庭农场等地方特色险种，政策性农业保险品种达18种，参保农户23453户，投保金额5.49亿元。

5. 小结

无论是经济发达地区还是经济欠发达地区，也无论是粮食主产区还是非主产区，都能够探索出适宜本地区的小农户与现代农业衔接模式。对于浙江嘉善、海盐，可以依托优越的经济发展基础和良好的财政条件，走出一条培育小农户、发展小农户，以“土地流转集中”为根本指向的道路；对于山东德州、潍坊，可以充分发挥农村基层党建工作水平高的优势，动员村两委的力量，发展以小农户家庭经营为基础，高质高效的“统分结合”模式；对于经济发展水平不高，同时又以山地、丘陵为主的陕西安康，则必须采取更加多元的方式适应小农户与现代农业衔接的复杂需要。不同的衔接模式在改善小农户经济效益方面的作用上存在差异，根据农业农村部对2672个样本的抽样调查分析，以社会化服务为核心的生产托管方式愈发表现出优势：与农民自种相比，稻谷、小麦、玉米三大主粮单季种植亩均成本分别降低7.3%、8.2%、0.7%，亩均产量分别增长8.7%、9.8%、10.4%，亩均纯收益分别提高23%、26.5%、20.2%；与流转土地相比，稻谷、小麦、玉米三大主粮单季种植亩均成本分别降低35.5%、50.4%、48%，亩均产量分别增长5.7%、4.1%、4%，亩均纯收益分别提高94.1%、195.5%、76.3%，生产托管规避了土地流转所产生的地租成本，节本增效促增收的效果十分明显。另据山西省人大调查组的蹲点调查发现，生产托管服务与农民自种相比可实现调查点玉米亩均增产18.1%。为规范和促进农业生产托管服务，该省制定了全国首部农业生产托管地方性法规《山西省农业生产托管服务条例》，成为以生产托管方式实现小农户与现代农业衔接的有益参考。

（三）对地区调查发现的总结

从对不同地区的调查可以发现，小农户已经呈现明显分化并且分化的程度还将进一步加深。这意味着小农户未来也会有不同的发展轨迹，推动小农户与现代农业有机衔接必须以此为前提。新型农业经营主体衔接小农户的方式还需要更多拓展，尤其是要注重建立紧密型的联结机制，重视激活农村集体经济组织的功能。与此同时，由于各地发展阶段存在差异，小农户与现代农业衔接也要有与之适应的地区方案。

1. 小农户在分化过程中呈现多种发展趋势

中国的小农户已经基本脱离了传统小农自给自足的特征和相对封闭的生产属性，能够应用或借助现代科技装备开展生产经营活动，生产资料依赖于市场购买，生产的产品高度商品化，呈现更高的开放性。伴随农业生产外部环境和内部条件发生转变，小农户在非农就业收入和农业经营收益的权衡比较中，越来越多地选择退出农业生产，尤其是在粮食主产区，从事粮食种植的小农户退出比例更高。同时，第二轮承包到期和当前农业生产主体老龄化因素的叠加影响下，小农户继续从事农业经营的意愿进一步降低，家庭农场等规模经营主体成长的空间将得到放大，这为一部分小农户发展成为家庭农场创造了有利条件。但不可忽视的是，在较难开展规模经营的地区，小农户在村集体或地方政府的带动下，积极结合当地资源禀赋和农业产业特色，逐渐转向具有高附加价值的农产品生产也是小农户与现代农业衔接的重要路径。要在耕地经营面积较少的条件下，实现农业经营收益的“规模化”。对于没有扩大经营规模、同时也没有向高附加价值种养模式调整的小农户，是开展小农户与现代农业衔接工作中需重点关注的对象，要通过建立更加紧密的联结机制，实现小农户生产方式的现代化，在保障小农户利益的同时推动农业现代化。

2. 小农户与新型农业经营主体之间的衔接有待拓展

新型农业经营主体是实现小农户与现代农业衔接的关键枢纽。现阶段新型农业经营主体在为小农户提供农业服务、建立更加紧密的利益联结机制方面仍存在不少问题，为小农户不同生产环节提供服务的能力并不平衡，机耕、机收环节服务供给比例较高，栽种、施肥、打药等环节服务覆盖比例相对较低。同时，新型农业经营主体和小农户之间的利益联结机制不紧密，大多停留在按市场化原则收取服务费层面，风险共担、收益共享的联结机制并不多见。新型农业经营主体与小农户之间联结程度不高，一方面与新型农业经营主体自身服务供给能力相关，但更重要的原因在于两者之间构建更加紧密联结机制的成本较高。得益于小农户更高的信任度，在不少地区农村集体经济组织能够成为小农户的“代理人”，有效发挥“统”的全局性作用，通过组织村集体内小农户与新型农业经营主体展开对接，真正实现规模经济。村集体也可以在组织协调小农户的基础功能上，拓展提供农业社会化服务，成为推进小农户与现代农业衔接的重要载体。

3. 小农户与现代农业衔接要有地区方案

考虑到中国不同地区间资源禀赋差异、市场环境不同等因素，小农户与现代农业衔接方式和机制的确立要因地制宜。资源禀赋的差异决定了户均耕地规模和农业优势产业的不同，市场环境的不同决定了农户对土地的依赖程度存在差异。在适合粮食生产、人地资源约束较为宽松的地区，可探索通过扩大家庭种植户规模，引入现代农业生产要素，实现与现代农业衔接；在适合粮食生产但人地资源约束偏紧的地区，可探索通过村集体领办合作社等方式，实现小农户组织化，由新型农业经营主体提供农业社会化服务，与现代农业衔接；对于不具备粮食生产比较优势、农户土地依赖度较低的地区，可引入农业企业等新型农业经营主体，在土地整理集中连片的基础上，提高粮食生产现代化水平；对于不具备粮食生产比较优势、农户土地依赖度较高的地区，在推动现代要素下沉提高粮食生产能力的同时，要注意发挥特色产业优势，促进小农户在与现代农业衔接中收入稳步提升。

三、实现小农户与现代农业衔接的方向

根据小农户与现代农业衔接的内涵，要以小农户更好地融入现代农业生产体系、现代农业经营体系、现代农业产业体系为准则，把握小农户与现代农业衔接的方向。要在明确小农户与现代农业衔接总体思路的基础上，丰富小农户与现代农业衔接的实现形式，完善小农户与现代农业衔接

的实现机制。

（一）小农户与现代农业衔接的总体思路

要把小农户与现代农业衔接放在国民经济发展背景下布局，确保国家粮食安全得到充分保障。同时，也要把中国小农户与现代农业衔接放在经济全球化格局中谋划，努力提升农业竞争力。

1. 在国民经济发展中保障粮食安全

保障粮食安全和重要农产品供给是国民经济发展最重要的基础，广大小农户群体在其中发挥了最基础的作用。因此，要站在政治的高度更加重视小农户与现代农业衔接问题，同时对小农户本身以及小农户与现代农业衔接的过程要有动态化的认识。

一是政治上重视。中国正在建立健全保障粮食安全党政同责的制度安排，小农户对保障粮食安全有着极其重要的意义，决定了必须从政治的高度认识小农户与现代农业衔接问题。既要从保障粮食安全、实现农业农村现代化的历史进程中认识其价值，更要从夯实党在农村执政基础的政治建设方面明确其地位。小农户的丰富内涵决定了他们既是农业的发展者和农村的建设者，也意味着他们是党的农村工作最为重要的参与者。要确保小农户在农业农村现代化进程中不掉队、在党的基层建设中不脱离，确保小农户生产高质高效、生活富裕富足，让小农户有充分的获得感、幸福感和安全感，各级政府都要把小农户与现代农业衔接作为“三农”工作的重要内容抓稳抓实。

二是动态化认识。小农户将会在中国长期存在，但不能就此忽视发生在小农户群体内部的明显分化，这要求对小农户分类思考、区别认识。与此同时，随着经济社会的发展，尤其是随着工业化城镇化推进、技术进步、农村生产生活环境演变等，小农户群体将会不断出现新的变化。要用动态调整的思维来研判小农户与现代农业衔接问题，及时更新小农户群体变化下的衔接思路和实施方案。

2. 在经济全球化格局中提升农业竞争力

在经济全球化格局中，小农户作为中国农业经营主体的主要组成部分，提升农业竞争力面临巨大挑战，必须给予小农户充分的支持。要在农户分化背景下树立分类别培养的理念，并采取针对性的扶持方式帮助两者实现衔接。

一是分类别培养。在推动小农户与现代农业衔接的过程中，必须坚持以农民为中心，既要注重增进农户的总体利益，也要关注不同群体的利益平衡。要顺应小农户的分化趋势，在小农户自愿选择不同发展路径的基础上，为分化后的小农户设计不同衔接方案。让愿意扩大规模继续从事农业生产的小农户有机会发展壮大，让愿意退出农业生产更好地从事非农经营的小农户能够放心地离乡离农，确保既不影响农业现代化进程，也保障小农户在农业现代化进程中的利益提升。

二是针对性扶持。农业农村现代化是中国现代化建设的短板，实现数量庞大的小农户与现代农业衔接，需要强调政治重视、动态认识以及分类培养，并有针对性地进行政策扶持。要避免对小农户"撒胡椒面"式施政，也要避免对小农户"盲目支持"，要在充分把握小农户与现代农业衔接内涵和障碍的基础上做到对症下药，对分化的小农户因材施策。注重加强对小农户的素质培养、能力提升、身份转换、功能拓展，注重支持小农户搭上家庭农场、合作社、工商资本等新型农业经营主体的发展快车，分享发展红利。

（二）小农户与现代农业衔接的实现形式

小农户与现代农业衔接有着丰富的内涵，因此二者衔接的实现形式也具有多种不同的类型，对此可以从多种角度加以归纳。其中较为清晰且有效的方案是按照与小农户衔接的主体类型进行划分。

1. 以家庭农场、农民合作社带动小农户

小农户有着从事农业家庭经营的内涵本源，中国农业发展的辉煌成就充分展现出小农户的勤劳、智慧和韧性，庞大的小农户群体中不乏脚踏实地、创造力十足且富有企业家才能的实干家。要充分发挥家庭农场和农民合作社的示范带动作用，为那些愿意从事、有能力从事且能从事好农业生产经营活动的小农户输入现代生产理念、现代管理方式和现代生产要素，帮助其成为更加专业、更有效率、更高收入的“发展型小农户”。应促进小农户与家庭农场、农民合作社形成发展的共同体：一方面，家庭农场、农民合作社对新技术、新装备、新品种的采用可以对周围的小农户产生外溢效应，加快技术装备推广，提升小农户生产的现代化水平；另一方面，家庭农场、农民合作社更了解市场运行规则，可以发挥联合小农户共同采购农资和销售农产品的作用，在农业生产资料的购买、使用，农产品的生产、销售、加工、运输、贮藏，以及与农业生产经营有关的技术、信息、设施建设运营等各类服务方面为小农户提供力所能及的支持，提高小农户群体的生产能力、经营能力和市场谈判能力，降低生产成本、提高销售价格，提高生产效益。

2. 以社会化服务组织和农村集体经济组织服务小农户

农业服务的蓬勃发展是中国农业现代化过程中的一大亮点，不仅适应了“大国小农”的基本国情，也实现了小农经营的升级改造，解决了小农户干不了、干不好、干了不划算的生产经营难题。实践中，农业服务可以分为社会化服务组织提供的市场服务和农村集体经济组织提供的内部服务两类。一方面，要构建起各类社会化服务主体面向小农户生产经营全过程的完备服务体系。聚焦为生产者生产过程提供的生产服务，促进产品交换或价值实现提供的营销服务，为保障现代农业产业体系、生产体系和经营体系高效运转提供的综合服务，为整个生产经营提供的管理服务等，提升服务质量。同时，为小农户提供更加多元化的服务模式选择，包括单环节服务、多环节服务、全环节服务，适应不同类型小农户的个性化需要。对于种植粮棉油大宗农产品的小农户，突出产中环节服务的高质量供给；对于种植园艺产品的小农户，突出产后环节服务的高质量供给。另一方面，要充分利用好近年来农村集体产权制度改革所带来的农村集体经济组织重建和管理机制升级以及各级党委政府高度重视农村集体经济发展并投入大量政策资源的历史机遇，强化农村集体经济组织为小农户提供农业服务的功能，让小农户以更低的成本获得农业服务。

3. 以农业产业化龙头企业对接小农户

伴随国内经济社会发展和居民收入提高，农产品的消费需求升级对农产品生产提出了更高要求。而农业生产力提升带来的农产品供给扩张无疑增加了产品竞争的激烈程度，小农户以什么形态参与到农产品市场中决定了农业收益的高低和农业经营的可持续性。与庞大的市场规模相比，生产规模有限的小农户直接参与其中并不会得到市场的善待，通过与农业产业化龙头企业衔接是目前较为有效的市场参与模式。从过去的实践看，小农户直接与企业对接的方式对双方而言都存在较高的对接成本，这需要从三个方面平衡小农户与农业企业之间的联结关系。一是从小农户自身出发，增强经营能力，扩大生产规模，提高生产质量，产出更高品质、更具特色的农产品，以此吸引农业企业采取订单、股份合作等方式将小农户纳入产业链中。二是引入中间人构建有效的中介机制，由小农户组建而成的农民专业合作社以及农村集体经济组织可在其中发挥重要作用，他们均可以扮演小农户的代言人与农业企业开展合作，确保产品卖得出且卖出好价钱。三是要尝试在支农惠农政策中巧妙设计可以激发紧密型利益联结机制建立的条款，引导农业企业更加主动地把小农户纳入他们的发展计划中，通过订单收购、保底分红、股份合作、吸纳就业等多种形式带动小农户共同发展，真正成为共生共荣的合作伙伴。

四、结论与建议

从全球范围看，小农户仍是农业经营主体的主要构成，发挥着保障全球粮食安全的重要作用。尽管小农户普遍面临生产现代化进程滞后和经营市场化程度偏低等问题，但不同国家基于自身情况探索出有效的解决方案。中国的小农户问题由于国情原因表现出一定特殊性，快速推进的城镇化进程、处于探索中的农业农村现代化路径、农村基本经营制度的内生性以及传承延续农耕文明的需要，让小农户问题深刻地嵌入并影响中国建设社会主义现代化国家的整体进程。

中国仍有着全球最大规模的小农户群体，但他们在收入构成上已表现出明显分化，以农业收入为主的小农户类型占比越来越少，兼业化农户成为主导。同时，在中国广阔的地理区域内，不同地区的小农户也表现出不一样的行为特征和发展轨迹。从农业生产经营活动看，当前小农户的生产已经具备一定程度的现代属性，生产的科技投入程度不断增强、要素投入的市场参与程度显著增加、社会化组织化程度越来越高、人力资本积累持续改善。无论是从宏观层面预判，还是基于对调查数据的观察，中国小农户的分化仍将继续，未来小农户群体内部将表现出更大的差异性。

小农户与现代农业衔接有着丰富的内涵。根据中国以构建现代农业生产体系、现代农业经营体系和现代农业产业体系实现农业现代化的设想，应将推动小农户融入三个体系作为实现小农户与现代农业有机衔接的重要抓手，完善农业支持保护体系要有利于小农户发展。换言之，实现小农户与现代农业有机衔接就是处理好小农户与现代农业生产体系、现代农业经营体系、现代农业产业体系、农业支持保护体系“四大体系”之间的关系。

通过对全国十余个省份的调研，各地区已围绕小农户与现代农业衔接进行了有益探索，经济发达的浙江嘉兴、海盐，经济欠发达的陕西安康，以及位于粮食主产区的山东潍坊、德州和吉林四平等地区的案例，都有着重要的启示意义，要认真研究适宜小农户与现代农业衔接的地区方案。

为了确保小农户与现代农业衔接的总体思路、实现方式和实现机制能够有效落地，需要创造有利于小农户现代化生产的基础条件，完善基础设施建设，强化农业服务供给；需要出台有针对性的政策措施，构建起有利于小农户可持续发展的支持保护体系；需要创造有利于小农户与现代农业衔接的稳定预期，包括制度预期和发展预期。

（一）创造有利于小农户现代化生产的基础条件

现代化的农业生产离不开现代化的基础设施和服务体系，推进小农户与现代农业衔接必须尽快创造有利于现代化生产的基础条件。

1. 完善农业基础设施

为小农户的农业生产活动提供更高标准、更高质量、更现代化的基础设施，夯实小农户与现代农业衔接的硬件基础。一是以建设集中连片、旱涝保收、节水高效、稳产高产、生态友好的高标准农田为核心，全面改善小农户生产条件。二是加大数字化农业基础设施投资。继续推进数字农业建设试点工作，实施重大数字农业项目，支持精准作业、精准控制设施设备生产，推动农资供应电商化、农产品生产智慧化、农产品加工全程可追溯、农产品流通网络化、终端销售品牌化的全产业链数字化管理。要注重搭建小农户、家庭农场、企业、科研机构、政府等相关主体间的信息交流平台，实现农业信息多层次的实时反馈与交流。

2. 强化农业服务供给

以小农户的生产需要为重要抓手，健全为农服务体系，提高现代农业生产要素的可获性和利用率。一是提升服务组织的服务能力。采取财政扶持、税收优惠、信贷支持等措施，着力培育适应小农户需求的多元化多层次农业生产性服务组织，为小农户提供急需的农资供应、绿色生产技术、农业废弃物资源化利用、农机作业、农产品初加工、保鲜储运等全方位服务，推动小农户在家庭经营基础上获得规模效益，实现节本增效、提质增效和营销增效的目标。二是创新面向小农户的服务模式。鼓励支持农村集体经济组织、供销合作社专业化服务组织、服务型农民合作社等服务主体，面向从事大宗农产品生产的小农户开展农业生产托管服务，探索风险共担、利益共享的农业生产托管服务契约模式，建立与服务面积相挂钩的补贴机制。

（二）构建有利于小农户可持续发展的支持保护体系

要面向小农户的发展需要，完善农业支持保护体系。重点是通过完善职业培训体系提升小农户，通过完善收入支持体系保障小农户。

1. 健全职业培训体系

聚焦农林牧渔产业，完善职业培训体系，加快开发乡村人力资本，提升小农户的自我发展能力。要培养出具有工匠精神的小农户，发挥引领作用，既能生产得好，还能卖得好、卖出好价钱。一是做好高素质农民培育工作。加大财政投入，整合培训资源；创新培训机制，扩大政府购买农业技术培训服务的项目和范围。二是做好职业技能提升工作。广泛开展就业技能培训，拓展小农户就业范围，结合产业发展需求开展定向培训；将有意愿开展创业活动的小农户纳入创业培训服务范围，开展创业培训服务，重点开展电子商务培训；对具备一定条件的小农户开展以创办个体工商户和创办小微企业为中心的创业技能培训，提供开业指导和创业孵化、创业政策支持。

2. 构建收入支持体系

以保障农民收入为指向，通过完善优化补贴、金融、保险等政策，形成小农户的收入支持体系。一是不断加大农业补贴力度。在 WTO 框架内，保持现有“普惠制”农业补贴不减，创新补贴形式，提高补贴效率。完善粮食等重要农产品生产者补贴制度，对种粮大县给予更多的补贴支持。二是为小农户提供更健全的金融服务。鼓励金融机构创新符合小农户需求和小农户特征的涉农信用、抵押、担保产品，提升金融服务小农户水平。三是更加重视农业保险的保障作用。继续提高农业保险覆盖面，增加农业保险保费补贴资金规模，提高保费补贴比率，激发小农户参保积极性。按照政策性保险保成本、商业性保险保收益、互助性保险保灾害的原则，科学制定保险支持措施。整合现有农产品价格补贴向农产品收入保险补贴转变。

（三）创造有利于小农户与现代农业衔接的稳定预期

改变分散的、粗放的农业经营方式是一个较长的历史过程。中国工业化城镇化进程远未结束，小农户的分化仍在持续深化，实现小农户与现代农业衔接需建立稳定的预期。

1. 稳定制度预期

要让稳定的制度预期在小农户与现代农业衔接过程中发挥基础性作用。一是做好土地承包期延长工作，切实保护小农户的土地承包权。中共中央、国务院已经就保持土地承包关系稳定并长久不变出台了相关意见，以承包地确权登记颁证为基础，对第二轮土地承包到期后进行延长，是广大承包农户的期盼，事关所有小农户的切身利益。据统计，“十四五”期间，全国将有3000多万农户二轮承包合同到期，特别是从2024年开始，承包合同到期的农户数量将急剧上升，有必要扩大试点范围，尽快出台指导意见。试点过程要充分尊重农民主体地位，在应对疑难杂症时坚持农民集体决定，稳定小农户预期。二是在稳定农业经营制度基础上，充分激活小农户的经营才能。鼓励小农户开展联合与合作，引导小农户组成利益共同体，实现节约成本和提高市场谈判地位的目标；完善资本与小农户利益联结机制，健全资本下乡为小农户引入现代生产要素的机制，通过资本、土地和企业家才能的有机结合，充分释放社会资本和工商资本支农助农强农的潜能，在小规模经营基础上实现高投入、高产出、高效益。

2. 稳定发展预期

农民由农村向城镇转移仍是中国未来发展进程中的重要趋势，要在确保国民经济稳定健康发展的基础上继续推进工业化城镇化，把转移农业人口作为重要任务，在城镇创造更多的就业机会和实施更宽松的定居落户政策，以实现农民数量逐步减少，为扩大小农户的经营规模创造条件。但应意识到，在中国，即使小农户的数量再减少一半甚至更多，继续留在农村从事农业经营的绝大多数农户仍然是小农户。从户均七八亩到一二十亩再到七八十亩，农户的经营规模即使扩大10倍，依然难以独立成为有效率、有效益的经营主体，必须借助完备的社会化服务体系。因此，小农户与现代农业有机衔接是一项长期任务，对此要保持足够的历史耐心。

主要参考文献

[1] 陈锡文，罗丹，张征. 中国农村改革40年[M]. 北京：人民出版社，2018.

[2] 陈锡文. 实施乡村振兴战略，推进农业农村现代化[J]. 中国农业大学学报（社会科学版），2018，35（01）：5-12.

[3] 陈锡文. 构建新型农业经营体系 加快发展现代农业步伐[J]. 经济研究，2013，48（02）：4-6.

[4] 何宇鹏，武舜臣. 连接就是赋能：小农户与现代农业衔接的实践与思考[J]. 中国农村经济，2019（06）：28-37.

[5] 张红宇，胡凌啸. 构建有中国特色的农业社会化服务体系[J]. 行政管理改革，2021（10）：75-81.

[6] 张红宇. 小农现代化的中国选择[N]. 农民日报，2021-07-11.

迈向高收入国家行列进程中的农业现代化研究*

迈向高收入国家行列与农业现代化高度相关。从国际经验看，凡是实现了中等跨越迈进高收入门槛的经济体，都实现了农业现代化，且在迈入中等收入特别是中高收入阶段后，出现了“一多”“四快”“一大”“一小”趋势。但是，进入中高收入阶段后，我国农业现代化的几个相关指标大多是在进入中高收入国家行列时就开始放缓的。这主要是由于我国农业基础薄弱、发展方式转变缓慢、农业市场竞争力不强、农业劳动力转移不充分、城乡发展失衡收入差距过大造成的。我国要向高收入国家迈进，实现农业现代化，必须坚持目标导向、问题导向，做好五个坚持，利用好一个出发点，围绕一个导向，催生三个外生动力，激活五个内生动力，构建六大优先机制，推动实现高层次的社会主义农业现代化。

一、迈向高收入国家行列与农业现代化的一般逻辑关系

迈向高收入国家行列是一个经济体转型发展的过程，而农业现代化又是

* 本报告是清华大学中国农村研究院2021年重点研究课题“迈向高收入国家行列与农业现代化”的研究成果，报告观点仅代表课题组的看法。课题负责人：马晓河，中国宏观经济研究院研究员。报告执笔人：马晓河、马建蕾、胡拥军、刘振中、郭军、杨祥雪。

推动这一进程的重要支撑。迈向高收入国家行列，必须实现农业现代化。

（一）迈向高收入国家行列进程中农业现代化的内涵

农业现代化是用现代物质技术要素（包括人力资本）替代传统要素投入，用工业化生产方式取代传统粗放的农业生产经营方式，使农业由传统产业部门变成现代产业部门的过程[①]。农业现代化是一个全方位的动态概念，越是后进入现代化的国家，农业现代化的内涵越丰富，其特征是在外生动力（城市化、工业化）推动、内生动力激发、政府支持力度加大条件下，农业现代化步伐明显加快；农业与其他产业边界逐渐模糊，农业与第二、第三产业出现融合发展趋势；在新技术革命的渗透下，农业现代化的层次叠加更加复杂化；在现代要素替代和生产经营方式转变下，农业生产效率全面迅速提升（包括农民收入、劳动生产率、土地生产率、土地规模经营、科技进步贡献率、农业机械化率等）；同时，城市化推进还与农业就业占比下降形成了关联互动效应。

（二）实现农业现代化与迈向高收入国家行列的关系

迈向高收入国家行列取决于制度政策、产业结构、科技创新、收入差距、人口结构和人力资本六个因素，而农业现代化的目标内容主要包括以下五个方面：一是高效化，农业现代化首先是用先进的生产要素替代传统的生产要素，通过先进的生产方式促进农业提高生产效率；二是优质化，优质高效是我国农业现代化的未来发展趋势，以深化农业供给侧结构性改革为主线，推进农业由增产导向转向提质导向；三是高价值化，农业现代化是实现市场化和商业化生产，其核心目标是生产高价值链农产品，拓展农业的多种

① 马晓河：《大国小农条件下的农业现代化》，载《中国发展观察》2019年第2期，第31–34页。

功能，促进农业“全环节升级、全链条升值”；四是绿色化，为保障农业持续发展的基本条件，必须发展绿色生态农业，以缓解、减少农业复合性污染；五是安全化，保障粮食安全是农业现代化工作的重中之重，提高粮食和重要农产品供给保障能力是头等大事。

农业现代化与迈向高收入国家行列二者的影响因素相互交集，农业现代化五大目标内容对迈向高收入国家行列制度政策、产业结构、科技创新、收入差距、人口结构和人力资本六大目标领域有重大影响和支撑。农业高效化有利于调整人口结构和倒逼科技创新能力提升，农业优质化有利于推进产业结构优化调整，农业高价值化有利于缩小城乡工农收入差距和培养人力资本，农业绿色化有利于推动产业高质量转型，农业安全化有利于筑牢迈向高收入国家的制度基石。总体上，农业现代化通过稳定制度政策、加快产业结构升级、缩小收入差距、提高人力资本、推动科技创新、改变人口结构，持续补齐现代化强国短板、推动大国经济转型、扩大中等收入群体，逐步推动我国迈向高收入国家行列（见图1）。

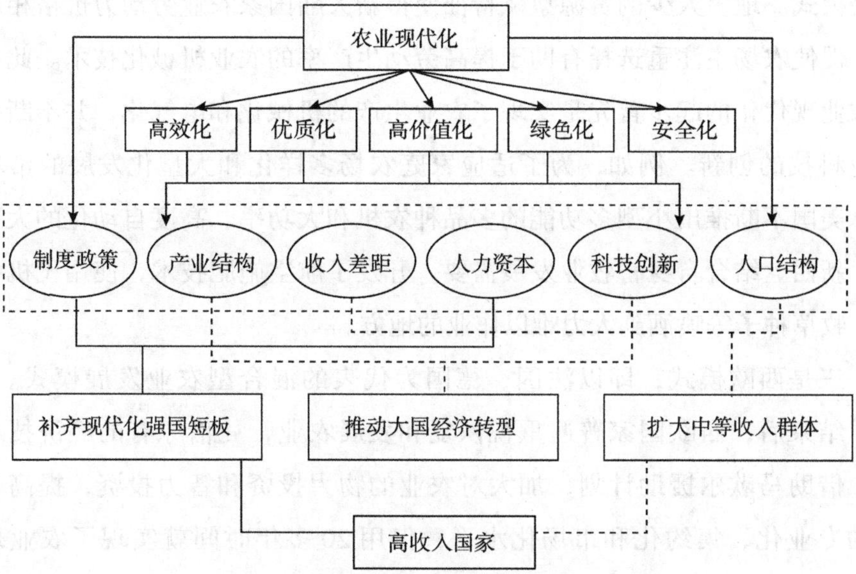

图1　迈向高收入国家行列与农业现代化分析框架

（三）典型发达国家或地区实现农业现代化的实践

1. 主要模式与经验

从典型发达国家或地区实现农业现代化的实践经验看，目前已迈入高收入国家和地区行列有三种比较典型的农业现代化模式。

一是东亚模式，即以日本、韩国及我国台湾地区为代表的政府干预农业精细化发展模式。在实现中等跨越、迈向高收入经济体行列过程中，东亚模式注重通过加大农业支持力度、加强农田水利设施建设、优化农业产业结构等方式推进农业现代化。例如，日本、韩国及我国台湾地区为高效利用有限的耕地资源，通过改善农业水利设施、推广优良的农业品种、广泛施用化肥、应用小型机械等方式，实行小型精耕细作式生产，使土地生产率大幅度提高。

二是新大陆模式，即以美国、新西兰为代表的市场导向型规模化农业发展模式。地多人少的资源禀赋特征使得新大陆国家农业劳动力价格相对较高，促使农场主注重选择有助于提高劳动生产率的农业机械化技术。此类国家农业现代化的起步首先是实现了农业生产的机械化和电气化，并不断推进农业科技的创新。例如，为了适应家庭农场多样化和大型化发展的市场需求，美国不断推出小型多功能的多品种农机和大功率、高度自动化的大型农机。新西兰结合自身畜牧业发展需要，开发了航空施肥技术，使用飞机将肥料、牧草种子等喷洒到人力难以作业的地方。

三是西欧模式，即以法国、德国为代表的混合型农业发展模式。“二战”结束后，西欧国家普遍重视恢复和发展农业，凭借原有的经济技术基础，借助马歇尔援助计划，加大对农业的物力投资和智力投资，提高了农业的专业化、集约化和市场化水平，仅用20多年时间就实现了农业现代化。例如，法国、德国等通过加大农业投入、加强农业教育培训、支持农业科技创新与推广、建立质量标准体系、大力发展农业保险等措施，为农业发展实行全面的支持和指导，提供生产要素、政策支持、制度规则等全方位的保障。

2. 主要特征与效果

尽管不同模式推进农业现代化的做法各有侧重，但高收入经济体在从中等收入阶段向高收入阶段迈进过程中，这些典型模式农业发展呈现“一多”“四快”“一大”“一小”特征趋势。

“一多”即政府对农业投入支持多。1961 年至 1978 年，日本农业预算由 1961 亿日元增加到 26624 亿日元，年均增长 16.6%；农业预算占农业总产出额的比重由 9.3% 提高到 25.7%。农林水产预算占国家预算总额的比重持续保持在 10% 左右，有些年份甚至达到 12%。1976 年至 1985 年，台湾地区拨出基金及填补亏损预算达 400 亿元，增加农民收入 201 亿元以上。新西兰农林部每年支出在 1970 年前不足 2000 万新元，到 1984 年已将近 8 亿新元，占农业 GDP 的 13%。此一时期，各国对农业的支持不仅是投入支持的增多，还表现在对农业生产、农产品价格、农业基础设施、物质技术装备、结构调整、土地流转、农业人口转移等方面，形成了全方位、多举措的支持。

“四快”即农业人口占比下降快、农业劳动生产率提高快、土地产出率提高快、农民收入增长快。农业人口方面，韩国进入中低收入国家前（1960—1974 年），农村人口占总人口的比重由 72.3% 下降至 53.4%，年均下降 1.35 个百分点；从中低收入迈向高收入阶段（1974—1993 年），农村人口占总人口的比重下降至 23.4%，年均下降 1.58 个百分点；而在 20 世纪 90 年代进入高收入国家行列后，韩国的城市化率上升速度明显下降，农村人口占总人口的比重由 1994 年的 22.5% 下降至 2004 年的 19%，年均下降 0.35 个百分点（根据世界银行数据计算）。农业劳动生产率方面，1961—1978 年，日本每 10 小时农业劳动创造的收入由 644 日元增至 5943 日元，增加了 8.2 倍，年均增长 14%[①]。1991—2001 年，我国台湾地区农业劳动生产率从 1991

① 数据来自日本农林水产省网站。

年的每万人2.38亿元上升至2001年的每万人4.97亿元，年均增长8.51%。1983—1992年，韩国农户平均每小时创造的农业增加值由2042韩元增至6462韩元，年均增长13.7%。土地产出率方面，1983—1992年，韩国每10公亩[①]耕地创造的农业增加值由353084韩元增至746082韩元，年均增长8.7%。1961—1978年，日本每10公亩耕地创造的收入由2.49万日元增至10.75万日元，增加了3.3倍，年均增长9%。农民收入方面，1970—1992年，韩国农民人均每月可支配收入由3574.2韩元增至412645.2韩元，年均增长22.9%[②]。日本农民户均收入由1961年的46.59万日元增至1978年的442.13万日元，年均增长14.2%[③]。1960—1972年，美国农民户均收入由4054美元增至12329美元，年均增长9.7%[④]。

"一大"即农民生产生活条件改善大。韩国通过"新村运动"使农村的生产和生活环境得到明显改善。1971—1975年，全国农村共新架设了65000多座桥梁，修筑了宽3.5米的进村公路，基本构筑起城乡畅通无阻的公路网；通过大力改进农村电网，到20世纪90年代全国已实现了电气化；通过采取"政府出大头、地方出中头、农民出小头"的建房政策，向农户贷款帮助其建房，改善了农村人居环境。

"一小"即城乡发展差距缩小。1970年韩国城市居民收入是农民的1.66倍，1980年下降到1.21倍，1993年仅相当于农民收入的78%[⑤]。日本城乡收入比值由1961年的1.51降为1978年的0.94，农民收入水平已赶上甚至略高于全国劳动者的平均水平[⑥]。1960年，美国农户收入相当于全国平均水平的65%，1970年已增至109%[⑦]。

---

① 1公亩=0.0001平方千米。
② 数据来源：《韩国统计年鉴》。
③ 数据来源：日本统计局、日本农林水产省网站。
④ 数据来源：美国农业部经济研究局网站。
⑤ 根据《韩国统计年鉴》、KOSIS网站数据计算。
⑥ 根据日本统计局、日本农林水产省网站数据计算。
⑦ 数据来源：美国农业部经济研究局网站。

二、迈向高收入国家行列为推进农业现代化创造基础条件

“十四五”时期，我国迈向高收入国家行列将是大概率事件，国家一系列战略部署为我国推进农业农村现代化提供了良好的宏观环境。

（一）国家综合实力增强为农业现代化提供了物质基础

国际经验表明，发达国家在迈向高收入国家的阶段（人均 GDP 处于 1 万 ~ 2 万美元区间时期），都能够牢牢利用经济增长红利推动农业发展，使传统农业进入现代化转型的快车道。一是经济实力与增长势头强劲，2021 年我国国内生产总值（GDP）在全球主要经济体中名列前茅，经济规模突破 114 万亿元，稳居全球第二大经济体，人均 GDP 达到 80976 元，按平均汇率折算为 12551 美元，首次超过世界人均 GDP 水平，与高收入国家标准只有一步之遥，为农业现代化提供了宏观条件。二是工业化城镇化正在进入成熟阶段，2021 年我国微型计算机、手机、汽车、钢材产量分别达到 4.7 亿台、16.6 亿台、2653 万辆、13.4 亿吨，继续保持世界第一位，国家创新能力综合排名上升至世界第 12 位，全国常住人口城镇化率为 64.72%，城镇化达到较高水平，以工补农、以城带乡的条件进一步成熟，工农互促、城乡互补、协调发展、共同繁荣的新型工农城乡关系正在加速形成。

（二）全面推进乡村振兴为农业现代化提供了行动支撑

随着消除绝对贫困和全面建成小康社会，“十四五”时期我国“三农”

工作重心历史性转向全面推进乡村振兴，为加快中国特色农业农村现代化进程提供系统性支撑。一是全面推进乡村振兴使得政策导向更加鲜明精准，农业支持保护持续加力，多元投入格局加快形成，城乡要素双向流动和平等交换机制逐步健全，为推进农业农村现代化提供有力的制度保障。二是全面推进乡村振兴使得农业生产布局更加优化，围绕推进高标准农田建设、实施国家黑土地保护等重大工程，粮食生产功能区、重要农产品生产保护区、特色农产品优势区建设布局持续优化，为农业现代化提供良好发展载体。三是全面推进乡村振兴使得现代乡村产业体系更加完善，围绕乡村产业园区化融合化发展，现代种养业、农产品加工流通业、乡村休闲旅游业、乡村新型服务业等持续壮大，为农业现代化提供了产业支撑。

（三）构建新发展格局为农业现代化提供了更大的发展空间

党的十九届五中全会提出“加快构建以国内大循环为主体、国内国际双循环相互促进的新发展格局”的重大战略部署。“十四五”国家发展规划进一步把扩大内需作为战略基点，国内超大规模市场优势不断显现，为推进农业现代化拓展广阔空间。一是构建新发展格局将为农业现代化畅通国内大市场，14 亿多人的吃饭需求与高质量食物需求决定了农业现代化的巨大国内市场空间，国内大市场建设也有利于畅通城乡循环。二是构建新发展格局将为农业现代化提供“两个市场、两种资源”，有利于发挥共建“一带一路”在扩大农业对外开放合作中的重要作用。

（四）新一轮科技革命为农业现代化提供强劲的创新驱动力

新一轮科技革命和产业变革深入发展，生物技术、信息技术、新材料技术、新能源技术等加快向农业农村各领域渗透，将为推进农业农村现代化提供动力支撑。从生物技术看，生物技术进一步应用于农业，有利于推动新一轮畜禽遗传改良计划和现代种业提升工程。从机械技术看，机械化有利于提高农机装备研发应用能力，推进粮食作物和战略性经济作物育、耕、种、管、收、运、贮等薄弱环节先进农机装备研制。从数字技术看，数字农业建设试点、农业农村大数据试点、国家物联网应用示范的深入推进，将有利于推动传统小农发生根本性变化。

（五）全面建成小康社会为农业现代化提供了经验积累

全面建成小康社会是一次历史性的跨越，为推进农业现代化提供了坚实的基础条件。一是通过实施脱贫攻坚战，现行标准下农村贫困人口全部脱贫，832 个贫困县全部摘帽，12.8 万个贫困村全部出列。二是农民收入水平大幅提高。农村居民人均可支配收入达到 17131 元，较 2010 年翻一番多。城乡居民收入相对差距缩小到 2.56 ∶ 1。三是农村改革纵深推进。农村基本经营制度进一步巩固完善，农村土地、集体产权、经营体制等改革取得突破性进展。

三、迈向高收入国家行列进程中实现农业现代化的挑战

自 1998 年开始，中国进入下中等收入国家行列以来[①]，经过 12 年高速增长，于 2010 年迈上中等收入国家行列，此后又经过了 11 年快速增长，经济发展水平已经十分接近高收入国家门槛。当前和今后一个时期，向高收入国家行列迈进，实现全面现代化，迫切需要加快农业现代化。但是，此时推进农业现代化，我国遇到的最大挑战是：与农业现代化直接相关的几个主要指标都出现了同先行现代化国家相反的变化趋势。

① 1998年世界银行中低收入国家人均GDP为761～3030美元，当年中国人均国民总收入（GNI）为800美元。

从表 1 数据可以看出，农业增加值增长率、农业劳动生产率、土地生产率的年均增长率从 2005 年以后就出现了放缓趋势，城镇化率、农民收入年均增长率是 2010 年后减缓的，农业就业比重下降速度放慢也是发生在 2010 年之后。也就是说，我国农业现代化的几个相关指标大多都是在进入中高收入国家行列时就开始放缓，这与当年日本、韩国、中国台湾以及其他现代化国家和地区的变化趋势截然相反。究其根本，这些变化同以下问题的形成密切相关。

表1　农业增加值和农业劳动生产率年均增长变化　单位：%

	农业增值年增速	农业劳动生产率年增速	土地生产率年增速	城镇化率年增速	农业就业比重	农民收入年增速
1998—2005 年	3.41	6.65	5.9	1.38	−0.71	5.11
2005—2010 年	4.33	16.11	13.5	1.39	−1.62	9.37
2010—2015 年	4.08	14.41	6.3	1.48	−1.74	9.62
2015—2020 年	3.36	10.23	7.3	1.31	−0.88	6.00

资料来源：1999年到2021年《中国统计年鉴》。

（一）农业基础仍然薄弱

与农业现代化的要求相比，我国农业基础薄弱首先表现在农业科技支撑不强。发达国家农业科技进步贡献率一般在 80% 以上，但 2020 年我国为 60%。从资源利用效率看，发达国家农田灌溉用水有效利用系数一般在 0.7 ~ 0.8 之间，2020 年我国仅为 0.56。从信息技术看，我国绝大多数的智慧农业关键核心技术还处于跟踪阶段，农业物联网、大数据、人工智能等技术在国内还处于试验阶段。从种业发展看，我国种业的产业化和市场化水平还较低，较高附加值农产品的核心种源大部分仍掌握在国外公司手里，我国对种质资源的开发和利用不足，进口依赖度高。从农机装备看，国外农机产品基本可以实现作物全程机械化，但国产农机还不能适应大部分作物的全部作业环节，尤其是经济作物的机械化水平较低，高端农机具主要依靠进口。

（二）发展方式转变缓慢

我国转变农业发展方式任务繁重，农村一二三产业融合发展水平不高，农业质量效益和竞争力不强。一是农业结构调整相对较慢，发达国家畜牧业产值占农业产值比重普遍在 50% 以上，农产品加工业产值与农业总产值之比一般在 3.5 以上，2020 年我国仅为 2.4。另外，旅游观赏农业、循环农业、生物农业、绿色农业、智慧农业等业态发展明显不足。二是农业组织化规模化程度仍然较低，“大国小农”仍是我国基本国情农情，全国小农户数量占到农业经营主体的 98% 以上，小农户从业人员占农业从业人员的 90%，小农户经营耕地面积占总耕地面积的 70%，未来加快适度规模经营的潜力空间仍然较大。三是农业可持续发展能力的短板弱项明显，虽然近年来中国化肥、农药投入总量减少趋势明显[①]，但是，我国化肥、农药等的施用强度仍远超国际公认的安全上限，更高于世界和中等偏上收入国家的平均水平，农业可持续发展面临环境污染问题和生态保护压力。

（三）农业国际市场竞争力不强

从农业劳动生产率来看，当前及今后较长时期，中国与世界农业强国之间劳均农业增加值的差距依然十分明显，2019 年，中国劳均农业增加值为 5609 美元（2015 年美元不变价），低于中等偏上收入国家整体水平，与高收入国家整体水平的差距在 3 万美元以上。从进出口来看，由于人多地少的基本国情，与农业发达国家相比，中国初级农产品、土地密集型农产品的竞争力弱，中国农业贸易逆差巨大，自从 2004 年中国农产品贸易首次出现逆差后，贸易逆差一直呈现扩大趋势，2021 年，中国农产品进出口额为 3041.7 亿美元，其中出口 843.5 亿美元、进口 2198.2 亿美元，贸易逆差达 1354.7

① 根据《中国统计年鉴2021》，2020年全国农用化肥施用量5250.7万吨，较2015年降低12.8%。

亿美元。从品牌建设看，国际农产品市场供给集中度很高，大宗农产品主要被少数跨国公司掌控，比如80%粮食贸易和其他大宗农产品贸易被ADM、邦吉、嘉吉、路易达孚四大跨国粮商所垄断。

（四）农村劳动力向外转移还不充分

我国推动农业现代化的短板弱项仍然是人的问题。一是农业劳动力向外转移不充分。2020年，我国农业就业比重高达23.6%，这一关键问题是由我国城镇化发展不足造成的。2020年世界中高收入国家平均城市化率为67.59%，高收入国家平均城市化率为81.76%，而我国城镇化率为63.89%，如果考虑2亿多农业转移人口市民化程度不高的因素，则实际城镇化水平还要更低一些。由于城镇化水平偏低，农业劳动力向外转移受阻，必然会导致农业劳动力人均占有资源水平低下，农业劳动生产率提高缓慢，农业生产经营效率不高。二是农业劳动力技能偏低，据农业农村部2018年发布的《全国新型职业农民发展报告》，全国新型职业农民总量为1500万人，占第三次全国农业普查农业生产经营人员总量的4.78%，其中，高中及以上文化程度的新型职业农民占30.34%，与全部就业人口、工业就业人口以及服务业就业人口的受教育水平差距较大①。

（五）城乡发展失衡且收入差距过大

一是农业农村基础设施投入和公共服务供给短板弱项明显。例如，目前农村地区水电路气信等传统基础设施基本实现全覆盖，但新型基础设施还存在较大缺口，特别是农村新型生产基础设施供给不足②。在数字经济发展下，

① 2016年开展的第三次全国农业普查显示，农业生产经营人员平均受教育年限只有7.7年，与发达国家普遍在13年以上的水平存在较大差距。

② 据统计，目前仅有约40%的农产品批发市场建有冷库、11%配备了冷藏车、13%有陈列冷柜，农产品冷链应用率不到20%。

数字农业、电子商务、农产品质量安全物联网应用、农村互联网金融等发展也明显滞后。此外，在基层财政压力情况下，乡镇教育、医疗、文化和法律等公共服务业也存在结构性失衡。二是城乡收入差距较大，低收入人口比重高。尽管城乡居民人均可支配收入比从 2011 年的 3.13 ：1 稳步下降到 2020 年的 2.56 ：1，城乡居民人均可支配收入基尼系数从 2011 年的 0.477 稳步下降到 2019 年的 0.465，但我国城乡居民收入差距仍然明显高于世界平均水平，尤其是城乡居民收入绝对差距还在扩大，2011 年城乡居民可支配收入绝对差额为 14033 元，2021 年扩大到 28481 元，差额扩大了 1.03 倍，这主要是由农村的低收入者群体规模过大引起的①。

四、推进农业现代化的总体思路与目标

我国要向高收入国家行列迈进，实现农业现代化，既要借鉴国际经验，也要考虑我国的基础条件，以目标和问题为导向，走一条独特的农业现代化之路。

（一）对农业现代化的几点认识

1. 不同阶段农业现代化内容不同

自新中国成立以来，我国多次提出农业现代化，但受不同时代生产力条件的影响，不同时期赋予农业现代化的内涵不同。与发达国家相比，由于我国农业基础短板突出，在国际竞争中长期处于弱势地位。在新一轮科技革

① 按照世界银行标准，每人每天收入低于10美元的属于低收入人群。依据国际货币基金组织方法计算的购买力，2020年人民币与美元之间的比值是4.2：1，即年收入在15330元（月收入1277.5元）以下者均为低收入者，以此计算，2020年农村居民月收入低于1278元的人口占60%，即有30587万人是低收入人群。其中，月收入低于866元以下的占40%，即有2亿人以上。这部分人群除了少数分散于发达城市地区之外，大都集中于农村地区，主要从事农业或进城打工。由于这部分人群收入水平低，是导致城乡差距大、农村内部收入分化的主要群体。

命影响下，农业新技术新业态新模式蓬勃兴起，各国纷纷抢抓机遇，抢占农业产业国际竞争制高点。因此，我国农业现代化的任务是多层级的，既要补“发达国家农业现代化”的课，避免走弯路，又要在新技术革命背景下抢占现代化前沿阵地，追求更高层级的农业现代化。

2. 中国农业现代化是“大国小农”农业现代化

“大国小农”是我国的典型特征。从“大国”看，受地形地貌影响，我国现有农地规模已基本达到最高点，以规模效应提升农业效益的作用下降，“上山下海”成为农业现代化新空间。从“小农”看，我国农业人口减少、农村老龄化趋势加剧，农业现代化必须借力城镇化、工业化、数字化改造，发展适应“大国小农”的微耕、微型农业技术、微型机器人、无人化设备等，以新兴数字要素替代传统劳动力要素，推进现代农业发展。

3. 农业现代化是具有独特时代背景的现代化

当今世界面临百年未有之大变局，我国农业现代化面临复杂的国际国内形势。构建新发展格局要求农业畅通国内国际双循环，提升强化国际合作和直面国际竞争的能力。实现共同富裕要求农业现代化以提高农民收入为重心，推动农民在实现农业现代化的过程中提升自我发展的能力。实现“双碳”目标要求农业现代化改变传统上仅追求效率和效益的目标，实现农业生产全过程节能化、绿色化、低碳化和多功能化。

4. 农业现代化需要内外动力共同推进

农业现代化需要工业化、新型城镇化和信息化等外生动力协同发力，增强工业反哺农业、城镇支持农业、信息赋能农业的能力，提高先进技术、农机装备和信息技术的综合服务水平，推动传统农业向第二、第三产业延伸拓展，发展集生产、生态、景观和休闲等多功能于一体的高附加值现代农业。同时，农业现代化也需要通过政策机制创新，推进农业组织化、市场化、优质化、绿色化，练强“内功”、厚植“硬核”。

5. 农业现代化需要市场与政府厘清边界

农业事关粮食安全、经济基石和社会稳定，天然具有较强外部性。实现农业现代化既要依靠市场力量，但也离不开政府强力支撑。只有通过改革和机制创新，重构与新时代农业现代化相适应的生产关系，推动政府与市场达到边界明确、作用协调的状态，让生产者更加体面、让消费者更加青睐、让市场更加均衡、让农产品更有价值，才能实现农业生产力的新跨越，进而推动农业向更高层级的现代化迈进。

（二）总体思路

坚持稳步推进的总基调，坚持加强党对“三农”工作的全面领导，坚持农业农村优先发展，坚持农业现代化与农村现代化一体设计、整体推进，坚持创新驱动发展，以推动高质量发展为主题，统筹发展和安全，落实加快构建新发展格局要求，紧扣“双碳”目标，以迈向高收入国家行列充分利用“大国小农”的基本国情为出发点，以提升农民自我发展能力为导向，以城镇化、工业化、科技化改造为三大外生动力，以增强农业组织化、市场化、优质化、机械化、安全化为五大内生动力，构建农业现代化六大优先机制，加强农业资源循环高效利用，促进农业劳动力素质与现代化设施装备高度适配，畅通乡村投融资堵点，推动农业技术水平跟上时代步伐，缩小农业生产经营者收入与其他产业经营收入的差距，强化农业产业国际竞争力，走集约化、绿色化、特色化、数字化的现代农业发展道路，推动实现高层次的社会主义农业现代化。总体来说，可以概括为“511356”：做好五个坚持、利用好一个出发点、围绕一个导向、催生三个外生动力、激活五个内生动力，构建六大优先机制。

（三）阶段性目标

1. 2035 年远景目标

以 2020 年数据为基准，按照农民人均可支配收入、常住城镇化率、农业劳动生产率、农业机械化程度、土地规模经营平均每年分别增长 1.78%、1.75%、9.43%、1.93%、6.94% 的发展速度[①]，2035 年，我国将基本实现农业现代化[②]。划定永久基本农田、生态保护红线、城镇开发边界三条控制线[③]的耕地保护措施得到有效落实，高标准农田建设阶段性任务全面完成，现代产业体系实现核心技术攻关，农业设施加快发展，农民收入中位数增速接近或超过农民人均可支配收入增速，中等收入群体显著扩大，现代农业产业体系、生产体系、经营体系完善健全，农村一二三产业深度融合格局稳定形成。

基本公共服务实现均等化，城乡区域发展差距和居民生活水平差距显著缩小。农业和农村产业高质量发展态势更加鲜明，经济业态更加丰富，农业农村的生活、生态、文化功能得到有效彰显，带动农民就地就近体面就业的作用显著增强，"三农"高水平安全格局构建达到更高水平。农业绿色生产方式日益普遍，农村生态环境和文化建设实现根本性好转，农民全面发展、实现共同富裕取得明显的实质性进展，生态为底、文化为魂、宜居宜业宜游的农业现代化发展格局基本形成。

2. 2050 年远景目标

按照农民人均可支配收入、常住城镇化率、农业劳动生产率、农业机械化程度、土地规模经营平均每年分别增长 1.28%、1.56%、8.86%、2.94%、9.22% 的发展速度[④]，2050 年，我国将全面实现农业现代化，乡村全面振兴，城乡全面融合，涵盖城乡全体人民的共同富裕基本实现。通过制度、政策、

---

① 各指标发展速度即根据主要发达经济体（德国、日本、新西兰、法国、以色列、中国台湾）到达高收入阶段时的平均水平与中国2020年水平对比，并由此测算出的复合增长率得出（具体指标数据来源于世界银行网站World Bank Open Data）。

② 参见《国务院关于印发"十四五"推进农业农村现代化规划的通知》（国发〔2021〕25号），2021年11月12日，http：//www.gov.cn/zhengce/content/2022-02/11/content_5673082.htm.

③ 参见2022年中央一号文件《中共中央 国务院关于做好2022年全面推进乡村振兴重点工作的意见》，2022年1月14日，http：//www.gov.cn/zhengce/2022-02/22/content_5675035.htm.

④ 此处人均可支配收入、常住城镇化率、农业劳动生产率、农业机械化程度、土地规模经营的具体增长速度分别根据法国、以色列、新西兰、日本等主要发达经济体到达高收入阶段时上述农业现代化指标的最高水平与中国2020年水平对比，并由此测算出的复合增长率得出。

投资改革引领现代农业发展创新的方式，农业全要素生产率大幅提升，“藏粮于地、藏粮于技”的国家食物安全发展战略有效施行，谷物自给率达85%以上，口粮自给率达95%以上。

建成农业生态环境保护和建设的长效机制，农业持续稳产增产的同时，环保农业、绿色农业、高效农业发展的科技体系不断完善，工业化、城镇化、信息化和农业现代化匹配程度与耦合程度逐步深化，工农互促、城乡互补、协调发展、共同繁荣的新型工农城乡关系取得系统性突破，农业全面实现绿色高效、优质高值、可持续发展。在基本实现农业高质高效、农村宜居宜业、农民富裕富足、城乡融合融通的农业现代化格局的基础上，达成富强民主文明和谐美丽的社会主义现代化强国的战略安排①。

五、推进农业现代化的主要任务和路径

通过创造农业现代化外部条件、增强农业现代化内生动力，构建政府支持农业现代化的体制机制，推动农业产业发展，增加农民创收能力、增强农业比较收益，推动实现更高层级农业现代化。

（一）创造农业现代化外部条件

一是加快城镇化步伐，为农业实现规模经营、提高劳动生产率创造条件。要因地制宜推进城市空间布局形态多元化，东部等人口密集地区要优化城市群内部空间结构，合理控制大城市规模，推动城市组团式发展，形成多中心、多层级、多节点的网络型城市群结构。中西部有条件的省份培育多个

① 参见《中共中央关于制定国民经济和社会发展第十四个五年规划和二〇三五年远景目标的建议》，2020年11月3日，http://www.gov.cn/zhengce/2020-11/03/content_5556991.htm。

中心城市，避免“一市独大”的弊端。全国各地要坚决贯彻落实国务院关于“全面取消”和“全面放宽”农业转移人口市民化的落户条件的改革政策。除了北京、上海等超大城市外，真正放开放宽农民进城落户条件。建立放开放宽农民工进城落户激励机制，明确各大中城市放开放宽农业转移市民化的最后期限，对在期限内率先放开放宽的城市给予政策激励，对超过期限不打开城门的管理者，要颁布惩罚措施。

二是以新型工业化带动农业农村现代化，加快构建现代农业产业体系，提升产业链供应链现代化水平。引入现代工业理念，把工业和农业放在同一平台上统筹考虑，给落后农业补台，用工业生产经营方式组织农业生产，用工业加工制造技术延长农业产业链，用工业营销手段拓展农产品市场。大力发展农村非农产业，实施农村一二三产业融合联动发展。依托乡村特色优势资源，以“粮头食尾”“农头工尾”为抓手发展现代农产品加工业，健全生产、加工、仓储保鲜、冷链物流等全产业链。发展农业产业化龙头企业牵头、家庭农场和农民合作社跟进、广大小农户参与的农业产业化联合体，加快推广“订单收购 + 分红”“土地流转 + 优先雇用 + 社会保障”“农民入股 + 保底收益 + 按股分红”等多种利益联结方式。大力发展乡村旅游、休闲康养、电子商务等适宜农村发展的现代服务业，丰富乡村经济业态，拓展农民增收空间，培育乡村发展新动能。

三是提升农业科技化（数字化、智慧化）发展水平。实施一批农业基础研究和关键技术研究工程，启动一批农业科技入户工程项目，在生物技术、信息数字技术、农业机械装备技术、农产品加工技术、资源可持续利用技术等领域，重点推广一批科技成果。推动物联网、大数据、人工智能、区块链等新一代信息技术与农业生产经营深度融合，促进农业数字化转型。实施数字乡村建设工程，加快农村光纤宽带、移动互联网、数字电视网和下一代互联网发展，支持农村及偏远地区信息通信基础设施建设。加快推动遥感卫星数据在农业农村领域中的应用。推动农业生产加工和农村地区水利、公路、电力、物流、环保等基础设施数字化、智能化升级。

（二）增强农业现代化内生动力

一是稳步提高农业综合生产能力，完善粮食安全保障体系。严守耕地保护红线，加强耕地用途监管，坚决防止耕地“非农化”，严控耕地“非粮化”，遏制耕地撂荒，引导耕地特别是永久基本农田优先用于粮食生产。完成高标准农田建设阶段性任务，抓好黑土地保护，不断提升耕地质量。研究制定地方党政领导干部粮食安全责任制具体考核办法，加大粮食生产考核力度。调整优化农业结构，稳定粮食播种面积，在东北地区积极推行大豆玉米合理轮作，有序推进地下水超采区、不适宜水稻种植区开展“水改旱”扩种大豆，在黄淮海、西北、西南地区大力推广大豆玉米带状复合种植。研究构建粮食产销平衡机制，适当提高稻谷、小麦最低收购价，稳定种粮农民补贴，实现三大粮食作物完全成本保险和种植收入保险在产粮大县全覆盖，合理保障主产区农民收益，提高农民种粮积极性。完善粮食储备制度，不断夯实粮食安全基础。

二是提高农民组织化程度，培育农民内生自我发展能力。农业经营的组织化创新是推进现代农业的核心和基础。突出抓好家庭农场和农民合作社两类经营主体，鼓励发展多种形式适度规模经营。实施家庭农场培育计划，把农业规模经营户培育成有活力的家庭农场。推进农民合作社质量提升，支持农民合作社联合社加快发展。发展壮大农业专业化社会化服务组织，培育服务联合体和服务联盟，将先进适用的品种、投入品、技术、装备导入小农户。加快发展农业生产托管服务。大力培育新型农民和实用人才，加强农业职业教育和培训，加大对职业农民的培训，提高其生产技能和经营管理水平。

三是坚持市场化发展方向，努力提高农业的市场竞争力。农业的市场化是农业现代化的关键内容，包括农产品的商品化、生产经营者的商业化和专业化。强化农业要素资源配置由市场起决定性作用，加强市场信息服务，加快农产品和各类要素市场建设，完善农产品价格形成和市场调控机制，坚持并完善粮食最低价和收储调控制度，稳定并优化种粮收入补贴政策。加强市场基础设施配套建设，完善县、乡、村三级物流配送体系，构建农村物流骨干网络，补齐物流基地、分拨中心、配送站点和冷链仓储等基础设施短板，加大对公用型、共配型场站设施的政策支持力度。提升政府服务水平，进一步培育农业农村市场主体，支持农业专业化生产经营。深化“放管服”改革，持续改善乡村营商环境，引导和鼓励工商资本投入现代农业、乡村产业、生态治理、基础设施和公共服务建设。

四是发展优质化农业，不断提高农业的附加值。品牌化是农业现代化的核心竞争力。建立健全农业高质量发展标准体系，制修订粮食安全、种业发展、耕地保护、产地环境、农业投入品、农药兽药残留等标准，强化农产品营养品质评价和分等分级。加强绿色食品、有机农产品、地理标志农产品认证和管理，建立健全农业品牌监管机制。强化农产品质量安全监管。完善农产品质量安全全程监管体系，扩大农产品质量安全风险监测范围，强化基层监管和检验检测队伍建设，推行网格化监管和智慧监管。挖掘区域特色资源潜力，培育一批特色明显、类型多样、竞争力强的知名品牌和专业村、专业乡镇，打造一批特色农产品知名品牌和优势产区，逐步形成合理的区域分工和专业化生产格局，充分利用两个市场、两种资源，做精做强做优特色农产品。

五是积极发展农机装备产业，努力提高农业综合机械化水平。深入推进农业机械化供给侧结构性改革，着力补短板、强弱项、促协调，大力推动机械化与农艺制度、智能信息技术、农业经营方式、农田建设相融合相适应，引领推动农机装备创新发展，做大做强农业机械化产业群产业链，加快推进农业机械化向全程全面高质高效发展。采取有力措施，着力提升粮食作物生产全程机械化水平，大力发展经济作物生产机械化，加快发展畜禽水产养殖机械化，积极推进农产品初加工机械化，加快补齐丘陵山区农业机械化短板，加快推动农业机械化智能绿色化。积极运用北斗、5G、物联网、大数据等技术，推进农机物联网管理平台建设，提升农业机械化动态监测、农机作业指挥远程调度和应急处理水平。

（三）构建政府支持农业现代化的体制机制

一是建立农业现代化投入优先保障机制，支持农业优先发展和优先实现现代化。推动建立“三农”财政投入稳定增长机制，继续把农业农村作为一般公共预算优先保障领域，加大中央财政转移支付支持农业农村力度。制定落实提高土地出让收入用于农业农村比例的考核办法，确保按规定提高用于农业农村的比例。督促推进各地区各部门进一步完善涉农资金统筹整合长效机制。

二是强化农村基础设施建设优先配置机制，支持农村重要基础设施领域优先发展。完善农村交通运输体系，推进农村公路建设项目更多向进村入户倾斜，有序推进乡镇通三级及以上等级公路、较大人口规模自然村（组）通硬化路，实施农村公路安全生命防护工程和危桥改造。扎实开展农村公路管理养护体制改革试点，落实管养主体责任。推进农村供水工程建设改造，配套完善净化消毒设施设备。深入实施农村电网巩固提升工程。推进农村光伏、生物质能等清洁能源建设。实施农房质量安全提升工程，继续实施农村危房改造和抗震改造，完善农村房屋建设标准规范。

三是强化农村公共服务优先供给机制，支持农村公共服务优先发展。加强基本公共服务县域统筹，加强普惠性、基础性、兜底性民生建设，推动基本公共服务供给由注重机构行政区域覆盖向注重常住人口服务覆盖转变。多渠道增加农村普惠性学前教育供给，完善普惠性学前教育保障机制，办好特殊教育。加强乡村教师队伍建设，推进县域内义务教育学校教师交流轮岗，支持建设城乡学校共同体。加强乡村基层医疗卫生体系建设，提升村卫生室标准化建设和健康管理水平，提升乡镇卫生院医疗服务能力。加强县级医院和妇幼保健机构建设，持续提升县级疾控机构应对重大疫情及突发公共卫生事件能力。

四是建立健全社会保障城乡融合机制，支持农村社会保障从“有”向“高”“好”转变。完善统一的城乡居民基本医疗保险、大病保险和基本养老保险制度，建立完善城乡居民基本养老保险待遇确定和基础养老金正常调整机制，适时提高基础养老金标准，构建多层次农村养老保障体系。深入推进紧密型县域医疗卫生共同体建设，实施医保按总额付费，加强监督考核，实现结余留用、合理超支分担。健全县、乡、村衔接的三级养老服务网络，推进村级幸福院、日间照料中心等建设，推动乡镇敬老院升级改造。发展农村普惠型养老服务和互助性养老，加大居家养老支持力度。

五是建立健全土地要素平等交换机制，支持农村土地流转。建立健全城乡统一的建设用地市场，规范交易规则，完善有偿使用制度，构建统一的自然资源资产交易平台，纳入公共资源交易平台体系。规范开展城乡建设用地增减挂钩，完善审批实施程序、节余指标调剂及收益分配机制。完善盘活农村存量建设用地政策，实行负面清单管理，优先保障乡村产业发展、乡村建设用地。鼓励对依法登记的宅基地等农村建设用地进行复合利用，发展休闲农业、乡村民宿、农产品初加工、农村电商等。建立土地征收公共利益认定机制，缩小土地征收范围，规范征地程序。保障和规范农村一二三产业融合发展用地，鼓励各地根据地方实际和农村产业业态特点探索供地新方式。探索建立补充耕地指标跨区域交易机制。

六是强化农民市民化公共成本分担机制，支持加快新型城镇化进程。建立健全由政府、企业、个人共同参与的农业转移人口市民化成本分担机制，根据农业转移人口市民化成本分类，明确成本承担主体和支出责任。加快新型城镇化进程，除特大城市外全面放宽放开农民进城的限制。把加快发展中小城市作为优化城镇规模结构的主攻方向，加强产业和公共服务资源布局引导，提升质量，增加数量。鼓励引导产业项目在资源环境承载力强、发展潜力大的中小城市和县城布局，依托优势资源发展特色产业，夯实产业基础。借鉴国外经验，调低我国城镇定义门槛，将人口超过 2500 人的行政村有计划地全部建设转化为小城镇。

六、政策保障

加快农业现代化，既涉及生产力发展，也涉及生产关系变革，要坚持一切从实际出发，把握方向，突出重点，有序推进。

（一）加快种业、农机装备创新

一是全面落实种业振兴行动方案。深入推进种质资源收集保护和鉴定利用，继续实施良种科研联合攻关计划，强化企业创新主体地位，加快构建商业化育种体系，高标准建设种子基地，严格种业市场监管，有效激励育种原始创新。加快生物技术（特别是育种技术）、数字技术和装备技术在农业中的应用，大幅提高农业全要素生产率，稳妥有序推进生物育种产业化应用。二是因地制宜推动农机装备研发。围绕双季水稻机械化育秧移栽、南方丘陵山区玉米机种机收、冬小麦节水灌溉、马铃薯机种机收、夏大豆免耕播种、玉米大豆带状复合种植等薄弱环节以及适宜稻区再生稻、西南丘陵山区玉米和马铃薯、西北旱作农业、南方大豆、高原青稞等生产机械化，推进适用机具研发。三是推进粮食机械化生产关键环节减损提质。完善粮食作物精量播种、机收减损作业标准和操作规范，加强粮食作物在用播种机、收获机质量调查和作业机具田间测评选型，引领企业改进播种和收获机械的产品性能。

（二）推动农业绿色可持续发展

一是加快农业绿色化转型。加强农业面源污染防治，持续推进化肥农药减量增效，循环利用农业废弃物，提升产地环境保护水平。构建农业绿色低碳产业链，推进产业集聚循环发展，深入实施农业生产“三品一标”提升行动。二是加强农村生态系统保护。统筹推进山水林田湖草沙系统治理，坚持宜农则农、宜牧则牧、宜渔则渔、宜林则林，逐步建立起农业生产力与资源环境承载力相匹配的发展新格局。加强长江、黄河等重点流域生态环境保护，促进生态环境高水平保护与农业高质量发展。三是开展农村人居环境整治。扎实推进农村厕所革命，协同推进生活污水治理。加快推进农村生活污水治理，按照优先治理区域、重点整治区域、典型地区、居住分散地区等分区分类推进治理。提升农村生活垃圾治理水平，以县域为单元，统筹规划建设城乡生活垃圾收运处置体系。

（三）推进城乡统筹发展

一是加快补齐乡村基础设施短板。在农村供水方面，加快建立从源头到龙头的农村供水工程体系；在农村电力方面，要加快建立高质量的现代农村电网，全面推进新一轮农村电网改造提升工程；在农村道路方面，要加快实施农村公路升级改造提升工程；在农村燃气方面，推进燃气向乡镇、行政村覆盖，完善乡村燃气管网的建设。二是不断完善农村养老、教育、医疗等公共服务体系。在农村养老方面，加快构建县、乡、村三级养老供给服务网络体系，提升人口密度较高的乡镇、行政村养老服务设施的利用率；在农村教育方面，合理规划农村中小学布局结构，优先满足适龄儿童就近上学的基本需求，大力加强农村教师队伍建设；在农村医疗方面，不断提升乡镇卫生院、村卫生室的医疗服务水平，推动乡村医生向执业医师转变，定期组织县城医生赴乡村问诊，增加农村医疗床位数。三是加快实现城乡社会保障一体化。支持基本医疗、基本养老、贫困救助优先实现城乡融合，实行同机构、同渠道、同标准，为此不断提高农村基本医疗、基本养老、贫困救助等补助标准（每年提高5%），最终与城镇职工标准接轨。

（四）增加农业资金投入力度

一是探索创新农村金融服务。稳步推进农村产权制度改革，在已完成土地确权登记基础上，加快推动价值评估、交易流转、处置变现等配套机制建设，进一步盘活农村资产资源，打通农村产权资源增值和变现通道，以增加农民的财产性收入。二是谋划推动设立乡村振兴基金。结合当地发展实际，推动设立政府资金引导、金融机构大力支持、社会资本广泛参与、市场化运作的乡村振兴基金。采取“母基金+子基金”模式，引导地方设立乡村振兴基金、重点产业投资基金，打通金融和社会资本投资落地通道。三是明确资金扶持重点和优先序。财政支农重点要向公共基础设施、农业科技、农业保险和担保支持政策倾斜。适时发行农业现代化建设债券，加大地方政府债券支持农业农村力度，用于符合条件的农业农村领域建设项目。在农业基础设施上要推进高标准农田建设，注重宜机化改造和农田小型水利设施建设。在农业科技上需要强化对农业科技的投入，创新探索科技协同创新组织模式。在风险分担、收益保障方面，应将财政资金优先用于农业保险、担保等领域。

（五）深化农村土地制度改革

一是推进农村土地“三权分置”改革。探索放活农村承包土地经营权有效实现形式，通过出租、入股等方式，推进农村土地流转和发展适度规模经营。同时，健全监管和风险防范机制，建立市场准入制度，加强事中事后监管，强化土地流转服务水平。二是赋权盘活农村集体建设用地。打破城乡分割的二元土地制度，放开农村集体建设用地进入一级土地市场的限制，实行农村集体建设用地与城市土地“三同”政策，即同市、同权、同价格。三是赋权宅基地流转交易。在不突破现有法律政策规定的前提下，积极稳妥开展多种形式的闲置宅基地和闲置农房盘活利用工作，在积极探索农民的宅基地及其建筑物转让、入股、抵押、继承等之外，还要进行跨社区交易的市场化合理性改革试点。

主要参考文献

[1] 曹俊杰，王学真，高峰. 资源丰缺度不同国家的农业现代化模式之比较[J]. 宁夏社会科学，2010（4）：36–41.

[2] 邓汉慧，邓璇. 发达国家农业现代化经验对我国农业发展的启示[J]. 农业经济问题，2007（9）：106–109.

[3] 杜志雄. 农业农村现代化：内涵辨析、问题挑战与实现路径[J]. 南京农业大学学报（社会科学版），2021（9）：1–10.

[4] 管远红，赵旭庭，王健. 日本农业现代化的经验及对我国的启示[J]. 江苏农业科学，2011，39（6）：21–23.

[5] 国务院发展研究中心农村经济研究部课题组. 新发展阶段农业农村现代化的内涵特征和评价体系[J]. 改革，2021（9）：1–15.

[6] 洪征嗣. 论南北战争后美国农业迅速发展的原因[J]. 湖南师范大学社会科学学报：社科版，1995（2）：66–71.

[7] 胡冰川. 发达国家农业农村现代化的经验与借鉴[J]. 农业农村部管理干部学院学报，2021（3）：31–41.

[8] 黄季焜，解伟，盛誉，王晓兵，王金霞，刘承芳，侯玲玲. 全球农业发展趋势及2050年中国农业发展展望[J]. 中国工程科学，2022，24（01）：29–37.

[9] 姜长云，李俊茹. 2035年中国特色的农业农村现代化指标体系研究[J]. 全球化，2021（04）：92–108+136.

[10] 李沛霖. 在跨越“中等收入陷阱”过程中的国际比较及对中国的启示[J]. 改革与开放，2012（23）：7–18.

[11] 刘忠群，彭发清，张黎晓. 农村劳动力转移与农业现代化问题研究[J]. 生产力研究，2011（3）：36–37+56.

[12] 罗必良. 小农经营、功能转换与策略选择——兼论小农户与现代农业融合发展的“第三条道路”[J]. 农业经济问题，2020（1）：29–47.

[13] 马晓河. 农业现代化无法支撑中国向高收入国家迈进[J]. 农村工作通讯，2011（14）：37.

[14] 马晓河. 中国梦：向发达的高收入国家迈进——“中等收入陷阱”与结构转型[J]. 浙江经济，2016（2）：12–15.

[15] 魏后凯."十四五"时期中国农村发展若干重大问题[J]. 中国农村经济，2020（1）：2–16.

[16] 魏后凯，崔凯. 建设农业强国的中国道路：基本逻辑、进程研判与战略支撑[J]. 中国农村经济，2022（1）：2–23.

[17] 伍业君，张其仔. 比较优势演化与经济增长——基于阿根廷的实证分析[J]. 中国工业经济，2012（2）：37–46.

[18] 叶宝忠，代碧波. 农业现代化与新型城镇化协调发展：作用机理及时空演变——以我国粮食主产区为例[J]. 理论月刊，2020（6）：97–105.

[19] 叶兴庆. 迈向2035年的中国乡村：愿景、挑战与策略[J]. 管理世界，2021（4）：98–111.

[20] 殷浩栋等. 智慧农业发展的底层逻辑、现实约束与突破路径[J]. 改革，2021（11）：95–103.

[21] 张红宇，张海阳，李伟毅，李冠佑. 中国特色农业现代化：目标定位与改革创新[J]. 中国农村经济，2015（01）：4–13.

[22] 张建.日本农业结构改革中的农协问题分析[J]. 华东师范大学学报（哲学社会科学版），2015，47（02）：83–91+170.

[23] 郑艳艳. 人力资本对经济增长的影响分析[J]. 管理观察，2009（3）：54–54.

[24] 钟真，封启帆，王翔瑞. 共享富农：农业农村现代化中的民生福祉增进[J]. 农村经济，2021.

[25] 朱丽辰. 基于要素分析的发达国家农业现代化经验及启示[J]. 农业经济，2020（08）：12–14.

[26] Agenor et al. Monetary shocks and central bank liquidity with credit market imperfections. *Oxford Economic Papers*，2012，64（3）.

[27] Eva Paus. The Rise of China： Implications for Latin American Development. *Development Policy Review*，2009，27（4）.

[28] Robert Lee. Social capital and business and management： Setting a research agenda. *International Journal of Management Reviews*，2009，11（3）.

粮食供给保障能力研究——发展壮大农村专业化社会化服务组织研究*

粮食安全是“国之大者”，当前我国粮食生产经营仍以小农生产为主导，面临可持续发展后劲不足、高质量发展转型缓慢、粮食产业效益低下、市场竞争能力落后等危及国家粮食安全战略的重大隐患。农民合作社是带动小农户发展粮食生产的有效组织载体，当前我国粮食类合作社已探索出六种带动提升小农户种粮积极性和种粮效益的基本途径，但在现实推广应用中还存在粮食产业链短、比较收益不高、抗风险能力差、社会化托管服务约束多等诸多困难和问题。要进一步发挥农民合作社辐射带动小农户发展粮食生产、将小农户纳入现代农业生产经营轨道的功能作用，还需多措并举，完善支持粮食类合作社生存发展的政策环境。

一、现阶段我国小农户发展与粮食供给

新时期，提高粮食供给保障能力在发展壮大农村专业化社会化服务组

---

*　本报告是清华大学中国农村研究院2021年重点研究课题“粮食供给保障能力研究——发展壮大农村专业化社会化服务组织研究”的研究成果，报告观点仅代表课题组看法。课题负责人：方言，国家粮食安全政策专家咨询委员会委员。报告执笔人：方言、赵铁桥、邵科、杨艳文、张学彪。

织的同时，必须重视小农户的粮食生产及发展变化，在鼓励规模化发展的同时，更好地积极促进小农户向现代农业生产方式的过渡。长期以来，基于人多地少的基本国情，以家庭为基本单元的小农户经营模式是我国农业生产的根本特征，也是确保国家粮食安全的核心力量。研究表明，小农户是我国农业生产的绝对主体，占比超过 95%（Thapa and Gaiha，2011），2020 年时占比仍在 85% 以上。本部分基于全国农村固定观察点数据对户均经营耕地规模及生产效率进行了详细分析，其中户均经营耕地规模以年末实际经营耕地面积①为标准，剔除部分缺失值，这样更能反映农户经营的实际状况，具有更明确的政策含义。

（一）现阶段小农户耕地经营情况及区域差异

1. 户均经营规模呈 U 形变化

从全国范围来看，户均经营规模呈 U 形变化。在 1986—2000 年期间，我国户均经营耕地规模呈下降趋势，由 0.629 公顷下降到 0.555 公顷，减少 0.074 公顷；而后，户均耕地规模出现增长态势，2019 年已达到 0.685 公顷。分区域来看，东、中、西部地区户均耕地规模变化趋势与全国趋势基本一致，只是户均耕地最低点出现的年份有所不同。东北地区户均经营规模呈持续增长态势，由 1986 年的 1.234 公顷增长到 1.852 公顷，其中有东北耕地面积调整的因素（见表 1）。

表1　1986—2019年中国小农户户均实际经营耕地规模　单位：公顷

区域		1986 年	1990 年	1995 年	2000 年	2005 年	2010 年	2015 年	2019 年
全国		0.629	0.555	0.565	0.555	0.579	0.597	0.642	0.685

① 为深入分析不同规模农户的粮食生产等特征，文中按年末实际经营耕地面积对农户进行了详细分类，即0～0.25公顷属于第1类，0.25～0.5公顷属于第2类，0.5～0.75公顷属于第3类，0.75～1.0公顷属于第4类，1.0～1.25公顷属于第5类，1.25～1.5公顷属于第6类，1.5～1.75公顷属于第7类，1.75～2.0公顷属于第8类，2.0～5.0公顷属于第9类，5.0～10.0公顷属于第10类，大于10公顷属于第11类。除第11类外，其他各类均为右封闭区间。

续表

区域		1986 年	1990 年	1995 年	2000 年	2005 年	2010 年	2015 年	2019 年
东中西		0.490	0.463	0.425	0.403	0.388	0.395	0.400	0.564
	东部	0.386	0.369	0.341	0.331	0.331	0.341	0.311	0.358
	中部	0.442	0.439	0.373	0.350	0.354	0.373	0.363	0.514
	西部	0.662	0.592	0.563	0.520	0.455	0.453	0.497	0.824
东北		1.234	1.276	1.336	1.407	1.580	1.599	1.852	2.321

数据来源：根据全国农村固定观察点农户数据计算整理。2019年数据根据相关数据推算。

2. 土地流转速度逐渐放缓

自 2000 年以来，随着城镇化进程的加速，土地流转的形式不断变化，出现转包、出租、借用、互换、转让、入股等多元化趋向，但是小农户仍占绝大多数，2020 年户均经营面积 10 亩以内的户数占比仍超过 85%。党的十八大以来，逐步确立“三权分置”（土地所有权、农户承包权、土地经营权）的农地改革框架，进一步促进土地流转。但是，“十四五”以来，农村土地流转增长速度呈放缓趋势，农村承包土地流转面积由 2016 年的 4.79 亿亩增至 2019 年的 5.55 亿亩，增长速度则由 7.3% 降至 3%，2020 年甚至出现负增长。其中，约 60% 的流转土地转入农户经营，约 21% 流转入合作社经营，约 10% 流转入企业经营，流转入其他主体经营的比例也在 10% 左右，入股合作社的占比偏低，不足 4%（见表 2、表 3）。近年来，受种粮比较收益下降、流转成本增加等因素影响，农村土地流转速度放缓。农村土地流转的发展对提升小农户粮食供给能力产生了积极影响，据统计，流转的土地多数用于种粮，占比最低的是 2019 年，为 53.2%，占比最高的 2020 年达 58.9%。

从各国发展经验来看，随着人口增长、城镇化发展及收入水平提高，户平均经营耕地面积有先减后增趋势，即呈 U 形变化，我国已于 21 世纪起迈入户均耕地稳步增加的发展阶段，“十四五”以来农村土地流转速度的放缓逐渐催生出对农村专业化社会化服务组织的巨大需求。

表2 2016—2020年全国农村永久土地流转情况

年份	流转面积				流转方向								流转用于种植粮食	
	面积（万亩）	比上年增长（%）	其中入股合作社		转入农户		转入合作社		转入企业		转入其他主体		面积（万亩）	比上年增长（%）
			面积（万亩）	比上年增长（%）	面积（万亩）	比上年增长（%）	面积（万亩）	比上年增长（%）	面积（万亩）	比上年增长（%）	面积（万亩）	比上年增长（%）		
2016	47920.8	7.3	1363.3	−12.6	27977.3	6.8	10340.9	6.2	4637.6	9.6	4965	10.1	27090.5	6.9
2017	51211.3	6.9	1555.6	14.1	29447.8	5.3	11626.9	12.4	5035	8.6	5101.6	2.8	28552.9	5.4
2018	53902	5.3	1419.7	−8.7	30816.9	4.7	12111	4.2	5558	10	5413.7	6.1	29186.6	2.2
2019	55498	3	1586.5	11.7	31177.3	1.2	12590.8	4	5762.2	3.7	5967.1	10.2	29504.5	1.1
2020	53218.9	−4.1	1703.9	7.4	32007.0*	2.7	11453	−9	5558.5	−3.5	4200.3	−29.6	31324.7	6.2

资料来源：《中国农村经营管理统计年报》（2016—2018年）、《中国农村政策与改革统计年报》（2019—2020年）。

*2020年“流转入农户中的面积”之后增一项“流转入家庭农场的面积”为7124.3万亩，本表将该两项合并计总结果为32007.0万亩，以便于指标统一分析。

表3 2016—2020年全国农户经营耕地规模情况

年份	10亩以下			10～30亩			30～50亩			50～100亩			100～200亩			200亩以上		
	户数（万户）	占总比（%）	比上年增长（%）	户数（万户）	占总比（%）	比上年增长（%）	户数（万户）	占总比（%）	比上年增长（%）	户数（万户）	占总比（%）	比上年增长（%）	户数（万户）	占总比（%）	比上年增长（%）	户数（万户）	占总比（%）	比上年增长（%）
2016	22968	85.5	0.2	2814.4	10.5	2	700.6	2.6	0.8	251.9	0.9	4	87.7	0.3	9.9	36.6	0.1	6
2017	23098	85.2	0.6	2864	10.6	1.8	722.8	2.7	3.2	267.5	1	6.2	93.3	0.3	6.4	41.3	0.2	12.8
2018	23313.6	85.2	0	2867.9	10.5	0	730	2.7	0	272.6	1	0	97.9	0.4	0	43.3	0.2	0
2019	23661.7	85.2	1.5	2966.7	10.7	3.5	706.5	2.5	−3.2	283.6	1	4	104.9	0.4	7.1	47.2	0.2	9.1
2020	23210.3	85.1	−1.9	2922.9	10.7	−1.5	700.8	2.6	−0.8	291.7	1.1	2.9	109.4	0.4	4.3	50.6	0.2	7.1

资料来源：《中国农村经营管理统计年报》（2016—2018年）、《中国农村政策与改革统计年报》（2019—2020年）。

（二）现阶段小农户粮食收入情况及规模差异

1. 粮食收入所占比重持续快速下降

小农户粮食收入所占比重持续下降，尤其是1995年后下降速度明显加快。其中，东部地区粮食收入占比最低，中西部地区粮食收入占比下降速度较快（尤其是在1995年以后），东北地区粮食收入占比维持在较高水平。粮食收入占比随农户经营规模的扩大而明显增长。1986年以来，农户粮食收入占家庭总收入的比重持续下降，由最初的40.4%下降到2020年的8.7%，尤其是在1995年后下降速度明显加快，平均每年下降1个百分点。分区域来看，东部地区粮食收入占农户家庭总收入的比重最低，1986年只有28.4%，2020年这一比例下降到4.9%。1986年，中部地区和西部地区粮食收入占农户家庭总收入的比重和全国平均水平相差不大，但是2020年下降到10%以内，西部地区下降速度已快于全国平均水平，中部地区由于是粮食主产区，故略低于全国降速，这反映出中西部地区大量农村劳动力转移引起的其他收入占比的增长。但是，在东北地区，粮食收入占家庭总收入的比重一直维持在较高水平，尤其是2000年达到61.8%，而后逐渐下降，2020年时仍为28.7%。

2. 粮食收入占家庭总收入的比重随着经营规模扩大而增长

基于农户经营规模的分类研究得出，粮食收入占家庭总收入的比重随着农户经营规模扩大呈明显增长趋势。1986年，第1类农户粮食收入占家庭总收入的比重仅为22.1%，但到了第11类农户，这一比例达到76.8%；即使在2010年，这一正向变动关系仍然存在，第1类农户该比重仅为13.0%，低于1986年，但到了第11类农户，这一比重增加为70.5%。2015年，虽然粮食收入占总收入的比重迅速下降，但经营规模与粮食收入占比成正比的关系依然明显。总体来看，随着经营规模的扩大，农户依赖粮食维持生计的可能性就越大，当经营规模超过2公顷时，粮食收入占总收入的比重就已经超过50%。尤其是2004年以来，在国家各项支农惠农强农富农政策扶持下，粮农生产积极性恢复，生产专业化程度提高，粮食收入也相应增加。尽管如此，由于非农业收入快于粮食收入的增加，粮食收入占农民总收入的比重仍在下降，粮食种植比较收益持续偏低。

由于种粮收益持续偏低，粮食收入在小农户家庭收入中的地位在持续下降。如何提高种粮收益、确保农户种植积极性一直是重要的政策着力点。研究表明，依靠社会化服务组织降低小农户种粮成本、逐渐扩大小农户经营规模将是未来稳定粮食发展的重要路径。

（三）不同粮食品种经营规模与生产效率的关系

1. 各粮食品种全要素生产率随经营规模变化

作为我国粮食生产的主体，小农户粮食生产的效率问题值得重点关注。由于缺少农户经营规模数据，难以测算不同经营规模农户的生产效率差异。但是，基于全国农村固定观察点数据，利用随机前沿函数方法测算了四种粮食品种的全要素生产率。结果表明，2004 年以来四大粮食品种全要素生产率在波动中呈增长趋势，但在经营规模超过 2 公顷后，全要素生产率出现下滑，尤其是小麦品种较为明显。稻谷全要素生产率的波动较为复杂，不同年份间的趋势变化差异较大，主要原因可能是水稻种植区域较广，不同地区水稻种植环境不同，南方稻田与东北稻田生产方式完全不同。玉米全要素生产率的波动较为平稳，整体变化不大，随着玉米比较收益的持续向好，越来越多的农户种植玉米，玉米经营规模与全要素生产率的关系并不明显。大豆全要素生产率的波动差异较大，总体来看略有下降趋势，由于大豆比较效益偏低，部分地区农户仅在气候条件较差时改种大豆，使计算的结果表现出一定的反向作用。调研发现，测算得出的 2 公顷最优规模并不是固定的，而是受区域环境、技术水平等因素制约，这也意味着粮食生产效率并不局限于当前的最优规模，而是随着经营规模、技术水平等因素的变化而变化。

2. 各粮食品种技术效率与农户经营规模关系明显

根据测算，小麦、水稻、玉米和大豆四大粮食作物的技术效率与农户经营规模均存在显著关系，但是小麦、水稻和玉米与经营规模的关系为正向，大豆则是反向。结果表明，小麦、水稻和玉米的技术效率随着农户经营规模的扩大呈增加趋势，即其实际产量与最大可能产量的差距越小，生产越有效率；但是，大豆的技术效率随着农户经营规模的扩大而呈下降趋势，其实际产量与最大可能产量的差距增大，生产效率下降。

（四）农村专业合作组织的潜在作用与组织形式

“十三五”以来，我国农村土地流转面积增幅放缓，小农户经营的阶段性特征仍然明显，但对农业规模化发展需求也日益迫切，必须采取新途径衔接小农户与现代农业发展，农村专业化社会化服务组织逐渐成为社会各界关注的焦点，并在服务小农户衔接现代农业方面发挥重要作用。实践证明，农村合作组织在促进小农户融入农业产业链过程中发挥了重要作用。一是资源整合功能。农村专业合作组织将优良品种、技术、装备、人才、资金、组织形式等现代要素导入农业，兼具市场灵活性与服务高效率的特征，整合产业链上、中、下游各个环节，带动小农户参与农业产业链的协作分工，为小农户进入农业产业链提供模式和机会，促进小农组织形式转型升级。二是服务功能。包括农产品初加工、仓储物流、技术指导、市场营销等关键环节，延伸农民合作社产业链条，拓宽服务领域，由种养业向产加销一体化拓展。三是公益性功能。除了为小农户创造盈利机会外，其在信息传递、科技推广、疫情防控等方面具有明显的社会公益性。作为经济组织，合作组织与其他企业一样，平等参与市场竞争，对外是一个营利性组织。但作为社会组织，它以服务成员为宗旨，对内具有非营利性，不以资本盈利为目的。此外，农业合作组织通过市场机制替代政府供给农业生产性服务，满足小农户日益多样化的服务需求。

目前，农村专业化社会化服务组织主要有专业服务公司、农民合作社、供销合作社、农村集体经济组织、服务专业户等类型，从实践看，这些主体各具优势、各有所长。尤其是新冠肺炎疫情暴发以来，农村专业化社会化服务组织及时为农户提供“保姆式”生产托管服务，减少了农民集中下地的风险，有力保障了春耕和“三夏”生产顺利开展。期间，各地因地制宜发展多种形式的服务机制，探索出一大批行之有效的服务模式和组织形式。截至2021年11月底，全国依法登记的农民合作社达到221.9万家，辐射带动近一半农户。合作社已成为引领小农户参与国内外市场竞争的重要力量。

二、粮食类合作社发展现状

（一）粮食类合作社的发展情况

1. 粮食类合作社的总体情况

（1）粮食类合作社数量持续增长。根据《中国农村经营管理统计年报》和《中国农村合作经济统计年报》，截至2020年底，全国粮食类合作社达到48.27万家，比2016年增加了15.79万家，增长了48.6%，占全国农民专业合作社的比例也从20.79%增长到24%，增加了3.2个百分点（见表4）。

表4　2016—2020年全国粮食类合作社数量　单位：万家

	全国农民专业合作社	粮食类合作社数量	占全国农民专业合作社总数的比例
2016年	156	32.48	20.79%
2017年	189	37.90	21.61%
2018年	193	40.83	21.58%
2019年	201	46.10	23.82%
2020年	220	48.27	24.00%

数据来源：《中国农村经营管理统计年报》和《中国农村合作经济统计年报》。

（2）粮食主产区粮食类合作社发展迅速，黄淮海五省集中度高，长江四省增速加快。2020年，13个粮食主产省的粮食类合作社达到41.1万家，比2016年增加了14万家，占全国增量的九成。从增量看，东北四省[①]增加了3.8万家，占增量的27.1%；黄淮海五省的粮食类合作社增至21万家，比2016年增加了6.6万家，占增量的47.1%；长江四省的粮食类合作社增至6.9万家，增加了3.5万家，占增量的25%。从区域结构看，东北四省、黄淮海五省和长江四省占比分别为26.5%、44.28%和14.43%，东北四省、黄淮海五省占比下降了1个百分点，长江四省提高了3.8个百分点，增速明显加快。地处黄淮海地区的河南省，5年来粮食类合作社增加了2.7万家，总数达到7.1万家，超过了长江四省总和（见表5）。

表5　“十三五”期间粮食主产区粮食类合作社变化情况

	2016年		2020年		“十三五”期间增减	
	数量（万家）	占比（%）	数量（万家）	占比（%）	数量（万家）	占比（%）
全国	32.48		48.27		15.79	
粮食主产区	27.1	83.4	41.1	85.2	14.0	1.8
内蒙古	1.65	5.1	2.13	4.4	0.48	–0.7
辽宁	1.3	4.0	1.76	3.6	0.45	–0.4
吉林	2.60	8.0	3.65	7.6	1.05	–0.4
黑龙江	3.36	10.4	5.25	10.9	1.89	0.5
河北	3.26	10.1	3.63	7.5	0.37	–2.5
江苏	1.15	3.5	1.53	3.2	0.38	–0.4
安徽	2.50	7.7	3.73	7.7	1.23	0.0
山东	3.46	10.7	5.41	11.2	1.95	0.5
河南	4.33	13.3	7.06	14.6	2.73	1.3
江西	1.0	3.1	1.87	3.9	0.87	0.8
湖北	0.86	2.7	1.41	2.9	0.55	0.3
湖南	1.11	3.4	2.83	5.9	1.72	2.4
四川	0.48	1.5	0.85	1.8	0.37	0.3

① 东北四省：黑、吉、辽、蒙。黄淮海五省：冀、鲁、豫、苏、皖。长江四省：赣、鄂、湘、川。

2. 全国托管组织服务粮食生产情况

（1）粮食生产托管逐渐成为主流，服务面积超10亿亩次。农业生产托管服务组织（简称“托管组织”）开展的粮食生产托管服务，可以有效降低粮食生产物化成本，提高农业生产效率，提升农产品品质和产量，最终有助于提高种粮收益，对保障粮食安全能发挥重要作用。近年来，粮食产业的托管组织及其服务面积也快速增长，2020年度粮食生产托管总面积10.6亿亩次，黄淮海五省是我国较早开展生产托管的区域，也是托管最集中地区，托管面积超过5亿亩次，河北、安徽、河南三省托管面积均超过1亿亩次。

（2）粮食类合作社在粮食生产托管中具有较强优势，占据了半壁江山。目前，不同类型的托管组织占比为：农民合作社占54.3%；服务专业户占25.0%；企业占9.3%；农村集体经济组织占5.5%（见表6）。

各类托管组织平均服务面积也存在差异。2020年全国各类组织生产托管的社均服务面积为2141亩次。其中，企业组织平均服务面积规模最大，达到6124.5亩次；农民合作社平均服务面积规模次之，为3747.8亩次；农村集体经济组织、其他组织和服务专业户单体服务面积为1000～1800亩，明显低于企业和农民合作社（见图1）。13个粮食主产省托管组织平均服务面积也与全国类似，企业、合作社、村集体、其他组织和服务专业户的面积分别为6070亩次、4034亩次、1755亩次、1802亩次和1220亩次（见图2）。进一步比较发现，2016—2020年，企业托管组织数量从2.01万家下降到1.61万家，而农民合作社数量从9.52万家增长到15.38万家。

从各类组织托管面积和占比看，企业平均服务面积虽大却占比低的原因在于：企业资金雄厚，农机具（包括无人机）设备量大且设备新，具有大规模服务的条件，但面对田块分散的小规模农户，存在服务效益不明显、投资回报低的情况，因而导致了一些企业进来后又退出。农民合作社则依据自身能力开展服务，具有明显的乡土性、草根性和农民群众的内生发展特性，加上有政府的补贴，自身投入也低，对投资回报没有像企业那么高的要求。所以，农民合作社虽然单体服务面积不如企业，但生命力更旺盛，这些年增长更明显，发挥了更为明显的主力军作用。

表6　　2020年全国服务粮食作物的托管组织数量和服务面积

	全国总数		服务粮食作物面积		社均服务面积亩次
	数量（万亩次）	占比（%）	数量（万亩次）	占比（%）	
合计	495566	100	106124	100	2141
农村集体经济组织	31789	6.4	5844	5.5	1838
农民合作社	153804	31.0	57642	54.3	3747
企业	16082	3.3	9849	9.3	6124
服务专业户	245159	49.5	26530	25.0	1082
其他组织	48732	9.8	6258	5.9	1284

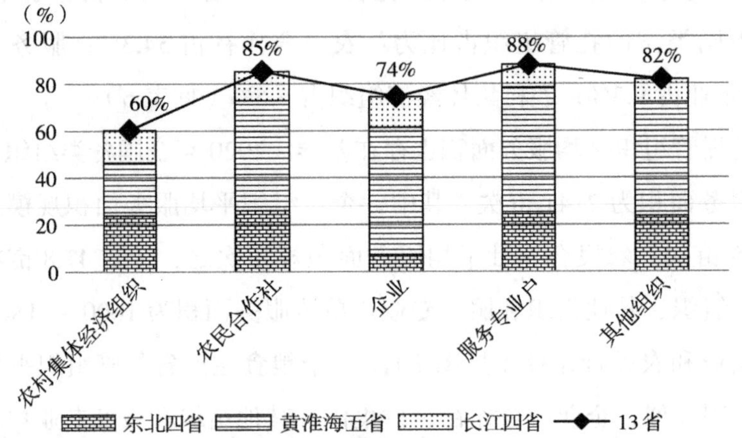

图1　2020年三大粮食主产区各类托管服务组织服务粮食作物面积占比

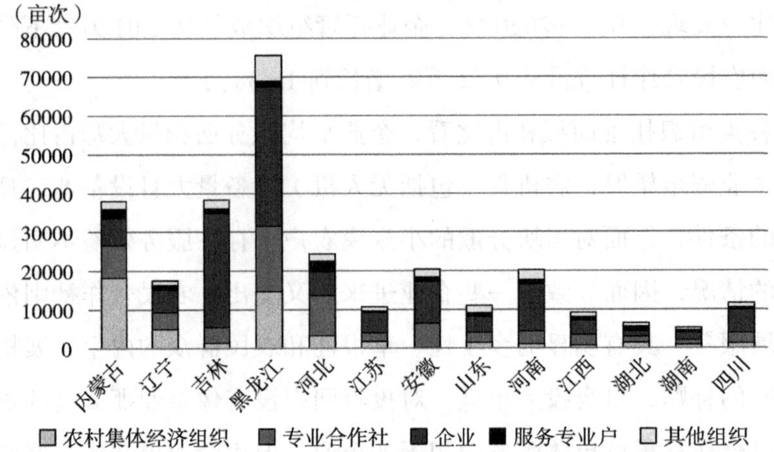

图2　2020年13个粮食主产省托管组织平均面积情况

（二）国家示范社的发展情况

国家农民合作社示范社代表着我国农民合作社发展水平最高的一个群体，为进一步了解和把握国家农民合作社示范社当中以粮食为主营业务的合作社（以下简称“国家示范社”）情况，课题组对1056家国家示范社（以下简称“调研样本”）2020年度生产经营情况进行了问卷调查，取得了一手资料。根据样本数据，课题组对国家示范社的成员规模、种植面积、经营收入、财政补助、对农户的带动作用等多项指标进行了分区、分组研究。

1. 国家示范社种植规模及区域分布特点

1056家国家示范社粮食种植面积685万亩，成员数为26.9万人，其中有787家来自13个粮食主产省，占调研样本的74.5%。粮食种植面积为565.5万亩，占比为83%。

（1）成员规模和生产规模。调研样本社均成员规模为255人，按150人以下、150 ~ 255人和255人以上分组，所占比重分别为53%、23.8%和23.2%。粮食种植社均面积为6490亩，13个粮食主产省社均规模为7100万亩，高于标配均值10%。按粮食种植面积2500亩以下、2500 ~ 6490亩、6490 ~ 10000亩和10000亩以上分组，其所占比重分别为43.6%、33.2%、8.8%和14.4%，社均面积6490亩以下的占3/4。调研样本成员人均粮食种植面积为46亩，按人均粮食种植面积10亩以下、10 ~ 25亩、25 ~ 46亩、46 ~ 100亩和100亩以上分组，所占比重分别为31.6%、29.70%、19.40%、10.70%和8.50%。分析发现，调研样本中成员规模、粮食种植面积和人均粮食种植面积约1/4达到平均值以上，成员规模150人以下、粮食种植面积6490亩以下和人均粮食种植面积25亩以下的为合作社的主体。

（2）调研样本区域差异。东北四省国家示范社成员规模小、人均种植规模大。东北四省国家示范社为181家。由于成员人均种植面积大（43亩），因而社均成员人数为158人，是三大区中最少的，成员规模在255人以上的仅占

13%。社均粮食种植面积6800多亩，略高于样本均值，1/3的国家示范社粮食种植面积高于样本均值，粮食种植面积不到2500亩的示范社仅占22.7%。

黄淮海五省国家示范社社均成员规模大、社均种植规模大。黄淮海五省国家示范社440家（占比41.7%），社均成员规模294人，虽高于样本均值，但70%的国家示范社成员规模在样本均值以下，不足150人的国家示范社占45.7%；社均粮食种植面积7500亩，高于样本均值1000亩，但只有1/4的国家示范社粮食种植面积超过样本均值，不到2500亩的占比41.6%。社均粮食种植面积较高的原因在于：河南省几个国家示范社生产规模超过10万亩，拉高了整体水平。

长江四省国家示范社社均成员规模大、人均种植面积小。长江四省国家示范社166家（占比15.7%），社均成员规模299人，虽然高于样本均值45人，但样本均值以下的国家示范社占比2/3；社均粮食种植面积6700亩，略高于样本均值，2/3国家示范社粮食种植面积低于样本均值（6490亩），并以低于2500亩的为主；成员人均粮食种植规模为22.5亩，在三大粮食主产区中规模最小。

其他省（区）国家示范社成员及生产规模均偏小，低于样本均值的国家示范社占比为87%，社均成员为229人，社均粮食种植面积4400亩，分别低于样本均值10%和30%，人均种植面积为19.4亩，不足东北四省的一半（见表7、表8）。

表7　调研样本成员规模按人数分组　单位：家

成员人数	东北四省	黄淮海五省	长江四省	其他省	合计
合计	181	440	166	269	1056
150人以下	134	201	61	164	560
150 ~ 255人	22	109	50	70	251
255人以上	25	130	55	35	245

表8　调研样本粮食种植面积按面积分组　单位：家

种植规模	东北四省	黄淮海五省	长江四省	其他省	合计
合计	181	440	166	269	1056
2500亩以下	41	188	69	162	460
2500 ~ 6490亩	81	142	54	74	351
6490 ~ 10000亩	23	43	17	10	93
10000亩以上	36	67	26	23	152

2. 国家示范社经营收入和年度盈余情况

（1）调研样本社均经营收入和盈余水平。调研样本社均经营收入为1363万元。但只有三成国家示范社经营收入水平达到样本的社均水平。其中，经营收入250万元以下的占8.4%，250万～500万元的占21.3%，500万～1000万元的占32.1%，1000万～1363万元的占比17%，经营收入在2000万元以上的只占17.1%（见表9）。

表9　调研样本按经营收入分组　单位：家

经营收入	东北四省	黄淮海五省	长江四省	其他省	合计
合 计	181	440	166	269	1056
250万元以下	19	11	13	46	89
250万～500万元	28	90	27	80	225
500万～1000万元	71	142	48	78	339
1000万～1363万元	22	48	16	21	107
1363万～2000万元	17	59	22	17	115
2000万元以上	24	90	40	27	181

调研样本社均年度盈余为182万元，但68.9%的国家示范社未到社均盈余水平，其中，年度盈余100万元以下的占48.6%，盈余182万～300万元的占13.9%，盈余300万～500万元的占9.5%，盈余500万元以上的占7.7%（见表10）。

表10　调研样本按年度盈余分组　单位：家

盈余水平	东北四省	黄淮海五省	长江四省	其他省	合计
合 计	181	440	166	269	1056
100万元以下	73	194	77	172	516
100万～182万元	39	90	33	50	212
182万～300万元	26	70	24	27	147
300万～500万元	17	55	18	10	100
500万元以上	26	31	14	10	81

（2）三大粮食主产区国家示范社经营收入和盈余水平。从国家示范社经

营收入和盈余水平看，三大产区差距明显。东北四省的社均营收 1189 万元，社均盈余 272.7 万元；在三大产区中营收水平最低，盈余水平最高；长江四省的社均营收 1840 万元，社均盈余 188.20 万元，三大产区中营收水平最高，盈余水平最低；黄淮海五省的社均营收 1492 万元，社均盈余 272.74 万元，在三大产区中居中。

课题组进行典型调研发现，东北、长江流域等地国家示范社营收、盈余水平的差异主要有以下原因。一是东北地区土地流转价格相对低，土地连片平整度好、适合机械化作业，而玉米产量又相对高；长江流域则土地流转价格相对更高，水田细碎化程度明显、地势平整度相对不理想，机械化作业程度偏低且成本更高。二是在产中环节，玉米大田管护要求低，而水稻田管护要求高、人工投入更大，在水稻产量不如玉米，而玉米和水稻市场价格接近甚至玉米价格高于水稻的情况下，东北的粮田亩均效益自然高于长江流域等南方地区（东北单纯种玉米比南方单纯种水稻亩均净利润高 500 ~ 700 元）。三是南方通过多种经营，开展诸如“水稻—蔬菜”或者“稻蟹”“稻虾”等多种经营弥补稻田种植收益，虽然经营收入增加，但成本也相应上升。四是虽然部分南方省份采取了更高种粮直补的方式（按承包地）支持合作社种粮，但由于流转土地的种粮直补给了原有承包户，种粮直补变相成了农民收入补贴，南方粮食类合作社并未受益，因而降低了合作社的种粮利润空间。

3. 国家示范社获得财政扶持情况

调研样本中有 417 家国家示范社 2020 年获得财政补助资金约 3 亿元，占样本数的四成，社均补助金额 72 万元。按照补助资金额度划分为 25 万元、25 万 ~ 50 万元、50 万 ~ 72 万元和 72 万元以上 4 类，获得 25 万元以下补助的国家示范社数量占比为 42.7%，资金占比为 7.2%，平均补助额为 12 万元；获得 25 万 ~ 50 万元补助的国家示范社数量占比为 26%，资金占比为 12%，平均补助额为 33 万元；获得 50 万 ~ 72 万元补助的国家示范社数量占比为 11%，资金占比为 9.5%，平均补助额为 62 万元；获得 72 万元以上补助的国家示范社数量占比20.4%，资金占比为71.3%，平均补助额为252万元。

按区域分，东北四省获得的补助资金最多，国家示范社数量占比为18.9%，补助金额占比为37.2%，社均获得补助资金141万元；黄淮海五省获得补助的国家示范社数量占比为38.4%，补助金额占比为25.2%，社均补助额为47万元，虽然补助面大，但平均额度较低；长江流域四省获得补助的国家示范社数量占比为18%，补助金额占13.5%，占比最低，平均补助资金额为54万元；其他省份国家示范社数量占比和资金量占比均为24%，平均补助金额为70万元，与全国平均补助额相当（见表11）。

表11　　调研样本获得财政扶持情况（按区域分）

	东北四省	黄淮海五省	长江流域四省	其他省	合计
示范社（家）	79	160	75	103	417
占比（%）	18.9	38.4	18.0	24.7	100.0
补助额（万元）	11161	7558	4047	7255	30021
占比（%）	37.2	25.2	13.5	24.1	100.0

按照获补助国家示范社的生产规模分类。粮食种植规模低于2500亩的合作社数量占比为37.6%，资金占比为24.6%，社均补助额为47万元；2500～6490亩的国家示范社数量与资金量占比均为37.4%，社均补助额为72万元；6490～10000亩的国家示范社数量占比9.8%，资金量占比12.6%，社均补助额为92万元。种植规模在10000亩以上的国家示范社数量和资金占比为15.1%和25.5%，平均获得补助额为121万元（见表12）。

表12　　调研样本获得财政扶持情况（按种植规模分）

	低于2500亩	2500～6490亩	6491～10000亩	10000亩以上	合计
示范社（家）	157	156	41	63	417
占比（%）	37.6	37.4	9.8	15.1	100.0
补助额（万元）	7385	11221	3773	7642	30021
占比（%）	24.6	37.4	12.6	25.4	100.0

综上，在财政支持粮食类合作社发展上，有以下特点：一是体现了对种

植规模偏小的粮食类合作社的支持；二是补助额随种植规模的扩大而增加；三是体现了对东北地区的倾斜，其社平均补助规模为全国均值的2倍。但同时也存在区域之间、生产规模之间支持力度不平衡，如同等种植规模获得的补贴额不一样等问题。课题组分析，可能存在补助标准执行中的差异，也不排除个别国家示范社误计入“国家示范社专项”以外的资金，从而拉高了分档均值。

4. 国家示范社成员分布范围

国家示范社成员分布范围主要在村内。调研样本中本村内成员占53.9%，本乡镇成员占18.6%，本县内成员占23.8%，仅3.8%为跨县成员。

东北四省国家示范社成员多集中于本村内，占比为73.5%，跨乡镇和跨县的示范社比例为15.5%；黄淮海五省国家示范社村内成员占比为49.5%，跨乡镇和跨县的成员占比为29.1%；长江四省国家示范社本村内成员占比为42.8%，跨乡镇和跨县成员占比为38.5%。国家示范社村内成员与跨乡镇、跨县成员的比重，反映了三大产粮区的户均土地规模的差异。长江四省国家示范社跨区域经营的特征最明显，东北四省成员分布在村内特征最明显（见表13）。

表13　调研样本的成员分布范围　单位：家

	东北四省	黄淮海五省	长江四省	其他省	合计
合计	181	440	166	269	1056
村内	133	218	71	147	569
跨村	20	94	31	51	196
跨乡镇	26	114	50	61	251
跨县	2	14	14	10	40

5. 国家示范社对非成员农户的带动

调研样本的社均带动非成员农户规模均值为1032户，78.9%的国家示范社带动非成员农户规模在1032户以下。其中，带动非成员农户规模100户以下和100 ~ 500户的国家示范社各占1/3，带动非成员农户规模在 500 ~ 1031 户的占 13.8%，带动非成员农户规模在 2000 户及以上的占 13.6%（见表 14）。

表14　调研样本带动非成员农户情况　单位：家

	村内	跨村	跨乡镇	跨县	总计
合计	569	196	251	40	1056
100 户以下	245	41	56	6	348
100 ~ 500 户	179	81	70	9	339
500 ~ 1032 户	50	26	46	5	127
1032 ~ 2000 户	40	26	26	6	98
2000 户及以上	55	22	53	14	144

进一步看，东北四省国家示范社带动非成员农户情况最弱，带动均值为 519 户；长江四省带动非成员农户情况最强，带动均值为 1461 户；黄淮海五省为 1251 户，规模居中。其他非粮食主产区国家示范社带动非成员农户均值为 754.4，高于东北四省。

分析还发现，随着国家示范社成员规模扩大，其带动非成员农户的规模也实现了同步增长。成员分布于本村内的国家示范社，其带动的非成员农户规模不到 100 人的占 43.1%。成员跨县的国家示范社带动非成员农户规模超过 2000 人的占 35.0%，带动非成员农户的规模与合作社的跨区域经营特征呈现正相关关系。也就是说，合作社需要通过跨区经营、带动非成员农户发展以更好地实现规模经营效益。

三、引领服务小农户发展粮食生产的合作社模式

在农村人口空心化、老龄化日趋严峻，传统农业无以为继的情况下，农民合作社日益成为将农户组织起来有效开展农业生产的重要组织主体。合作社在服务小农户发展粮食生产方面主要有六种模式。

（一）服务小农户发展粮食生产的六种合作社模式

1. 种粮农户领办型

在一些粮食生产大县，种粮农户为了实现降低生产和劳动力投入成本、提升农机具的利用率、壮大产业规模、提升产品质量、增强市场议价能力等多重目标，自愿联合起来，组织成立种粮专业合作社，采取以统一生产资料购买、统一耕种收割、统一仓储加工、统一销售等为核心内容的合作种粮模式。

专栏一　吉林省四平市铁西区永信农民专业合作社

该合作社成立于2013年6月，现有成员110户，拥有各类农机具52台（套），主要从事玉米生产，为成员提供统一生产经营服务。农户入社后，户均收益比自营每公顷高出3200多元，比转包出去的农户多收入9000元。

合作社推行“带地入社”经营，农户成员以土地经营权入股面积达到1.5万亩，带动农户1080余户。农民带地入社后，合作社实施土地集中连片、规模经营，克服土地零散、细碎化制约，提高了农机具作业效率，农机作业每公顷节省柴油费100元，并节省2个人工。合作社按约定每公顷共收取6500元作业成本费，比照农户自主经营每公顷8000元成本，直接降低经营成本至少1500元/公顷。

通过合作社统一生产资料购买，农户在种子、化肥、农药等主要环节上分别节省300元/公顷、300元/公顷和20元/公顷。合作社还将成员的粮食统一存储到信用优良的粮库，降低了农户自家存储粮食的霉变风险，消除了二次脱粒倒运、鸡扒鼠咬和地趴粮等环节的浪费现象，减少损耗500元/吨。

2. 村组织领办型

在一些人口空心化严重、老龄化程度较高的农村地区，传统一家一户开展农耕生产经营的模式已经无以为继，土地撂荒现象日益严重，在老年人已经干不动、年轻人又不愿意干的情况下，村集体组织通过入股成立粮食种植类专业合作社或土地股份合作社，实现全村土地统一耕种、发展粮食生产的模式。

专栏二 沂水县旭阳现代农业发展农民专业合作社

该合作社成立于2019年，是山东省临沂市沂水县黄山铺镇蒋庄村党支部领办的。蒋庄村共有550户1586人，土地面积1600亩，其中平整良田只有340余亩，其余1200余亩为较贫瘠的山地。多数村民外出务工经商，其中，45%的外出农户在基本农田里栽植了杨树，20%的农户将土地低价转包给他人经营，15%的农户将土地无偿给予子女或他人经营，20%的农户利用最原始的种植模式经营土地，管理粗放、产出低、效益差。

2019年，合作社成立后，大力推行“1234”工作法[①]，推进农业生产规模化、产业化、专业化、稳定化发展，蹚出一条党支部领办合作社助力粮食生产的路子。合作社对村内集中连片的土地统一规划基础设施，完善了道路、排水和水肥系统，实现了“小田块变大田”。合作社开展标准化生产，统一品种，统一使用化肥、农药，极大提升了生产效率，仅测土配方施肥一项，每亩就可减少肥料投入15%。2021年，合作社直接对接化肥企业，每袋化肥节省20元；通过无人机统防统治、使用卷盘式喷灌机灌溉，每亩节约人工费用70元。合作社还成立了科技服务队，邀请县农业专家制定了粮食标准化生产技术规程，聘请技术专家开展粮食种植技术专题培训。2021年，合作社种植的小麦每亩增产100千克，共计增收78240元。

---

① “1”是坚持以党建为引领，逐步实现全村土地统一流转；“2”是完善“成员利益联结、产业延伸”两个链条；“3”是实施“规划建设、种植管理、对外销售”三个统一；“4”是强化“财务、耕地、资金、技术”四个保障。

3. 托管服务型

农户将粮食生产环节委托给农机、社会化服务类合作社，由合作社为农民种地提供全程或部分作业环节的保姆式服务。一方面降低了分散经营的生产资料成本，提高了农业生产经营效率；另一方面大幅降低了劳动投入和辛苦程度，将劳动力从农业生产经营中解放出来，促进了农村劳动力转移就业。

专栏三　河北省沙河市金福临农机服务专业合作社

该合作社成立于2011年5月，现有成员161人，拥有各类农业机械181台（套），建有储粮库、冷藏库、储藏窖各1座，育苗大棚50个，全面推进土地全托管、半托管、单环节托管，为购、耕、种、管、收、销各环节提供全方位服务。现有村级土地托管服务站45个，农业服务队185人，共托管土地3.8万亩，农机服务面积13.48万亩，服务农户涉及沙河市11个乡镇122个村2.8万户。

农户以农机、资金、土地等生产要素入股，合作社对成员的出资进行量化。合作社将原有的小地块集中连片，实现整建制托管和规模化种植，每百亩土地可以提升3%～5%的种植空间。小麦托管后亩均投入555元，比托管前降低投入165元。玉米生产托管后亩均投入605元，亩均节省投入160元。

合作社按本村同等级地块的上中等收入的平均值来确定托管农户的收益，农户每亩地可获得最低保障收入500元。合作社通过提供农机和农副产品购销服务获取利润；村集体负责监督合作社托管全程作业，每季作物收获后收取监督服务费30元/亩。2019年合作社在下郑村托管土地1860亩，全村小麦和玉米总收入396.6万元，村委会收取监督服务收益5.58万元，占1.41%；合作社获得服务费215.76万元，占54.4%；农户获得收益175.26万元，占44.19%。全村851户农户不用下地就实现了942元/亩的收益。

4. 企业领办型

一些涉及粮食生产加工的农业龙头企业为了稳定自身生产加工所需的粮食来源，降低原料价格波动风险，提升原粮品质，通过成立合作社的方式进行土地流转，再分包给小农户或种植大户（职业农民），并按照企业的标准进行耕种。

专栏四 河北省南和县金沙河农作物种植专业合作社

该合作社成立于2012年，年产粮食3.3万吨，由金沙河面业集团领办。十多年来，合作社由固定地租流转土地转为“摊股入亩，按比分红”，种植规模已从最初的3766亩扩展到近3万亩，涉及南和县6个乡镇30个行政村共6696个农户。

合作社流转土地2万余亩，统一生产标准，将流转的土地分包给职业农民种植。为激励成员入社的积极性，保持合作关系的稳定，合作社开创固定租金和股权分红两种模式（见图3）。

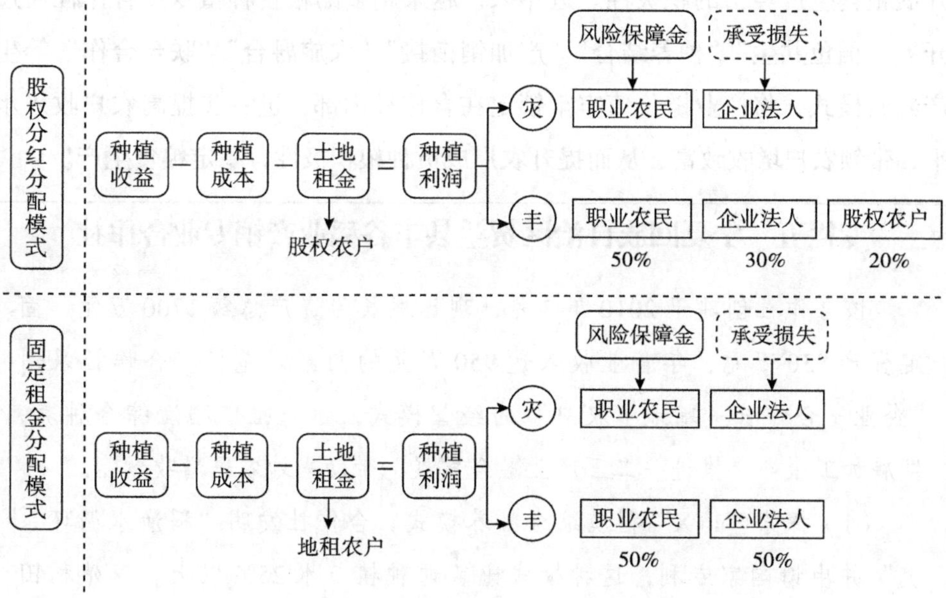

图3 金沙河农作物种植专业合作社土地流转及分红模式

（1）固定租金模式。单个职业农户独立核算的地块，在每季种植前支付承包农户“双500”固定租金、扣除其他各项种植生产成本后的经营利润，由企业法人成员与职业农户成员进行“五五分成”。

（2）股权分红模式。以职业农户的种植地块为核算单元，股权农户成员获得“固定租金＋二次分红”，灾年时保证股权农户固定租金收益，丰年时所得盈余按照5∶3∶2的比例在职业农户、企业法人和股权农户之间二次分配，保证股权农户负盈不负亏。

在两种分配模式下，职业农户均获得独立经营地块上种植盈余的50%。这样的分配方式在有效确保职业农民的生产积极性和责任管理意识的同时，也保障了股权农户和企业成员的利益，实现了合作共赢。

5. 多功能经营型

由于单一的粮食种植产业链条短、利润单薄，因此农户种粮积极性不高。通过组建合作社，延伸粮食产业链条、提升拓展产业利润空间、增强小农户开展粮食生产经营的积极性。近年来，越来越多的粮食种植专业合作社通过开展“稻鱼共生”“种养结合”“产加销衔接”“农旅融合”“联合合作”等生产经营模式，将产业链价值牢牢锁定在合作社内部，进一步提高农户收入水平，带领农户增收致富，从而提升农户成员种粮积极性，稳定粮食生产。

专栏五　宁夏回族自治区贺兰县丰谷稻业产销专业合作社

该合作社创建于2010年3月，现已成长为资产总额1700万元、固定资产830万元、年营业收入达950万元的国家示范社。合作社采用“企业＋合作社＋基地＋农户”的经营模式，示范推广稻渔综合种养，发展加工服务，推进一二三产业融合发展，带动当地农民增收致富。

（1）探索“1+X”稻渔综合种养模式。合作社发明“稻渔水循环系统”并申请国家专利，这种模式比普通种植节水25%以上。养殖稻田蟹、稻田鱼后，亩均收益达3000元，净利润在1000元／亩以上，是普通水稻种植的2倍。合作社运用杀虫灯、生物除草等生物技术，推动农作物秸秆、农业用水、饵料等循环利用，减少了化肥、农药的施用，涵养了水土环境，有效提升了大米、水产品品质。

（2）发展粮食加工业，完善产后服务。建立“粮食银行”，通过水稻收购、计息储存、现价结算，为农户提供粮食代收、代储、代烘、代加、代销“五代”服务，有效解决农户储粮难、卖粮难问题。开发糙米、米汁、米醋、锅巴等特色产品，把加工与销售紧密结合起来，“现卖现加工”，保证大米的新鲜度，打通农产品进市场、上餐桌的“最后一公里”，延长产业链，提升附加值。

（3）发展休闲旅游，促进农旅融合发展。打造稻田画观赏区、大米加工展示区、绿色果蔬采摘区、特色民宿度假区等主题功能区，配套景观塔、便民服务店、科普长廊、儿童乐园等基础设施，促进农旅融合。每年举办农耕文化插秧节、农民丰收节等节庆活动，吸引游客20万人次。与5家企业和村集体合作成立“情系田园”旅游发展公司，开发具有江南园林风格的民俗民居18家，优先聘用本地农户为景区服务员，带动周边农民经营特色小吃和餐饮，实现家门口就业创业。目前合作社共聘用本村农户60余名，月均工资达3600元以上。

6. 区域产业化联合体型

家庭农场、农民合作社和农业龙头企业通过在一些公共、关键环节上的联合合作，实现节本降耗、提质增效，不断提高区域内升产业的整合度和价值链，带动种粮农户增产增收的模式。

专栏六　嘉兴市秀洲区产业化联合体

嘉兴市秀洲区是浙江省的传统产粮大区，承包到户初期，全区有近10万户小农户。近年来全区推动多主体联合发展，打造区域粮食产业共同体，多种形式农业适度规模经营已基本替代了原有千家万户的小农户经营。区内共有各类农民合作社203家，其中从事粮食生产经营的有18家。2020年小麦水稻复种面积248509亩，比2019年增加了31881亩，在全区274890亩麦稻复种总面积中的占比达90.4%，实现了粮食面积和总产“双增”目标。

（1）积极引导家庭农场加入农民合作社。针对单个家庭农场单打独斗、干不了、干不好的突出短板，重组扩容了18家合作社，其中粮食类6家。入社家庭农场成员达到1170家，经营总面积20.7万亩。2020年各家粮食类合作社推广“亩产百斤鱼千斤粮万元钱”模式，发展稻渔共生30003亩，打响了“蓬莱大米”“秀水渔米”等名优大米品牌，让更多成员共享到了全产业链增值收益，全年亩均种粮纯收入实现翻番，多数农场成员的种粮纯收入达20万元左右。

（2）将小农户纳入现代农业生产经营轨道。鼓励引导合作社为小农户、低收入农户、残疾人农户提供种子种苗、代耕代收、技术辅导、产品收购、包装销售等服务。2020年粮食类合作社为7267户种粮小农户种植的小麦7611亩、水稻18770亩，提供了技术辅导、代耕代收等服务。

（3）推动区域内各主体之间纵横联合合作。组建联合社6家、产业化联合体3家，使合作社成员能分享全产业链增值收益和品牌溢价。灵心稻渔种养专业合作社联合“金福米业”“天天农展会”等龙头企业帮助加工、销售“秀水渔米”等品牌大米，形成了“合作社+家庭农场+龙头企业”的产业化联合体。合作社成员普遍实现亩产“百斤鳖、千斤粮、万元钱”目标，个别成员亩均纯效益达到2万元以上。

（二）六种合作社模式的总结

上述六种模式是在不同的资源禀赋、不同的现实生产经营环境以及不同的农村经济社会结构下因地制宜探索出来的路子，每一条模式都有各自的独特目标、主要优势和适应条件。

种粮农户领办型在主粮产区内普遍存在，是经典意义上的合作形式，较好地发挥了“宜统则统，宜分则分，统分结合”的优势。在该模式中，种粮农户通过合作社组织起来开展粮食生产经营，最大的好处是能从生产资料投入、劳动作业投入、收储损耗等各环节上有效节本降耗，提高经营效益。这种模式在水稻、玉米、大豆、土豆等粮食种植领域普遍存在，成为组织农户开展粮食生产、推广良种良技、提升粮食产业效益的重要组织依托。

村组织领办型出现在人口空心化、老龄化较严重，传统农业无以为继的广大农村地区。一般以土地股份合作社为组织形式，较好地发挥了村集体在整合农村土地资源中的作用。通过土地整村流转入社，推行“大田并小田”等统一规划，能有效地推进地域农业适度规模化、机械化耕种，为接力粮食种植、稳定粮食生产发挥了重要作用，同时，还在一定程度上带动了村集体经济的发展。随着未来农村老龄化程度加剧，这一模式将变得更加普及。

托管服务型通常出现在兼业农户较多、土地流转较困难的农村地区，多数农户并不入社，土地也并不流转，仍然以家庭为经营单位，但大部分生产环节交由专业社会化服务组织，农户是老板，合作社是保姆，合作社为农户提供机耕机种、统防统治、收割仓储等菜单式服务，农户可选择全程托管，也可选择部分托管，从而实现外出务工和家庭经营两不误。在农村劳动力老龄化加剧、耕地保护从严从紧的现实环境下，农业生产社会化服务日益成为破解“谁来种地”“怎么种地”问题的又一重要路径。近年来，各地农业托管服务发展迅猛，其最大的优势是可以实现将农民从农业生产中解脱出来，最大限度促进农村劳动力转移就业。

企业领办型通常发生在农业产业化基础比较好、农业生产经营在农户家庭总收入中占比不高、人们愿意将土地流转出去交由专业化的人或组织来经营的地区。在该模式中，合作社通常由农业龙头企业领办，农户以土地承包经营权入社，分享固定“地租”的同时，还可通过合作社盈余分配分享产业后端的红利。合作社主要起到为粮食加工企业稳定原料供给和品质把控的作用。

多功能经营型和区域产业化联合体型在近年来兴起的各种现代农业产业园或“田园综合体”中比较常见。多功能经营型通常以合作社为主体，通过发展加工业、服务业、推动农旅融合发展等延伸粮食产业链条，种粮农户可以以多种形式参与合作，享受乡村产业融合发展带来的红利。合作社办公司、农业龙头企业、旅游公司等市场主体或村集体合作成为这一路径的重要途径。而在区域产业化联合体中，小农户日益转化为现代化的家庭农场而实现适度规模经营，通过抱团组建农民合作社、联合社等，在共同的关键环节上开展统一服务，打造公共品牌，实现节本降耗和提质增效。合作社通常与农业企业进行对接，提高区域内粮食产业的整合度和市场竞争能力，对于延伸粮食产业链条、拓展价值空间、增加种粮收入具有重要意义。

不同模式表明，农民合作社带动小农户发展粮食生产的方式和路径是多种多样的，不同地区可以根据自身的实际情况，因地制宜采取一种或多种路径发展粮食生产。但不管在何种模式下，合作社发挥的基本作用都是一致的。总的来看，合作社发挥的作用表现在三个方面：一是在生产合作方面，合作社能从机耕机种、统防统治、统购统销等关键共同环节上实现“统一”经营，做好单个农户干不了、干不好或干起来不划算的事情，从而节本降耗，提升产业效益；二是在科技推广方面，合作社能统一引进新品种、新技术，推动粮食生产适度规模经营和标准化水平，从而推动整个粮食产业生产经营现代化；三是在市场销售环节，合作社能创建统一品牌，发展粮食加工，统一销售渠道，提升市场议价能力，实现品牌效益和产业增值效益。

从我们对全国各地的调查了解来看，种粮农户领办型、托管服务型和企业领办型是当前的主流形式，其中种粮农户领办型和企业领办型是经典形式，托管服务型是新兴模式。之所以说是主流，是因为这些模式相对而言具有一定的普适性，在不同的地区基本都可以采用，而且这三种模式相互之间是并行不悖、相辅相成的。村组织领办型、多功能经营型和区域产业化联合体型是近年来兴起的非主流模式，相对于主流模式的普适性而言，这些模式更强调社会群众基础、资源禀赋和土地流转程度等各方面的条件，如有良好的市场环境和龙头企业支撑、有具有富民情怀的返乡创业能人带动、有较好的资源禀赋和较强的政策资源整合度等。

四、合作社带动小农户种粮面临的困难及相关政策建议

（一）合作社带动小农户种粮面临的困难和问题

1. 经营规模偏小、抗险能力弱

粮食产业农民合作社的成员数量不多且多位于本村，平均服务面积不大、经营利润不高、抗风险能力弱。13 个粮食主产省的 787 家粮食产业国家示范社中成员达到 250 人以上的不足 1/4，其中，成员分布于本村内且不到 150 人的示范社占比超过了 50%，人均粮食种植面积不到 25 亩的国家示范社占比 61.3%。这就使得示范社粮食生产规模偏小、收益低，2020 年近一半示范社社均年度盈余不到 100 万元，这也使得粮食产业的农民合作社市场抗风险能力明显不足。

2. 管理水平不高、后续人才缺乏

粮食产业农民合作社大部分理事长受教育水平不高，1056 家国家示范社理事长超六成年龄在 50 岁以上，三成多拥有大专及以上学历、近两成只有小学及以下学历，大多数领头人是抱着对农村生活的眷恋、对家乡的热爱或者怀着回报家乡、建设家乡的美好愿望，组织带动村民开展粮食种植，其自身现代农业知识较欠缺，新技术、新事物学习能力不强，对内管理制度和民主决策机制不完善，对外缺乏应对外部市场竞争的经验，影响市场竞争能力的提升。人才缺乏难以支撑合作社现有生产规模，成员总体老龄化更会影响培养下一代接班人，制约合作社进一步发展。

3. 补贴受益面窄、资金到位迟

粮食产业农民合作社获得财政支持的受益面偏窄，资金支持量偏小，规模越小的合作社越难获得财政扶持。根据农经统计年鉴数据，2020年只有1.9%的农民合作社获得了财政资金支持，项目的平均支持额度为16.97万元。1056家粮食产业国家示范社也只有39.5%获得了财政扶持，68.6%的国家示范社获得的财政扶持不足50万元。财政支持不仅具有区域性差异，而且小型合作社难获得财政支持。同时，财政补助资金申请审核程序繁杂。一些县获得补助资金需经过项目申报、资格审查、选择服务组织、签订合同、实施作业、督查、指导服务和监管、面积核实、验收、公开公示、资金结算11道程序；补助资金申报环节要经过村、乡镇政府、县级农业农村部门和财政部门以及县领导小组多个层级，当年的补助资金到年底才能到位，给合作社等服务组织带来较大的资金压力。在服务组织自有资本较少、社会融资能力较弱、贷款难等情况下，让服务组织的有序经营和规模拓展显得较为吃力。

4. 服务范围有限、产业链条短

粮食产业农民合作社产中服务多、产后服务不足，不利于提高粮食产业链效益和规避市场风险。1056家粮食产业国家示范社只有66.9%拥有注册商标、35.9%拥有绿色食品认证、19.4%拥有有机食品认证、22.3%兴办了产后加工业务，平均加工业务带来的收入仅113.2万元，只占示范社整体经营收入的8.3%。全体合作社的均值水平更低，根据农经统计年鉴数据，2020年全国只有4.6%的农民合作社创办了加工实体，5.3%的农民合作社申请了注册商标，2.7%的农民合作社通过了绿色有机等农产品质量认证。此外，新冠肺炎疫情也导致当前农民合作社等新型农业经营主体拓展产后服务步履维艰。对西部某县有机大米种植加工主体的典型调研发现，该主体加工出来的大米在疫情影响下，销售量较常年减少近两成，造成资金回笼压力加大。粮食类合作社也提出了最希望政府给予的政策支持（见图4）。

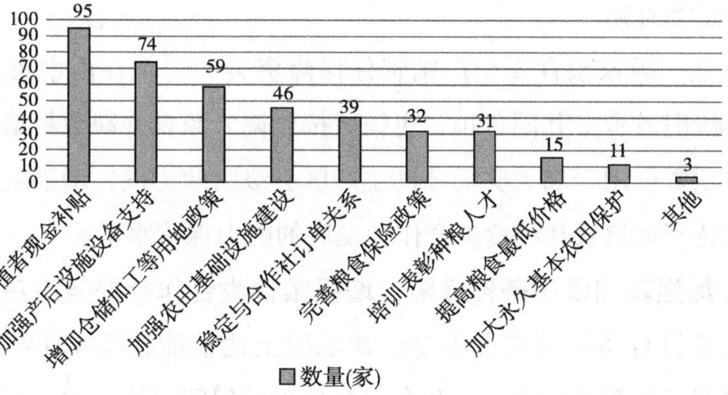

图4　粮食类合作社希望政府对粮食生产（服务）给予的政策支持

（二）政策建议

粮食安全是“国之大者”，习近平总书记高度重视小农户以及合作社在组织服务小农户发展粮食生产、提高供给保障能力中的地位和作用，作出一系列重要指示批示。各级各部门都要深入学习、深刻领会总书记指示精神，进一步提高思想认识，增强行动自觉，采取更加有力的举措，大力支持农民合作社等新型经营主体组织带领小农户发展粮食生产，提供各类便捷周到的专业化社会化服务。

1. 强化政策支持保障，增强合作社种粮信心

完善农业支持保护制度，优化粮食价格支持和生产者补贴政策，完善补贴机制，提高补贴效能，积极支持农民合作社提升生产技能、改善生产设施条件。全面实施粮食保护性价格政策，把“目标价格 + 价格补贴增量 + 政策性保险 + 保护性收购”等政策工具结合起来，通过保护价收购、增加补贴力度，稳定农户和合作社等种粮主体种粮预期，调动其种粮积极性。

进一步加大对粮食类合作社等经营主体的财政补贴力度，将中央财政农业生产发展资金支持农民合作社和家庭农场等新型农业经营主体高质量发展项目纳入约束性指标。整合财政项目资金，对粮食类合作社发展适度规模经

营给予适当补贴。

设立“国家粮食安全产销责任保障资金”专项，由中央财政资金和主销区省级财政资金共同负担，主销区按照调入粮食补缺数量情况缴纳责任资金，专项资金用于加大奖励补助主产区县级财政力度，增强主产区县级财政用于支持当地粮农和粮食类合作社发展的财力保障水平。

2. 加强基础设施条件保障，增强粮食类合作社服务农户能力

支持符合条件的粮食类合作社承担土地整治、高标准农田建设、小型农田水利工程等项目建设，和合作社自用的田间灌排工程、田间道路、农田输配电设施维护，改善种粮合作社农业生产条件，增强合作社抵御自然风险能力。

采用以奖代补、先建后补等方式，大力支持粮食类合作社建设粮食烘干、仓储、加工、运输等装备设施，开展粮食加工，不断延伸粮食产业链条，提升粮食产业的综合收益。建设一批以乡镇为单位“共建共享”的仓储、厂库棚设施，解决粮食类合作社在农机具存放、仓储加工等方面的用地难问题。

通过政府购买服务方式，支持有条件的粮食类合作社（联合社）代收代储部分国家粮食储备任务，构建以国家储备库为主导，中央、地方、社会多元化的渠道稳定、方便粮农的粮食收储网络体系。将粮食类合作社纳入品质提升、品牌创建和标准化生产、大豆玉米带状复合种植、稻油轮作、稻鸭稻鱼稻虾共育等财政支持政策范围。

3. 强化金融保险支持保障，提升粮食类合作社抗风险能力

加强对粮食生产类合作社的信贷担保和保险支持，完善完全成本险、收入保险及“保险 + 期货”机制。针对农民合作社需求特点创新金融产品，落实落细农业保险政策。鼓励各地将财税金融政策创新与合作社带动成员数量、运行规范程度、盈余分配水平等指标相挂钩，引导优惠政策向规范发展合作社倾斜。进一步推广总结新型经营主体信贷“直通车”经验做法，依法开发多年期的金融贷款产品，引导金融机构扩展有效抵押物范围，探索通过市场、法院、金融、保险等大数据综合评判主体信用情况，给予更合理有效的信用贷款支持。引导和鼓励试点地区有经济实力的农民合作社探索资金互助、保险互助等业务，进一步推动完全成本险、收入保险、农产品“保险+期货”等新型保险产品和保险机制优先面向各类粮食生产经营主体开展业务探索试点。

4. 强化服务支撑保障，培育粮食生产社会化服务大产业

加快形成组织结构合理、专业水平较高、服务能力较强、服务行为规范、全产业链覆盖的农业社会化服务体系。聚焦服务小农户，着力解决小农户生产关键薄弱环节的现代化难题。引导资源共享，推动合作社、服务专业户、专业服务企业、农村集体经济组织等多元服务主体加强联合合作，扩大服务半径，强化服务力量，拓展服务领域。

进一步简化粮食社会化服务补贴审核程序，探索更加简单可行的补助资金申报审批操作规程，简化审核程序。在资金发放环节，明确各环节审核人员、审核要点，加快补助资金发放进度。探索先行拨付部分项目资金用于前期生产服务需要，缓解其资金紧张的困境，促进粮食类合作社等服务组织扩大规模。

5. 强化制度执行保障，推动粮食类合作社高质量发展

深化示范创建，持续开展农民合作社质量提升整县推进。建立健全合作社财务管理和会计核算制度，依法规范合作社盈余分配，保障成员利益。引导合作社与各类新型农业经营主体融合发展，支持以家庭农场为主要成员组建农民合作社，推动组建规模大、竞争力强的大型粮食类联合社。加强典型案例总结、宣传和推广，引领粮食类合作社因地制宜探索不同发展模式。健全社企对接服务机制，引导农民合作社与各类优势企业开展对接合作，鼓励各地引入产业链各环节优质企业，面向粮食类合作社提供覆盖全产业链条的服务和产品。

6. 强化人才支撑保障，优化专业化人才培养机制

坚持“请进来”与“送出去”相结合，管理人才与生产经营人才两手抓。完善社保、职称评定等优惠政策，鼓励支持各类下乡、返乡、在乡人员领办参办合作社或者到合作社工作，积极引进一批懂市场、善经营、会管理的专业人才。大力加强合作社现有人才培养，既要依托合作社人才培养实训基地，重点开展操作实务与技能培训，也要鼓励支持各类教学单位开设合作社管理专业或相关课程，或通过自学考试、函授教育等办法，重点对粮食生产合作社带头人等开展学历教育，为现代粮食生产提供科技支撑和人才保障。完善种粮先进组织和个人国家荣誉制度，激励粮食类合作社等种粮主体多种粮、种好粮。

主要参考文献

[1] 陈锡文. 实现小农户和现代农业发展有机衔接[J]. 中国农村科技，2018（2）：14.

[2] 陈奕山. 小农户在中国农业现代化进程中的作用和处境变化[J]. 中国农业大学学报（社会科学版），2021（38）4：19–30.

[3] 陈永朋. 技术进步视角下小农户与现代农业有机衔接的实证研究——基于全国微观固定观察点336户蜂农面板数据[J]. 浙江农业学报，2022（32）2：40–418.

[4] 郭斐然，孔凡丕. 农业企业与农民合作社联盟是实现小农户与现代农业衔接的有效途径[J]. 农业经济问题，2018（10）：46–49.

[5] 郭庆海. 小农户：属性、类型、经营状态及其与现代农业衔接[J]. 农业经济问题，2018（6）：25–37.

[6] 韩春虹. 小农户参与现代农业发展：现实特征、实现基础与机制构建[J]. 世界农业，2022（3）：100–108.

[7] 黄宗智. 中国新时代的小农户经济导言[J]. 开放时代，2012（3）：5–9.

[8] 李世杰，校亚楠，沈媛瑶等. 农民专业合作社能增大农户在流通渠道中的影响力吗——基于海南8个市县的问卷调查[J]. 农业技术经济，2016（9）：50–59.

[9] 刘闯，仝志辉，陈传波. 小农户现代农业发展的萌发：农户间土地流转和三种农地经营方式并存的村庄考察——以安徽省D村为个案分析[J]. 中国农村经济，2019（9）：30–47.

[10] 王亚华. 什么阻碍了小农户和现代农业发展有机衔接[J]. 人民论坛，2018（7）：72–73.

[11] 杨梦颖. 农业机械化促进小农户与现代农业衔接研究[J]. 农业经济，2022（2）：3–5.

[12] 叶敬忠，豆书龙，张明皓. 小农户和现代农业发展：如何有机衔接？[J]. 中国农村经济，2018（11）：64–79.

[13] 张红宇. 实现小农户和现代农业发展有机衔接[J]. 中国乡村发现，2018（3）：56–59.

[14] 张学彪. 中国小农户经营规模变迁与生产效率研究[D]. 中国农业科学院，2018.

[15] 钟真，张琛，张阳悦. 纵向协作程度对合作社收益及分配机制影响——基于4个案例的实证分析[J]. 中国农村经济，2017（6）：16–29.

[16] Boone，C.，zcan，S. Strategic choices at entry and relative survival advantage of cooperatives versus corporations in the US bio—ethanol industry，1978—2015[J]. *Journal of Management Studies*，2016，53（7）：1113–1140.

[17] Hao，J.，Bijman，J.，Gardebroek，C.，Heerink，N.，Heijman，W.，Huo，X. Cooperative membership and farmers' choice of marketing channels：Evidence from apple farmers in Shaanxi and Shandong provinces，China[J]. *Food Policy*，2018，74：53–64.

[18] Kumar，A.，Saroj，S.，Joshi，P. K.，Takeshima，H. Does cooperative membership improve household welfare? Evidence from a panel data analysis of smallholder dairy farmers in Bihar，India[J]. *Food Policy*，2018，75：24–36.

[19] Ma，W.，Renwick，A.，Yuan，P.，Ratna，N. Agricultural cooperative membership and technical efficiency of apple farmers in China：An analysis accounting for selectivity bias[J]. *Food Policy*，2018，81：122–132.

[20] Yu，L.，Nilsson，J. Social capital and the financing performance of farmer cooperatives in Fujian province，China[J]. *Agribusiness*，2018，34（4）：847–864.

完善耕地保护制度及遏止耕地“非农化”、防止“非粮化”对策研究*

耕地是粮食生产的根基，是保障中国粮食安全的重要底线。随着我国农业结构的不断优化，区域布局趋于合理，粮食生产连续6年保持在1.3万亿斤以上，为稳定经济社会发展大局提供坚实支撑。“仓廪实，天下安”，作为一个有着14亿人口的大国，粮食安全这根弦永远都不能放松。进入新时代，社会主要矛盾已转化为人民日益增长的美好生活需要和不平衡不充分发展之间的矛盾，这一时期全国耕地保护面临着低效益与高保护的矛盾以及耕地数量保护与质量保护并重、耕地利用与生态文明建设并重的巨大压力与挑战。事实上，耕地资源的有限性将是我国发展过程中需要长期关注的重大战略问题，事关国家粮食稳产增产和粮食安全问题。

* 本报告是清华大学中国农村研究院2021年重点研究课题“完善耕地保护制度及遏止耕地‘非农化’、防止‘非粮化’对策研究”的研究成果，报告观点仅代表课题组的看法。课题负责人：许庆，上海财经大学财经研究所、城乡发展研究院教授。报告执笔人：许庆、刘进、熊长江。

一、导论

（一）研究背景

近年来，尽管党中央、国务院出台了一系列严格耕地保护的政策措施，但一些地方仍然存在违规占用耕地绿化造林、超标准建设绿色通道、违规占用耕地挖湖造景、占用永久基本农田扩大自然保护地、违规占用耕地从事非农建设、违法违规批地用地，出现耕地“非农化”现象。比如，在高速铁路、国道省道（含高速公路）、河渠两侧违规占用耕地超标准建设绿化带，有的大规模挖湖造景。与此同时，部分地区也出现耕地“非粮化”倾向，一些地方把农业结构调整简单理解为压减粮食生产、一些经营主体违规在永久基本农田上种树挖塘、一些工商资本大规模流转耕地改种非粮作物等，导致耕地“非粮化”。这些问题如果任其发展，将影响国家粮食安全。当前百年未有之大变局和新冠肺炎疫情交织，随着我国人口数量增长、消费结构不断升级和资源环境承载力趋紧，粮食供求仍将维持紧平衡态势，同时，经济全球化遭遇逆流，世界进入新的动荡变革期，守住18亿亩耕地红线，对确保国家粮食安全尤为重要。在此背景下，2020年国务院办公厅先后发布《关于坚决制止耕地“非农化”行为的通知》（国办发明电〔2020〕24号）、《关于防止耕地“非粮化”稳定粮食生产的意见》（国办发〔2020〕44号），分别要求坚决防止耕地“非农化”“非粮化”倾向，要明确耕地利用优先序，对耕地实行特殊保护和用途管制，严格控制耕地转为林地、园地等其他类型农用地，再次重申粮食安全的重要性和紧迫性。

“十四五”时期是我国现代化建设进程中非常关键的五年，既要巩固提升全面建成小康社会的成果，又要为第二个百年奋斗目标开好局、起好步。面对农产品生产需求多样化，必须处理好发展粮食生产和发挥比较效益的关系，不能单纯以经济效益决定耕地用途，必须集中力量把最基本最重要的保住，将有限的耕地资源优先用于粮食生产，采取有力措施遏止耕地"非农化"、防止耕地"非粮化"，着力完善耕地保护制度，重点妥善解决稳政策、稳面积、稳产量，牢牢守住国家粮食安全的生命线。因此，"十四五"期间，完善耕地保护制度，必须立足于深入推进乡村振兴战略、实施乡村建设行动与促进现代农业高质量发展的大背景，加大全国及各个地方层面对耕地保护与粮食生产的重视和关注，为耕地保护制度完善和创新找到着力点。在实现不同区域农业农村高质量差异化发展的同时，健全和落实最严格的耕地保护制度，长期实施落实遏止耕地"非农化"和"非粮化"政策，实现藏粮于技、藏粮于地，确保中华民族的"铁饭碗"掌握在自己手中。

（二）研究意义

从国际形势来看，受新冠肺炎疫情影响，2020 年联合国粮食及农业组织已对粮食安全发出警示。基于上述背景，本研究将在全面推进乡村振兴战略、实施乡村建设行动与现代农业高质量发展的背景下，结合我国目前耕地"非农化""非粮化"的实际情况，考察"十四五"时期乃至未来相当长一段时间内耕地保护制度及其利用现实问题和影响因素，分析不同区域、粮食主产区与非主产区耕地利用优先序、生产功能监管、粮食种植面积稳定、工商资本下乡等问题，研究耕地保护制度在不同区域、不同功能区域的落实路径，并因地制宜提出完善耕地保护制度常态化、长期化机制及遏止耕地"非农化"、防止耕地"非粮化"的主要举措，进而推动"十四五"期间中国特色现代农业的发展和落实"谷物基本自给、口粮绝对安全"的方针。这对于切实稳定我国粮食生产、牢牢守住国家粮食安全的生命线具有重要现实意义。

二、我国耕地价值及其保护制度变迁研究

（一）耕地的内涵、价值与功能定位

1. 耕地的内涵

耕地是指用来经营农作物种植的土地，包括熟地、休闲地、新开发地、复垦地及整理地；通常以种植粮食、蔬菜等农作物为主，偶有用来种植果树、桑树以及其他树木的土地；平均每年能够保证进行一季作物收获的已垦滩地与海涂。南方地区的耕地包括宽度低于1.0米的固定沟、渠、路及地埂，北方地区的耕地包括宽度小于2.0米的固定沟、渠路及地埂；同时还包括临时改种药材、花卉及苗木等植物的耕地与其他用途临时改变的耕地。

2. 耕地的价值

（1）综合价值

耕地资源价值是经济价值、社会价值和生态价值的综合价值。经济价值主要指耕地产出所带来的经济效益。社会价值是指耕地的社会功能转化的间接价值，包括社会保障价值和社会稳定价值。前者主要包括提供最低生活保障、养老保障与就业保障三方面的价值；后者主要体现为耕地在保证粮食安全、吸纳农村劳动力、维护社会秩序方面的价值。生态价值是指耕地生态系统所具有的气候调节、气体调节、水源涵养、土壤形成与保护、废物处理、生物多样性维持、休闲娱乐等方面的价值。

（2）市场价值与非市场价值

市场价值是指可以在市场上得到体现的那部分耕地价值，即农地上的经济产出，可以通过市场的方法进行评估；非市场价值是指无法通过市场交易而又客观存在的价值，主要包括耕地资源的选择价值、存在价

值和遗产价值。

（3）使用价值与非使用价值

使用价值包括直接使用价值、间接使用价值和选择价值；非使用价值包括存在价值和遗赠价值。使用价值和非使用价值的划分是以耕地资源是否被使用为依据的。

3. 耕地的功能定位

耕地的属性不同，耕地的功能自然也就不同，但耕地多功能并不是单一功能的简单加总，而是多个功能的相互协调、相互作用综合形成的耕地功能。

（1）经济属性功能

耕地的经济属性是耕地固有属性之一，与耕地的经济类功能具有非常密切的关联。由于耕地天然的可耕性，表征为生产粮食作物、经济作物及其他农作物等，为社会供应农产品，体现耕地的生产功能；耕地是受法律保护的地类，未经许可一般禁止占用，不占用的耕地可以储存财富，但耕地一旦被占用，便会进行征地区片综合地价的测算，所以耕地具有保值增值功能。

（2）社会属性功能

耕地的社会属性是建立在经济属性基础上的，可以为农户提供生活基础与保障能力的属性，也是耕地的一种重要属性。耕地生产的农作物经过加工形成粮食，不仅可以维护社会安全稳定，还能保障粮食供给，体现出耕地的社会安全功能。一直以来，人们用“春种秋收”来形容一年中在耕地上的劳动行为，恰是这种劳动，为农户提供了就业机会，保证农民生活收入，使农户心理得到安慰，这些都是耕地带来的保障，体现出耕地的就业保障功能与心理保障功能。

（3）生态属性功能

耕地存在于自然界，其作为生态系统的一部分，具有生态属性。耕地既可储存水分，又可拦截雨水，体现耕地的涵养水源功能；耕地还可调节一定范围内空气的温度与湿度，体现出耕地的气体气候调节功能；耕地作为景观时，既可以展现“稻梦空间”的人造景观美，又可以彰显“稻花香里说丰年”的自然景观之美，体现出耕地的休闲娱乐功能。耕地对于形成土壤、保护土壤养分与耕地结构、减轻泥沙淤积与水土流失有重要作用，体现了土壤形成与保护功能。此外，耕地也是一个小型生态系统，所以也具有维持生物多样性的功能。

（二）我国耕地保护制度的变迁

本研究以时间发展为主线，结合不同时期耕地保护政策演进及耕地保护目标转变进行归纳梳理，将新中国成立 70 多年以来的耕地保护变革划分为 4 个阶段，即制度启蒙阶段、制度探索阶段、制度发展阶段与制度完善阶段，并逐一阐释不同阶段的发展特点和演化规律。

1. 制度启蒙阶段（1949—1977 年）

新中国成立后的农村土地改革从法律层面明确了农村土地产权归属，使“耕者有其田”并全面提升农民生产的积极性，此前因连年战争导致人口锐减、土地荒废。新中国成立初期，国家首要任务就是恢复生产来保证社会稳定，农村土地私有制极大鼓励了农民从事农业生产，但由于有限的耕地资源及落后的农业生产方式等原因，耕地产能相对较低，人口增长造成粮食危机促使农民通过开垦荒地等形式增加耕地数量。此后，农村历经了互助组—合作社—人民公社时期，农村土地权属完成由私有制向社会主义公有制的转变，在此期间，中央政府轻农业、重工业的政策导向导致我国始终处于“相对缺粮”状态，但通过开荒，全国耕地数量增加约 1.8 亿亩。彼时尚未形成耕地保护概念，政府主要着眼于农田水利建设以实现耕地稳定增产。这一时期，我国农业生产仍然以相对落后的传统农业生产方式为主，中央政府坚持大力开展农田水利建设确保粮食稳产增产，同时引导农民进行开荒、拓荒等增加耕地面积，该阶段耕地主要表现为资源属性，通过开垦耕地面积有效提升粮食产量，保障了新中国成立初期的稳定发展。

2. 制度探索阶段（1978—2003年）

改革开放后，“家庭联产承包责任制”和农业科技发展有效提升了农村土地生产力，长期存在的粮食短缺问题得以改善。然而，伴随着经济水平不断发展，城镇经济建设与农村农业生产之间的矛盾始现端倪，城镇建设用地边界扩张，农民生活水平提高谋求建房等滥占耕地行为造成的耕地资源数量锐减引发中央政府关注。1981年国务院《政府工作报告》提出“十分珍惜每寸土地，合理利用每寸土地”的国策；1981年4月17日，国务院发布《关于制止农村建房侵占耕地的紧急通知》[①]指出，限制农用地随意被占用、征用，中央层面首次提出“耕地保护”的概念；1982年和1983年的中央一号文件均强调保护耕地，并连续出台政策文件，逐步明晰耕地保护的基本概念。然而，20世纪80年代逐渐形成耕地保护的概念，却未能在国家层面形成具体有效的政策措施，而更多的是以宏观文件进行管控。20世纪90年代，全国范围内开始出现大量的乱占耕地现象，特别是以开发区建设为主导的经济发展模式导致大量优质耕地被侵占。中央政府连续下发相关政策文件严格控制耕地数量，有效遏止建设用地无序侵占耕地的情况。与此同时，基本农田保护制度、耕地占补平衡制度、土地用途管制制度及建设用地规划审批制度等一系列政策制度先后出台实施，为缓解耕地数量锐减、切实保证粮食安全提供了行之有效的政策制度体系保障。这一时期耕地保护概念基本形成并不断完善，耕地保护政策制度体系相继出台但仍然缺乏系统性与整体性，耕地保护目标集中在耕地资源的数量保护但是却忽视了耕地质量保护。

3. 制度发展阶段（2004—2011年）

自加入WTO后，我国城镇化工业化水平进入快速发展期，地方政府开始出现以“土地财政”为导向的经济发展模式，通过大量征用耕地资源转变为建设用地，并通过出让大量土地获得增值收益，继而投入社会经济建设中，造成城乡收入差距拉大、耕地数量和质量急剧降低、生态环境遭受巨大

---

① 根据《国务院关于宣布失效一批国务院文件的决定》（国发〔2016〕38号），此文件已宣布失效。

破坏等一系列问题。尤为重要的是，耕地保护战略也出现了基本农田被占用、耕地占优补劣现象、土地用途管制被破坏等问题，特别是粮食减产为中央政府敲响警钟，耕地资源保护现状面临着前所未有的巨大压力，中央政府逐渐从耕地的数量保护转变至耕地数量与质量的并重保护。“严守18亿亩耕地红线”和“最严格的耕地保护制度”成为中央政府关注的重点，原国土资源部随后建立并开始探索实行土地督查制度、耕地占补平衡制度、永久基本农田保护制度和跨区域耕地补偿制度。这一时期耕地保护概念得以深化，耕地保护目标由单纯的数量底线保护转变至耕地数量质量的并重保护，耕地保护政策制度体系不断完善，形成统一性、整体性和系统性的“最严格的耕地保护制度”。

4. 制度完善阶段（2012年至今）

党的十八大提出“四化同步”，实现社会生产力的跨越融合式发展，助推了耕地保护政策体系规范化、健全化，使耕地数量保持在安全状态。然而，由于环境污染日趋严重、有毒农产品事件等一些恶性环境污染事件事故威胁人民群众生命安全，国家为切实保障耕地质量、修复生态环境出台了系列文件：2012年中央出台相关文件首次提出数量管控、质量管理和生态管护的“三位一体”综合保护，2017年《中共中央 国务院关于加强耕地保护和改进占补平衡的意见》中再一次明确耕地占补平衡的数量、质量和生态的综合保护。2020年国务院办公厅先后发布《关于坚决制止耕地“非农化”行为的通知》（国办发明电〔2020〕24号）、《关于防止耕地“非粮化”稳定粮食生产的意见》（国办发〔2020〕44号），分别要求坚决防止耕地“非农化”、耕地“非粮化”倾向，要明确耕地利用优先序，对耕地实行特殊保护和用途管制，严格控制耕地转为林地、园地等其他类型农用地。这一时期，以生态文明建设为背景，我国实施新型城镇化战略和乡村振兴战略，推进城市群建设与区域协同发展等城乡融合发展战略，经济发展实现向经济生态化和生态经济化转变，最终促使耕地保护内涵延伸至数量、质量和生态。在这一阶段，耕地保护政策体系在数量、质量和生态上，更加注重耕地资源的数量、质量、生态、时间和空间五大属性，形成耕地数量、质量和生态“三位一体”的综合保护以及耕地数量、质量、生态、时间和空间的互动关系，以切实推进山水林田湖草的科学治理。

三、耕地保护的实践探索、利用现状与存在的问题

（一）国际经验与借鉴

1. 北美洲经验借鉴

（1）美国

美国国土面积较大，耕地总面积排在世界首位，人均耕地资源非常丰富，其农田的土地种类多为含有机质特别高的栗钙土和暗棕钙土等，这样肥沃的土地使得美国的农民收获颇丰。美国政府尤其重视农业的发展，采取了诸多政策措施。

一是制定完善的耕地保护法律体系。美国在耕地保护的过程中，从联邦到地方颁布了一系列耕地保护法案，这些法案包括《水土保持和国内生产配合法》《农田保护政策法》《联邦农业发展与改革法》《联邦土地政策和管理法》《土地资源保护法》《国有土地牧场改良法》《农业和食品法》等，从规划、税收、征用等多个角度对农地进行规划和保护。二是实施土地用途管理制度。政府通过立法或依靠行政权力，通过划定城市发展边界、城市建设区和农业区的方式，严禁农业区的农地用于非农业用途，从而达到保护农地的目的。三是实行土地发展权制度。土地发展权制度包括土地发展权购买和土地发展权转移，两者都规定土地发展权归原土地所有人享有。因此，不论土地发展权被政府征收，还是转让给房地产开发商，或土地所有人继续在原土地上耕作，其都能获得好处。

（2）加拿大

加拿大地处北美大陆北部，国土面积约998万平方千米，但全国耕地面积只占总面积的8%。其中，12%的可耕作土地还集中分布在南部的狭长地带，那里大约聚集了全国90%以上的人口。可见，加拿大虽然地广人稀，但还是存在局部土地资源相对短缺的问题。为此，从20世纪70年代起，加拿大开始将农地保护纳入国家政策议程，各个省、地区相继制订了农地保护计划，采取了各种强有力的措施，以阻止或减缓在高质量农地上的土地开发。

一是法律法规调控。为保护优质的农地免于开发，鼓励现有城市区域内充分利用土地，加拿大联邦政府以及各省政府先后颁布了多部与农地保护相关的法律法规。其中，不列颠哥伦比亚省和魁北克省颁布的《农地委员会法》和《农地保护和农业活动法》最为严格苛刻。同时，加拿大农地保护方面的各项法律之间是相互协调和互为补充的，形成了一个较为完善的法律体系，如《农地保护和农业活动法》是与另一部重要的法律《土地利用规划和发展法》相协调的。二是土地利用规划。土地利用规划是加拿大农地保护的一项重要措施，各省、地区在联邦政府总体规划精神的引导下，结合自身特点制订土地利用以及农地保护方面的规划。例如，安大略省通过制定计划法案，为该省农地保护政策的制定提供总体框架，并使得自治县制定农地利用计划成为可能。三是限制农地发展权。加拿大在限制土地发展权方面提出了生态礼物计划。该计划规定当土地所有者捐赠那些已被列为生态敏感区或具有生态价值的私有土地的发展权后，将获得所得税方面的优惠，同时农地的税收评估标准仍然是农地的公允价值。

2. 欧洲经验借鉴

（1）英国

英国位于欧洲西部，是欧洲大陆上典型的土地私有制国家，由于是一个岛国，国土面积狭小，耕地面积比重更是西欧各国中最小的。英国人多地少，在经历了高度城市化后仍保留了大面积的耕地，这其中的做法值得借鉴。

英国是世界上最早建立土地发展权制度的国家。1947 年《城乡规划法》颁布，标志着土地发展权制度在英国的正式建立。该法规定一切私有土地将来的发展权转归国家所有，由国家独占，实行所谓土地发展权“国有化”，私有土地所有人或其他任何人如想变更土地的使用类别，在实行开发建设之前，必须向政府购买发展权。英国实施土地发展权国有化制度后，土地开发和耕地流失的势头得到遏止。此后，该法历经多次修改和补充，推进了土地权利体系的法制建设。20 世纪 60 年代后，英国相继出台了《新城镇法》《村庄土地法》等多部调整土地的法律，以加强对土地资源的规划管理，保护耕地。

（2）法国

法国位于欧洲西部，国土面积广袤，位居欧洲第三、西欧第一。国土总面积为 55.16 万平方千米，人口密度约为 99 人 / 平方千米。在法国，农地有 2924.10 万公顷，撂荒面积为 49.76 万公顷，撂荒比例为 1.6%，主要被城市用地或林地占用。法国的耕地保护强调中央集权管理，由中央政府行使土地立法权。法国没有直接控制农地流转的措施，许多地方政府甚至没有自己的土地利用规划，其农业政策的核心是土地权属问题，强调农地应由农民经营，并着重对土地租佃关系及土地利用规模进行管理和调解。法国的土地利用规划主要包括国家规划、区域规划、纲要性的土地利用规划及详细的地方规划。法国的土地政策规定农场主的土地只能由一个人继承或转让给一个人，私有农地必须用于农业经营，不准弃耕、劣耕和在耕地上搞建筑，否则国家有权征购土地、提高土地税或令其出租土地。1960 年，法国颁布《农业指导法》，设置了“土地整治与农村安置公司”，负责收购小农自愿出让的缺乏活力的农田，并以优惠的价格转卖给大农场，对放弃耕地的农民予以补助，并通过立法规定了农地流转的程序，通过租赁经营的方式加速土地集中，扩大农业规模，提高农业生产效率。法国政府于 1968 年开始实施优先购买权，以此来限制农地的非农化转移，保护耕地。此外，法国的土地征用要求合法地认定公共需求的存在，公平补偿征收人的损失，并且要事先支付补偿。不仅如此，法国的行政法院通过受理越权诉讼，以审查公用征收的目的，并建立一系列的征收程序以保证土地征用过程中的公开性和公正性。从法国的农地制度规定来看，其明确禁止农地弃耕、劣耕，并为此采取相应的措施治理了农地弃耕问题，由此在推动法国城市化的同时兼顾耕地保护。

（3）德国

德国的生态补偿政策是世界上较为成熟的耕地占补平衡机制之一，其要求农用地被占用后需补充等值的土地，以保障耕地的生态质量不降低，主要方式是设立生态账户体系。生态账户登记在地方环保部门，环保部门作为生态账户监督者监控土壤使用的质量变化，地方政府、用地者都可经营这一账户，根据土地开发的生态影响大小扣除生态账户中相应数量的生态指标，不依赖于政府的财政资金，生态指标可通过市场化交易用于土地开发项目和开展生态补偿项目，第三方机构也可在政府允许的条件下经营管理生态账户，通过从事补偿活动和生态指标交易获益（如无力承担生态补偿责任的开发商会向第三方机构购买生态指标）。由此可见，德国的耕地保护更关注质量平衡而非数量平衡。实践证明，德国的生态补偿政策和灵活性的生态指标交易模式运行时间长，综合运用恢复性补偿和替代性补偿两种手段，保障了土地利用与生态平衡，取得了良好的效果。

3. 亚洲经验借鉴

（1）日本

日本是典型的人多地少、人地矛盾尖锐的发达国家，其经济发展主要受到土地资源的限制。但在国土资源极其有限的情况下，日本能快速发展经济并完成高度城市化，恰当处理耕地保护和城市化发展、经济增长、人口增加之间的关系，得益于其完善的耕地保护制度与先进的科技支撑。

第一，日本建立了完善的耕地保护法律制度。日本是世界上土地立法最多的国家之一，各种土地立法多达500余部，包括《农地法》《农业基本法》《农业振兴地域整治法》《土地改良法》《国土调查法》《国土利用计划法》《农用地利用增进法》等，这些法律法规和相应的配套制度对土地规划、农地利用、农地产权、土壤改良等各个方面进行了调整。第二，日本重视创建新型都市农业，利用先进的科学技术，为农业的现代化提供支持。日本政府也注意增加对农业的投入，除稳定政府补贴、贷款投入政策外，还多渠道筹集资金，增加对农业的投入。同时，日本政府还有计划地使村级农业进一步向专业化、区域化、社会化发展，注重多层次、多元化地培养新一代年轻农业骨干人才，为新时期农业生产、农村经济建设提供充足的人才保障。

（2）韩国

由于农业市场竞争力较弱、利润偏低，韩国耕地逐渐荒芜，地力减退。因此，韩国通过制定一系列法律形成了一整套农地保护制度，进而对农地资源进行保护和开发，经过时间验证，这种制度取得了显著成效。

一是依法确定农地类型。韩国农地保护利用法提到的农地具有广泛的含义，不仅包括土地登记管理记录上的农地，也指实际上土地现状被作为农耕地或多年生植被栽培而使用的土地及其改良设施所占的土地。韩国的农地法律规定，要把优质农地列为绝对农地，并只能用于农业用途。二是限制农地转用。韩国农地保护利用法明确规定，农地未经农林部许可不得转作他用，除法律有特别规定因公共目的之外，这在一定程度上合理限制了农地的转用。三是设立农地基金。韩国政府规定，签订农地转用许可协议时，必须缴纳农地开发费，并设置农地基金。农地基金来源于替代土地造地费和基金运用所产生的收益。农地基金用途包括三方面：首先是替代农地造地事业；其次是发展以造农地为目的的农业基础事业；最后是基金的运用管理，由农林部下的农业基础公社使用农地基金，用于扩大农业经营规模及农地开发。

4. 发达国家耕地保护经验述评

综上所述，就所分析的国家来看，农地保护都有一个发展规律：当最初的食物安全目标得到满足后，其保护政策便会向生态与环境保护方面甚至多目标方面转换。各国政府在农地保护过程中所扮演的角色不尽相同，中央和地方政府各有侧重。韩国、日本在农地保护过程中居于核心地位的是中央政府，而美国主要是地方政府负责农地政策的制定和执行等。这种差异不难解释，农用地充裕国家的食物安全问题不会关系到国计民生和社会安定，宏观经济受农地丧失的影响不足以引起中央政府的重视；而农地稀缺的国家恰恰相反，国家高度重视粮食安全而由中央政府全面负责农地保护。从农地保护政策体系的构成来看，在干预土地流转方面，直接对土地利用进行控制的手段处于次要地位，大部分国家普遍采用的是间接的手段，即通过对农地流转过程中经济利益主体得失的影响来实现控制农地的流转。从各国的实践来看，这两种方式各有利弊，政策体系如果呈现单一性，必然无法取得理想的效果。

（二）我国耕地保护实践与探索

1. 江西省

2008 年 5 月，国家土地督察机构与江西省政府共建土地管理新机制试点启动以来，在其推动下开展了一系列土地保护的活动，其中由国土资源部门牵动，相关部门联动，以破解土地管理重大难题，完善土地管理体制机制，并已初步搭建起土地管理新机制的主体框架，取得重要成果。试点工作在江西省鹰潭、赣州两市，安远县、湖口县、上高县、赣县四县全面展开，并且通过试点，各地已经探索出一些适合当地、具有一定推广价值的经验和做法，如赣县建设用地批后监管“一牌、一卡、一库、一证”管理办法、余江县耕地保护共同责任机制、安远县拆旧建新和退宅还耕办法等。在试点中发现，一些像鹰潭市农村宅基地管理中的经济约束、公开竞价等有政策突破的“实验”都稳妥地局限在个别乡镇等小范围试点。政府土地管理方式的深层次矛盾和问题由于新机制的试点而被触及，既总结提升了过往经验，又梳理和破解了现实问题，从深层次推动了试点地区政府土地管理职能的切实落地，大大激发和释放了土地管理制度的活力。这种推动作用在现实中已成为土地管理观念和方式转变的一次重要契机，从根本上促进了土地的节约集约和严格管理。

2. 四川省

为进一步加大耕地保护力度，四川省成都市建立了耕地保护基金制度，为承担耕地保护责任的农户提供养老保险补贴，其目的是广泛调动农民直接参与耕地保护的积极性和主动性，进而实现在统筹城乡发展建设过程中耕地总量不减少、质量稳步提高的目标，并通过这种方式达到保护耕地、增加农民收入、解决农民养老保险所需资金“一举三得”的目的，从而有效破解“三农”问题，促进城乡统筹发展。

成都市耕地保护基金的特点是多部门配合。成都市耕地保护基金的发放需要统筹国土、农业、林业、农村商业银行、劳动与社保、公安、财政等多部门协同配合，是产权制度改革的重要组成部分。耕地保护基金是农民土地承包经营权能的一种体现，其发放有一套严格的程序，也成为检验农村集体产权制度改革工作质量的重要依据，特别是以承包地实测和承包经营权确权颁证为前提。同时，成都市耕地保护体现了村民自治，充分发挥农民作用，涉及农民自身利益的诸多事情在本集体经济组织内由农民自主决定。

3. 宁夏回族自治区

在乡村振兴战略和农业高质量发展的大背景下，宁夏回族自治区积极探索耕地保护模式，建立健全耕地保护政策、技术体系，改善耕地生态环境，通过实施中北部土地整治重大工程、中南部生态移民等项目，实现耕地数量、质量、生态“三位一体”的保护目标。

一是将永久基本农田划定原则固化在制度里，按照城镇由大到小、空间由近及远、耕地质量由高到低的顺序，确定永久基本农田布局，将城镇周边的优质耕地优先纳入永久基本农田实行“应保尽保”。二是设立耕地保护专项资金，专门用于村集体经济组织、农户耕地保护奖励及基本农田保护责任农户的养老保险补贴，给予承担耕地保护任务和责任的村集体经济组织和农户补助，用于农田基础设施后期管护与修缮、地力培育等。三是将耕地耕作层剥离再利用纳入全区耕地保护责任目标考核内容，加强对耕作层剥离再利用工作的监督检查，促使各地将耕作层剥离土壤用于耕地占补平衡项目及土壤改良工程。

4. 内蒙古自治区

巴彦淖尔位于内蒙古自治区西部，地处北纬40度农作物黄金种植带，水土光热组合条件好，境内河套灌区耕地超过1100万亩，粮食年产量稳定在55亿斤以上，是我国重要的商品粮油生产基地，素有“塞外粮仓”的美誉。近年来，巴彦淖尔坚持改革创新，下好耕地保护一盘棋，以系列举措推动耕地数量增加、耕地地力提升和产地环境优化。

一是坚持实践探索，创新“三打破、五统一、一重新”整治模式，大破大立重整田畴。在政府、村集体和村民的不断摸索下，“三打破、五统一、一重新”的大破大立的整治模式逐渐形成并制度化，即打破农户的承包界、打破杂乱的地块界、打破混乱的渠沟路，统一开挖渠沟、统一修整道路、统一植树造林、统一平整土地、统一划分地块，完成整治后重新分配经营，实现“渠、沟、路、林、田、电”全配套。

二是坚持绿色发展，实施农业“四控”行动，向污染治理要生态。保护耕地生态环境，不仅能营造优质的产地环境，也能提升农产品品质。全面开展控肥、控药、控水、控膜行动，即以化肥零增长行动为抓手，推进地力提升，实现控肥增效；以农药零增长行动为抓手，推进统防统治，实现控药减害；以水肥一体化技术推广为抓手，推进高效节水，实现控水降耗；以推广使用新国标农用地膜为抓手，推进减膜增效技术示范应用，实现控膜提效。

5. 吉林省

梨树县位于吉林省西南部，地处松辽平原黑土带腹地，农业资源禀赋优越，是全国著名的粮食生产先进县和重点商品粮基地县。为有效解决突出的黑土退化问题和秸秆焚烧问题，梨树县积极开展黑土区免耕农作技术体系创新和应用研究，经过连续十余年的田间试验研究和示范推广，已经成功探索出集黑土地保护和高效可持续利用于一体的“梨树模式”，为我国乃至全世界加强黑土资源保护利用积累了一整套可供借鉴和复制的成熟经验。

基于黑土耕地土壤微观结构和田块地势高低起伏的差异，“梨树模式”开发出三种具有代表性的技术类型，即宽窄行秸秆全覆盖还田模式、均匀行秸秆全覆盖还田模式和秸秆旋耕全量还田模式。第一，宽窄行秸秆全覆盖还田模式。宽窄行秸秆全覆盖还田模式采取宽行、窄行隔年交替种植，玉米秸秆直接覆盖还田且不需进行灭茬作业，但大量玉米秸秆覆盖会导致播种拥堵和影响出苗，需要利用秸秆归行机对播种带的玉米秸秆进行整理归行作业，是当前农民普遍采用的耕作模式。第二，均匀行秸秆全覆盖还田模式。均匀行秸秆全覆盖还田模式可进一步细分为原垄垄作和均匀平作，原垄垄作采取原垄灭茬、中耕重新培垄、秸秆直接集中覆盖垄沟的方式，对于风沙盐碱地块及低洼地块的分散种植具有更好效果，而均匀行平作采取均匀的行距并隔年换行，不需灭茬作业，只需进行秸秆归行处理，尤其适用于地形平坦的规模化经营耕地。第三，秸秆旋耕全量还田模式。秸秆旋耕全量还田模式为在进行玉米收获作业时，将秸秆粉碎覆盖于地表，通过旋耕作业将粉碎后的玉米秸秆旋入表层土壤，或者通过深耕作业将玉米秸秆埋入深层土壤，实现玉米秸秆全量还田，适用于大部分耕地类型。

6. 我国耕地保护经验述评

完善耕地保护制度，首先需要正确对待当前农村耕地和基本农田存在不同程度的耕地“非农化”“非粮化”现象及其产生的内在原因，因地制宜、分类施策。其次，对于耕地“非农化”“非粮化”需要严格禁止，重点加强耕地利用情况监测，对耕地的实际用途进行清查，构建早发现、早制止、严查处的常态化监管机制，建立耕地保护的责任分担机制，对于侵占的耕地进行核查、清退，采取“谁侵占，谁恢复；谁受益，谁治理”措施。再次，需要更好地发挥规划作用，强化生态保护红线、永久基本农田、城镇开发边界“三条红线”管控，把耕地“非农化”“非粮化”严禁严管长期化、常态化。最后，要用好农业补贴、细化耕地利用类型、加强耕地质量管理等政策指挥棒，充分调动农民种粮的积极性，这是遏止耕地“非粮化”、守住粮食安全的内生动力。

（三）我国耕地利用现状及存在的问题

1. 我国耕地利用现状

中国是一个具有悠久历史的传统农业国家，并在长期的农业活动中，积累了非常丰富的生产经验，但与此同时，由于开发利用时间长，耕地总体质量不高，耕地人均占有量低，耕地可供给量少。作为世界上人口最多的国家，中国以占世界 7% 的耕地养活了占世界 22% 的人口，堪称人类历史上的一大奇迹，但也因此带来了诸多问题，如耕地数量减少、环境破坏等。

根据 2017 年《中国土地矿产海洋资源统计公报》数据显示，2016 年末，全国共有农用地 64512.66 万公顷，其中耕地 13492.10 万公顷（20.24 亿亩），园地 1426.63 万公顷，林地 25290.81 万公顷，牧草地 21935.92 万公顷；建设用地 3909.51 万公顷，其中城镇村及工矿用地 3179.47 万公顷。2016 年，全国因建设占用、灾毁、生态退耕、农业结构调整等减少耕地面积 34.50 万公顷，通过土地整治、农业结构调整等增加耕地面积 26.81 万公顷，年内净减少耕地面积 7.69 万公顷。全国土地利用数据预报结果显示，2017 年末，全国耕地面积为 13486.32 万公顷（20.23 亿亩），全国因建设占用、灾毁、生态退耕、农业结构调整等减少耕地面积 32.04 万公顷，通过土地整治、农业结构调整等增加耕地面积 25.95 万公顷，年内净减少耕地面积 6.09 万公顷；全国建设用地总面积为 3958.65 万公顷，新增建设用地 53.44 万公顷。

2. 我国耕地利用存在的问题

（1）耕地存在“非农化”“非粮化”现象

虽然近年来中央政府出台的系列文件一直强调耕地保护问题，2020 年更是出台了具体文件政策确保耕地数量，但随着农业产业多元化发展及农户自身相关利益的追求，使我国人多地少的关系更加紧张，特别是占用农田违规开发宅基地、建厂现象在广大农村地区极其普遍。此外，耕地的实际利用还存在不符合土地规划标准借乡村旅游开发名义擅自改变土地用途、不合理的退耕还林还草、挖湖造景、占用永久基本农田建设绿色通道等现象。虽然对占用的耕地实行“占一补一”的耕地占用补偿政策，但在实际执行过程中补充耕地的质量无法得到保证，存在大量占用高质量耕地但补偿的耕地质量贫瘠的现象。

从全国范围来看，西部地区比中东部地区弃耕现象严重，这是因为西部地区分布着大量的山地、高原、戈壁、沙漠等地形，耕地面积本来就稀少，同时由于很多耕地地处较偏远的山区，土壤肥力低下，交通极其不便，灌溉设施差或根本没法灌溉，导致农民不愿意耕种。即使农民愿意耕种这样的耕地，但由于生产成本逐年增加，耕地产出效益不好，最终也不得不弃耕。而对于种植条件较好的地区，农地弃耕的现象则较少存在。对于经济产出效益较高的耕地，一方面农户愿意主动耕种，另一方面，即使部分农民外出打工无法耕种，种植条件好的耕地流转也比较容易，有人愿意承包，这样不至于产生大面积撂荒耕地。值得注意的是，尽管种植条件好的耕地经济产出效益较高，但与第二、第三产业相比，农业的比较效益仍然低下，因此由大部分农村劳动力外出打工导致自然条件优越的地区农地弃耕现象也同样存在。

（2）耕地质量存在面源污染

长期以来，中国农产品供给的大幅增长主要依赖于化肥、农药、地膜等农用化学品的大量投入使用，且投入量逐年增加，种植养殖数量和规模不断扩大。我国每年大约有 19.1% 的化肥氮以各种形态的氮素流失到环境中，氮、磷流失是水污染的主要因素。据测定，黏附在作物表面起杀菌作用的农药占施用量的 10% ~ 20%，落在土壤上的占 40% ~ 60%。农药是土壤主要的污染物，土壤是农药的“贮藏库”与“集散地”，施用的农药大部分落到土壤上，大气残留及附着在作物上的农药经雨水冲刷也有相当一部分落入土壤。农药对水的污染主要通过直接施药、地表残留的农药随雨水迁移、空气中的农药雾滴或微粒沉降、施药工具和器械的清洗等途径造成。农药通过喷洒或挥发污染了大气，农药微粒随大气的运动而扩散，使大气污染的范围不断扩大，甚至可随风飘移到很远的地方，如南极、北极、喜马拉雅山及终年冰冻的格陵兰等从未使用农药的地区。

四、耕地“非农化”“非粮化”产生的内在机理及其影响

（一）耕地“非农化”“非粮化”产生的内在机理

1. 自然因素

自然条件是影响农地弃耕的直接原因。耕地自身种植条件的优劣直接影响着农地是否会被弃耕。在最开始进行土地承包的时候，基于公平原则的考虑，承包的土地是质量好坏、距离远近互相搭配的，这样承包农户基本都有水田、水浇地、旱地，或耕地在平地、山垄、坡脊等地方。对于自然条件好的耕地，农户会积极耕种。而对于自然条件恶劣的耕地，其种植热情不高。一旦农村劳动力发生转移，首先被弃耕的就是这些种植条件不好的差地和边远地。具体来说，土壤贫瘠、洪水干旱、水土流失、土地荒漠化等自然因素均足以导致农户弃耕土地。西部地区相较于中东部和南方地区，本身自然条件恶劣，气候干旱，水资源分布极其不均，土质疏松，风沙大，荒漠化侵蚀严重，再加上不注重保护自然资源和生态环境，对水资源的开发利用与农业的生产布局缺少统一规划，导致农业生产的自然条件更加恶化，加剧了农地弃耕的频发，耕地数量大面积减少。

2. 经济因素

长期以来，农业比较收益低成为学界和政策部门理解农地被抛荒的结构性原因和普遍观点。获得经济收益是土地承包人耕作土地的最大驱动力，由于耕地的收益低下，不能满足农户的期望，导致农地被弃耕。与第二、第三

产业相比，农业的比较收益低。这主要归因于工农业产品价格“剪刀差”的存在和农业高机会成本。虽然长期以来国家重视农业的发展，但在经济发展过程中，长期采取“农业反哺工业，优先发展工业”战略，这使得工农业产品价格“剪刀差”一直存在，并随着经济快速发展日益扩大。“剪刀差”造成的后果是随着物价的逐年上涨，种子、农药和化肥等农业生产资料价格也随之提高，使农民的农业生产投入成本越来越高，耕地单位面积的边际收益降低。一方面，农产品价格的变化与农地弃耕有很大的关系。农产品价格高，农民种地就有利可图，因此会很少弃耕农地；反之，农产品价格下降，农民会减收，种地的积极性降低，从而耕地开始出现大规模的弃耕。1997 年农地大面积弃耕现象的出现与农业增产不增收、农产品价格下降就有直接的关系。另一方面，从事农地经营的机会成本高。从业人口受利益的驱动向其他产业转移，因而将耕地抛荒。我国人多地少，土地进行承包时，被分割成分散的许多小块，农民在上面精耕细作，这在实行家庭联产承包责任制的初期，可以极大调动农民的生产积极性。但随着市场经济的快速发展，这种小农经营的模式只能满足农民的基本生活需要，无法提供更多的经济收益，小农经营生产投入高、效益低，越来越不符合市场经济发展的需要。同时，由于第二、第三产业的发展，越来越多的农民选择弃耕土地外出打工挣钱。因此，作为一个理性的市场主体，农民选择将耕地弃荒、转而追求更高的经济收益是必然选择。种田效益低，直接影响了农民的生产积极性，这是造成土地抛荒、耕地“非农化”“非粮化”的根本原因。

3. 政策因素

对于地方政府而言，建设用地指标是一种“公共池塘资源”，每年全国建设用地指标总量一定，而每个地方政府都参与竞争，其面临着一种排他性低、竞争性高的指标分配。鉴于建设用地指标的“公共池塘资源”属性，地方政府的最优策略是尽可能多地申请建设用地指标。在获得建设用地指标后，对于现任地方政府来说有两个决策：是否粗放利用建设用地来与其他政府竞争以吸引更多的外部投资；是否尽可能多地出让土地来满足当届政府“土地财政”需要。在晋升锦标赛下，每个地方政府都会尽可能通过土地上的“优惠”待遇来与其他地方竞争以获得GDP上的竞争优势，而且大多数在土地财政上都会倾向于本届政府的需要。这种选择将导致公地悲剧，加快耕地“非农化”速度。晋升竞争还存在类似“跳水赛”的晋升机制，即所有官员必须完成经济发展、社会稳定等“规定动作”，另外在某个“自选动作”方面有创新，才能受到上级关注，从而获得晋升。现阶段，在“自选动作”上，地方政府官员通过凸显森林覆盖率、绿化率等获取上级注意力，各地方追求指标最大化的过程加剧了耕地伪生态化。地方政府之间的横向GDP竞争、财政竞争以及地方政府官员之间的横向晋升竞争加剧了耕地功能性流失。

4. 人为因素

根据农户弃耕的不同态度，可以将农地弃耕的类型划分为农户主动弃耕和农户被动弃耕两种。主动弃耕是指农户主动放弃土地停止耕作土地的一种行为，被动弃耕则是指某些客观因素导致农户从根本上无法继续耕种土地，从而被迫弃耕。从两者的定义可以看出，被动弃耕多是由于自然原因等外在因素导致的，如果耕地受到生态退化的影响，被荒漠化或水土流失严重，或者耕地受到污水或化学物质的污染，这些都会严重损害耕地土壤的肥力，使耕地不再适宜种植农作物和经济作物，会导致耕地的功能没法实现。耕地受到严重损害后，致使农民没法继续耕种只能被迫弃耕。例如受到地震、滑坡和泥石流等自然灾害的影响，许多耕地被淹没或地形发生变化，耕地的灭失和转化使得耕地的功能没法实现，农户只得被动弃耕。而主动弃耕则主要是由社会经济原因引起的。农业相较于其他产业经济比较效益低下，随着第二、第三产业的飞速发展，农村受到一定的冲击，城镇化进程加快，农民的生活水平逐步提升，但单纯的农业收入已无法满足农民的生活消费需要，因此越来越多的人选择远离家乡，外出打工挣钱。另外，种子、化肥、灌溉等投入逐年增加，导致农业的生产成本越来越高，如果再受到气候的影响，一年到头很可能入不敷出。在各种因素的综合影响下，农民主动弃耕的现象越来越多。

5. 制度因素

耕地保护的对象不够明确，也没有结合不同区域的不同资源环境以及发展状况来规划。土地政策对于单纯数量指标考虑较多，质量改善的量化指标较为忽略。尤其是土地补偿政策方面，对于总量的控制平衡考虑较多，而对于土地质量和土地生产力的考量较少，缺乏相应的激励措施。在土地整理中可以看到，即使努力改善中低产田的质量向高质量田迈进，但却没有换算成耕地数量增加的计算标准，则不仅会导致地方政府得不到相应的资金补助，而且数量动态平衡的任务也没有减少。因此，地方政府干脆放弃耕地质量的改善，转而开垦一些不符合耕地标准的荒地，仍然带来耕地生产能力的降低，从而影响整体的耕地质量和数量。耕地总量动态平衡中“耕地”的定义较为狭窄，限制了农业结构调整，耕地保护的市场化机制较弱。

（二）耕地“非农化”“非粮化”的影响

1. 加剧了粮食安全压力，不利于我国粮食安全

我国是一个人口众多的大国，解决好吃饭问题始终是治国理政的头等大事。我国作为快速发展中的人口大国，人多地少的基本国情和主要矛盾将长期存在，根据《中国农业展望报告（2020—2029）》的预测，未来10年我国口粮消费需求将随着人口增长而继续增长。耕地“非农化”与“非粮化”风险会对发展现代农业产生极大的负面效应。尽管我国家庭承包联产责任制经过30多年的实践，证明是我国农村必须坚持的正确的基本制度，但是，一家一户的经营模式在满足我国居民吃饭、解决了农民的温饱问题之后，随着农业市场化的发展，农业发展也面临着新瓶颈，最主要的是小农经营在应对市场变化上不敏感，不能适应市场需求，农产品品质不高。在粮食单产一定的条件下，耕地“非粮化”“非农化”则会导致粮食播种面积下降，进而必然带来粮食产量的下降。粮食单产的提高主要依赖粮食品种改良和生产技术提高，一般来说，品种改良和技术提高比较缓慢。我国人口数量众多，但耕地面积较少，人均耕地面积更是远低于世界平均水平。在全面建成小康社会、努力实现中华民族伟大复兴中国梦的今天，保持国家的独立自主、维护国家的安全是重中之重。粮食是保障国家安全的命脉，耕地则是保障粮食安全的基础。

2. 导致耕地质量下降，不利于我国土地安全

第一，毫无疑问，农地流转中的“非农化”会对土地造成巨大的毁坏，而这种毁坏如果进行修复又需要大量的资金和时间。现在我国非农用地除去旧村改造和土地整理外，其他能够修复为种粮用地的非农用地并不多见。由于需要大量的资金，旧村改造和农村沟、河、路、坎的整理多数是以政府出资进行的，农民自己或者村集体进行改造和整理的很少。农地流转中存在“非粮化”风险，即流转土地被用于养殖或者种植经济类作物，进而使粮食的总面积减少。农地流转的非粮化在某种程度上也会危害到农业种粮用地安全，如果流转的土地被用于养殖或者种植经济类树木等，就会对农业土地造成毁坏。在一些地方的养鸡场、养猪场和养牛场等，一般都会建场所占用农地，而且产生的垃圾又缺乏处理，在危害所占土地的同时也会对周边土地造成一定的不利影响。

第二，“非粮化”“非农化”不利于土地生产率的提升。土地用途“非粮化”后的影响主要在于土地耕作层性质改变程度的大小。耕地是指以种植农作物（含蔬菜）为主，夹杂零星桑树、果树等种类树木的土地，分为水田、水浇地和旱地。将种植蔬菜、果树后的耕地与挖塘种藕、养鱼的耕地做比较，前者耕作层没有遭到破坏，土壤肥力能更容易恢复到种植粮食作物的条件，后者若将耕地变为了坑塘水面，则破坏了原有耕作层和种植条件。农地“非粮化”后，土壤肥力和相应配套设施随之改变，如灌溉设施，要恢复种粮需要付出较高的代价，所以作物种植的“非粮化”对粮食安全的影响应该得到更多的关注。而对于那些生态农业或农家乐的休闲观光农业，尽管能得到更高的收益，但对粮食生产的影响也更大，应予以控制。

第三，“非粮化”发生的范围仍然处于大农业的范围内，是基于农业内部比较收益生产结构的调整，在一定代价内其影响是可逆的，而“非农化”则可能带来不可逆的土地用途改变，减少农业用地数量。土地长期抛荒后，其肥力要小于耕作土壤的肥力，而工商资本将流转农地用于非农产业的经营中，如修建工厂、旅游度假村，甚至是搞房地产开发、修高尔夫球场、建别墅等，产生大量的污染物，此类非农化后的土地用途一旦固化，土壤质量遭到根本性的改变和破坏，土地上设施的大量投资也会导致其用途恢复的经济代价巨大，农业生产难以承受这个经济成本，最终该土地很难再用于作物耕作，减少了农地资源数量，是对粮食安全保障能力根本性的损伤。

3. 造成城乡发展失衡，不利于我国经济安全

土地财政是导致耕地“非农化”的重要原因之一，过速“非农化”与土地财政形成恶性循环，不利于经济的健康稳定发展。地方政府将扩建工业园区招商引资作为基本途径，将商业住宅用地出让收入与土地抵押贷款作为财政的主要来源。在这种模式下，城市扩张越快，需要提供的公共基础设施越多，越需要出让和储备更多的土地，由此形成恶性循环。同时，失地农民问题并不仅是补偿问题，更是就业、社会保障与劳动力素质问题。他们尽管由于农地“非农化”获取了土地增值收益、改善了生活状况，但是作为产业工人，其人力资本并没有得到明显的提高，不利于整个经济竞争力的提升。因此，如果对耕地“非农化”和“非粮化”不加以重视，短期可能会影响到粮食生产和工业用粮，长期则会对我国经济安全造成威胁。因此，在我国经济社会持续发展、建设用地仍有刚性需求的情况下，只有严控增量、挖潜存量、节约集约，才能统筹好保护与发展，实现在守住耕地红线前提下，支撑高质量发展、改善生态环境等多目标平衡。

五、保护耕地制度与遏止“非农化”“非粮化”的对策建议

自古以来，土地资源都是保障人民生产生活的载体和基础，能够充分利用土地资源和发挥土地价值一直都是合理使用土地资源的目标。在当今社会中，环境、资源、人口相互影响、相互制约，在发展的过程中还会产生矛盾，如果不能有效解决三者的关系，最终会导致耕地减少，威胁我国粮食安全，制约社会发展。进入建设共同富裕社会的新时代，无论是推进新型工业化和城镇化建设，还是全面推进乡村振兴和促进农村一二三产业融合发展，都需要土地资源作为支撑，未来建设用地供需矛盾会越来越突出，特别是面对新冠肺炎疫情、地缘政治冲突、极端天气等因素对全球粮食生产带来的不确定性影响，绷紧国家粮食安全这根弦一刻也不能放松，必须牢牢守住18亿亩耕地红线。在土地资源紧约束的前提下，为实现高质量发展、可持续发展，全社会必须增强节约集约用地意识，全面提高用地效率。这就要求我们必须坚持最严格的耕地保护制度和最严格的节约用地制度，坚决遏止耕地“非农化”、防止耕地“非粮化”。

（一）坚守耕地红线，建立粮食产销区之间资源双向流动渠道

必须遏止和防止耕地“非农化”“非粮化”现象和行为。要从法律上禁止农业经营主体的“非农化”行为，明确流转农地中“非农化”行为表现，为遏止、惩处流转农地“非农化”提供制度依据和操作细则，落实相关部门防范“非农化”方面的职责，实现流转农地“非农化”行为的有效制约。特别是对于工商资本进入农业领域，一方面，发挥工商资本的引导作用，引进

先进技术、专业人才和管理方式，利用其他产业资源更新农业生产设备和基础设施，促进农业产业链的建立，促进三次产业的融合发展；另一方面，设定工商资本进入农业领域的准入条件，控制耕地资源的“非粮化”和“非农化”倾向。比如，对流转对象的种粮资质和动机进行辨别，适度流转，防止大面积农田“非粮化”。建立粮食主产区和非粮食主产区间的利益补偿机制。中央财政要加大对粮食主产区的奖励，建立健全国家粮食安全基金制度，按照“谁受益谁补偿”原则由主销区对主产区进行经济补偿，提高中央农业综合开发、农田水利建设等涉农补贴标准。加大对粮食生产地区的财政转移支付力度，资助粮食主产区农村公共基础设施建设。增强服务意识，搭建好为农服务平台，发展农村金融体系，利用互联网金融来为种粮农户和小微企业提供信贷支持，大力发展农业保险分担种粮农户的风险，稳定种粮收入，提升农户种粮积极性。

（二）转变农业生产经营方式，提升粮食规模经营效益

在农村劳动力继续向城市转移的背景下，粮食种植遭遇劳动力供应瓶颈，粮食产量的维持需要依靠生物技术、机械设备以及技术和制度创新。

首先，应改变要素投入主导的农业生产经营方式，避免农地资源的浪费，严格控制产出效率低、资源消耗高的农业经营项目，构建集约型、绿色生态型现代农业经营生产方式，遏制耕地“非农化”；提高农业科技投入强度，促进粮食生产中的科技成果转化，实现“藏粮于技”；发展粮食生产、加工、销售的社会化服务，降低单位粮食生产成本，防止耕地“非粮化”。

其次，继续深化推动土地规模经营。在尊重农户意愿、保障农户土地权益的前提下，有序稳妥推动农地流转，促进土地集中，通过平整土地、扩大生产要素投入，促进生产可能性边界曲线向外移动，实现农地生产的规模经济，从根本上缓解农业经营主体的“非粮化”行为；推动农业社会化服务体系建设，进一步细化农业全产业链环节，促进农业分工，培育农业社会化服

务组织，降低各环节作业成本，提升各环节服务的专业化水平，提高粮食生产的竞争力和收益水平。

最后，增加粮食规模经营效益。在加大土地投入的同时，其他生产要素投入也要同步匹配，实现单位土地产出提升；发展粮食生产的适度规模经营，根据当地资源禀赋情况调整其他生产要素的配套投入，政府应给予粮食种植大户、家庭农场等新型农业经营主体政策支持和优惠补贴，以弥补选择粮食产量最大化带来的利润损失，促进其粮食生产积极性，实现粮食安全与农户利益目标的内在一致性。

（三）构建耕地监管体系，提高耕地利用效率

当前我国农村土地弃耕现象蔓延、屡禁不止的一个重要原因是相关耕地管理主体的严重缺位。因此，要解决农地弃耕问题，不仅需要建立完善的农地法律保护制度，还需要落实和执行相关农地政策和法律规定，加强对耕地管理主体的监管，确保其履行各自的义务和承担责任。

一是作为土地承包人的农户需要加强其契约意识，自觉遵守土地承包合同约定，行使权利、履行义务并承担相应责任。鉴于当前土地耕种依靠农户家庭的代际分工方式完成，不同阶层的农户家庭围绕土地的生计生存有较大差异，需要对农户家庭抛荒土地分类施策。2018 年新修订的《中华人民共和国农村土地承包法》第十七条规定承包方享有依法互换、转让土地承包经营权和依法流转土地经营权等权利。因此，对于不想耕种的或无力耕种的农民可以通过自愿放弃土地权利和流转耕地的方式，合理有序退出土地承包，并将退出的耕地由村集体再次发包，以促进农地的合理利用。

二是村集体经济组织要强化自身责任意识，行使其所有权人的权利，依据土地承包合同对承包人的承包经营行为进行监督管理。《中华人民共和国农村土地承包法》第十三条规定发包方享有监督承包方依照承包合同约定的用途合理利用和保护土地的权利。因此，村集体有权对农户弃耕抛荒、违法

使用耕地等行为进行监督管理。此外，村组织也可以向农户宣传相关土地法律和政策，提升农户的法律意识，督促其履行合同。

三是地方土地资源相关管理部门要积极行使其土地管理职能，及时督促村集体经济组织履行义务承担责任。地方政府尤其是土地管理部门可以协助村集体做好对承包土地经营的监督管理，可以将农地弃耕情况纳入基层组织治理考核，强化村集体的监督职责，可以立足地方实践，积极探索现有的农地弃耕治理模式，总结借鉴各地治理经验，细化土地管理方式和内容。同时，完善农田水利设施，为农业生产创造有利条件。只有各方土地管理主体各司其职、各尽所能，才能促进农地的合理利用，在一定程度上遏止农地弃耕现象。

（四）完善耕地保护制度，严格管控耕地用途

一是完善基本农田保护制度，需要进一步加强基本农田保护立法建设。完备的基本农田保护法律是保护基本农田的前提。当前我国基本农田保护的法律依据主要为《中华人民共和国土地管理法》和《基本农田保护条例》，并没有一部专门的基本农田保护法。而基本农田保护工作涉及社会的方方面面，从现状看，已有的法规条例已经不能满足保护基本农田的需要。比如，国土规划、城市规划、土地利用总体规划与基本农田保护多自成体系，阻碍了基本农田保护规划的实施。因此，有必要制定一部系统而完善的基本农田保护法律，明确耕地保护各方主体的权利义务和责任，协调好基本农田保护规划与其他规划的关系，以切实保护基本农田，保护耕地精华。

二是制定合理的农地利用规划。通过做好土地利用规划，发挥其在耕地开发利用中的指导作用，避免造成土地的不合理使用甚至浪费，协调好城乡规划和全国土地利用总规划的关系，改进耕地等自然资源督察机制和流程，重点围绕耕地保护突出问题开展监督检查，全面反映地方政府耕地保护情况，加强政府对耕地利用的监管。在做好土地利用事先规划的同时，针对实

践中出现的农地弃耕现象，也要对弃耕地进行合理规划，采取复垦、流转、收回重新发包或者退耕还林还草等措施使弃耕地的价值得以重现，从根本上解决农地弃耕问题，保护农村耕地。

三是健全农地用途管制制度。从法律的角度来说，要实现土地用途管制的良好运行，首先要完善现有的土地用途管制法律制度，增强法律在土地用途管制中的主导作用，弱化行政影响，故而有必要出台专门的土地用途管理行政法规对其涉及的相关问题做出具体规定，以解决现有土地用途管理规定立法层级不高、效力不强、内容矛盾等问题。其次要强化土地规划利用在规制农地用途中的作用，严肃查处违法违规占用耕地行为。在对土地进行充分的调查统计、了解土地具体分布情况的基础上，制定合理的土地利用规划。须严格执行土地利用规划，未经法定程序不得变更，擅自变更或修改农地利用规划要承担相应的法律责任。要综合运用卫片执法、挂牌督办、公开通报等手段，加大对违法违规占用耕地行为的查处力度，同时，加强行政执法与刑事司法衔接，涉及犯罪的及时移送司法机关追究刑事责任，向社会释放严守耕地红线、对违法占用耕地“零容忍”的强烈信号。

主要参考文献

[1] 赵颖文，吕火明. 粮食“十连增”背后的思考：现代农业发展中面临的挑战与路径选择[J]. 农业现代化研究，2015，36（04）：561-567.

[2] 王晓君，何亚萍，蒋和平. “十四五”时期的我国粮食安全：形势、问题与对策[J]. 改革，2020（09）：27-39.

[3] 普蓂喆，钟钰. 市场化导向下的中国粮食收储制度改革：新风险及应对举措[J]. 农业经济问题，2019（07）：10-18.

[4] 樊胜根，张玉梅，陈志钢. 逆全球化和全球粮食安全思考[J]. 农业经济问题，2019（03）：4-10.

[5] 张红宇. 从公共卫生事件到粮食安全——由新冠肺炎疫情引发的相关问题思考[J]. 中国农垦，2020（05）：29-34.

[6] 彭超，刘合光. “十四五”时期的农业农村现代化：形势、问题与对策[J]. 改革，2020（02）：20-29.

[7] 程国强. 推进粮食产业高质量发展的思考[J]. 中国粮食经济，2019（09）：54-59.

[8] 蒋和平，尧珏，蒋黎. 新时期我国粮食安全保障的发展思路与政策建议[J]. 经济学家，2020

（01）：110–118.

[9] 姚柳杨，赵敏娟，徐涛. 耕地保护政策的社会福利分析：基于选择实验的非市场价值评估[J]. 农业经济问题，2017，38（02）：32–40+1.

[10] 吴宇哲，孙小峰. 改革开放40周年中国土地政策回溯与展望：城市化的视角[J]. 中国土地科学，2018，32（07）：7–14.

[11] 谢花林，翟群力，卢华. 我国耕地轮作休耕制度运行中的监督机制探讨[J]. 农林经济管理学报，2018，17（04）：455–462.

[12] 叶裕民，戚斌，于立. 基于土地管制视角的中国乡村内生性发展乏力问题分析：以英国为鉴[J]. 中国农村经济，2018（03）：123–137.

[13] 程雪阳. 土地发展权与土地增值收益的分配[J]. 法学研究，2014，36（05）：76–97.

[14] 易小燕，陈章全，陈世雄，尹昌斌，尤飞，袁梦. 欧盟共同农业政策框架下德国耕地资源可持续利用的做法与启示[J]. 农业现代化研究，2018，39（01）：65–70.

[15] 李立辉，曾福生. 新常态下中国粮食安全面临的问题及路径选择——基于日本、韩国的经验和启示[J]. 世界农业，2016（01）：75–78.

[16] 蔡保忠，曾福生. 亚洲部分国家农地流转制度比较及启示[J]. 世界农业，2015（08）：53–57.

[17] 姜国忠，罗盈婵. 我国土地流转“非粮化”现象对粮食安全的影响研究[J]. 农业经济问题，2021（03）：146.

[18] 李首涵，何秀荣，杨树果. 中国粮食生产比较效益低吗？[J]. 中国农村经济，2015（05）：36–43+57.

[19] 孟菲，谭永忠，陈航，熊雯颖. 中国耕地“非粮化”的时空格局演变及其影响因素[J]. 中国土地科学，2022，36（01）：97–106.

[20] 谢花林，欧阳振益，陈倩茹. 耕地细碎化促进了耕地“非粮化”吗——基于福建丘陵山区农户的微观调查[J]. 中国土地科学，2022，36（01）：47–56.

我国乡村规划耕地管控途径研究*

保护耕地，就是保护我们的生命线。党的十八大以来，习近平总书记就耕地保护工作多次作出重要指示，特别是在2020年底召开的中央经济工作会议、中央农村工作会议上，对耕地保护提出了更高的要求，将耕地保护提升至新高度。2022年中央一号文件再次强调，要落实“长牙齿”的耕地保护硬措施。在新冠肺炎疫情暴发并全球蔓延的严峻形势下，国际粮食市场同步出现波动，保障粮食安全刻不容缓。同时，在全面实施乡村振兴战略的大背景下，乡村规划作为乡村建设行动的重要工具与手段，也被提到新的高度。我们需要站在更高层面认识乡村规划对耕地保护的引领作用，坚守耕地红线，有效落实乡村振兴战略。

一、乡村规划耕地管控的现状与问题

（一）当前我国耕地保护的现状与突出问题

2020年国家自然资源督察机构对全国31个省（自治区、直辖市）和新

* 本报告是清华大学中国农村研究院2021年重点研究课题“我国乡村规划耕地管控途径研究”的研究成果，报告观点仅代表课题组的看法。课题负责人：殷成志，清华大学公共管理学院副教授。报告执笔人：殷成志、肖建华。

疆生产建设兵团开展了以耕地保护为重点的土地例行督察[①]，发现地方政府根据耕地保护要求采取了一些措施，但仍然存在多种违法违规问题。具体而言：一是中央强调严格耕地保护，但一些地方仍然违法乱占耕地进行非农建设，有的脱离实际、违背自然规律违规占用破坏耕地和永久基本农田挖湖造景，如云南省保山市及隆阳区住房和城乡建设局违法占地建设青华海湿地公园、山西省太原市晋阳湖管理处违法占地建设晋阳湖公园、天津市东丽区农业农村委员会违法占地建设古海岸湿地绿廊起步区等；二是有的地方政府及部门管理职责落实不到位，非法批地、监管不力，违法问题久拖不决、长期存在，如云南省昆明市嵩明县委、县政府主导违法批准占地建设嘉丽泽生态园区，违法状态长达10多年、辽宁省沈阳市整改责任落实不到位、对中国铁路沈阳局集团有限公司违法占地建设铁路物流仓储案件整改不力等；三是一些地方耕地占补平衡要求落实不到位，补充耕地不实，甚至破坏生态造地，如新疆维吾尔自治区伊犁哈萨克自治州特克斯县39个土地整治项目补充耕地不实，贵州省黔东南州黄平县谷陇镇、野洞河镇等7个土地整治项目补充耕地不实等；四是有的应付干扰督察，对督察指出问题虚假整改等，如黑龙江省佳木斯市同江市伪造划拨决定书虚假整改应付督察，浙江省绍兴市新昌经济开发区经济发展局提供虚假材料干扰督察等。

（二）当前乡村用地与耕地保护的协调问题

随着城镇化的急速推进和经济社会的高速发展，乡村建设用地与耕地保护的冲突日益凸显[②]。具体体现在以下几方面。

第一，乡村用地面积急速扩张，侵占了大量耕地。据中国科学院遥感与数字地球研究所的研究显示，从1987年到2010年，我国耕地转化为建设

---

① 法制日报：《国家自然资源督察机构揭开地方违法用地乱象》，https：//www.chinanews.com.cn/gn/2021/06-11/9497371.shtml，2021年6月11日。

② 李保国：《中国的村落与耕地保护》，载《人与生物圈》2021年第3-4期。

用地（包括城市地区、乡村、交通和工业用地等）的面积约为42822平方千米，其中乡村用地扩张的贡献率为34.7%。虽然该贡献率在整个时期呈下降趋势，但乡村扩张导致的高质量耕地流失的比例最高，这些耕地主要分布于经济相对发达的长江中下游等传统农耕区，从而面临着经济发展越快、耕地流失问题越突出的矛盾。

第二，城镇化发展加速了部分乡村的衰落与耕地复垦。在城镇化的发展过程中，随着农村人口进入城镇，乡村空心化现象越来越普遍。政府对闲置的乡村开展土地整治并进行复耕，这不仅有利于土地的高效利用，而且有助于提升农村的村居风貌和生活环境。但是在实践中，部分地方政府对村庄用地的拆迁、复垦，更多是利用城乡建设用地“增加挂钩”政策，简单追求耕地指标的平衡。典型的例子就是急功近利地开展“拆村并居”运动，既没有考虑乡村与耕地之间的有机联系，造成乡村生活空间的破坏与乡村结构的瓦解，也没有完全阻止城镇建设用地的继续扩张和优质耕地的侵占减少。

第三，乡村多功能的演化造成耕地污染风险增大。随着经济社会的发展和现代化进程的加快，我国乡村的功能发生了一系列变化，由传统的居住场所和生活空间逐渐演变为生产、生活功能混合的空间，乡村中的非农产业往往是家庭作坊式或小规模式加工或养殖生产企业。这些企业生产设备陈旧、环保设施落后，有些甚至没有安装环保设施，致使废水、废气直排，废渣乱倒，对周边的大气、水体和土壤造成了严重的污染，增加了乡村周边耕地污染的风险。

二、乡村规划促进耕地保护的理论分析

（一）概念和政策梳理

探讨乡村规划与耕地保护的逻辑关系，首要前提是厘清二者相关的一系

列重要概念。

1. 耕地保护的重要概念

理解耕地保护，需要厘清耕地、基本农田、耕地红线、“非农化”与“非粮化”、耕地占补平衡等基本概念和重要举措。

第一，耕地指主要用于种植小麦、水稻、玉米、蔬菜等农作物并经常进行耕耘的土地，主要包括水田、旱地、水浇地等。我国人均耕地数量少、质量差，耕地后备资源不足，这一国情决定了耕地保护始终具有十分重要的意义。

第二，基本农田是指中国按照一定时期人口和社会经济发展对农产品的需求，依据土地利用总体规划确定的不得占用的耕地。而永久基本农田即对基本农田实行永久性保护，加上“永久”两字，体现了党中央、国务院对耕地特别是基本农田的高度重视，体现的是严格保护的态度。

第三，耕地红线是指经常进行耕种的土地面积的最低值。18亿亩的耕地红线是2006年根据国家统计局和农业农村部的研究，经科学计算出来的，从提出至今已经走过了16个年头，是保持我国粮食安全稳定的耕地总数。

第四，“非农化”与“非粮化”。“非农化”指在耕地上从事非农业活动，如违规占用耕地绿化造林、挖湖造景等；“非粮化”指农民将耕地用于非粮食作物种植，如耕地转为林地、园地等其他类型农用地。坚决遏制耕地“非农化”、防止“非粮化”，牢牢守住18亿亩耕地红线，让宝贵的耕地资源成为我国永续发展的坚固基石。

第五，耕地占补平衡指《中华人民共和国土地管理法》规定的国家实行占用耕地补偿制度，非农建设经批准占用耕地要按照“占多少，补多少”的原则，补充数量和质量相当的耕地。耕地占补平衡是占用耕地的单位和个人的法定义务。

2. 乡村规划的重要概念

理解乡村规划，需要重点把握乡村规划、村庄规划的基本目标、主要任务和实施过程。

第一，乡村规划是通过规划来使乡村整齐整洁，包括农田规划、排污规划。所有个人建筑不得在规划区以外或建设用地以外随意建设，不得在基础设施不健全的拆迁区内建设，实施坑塘规划建设，控制农业污染。社会、经济、科技等长期发展的总体部署，是指导乡村发展和建设的基本依据。

第二，“三区三线”。“三区”是指城镇空间、农业空间、生态空间三种类型的国土空间。其中，城镇空间是指以承载城镇经济、社会、政治、文化、生态等要素为主的功能空间；农业空间是指以农业生产、农村生活为主的功能空间；生态空间是指以提供生态系统服务或生态产品为主的功能空间。“三线”分别对应在城镇空间、农业空间、生态空间划定的生态保护红线、永久基本农田、城镇开发边界三条控制线。其中，生态保护红线是指在生态空间范围内具有特殊重要生态功能，必须强制性严格保护的陆域、水域、海域等区域。永久基本农田是指按照一定时期人口和经济社会发展对农产品的需求，依据国土空间规划确定的不能擅自占用或改变用途的耕地。城镇开发边界是指在一定时期内因城镇发展需要，可以集中进行城镇开发建设，重点完善城镇功能的区域边界，涉及城市、建制镇和各类开发区等。

第三，村庄规划是法定规划，是国土空间规划体系中乡村地区的详细规划，是开展国土空间开发保护活动、实施国土空间用途管制、核发乡村建设项目规划许可、进行各项建设等的法定依据。要整合村土地利用规划、村庄建设规划等乡村规划，实现土地利用规划、城乡规划等有机融合，编制“多规合一”的实用性村庄规划。村庄规划范围为村域全部国土空间，可以一个或几个行政村为单元编制。

第四，村庄规划的主要任务包括：一是统筹村庄发展目标，落实上位规划要求，充分考虑人口资源环境条件和经济社会发展、人居环境整治等要求，研究制定村庄发展、国土空间开发保护、人居环境整治目标，明确各项约束性指标。二是统筹生态保护修复。落实生态保护红线划定成果，明确森林、河湖、草原等生态空间，尽可能多的保留乡村原有的地貌、自然形态等，系统保护好乡村自然风光和田园景观。加强生态环境系统修复和整治，慎砍树、禁挖山、不填湖，优化乡村水系、林网、绿道等生态空间格局。三是统筹耕地和永久基本农田保护。落实永久基本农田和永久基本农田储备区划定成果，落实补充耕地任务，守好耕地红线。四是统筹安排农、林、牧、副、渔等农业发展空间，推动循环农业、生态农业发展。完善农田水利配套设施布局，保障农业设施和农业产业园发展合理空间，促进农业转型升级。五是统筹产业发展空间。统筹城乡产业发展，优化城乡产业用地布局，引导工业向城镇产业空间集聚，合理保障农村新产业新业态发展用地，明确产业用地用途、强度等要求。除少量必需的农产品生产加工外，一般不在农村地区安排新增工业用地。六是统筹农村住房布局。按照上位规划确定的农村居民点布局和建设用地管控要求，合理确定宅基地规模，划定宅基地建设范围，严格落实"一户一宅"。充分考虑当地建筑文化特色和居民生活习惯，因地制宜提出住宅的规划设计要求。明确规划近期实施项目。研究提出近期急需推进的生态修复整治、农田整理、补充耕地、产业发展、基础设施和公共服务设施建设、人居环境整治、历史文化保护等项目，明确资金规模及筹措方式、建设主体和方式等。

第五，村庄规划得以实施，需要加强监督检查。市、县自然资源主管部门要加强评估和监督检查，及时研究规划实施中的新情况，做好规划的动态完善。国家自然资源督察机构要加强对村庄规划编制和实施的督察，及时制止和纠正违反本意见的行为。鼓励各地探索研究村民自治监督机制，实施村民对规划编制、审批、实施全过程监督。

3. 相关政策梳理

"十分珍惜、合理利用土地和切实保护耕地"是我国基本国策，耕地总量少、质量总体不高、后备资源不足是我国的基本国情。2021 年 12 月，中央农村工作会议强调：耕地保护要求要非常明确，18 亿亩耕地必须实至名归，农田就是农田，而且必须是良田，主要用来种植粮食作物，不能随便把耕地变为林地、园地、设施农用地等，特别是不能在耕地以及永久基本农田上大面积绿化造林或搞超标准绿化带等。

第一，《中华人民共和国土地管理法实施条例》规定，国家对耕地实行特殊保护，严守耕地保护红线，严格控制耕地转为林地、草地、园地等其他农用地。耕地应当优先用于粮食和棉、油、糖、蔬菜等农产品生产。

第二，《国务院办公厅关于坚决制止耕地“非农化”行为的通知》提出严禁占用耕地“六个严禁”：①严禁违规占用耕地绿化造林；②严禁超标准建设绿色通道；③严禁违规占用耕地挖湖造景；④严禁占用永久基本农田扩大自然保护地；⑤严禁违规占用耕地从事非农建设；⑥严禁违法违规批地用地。

第三，《国务院办公厅关于防止耕地“非粮化”稳定粮食生产的意见》提出坚决防止耕地“非粮化”倾向，牢牢守住国家粮食安全的生命线：①明确耕地利用优先序，对耕地实行特殊保护和用途管制，严格控制耕地转为林地、园地等其他类型农用地；②严禁违规占用永久基本农田种树挖塘。

第四，自然资源部、农业农村部、国家林业和草原局发布的《关于严格耕地用途管制有关问题的通知》要求，今后要严格落实永久基本农田特殊保护制度，对一般耕地转为其他农用地进行严格管控，对耕地转为其他农用地及农业设施建设用地实行年度“进出平衡”政策，禁止任何非法占用和使用基本农田的行为并且对改变一般耕地地类，如对农业设施占用一般耕地、新增农村道路等行为进行严格审批，并按照“占用多少一般耕地就要补充多少一般耕地”进行落实。

第五，《中共中央 国务院关于做好2022年全面推进乡村振兴重点工作的意见》要求：①实行耕地保护党政同责，严守18亿亩耕地红线。按照耕地和永久基本农田、生态保护红线、城镇开发边界的顺序，统筹划定落实三条控制线，把耕地保有量和永久基本农田保护目标任务足额带位置逐级分解下达，签订耕地保护目标责任书，作为刚性指标实行严格考核、一票否决、终身追责。②分类明确耕地用途，严格落实耕地利用优先序，耕地主要用于粮食和棉、油、糖、蔬菜等农产品及饲草饲料生产，永久基本农田重点用于粮食生产，高标准农田原则上全部用于粮食生产。③落实和完善耕地占补平衡政策，建立补充耕地立项、实施、验收、管护全程监管机制，确保补充可长期稳定利用的耕地，实现补充耕地产能与所占耕地相当。④加大耕地执法监督力度，严厉查处违法违规占用耕地，严格管控耕地转为其他农用地，强化耕地用途管制。有序开展农村乱占耕地建立专项整治试点。巩固“大棚房”问题专项清理整治成果。

第六，自然资源部、农业农村部发布的《关于农村乱占耕地建房“八不准”的通知》要求：不准占用永久基本农田建房，不准强占多占耕地建房，不准买卖、流转耕地违法建房，不准在承包耕地上违法建房，不准巧立名目违法占用耕地建房，不准违反“一户一宅”规定占用耕地建房，不准非法出售占用耕地建的房屋，不准违法审批占用耕地建房。

（二）乡村规划促进耕地保护的逻辑和框架

基于上述概念分析和政策梳理，乡村规划对耕地保护具有重要引领作用，特别是“三区三线”中永久基本农田边界的划定，直接决定了耕地保护的范围和边界，即坚决守住耕地红线。另外，村庄规划的主要任务也指向耕地保护的重要举措，如统筹耕地和永久基本农田保护、落实永久基本农田和永久基本农田储备区划定成果、落实补充耕地任务、守好耕地红线；统筹农村住房布局，按照上位规划确定的农村居民点布局和建设用地管控要求，合理确定宅基地规模，划定宅基地建设范围，严格落实“一户一宅”；开展生态修复整治、农田整理、补充耕地、产业发展等，这些重要举措也直接制约着耕地“非农化”与“非粮化”等问题，并指导耕地占补平衡的有效落实。

基于此，本研究提出了乡村规划促进耕地保护的理论框架（见图 1），将自上而下的管控与自下而上的保护相结合，使耕地保护由“被动”变为“主动”，从“约束性保护”向“激励性保护”转变。具体而言：

第一，自上而下的管控是当前耕地保护的主要路径，特点是“划线”和

“监督”，具有显著的制度刚性和强约束性。我国实行了最严格的耕地保护制度，要求严格实行农村土地用途管制，坚决守住18亿亩耕地红线。第二，乡村规划促进耕地保护要更加重视自下而上的主动式保护，即充分发挥规划主体的积极性，落实耕地保护主体责任；充分利用土地整治和严格宅基地审批实现新增耕地和现有耕地的提质改造；基于微观层面“一张图”的规划系统实现耕地的实时检测。

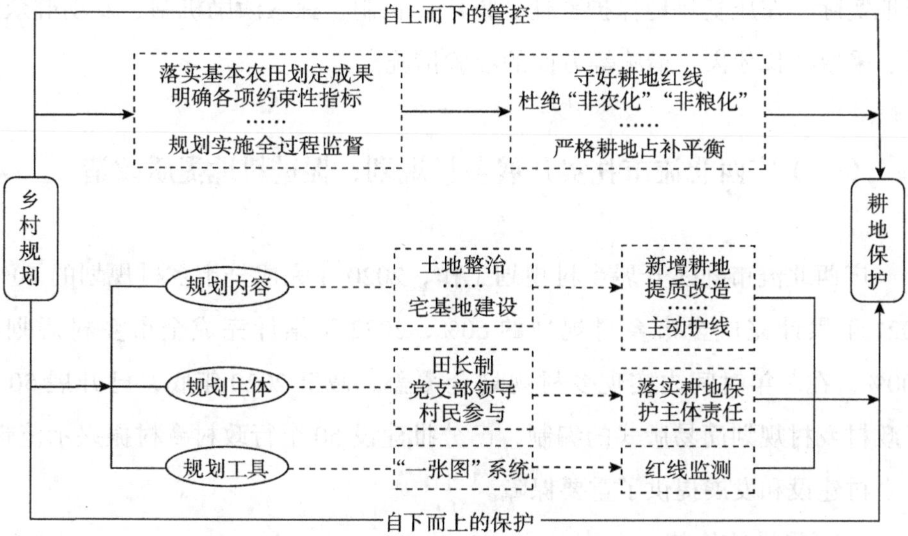

图1　乡村规划促进耕地保护的理论框架

资料来源：课题组绘制。

三、乡村规划促进耕地保护的经验模式

基于乡村规划促进耕地保护的现状、问题和原因分析，根据本研究提出的乡村规划促进耕地保护的理论逻辑，本部分将结合案例进一步重点阐述和深入分析。资料主要来源于两个方面。

一是田野调查资料，课题组成员曾深入到广西北流市，调研农村土地制度改革（主要是“三块地”改革的现状和成效）、村庄规划与耕地保护相关工作。在北流河村扎根40余天，就北流河村规划工作，访谈村庄规划的主要设计师、村主任、村民、土地制度改革相关负责人等数十人，形成系列总结材料。

二是基于已有案例、文献、统计资料和新闻报道等二手资料，结合本研究的理论框架进行筛选分析。总结的案例主要是基层自然资源管理部门立足当地实际，在压实耕地保护责任、推广田长制、探索激励机制、发动群众力量、采取“长牙齿”措施等方面的经验措施。

（一）广西北流市扎实开展乡村规划：促进耕地提质改造

广西北流市扎实开展乡村规划工作，2020年完成全市乡村规划的20%，2021年累计完成全市乡村规划的60%，2022年累计完成全市乡村规划的100%，在3年时间内实现乡村规划全覆盖。截至2020年底，已开展50个行政村乡村规划简易版式的编制，已分批建设50个行政村乡村振兴示范带，为乡村建设和发展提供了重要保障。

1. 项目具体措施

广西北流市全面推动零星分散农村集体经营性建设用地入市整治复垦、城乡建设用地增减挂钩整治复垦、“旱改水”耕地提质改造、低效园地残次林地耕地开垦等土地整治项目建设，土地整治项目以镇为单位由镇人民政府向市自然资源局申报立项，政府项目下放工程许可，由辖区村民委员会或合作社组织实施复垦，村民理事会监督实施，复垦或开垦经合格验收后，所得指标由市政府平台公司收购。

第一，零星分散整治复垦项目。全市实施零星分散农村集体经营性建设用地入市整治复垦规模23297亩（水田5530亩、旱地6990亩、其他农用地10777亩），覆盖全市22个镇278个村21个居委会，总投资9.6亿元，资金来源于政府财政投资和广西北部湾银行融资，复垦完成后，预计为各镇村提供乡村振兴资金9.6亿元，预计为集体经济组织带来收入16890万元，预计村民务工增加收入15380万元，复垦农户获得地上附着物补偿收入21800万元。

第二，城乡建设用地增减挂钩整治复垦项目。实施项目16个、实施复垦规模8760亩（水田1750亩、旱地3020亩、其他农用地4990亩），涉及7个镇88个村2311个复垦地块，总投资5.62亿元，资金来源于中国农业发展银行融资。项目复垦完成验收后，预计政府指标收购总价格55580万元，预计村级集体获得收益16600多万元；村民直接参加项目复垦建设获得务工收入，预计农民增加收入11100多万元；复垦农户预计获得地上附着物补偿费收入11100多万元。

第三，“旱改水”耕地提质改造项目和低效园地残次林地耕地开垦项目。根据土地调查掌握数据，从2020年起实施，未来3年计划实施“旱改水”耕地提质改造水田项目2万亩，低效园地残次林地耕地开垦水田项目3万亩。项目实施完成验收后，预计政府指标收购总价格25亿元，预计村级集体获得收益7.5亿元；村民直接参加项目复垦建设获得务工收入，预计增加农民收入5亿元；复垦农户预计获得地上附着物补偿费收入5亿元。

2. 项目实施成效

广西北流市破解“地从哪里出”“钱从哪里来”难题。政府下放土地综合整治项目工程许可，加快了项目建设的进度，一方面有效解决城市城镇开发建设项目和产业发展项目用地难问题，有效增加耕地面积，进一步改善全市耕地占补平衡面临的瓶颈状况，全力保障全市的经济建设发展用地需求；另一方面项目实施，将工程项目利润、管理费、税费等转化为村级集体经济收入，激发村级集体经济发展内生动力，增加了农民收入，农民财产权益获得保障，为乡村振兴注入了资金活力。

有效地促进了乡村振兴战略的实施。实施土地整治项目，将散乱、闲置、低效利用的农村建设用地复垦为耕地，对村庄、田、林、水、路、村庄等进行综合整治改造建设，与“三清三拆”相结合，改善了人居环境，提升了乡村风貌，有效促进了乡村振兴战略的实施。

提高了村级集体经济组织和农民的积极性。农村建设用地的整治复垦，政府平台公司实施指标收购，为集体经济组织带来了收入，农民参加务工复垦增加了收入，保障了农户获得财产的权益，工作从被动变为主动，化解了农村建设难的问题。

推进了乡村产业整合的发展。实施土地整治项目，对闲置的旧村宅基地和闲置农房进行综合整治，腾退多余的村庄建设用地、空闲宅基地，与旅游产业相结合，按照“宜建则建、宜垦则垦”的原则，宜建部分用于建设民宿、农家乐、乡村农墅等项目和宅基地公开流转，宜垦部分用于观光农耕项目建设，探索了乡村产业发展新路子。

（二）陕西省咸阳市“旱改水”项目：促进耕地提质改造①

1. 项目实施背景

陕西省咸阳市中北部旱塬地区常年干旱少雨、地下水位低、沟壑纵横。水，对于这里的村民来说，是过上好日子的最大寄托。“我们旱塬坎坎上十地九旱，一年到头就靠老天爷下点儿雨才能打点儿粮、吃口饭，年景不好时种啥啥不长、栽啥啥不成。”为了解决这一难题，咸阳市近年来先后实施了10个“旱改水”项目进行耕地提质改造，建设总规模5.55万亩，新增水浇地面积3.16万亩，耕地质量平均提高3个等别，新增粮食产能948万千克，2021年新增粮食产能约404万千克。

2. 项目实施过程

咸阳市自然资源局选择有水源条件和农田建设条件较好的地区实施“旱改水”工程改造项目，积极挖掘后备资源潜力，努力破解水浇地补充耕地难题。项目区经过统一规划、土地平整、田间道路改造、灌溉与排水工程建设等综合整治，建成“路相连、灌排结合、旱涝保收”的高标准农田。如今，

① 陕西日报：《咸阳市实施“旱改水”项目走稳粮食安全路》，http：//www.shaanxitoday.com，2021年12月27日。

项目区内的水浇地路、渠、管、网通达率达到98%，灌溉率基本达到85%，耕地质量平均提高3个等别，亩均粮食产能提高300千克。经过反复探索，咸阳市在乾县顺利完成了8170亩“旱改水”项目，并将试点范围逐渐扩大至淳化、旬邑、三原、彬州等县（市）。

针对传统农网配电抽水系统工程投资大、群众负担重等情况，咸阳市通过招商引资引入社会资本，联合开展太阳能光伏供电抽水灌溉系统建设试点，帮助群众实现零电费抽水、零成本维护。通过修筑拦水坝、渗水池、高位蓄水池等，稳定水源、完善抽水系统，植入电子监控设备，实现智能化蓄水、放水。咸阳市将水作为项目实施的核心要素，将减轻群众负担、提高耕地质量作为衡量项目是否成功的关键，以“以水定建、以水治田”为导向，因地制宜地破解土地干旱的问题。彬州市、淳化县的两个试点项目灌溉覆盖面积达512亩，设备可运行21年，能节约电费约35.9万元。根据试点推进和项目踏勘论证情况，咸阳市自然资源局计划在2022年度项目建设中投入5个光伏发电抽水灌溉系统，覆盖面积达2000余亩，并重点向边远地区倾斜，利用光伏板供电让沟下泉水源源不断地注入田间。

3. 项目实施成效

随着国家惠农政策在咸阳市落地，“旱改水”项目在脱贫攻坚、乡村振兴等领域都发挥出了很大优势。2021年，咸阳市依托“旱改水”项目改良耕地，以流转土地入股形式提高了农民收入，带动了农村经济发展。

在旬邑县结合马栏镇金盆社区移民搬迁安置点，“旱改水”项目实施后，村里有了特色农业的扶贫项目，大家靠流转土地，就能获得500元/亩的年收入。搬迁群众和村里剩余劳动力在农闲时节，还可以到项目上打工，一天也能有120元的工资收入。该项目2020年夏收季仅劳务支出就有130多万元。基于“旱改水”项目，崎岖的土路变成了宽阔的水泥路，坑洼不平、大小不一的零散田地平整连片，地头还建起了蓄水池。

三原县陵前镇甘涝村依托“旱改水”项目，以土地入股形式流转3000余亩土地，引进生态农业领域的公司合作开展农业种植，已经吸纳了200

余名村民前来打工，为该县全面打赢脱贫攻坚战和乡村振兴提供了有力保障。

（三）安徽省六安市新增耕地入库试点：建设高标准农田①

1. 高标准农田建设背景

安徽省六安市早期的高标准农田建设投资标准偏低，项目建设内容主要为农田水利和农村道路工程，产生的新增耕地有限。2021 年，六安市将高标准农田项目提质改造、促进耕地占补平衡工作列入年度工作重点，计划优先在永久基本农田保护区、粮食生产功能区、重要农产品生产保护区建设高标准农田。高标准农田项目提质改造按照“缺什么、补什么，建一块、成一块”的原则，加快补齐农业基础设施短板，增强农田防灾、抗灾、减灾的能力，并着力构建“市政府领导、县区政府负责、乡镇实施、部门协同、社会参与、上下联动、统筹推进”的工作机制。

2. 高标准农田建设措施

六安市整合财政投入和涉农项目资金，合理运用社会资本，统筹开展城乡建设用地增减挂钩、新增耕地等项目，不仅保护了耕地，还解决了用地难题，支持了农村三产融合发展。自然资源部门负责开展新增耕地后备资源潜力摸排，重点查清可开发、复垦为稳定利用耕地的后备资源，将耕地后备资源图斑纳入国土空间规划的土地整治区域。同时，以自然资源部门查清的新增耕地后备资源为基础，将新增耕地指标纳入计划待建的高标准农田项目申报的前置条件，原则上单个项目新增耕地率应达到建成高标准农田规模的一定比例，确保耕地质量等级明显提升。

安徽省六安市金安区 12 个高标准农田建设项目成功在“全国补充耕地占补平衡动态监管系统”备案，项目新增耕地 7.19 亩、水田（旱改水）

---

① 《新增耕地入库 优质农田增收》，六安市人民政府网，https：//www.luan.gov.cn/public/6608271/9890903.html，2021年12月30日。

234.89 亩、粮食产能 77 万千克。这是六安市 2021 年以来实施高标准农田新增耕地核定入库试点的成果。

3. 高标准农田建设成效

高标准农田新增耕地核定入库，可以有效缓解耕地占补平衡压力。截至目前，全市 7 个县区共申报 2019 年、2020 年两年高标准农田建设新增耕地核定项目 90 个，如果全部验收入库，可以增加耕地 698.68 亩、水田（旱改水）2654.66 亩、粮食产能 786.62 万千克。

据霍邱县花园镇姚楼村党支部书记李孟介绍，“过去，我们这里地势低洼，易涝易淹。真是做梦也想不到，这里能建成 2.3 万亩高标准农田。”2021 年花园镇以高标准农田建设为平台，融合多部门涉农资金，实施了城乡建设用地增减挂钩、补充耕地、高标准农田建设、中心路建设和魏河治理等一批土地综合整治项目，建成高标准农田 1.6 万亩，新增粮食产能 32 万公斤，新增耕地（水田）138 亩，平均质量等级为 9 等。“通过新增耕地指标，花园镇还获得了 414 万补助资金，可以继续加大对耕地保护和提质改造的投入。”

（四）四川省西昌市规范宅基地审批管理：严守耕地红线[①]

1. 严格耕地保护的实施背景

西昌市严格耕地保护，在守住红线、保住发展底线中，全面落实耕地保护责任制，层层签订目标责任书，印发耕地保护目标责任考核办法；近年来深入推进卫片违法用地整改工作。西昌市涉及 46 宗违法用地挂账问题，面积 437.99 亩，其中耕地面积 197.48 亩，经过多次协调乡镇、街道办和部门，现 46 宗已全部完成拆除整改。

西昌市在加强耕地保护工作中，严肃执法处置，印制《西昌市人民政府耕地保护禁令》加强宣传，坚决遏制新增违法占用耕地行为；深入开展农村

① 四川日报：《西昌：全力推进农村宅基地制度改革试点》，https：//epaper.scdaily.cn/shtml/scrb/20210922/262067.shtml，2021年9月22日。

乱占耕地建房问题专项整治行动即“双月监测”和数据复核工作；开展安宁河两岸耕地保护巡查，依法查处占用耕地私挖乱采行为；开展驾校违法占用耕地清理，依法处置闲置土地，已收缴土地闲置费1540万元。2021年，西昌市共计立案查处违法建设23宗、违法用地8宗，收缴罚没款7948万元。

2. 规范宅基地审批管理

为加强西昌市农村宅基地用地建房管理、节约使用土地、切实保护耕地、提高农村住房建设质量、改善农村人居环境、统筹城乡一体化发展，根据国家和省、市规划要求，结合西昌市实际，制定了西昌市农村宅基地审批和住房建设管理实施相关办法。办法指出，村民在农村宅基地审批和住房建设中，应当符合土地利用总体规划、乡镇规划、村规划等相关规划要求。不符合规划或者未编制规划的，不审批农村村民建设住宅。办法明确，乡镇人民政府（街道办事处）负责组织编制乡镇规划、村规划，规划编制应当遵循城乡统筹、合理布局、节约土地、集约发展和先规划后建设的原则，改善生态环境，促进资源、能源节约和综合利用，保护耕地等自然资源和历史文化遗产，保持地方特色、民族特色和传统风貌，防止污染和其他公害，并符合区域人口发展、国防建设、防灾减灾和公共卫生、公共安全的需要。

在办法中，西昌市提倡和鼓励实施村庄归并整治和村庄改造，充分利用原有宅基地和村内空闲地建住宅。引导村民住宅建设向农村社区或集镇聚集。新占地住宅建设的，由市人民政府根据各乡镇人民政府（街道办事处）新占地的需求，适当安排建设用地年度计划指标。目前，西昌市农业农村局负责农村宅基地改革和管理工作，建立健全宅基地分配、使用、流转、违法用地查处等管理制度，完善宅基地用地标准等；市自然资源局负责国土空间规划、土地利用计划和规划许可等工作；市住建局负责指导农村住房建设，完善农房建设有关标准和规范等；各乡镇人民政府（街道办事处）负责本辖区内农村村民住宅用地的审核批准。

西昌市农村宅基地审批和住房建设管理实施相关办法要求，农村村民宅基地建房选址必须符合国土空间规划和用途管制要求。在国土空间规划编制期间，选址应符合现行乡镇规划、村规划或村民聚居点规划和土地利用规划等相关规划要求，经审查批准后方可修建。农村村民建房，由乡镇人民政府（街道办事处）审核批准。全面落实现场“审核、放线、验收”“三到场”要求，严格用地建房全过程管理。

（五）山东省莒县四级田长制：落实耕地保护主体责任①

1. 四级田长制运行机制

2021年，山东省莒县不断夯实耕地保护主体责任，建立四级田长制，鼓励群众参与，形成耕保合力。莒县以自然村作为网格基本单元，设立了县、乡镇（街道）、社区（行政村）、自然村四级田长。对于二级田长耕地保护工作成效突出的乡镇（街道），莒县推荐其申报省级、市级耕地保护激励乡镇。倘若田长对耕地保护没有担负起相应的责任将被追责：辖区内违法占用耕地面积排前两名的，将由一级田长对二级田长进行警示约谈。辖区内耕地保护秩序混乱、破坏耕地和永久基本农田等问题比较严重的，由县纪委监委对二级田长依规依纪严肃追责问责。对辖区内发现的新增乱占耕地建房等问题未及时整改到位的，由乡镇（街道）视情节严重程度依规依纪严肃追究三级、四级田长相关责任。各乡镇（街道）制定综合评价制度和奖惩措施，将三级、四级田长的综合评价纳入乡镇（街道）综合考核体系，并落实奖惩措施。

2. 村书记耕地保护机制

除了田长之外，莒县还落实了村支部书记保护耕地的职责。村支部书记要及时发现、制止和上报乱占耕地建房的行为。对迟报、漏报和瞒报的村支部书记，莒县将通报问责，并将违法占用耕地上报数据的“及时性和准确

① 莒县人民政府：《莒县耕地和永久基本农田保护“田长制”实施方案》，http：//www.juxian.gov.cn/art/2022/7/5/art_163526_10316969.html，2022年7月5日。

性”与村支部书记的收入挂钩。县自然资源执法巡查中队在制定耕地巡查方案时，也要及时与村支部书记沟通，确保巡查能够覆盖整个村庄。乡镇综合行政执法办公室、自然资源所、派出所等单位须积极配合村支部书记工作，协同作战，依法严惩发现的违法行为。

3. 村民参与耕地保护机制

为了鼓励群众参与耕地保护，莒县2021年对于耕地和永久基本农田保护实行有奖举报，明文规定了奖励条件、标准和流程，还印制了50万份有奖举报明白纸，向社会广泛发放。群众可通过电话、公众号、二维码等举报违法占用耕地行为的具体位置、违法违规时间等信息。对于群众举报和业务咨询的电话，莒县自然资源和规划局成立了专门团队第一时间予以对接。属于举报的，立刻进行现场核查，并及时予以反馈；属于业务咨询的，及时对接相关业务科室，力争当日进行回复。根据查证后举报违法违规事实的类型、占用或破坏耕地和永久基本农田面积等因素，给予举报人5个不同档次的奖励：对违法违规挖塘养鱼、畜禽养殖、圈占耕地的，给予举报人200元奖励；对采砂取土破坏耕地和永久基本农田达到立案标准的，给予举报人500元奖励；对乱占耕地建房面积1亩以下的，给予举报人500元奖励；对乱占耕地建房面积1亩以上（含1亩）、5亩以下的，给予举报人1000元奖励；对乱占耕地建房面积5亩以上（含5亩）的，给予举报人2000元奖励。举报违法违规行为应当实事求是，捏造、谎报、提供虚假材料、冒领他人举报奖励的，移交公安等部门依法调查处理。

（六）浙江省绍兴市积极推进“田长制”：以点带面有序推进[①]

2018年10月，绍兴市人民政府办公室印发《关于建立永久基本农田保护“田长制”的通知》，在浙江省内率先提出在全市域建立实施永久基本农田保护“田长制”。2019年2月，该市以越城区为试点以点带面有序推进，

---

① 绍兴：《以“田长制”实现田“长治”》，https：//sdxw.iqilu.com/share.html，2022年3月31日。

至2019年底，顺利实现永久基本农田保护“田长制”全市域覆盖。该制度实施以来，绍兴市违法占用耕地比例从1.18%下降至0.37%，创开展卫片执法工作以来的历史新低。2021年4月，绍兴市永久基本农田“田长制”模式获自然资源部通报推广。

1.“1+X”模式总牵引

第一，围绕“1”个核心。出台《关于进一步加强耕地保护和落实占补平衡的实施意见》，在《关于加强耕地保护和改进占补平衡的实施意见》基础上，将高标准农田范围建立“田长制”扩大到永久基本农田范围，明确建立覆盖全市240.03万亩永久基本农田的“田长制”保护模式，实现耕地数量、质量、生态“三位一体”保护目标。

第二，建立“X”个配套。建立健全各级田长定期协商机制、网格化巡查机制、全民参与保护机制、补偿激励机制等配套制度，有力支撑“市统筹、县主责、乡镇负责、村主体落实”的工作体系，形成一级抓一级、层层抓落实的工作格局。

2. 三级田长抓落实

第一，职责分级明晰。明确一级田长对全市范围内永久基本农田保护工作负总责；二级田长对各区、县（市）范围内永久基本农田保护工作负总责，协调处理耕地及永久基本农田保护工作重大问题；三级田长负责全乡镇（街道）范围永久基本农田保护工作落实，定期听取网格长工作情况汇报。三级田长下设村（社区）行政主要负责人担任的网格长和村民网格员，负责具体落实辖区内永久基本农田日常监督和管护。每年底由县级“田长制”工作领导小组根据考核办法，结合年度遥感监测情况，信访情况及镇（街）根据工作责任书，信访情况对三级田长、村（社区）网格长、网格员进行考核。

第二，举措抓实落细。2019年2月，绍兴市越城区在全市率先探索开展永久基本农田保护“田长制”工作。出台《越城区永久基本农田保护“田长制”实施细则》，在管理体系上，明确设置区级总田长、田长（二级田长）、镇（街）总田长及田长（三级田长）、村（社区）网格长、网格员等，将保护任务落实到责任人、责任地块和责任网格。在工作经费上，由区财政局落实2019年“田长制”经费100万元，并于今后每年安排一定数量专项经费，用于日常维护和表彰奖励在“田长制”工作中有突出贡献的镇（街）、村（社区）。同年8月，该区完成“田长制”考核办法及责任书编制等，明确将该项工作列入政府耕地保护责任目标履行情况考核内容，各级田长必须确保本区域永久基本农田保护面积不低于责任书面积并接受群众监督。

第三，范围由点及面。2019年8月，绍兴市越城区将全区13万亩永久基本农田划分为274个网格，并公布各级田长、网格长、网格员名单〔区级总田长1名、区级“田长”12名，镇（街）总田长12名、镇（街）田长122名、网格长169名、网格员274名〕，签订责任书441份，树立保护牌274块。随后，剩余5个区、县（市）相继制定永久基本农田保护“田长制”实施细则，并建立由属地政府领导任组长、相关部门领导为成员的工作领导小组。至2019年底，“田长制”模式实现全市域覆盖，全市共划分保护网格3095个，牢牢守住240.03万亩永久基本农田，累计建成粮食生产功能区100.27万亩、高标准农田200.55万亩，已连续23年实现耕地占补平衡。

3. 多元共管促长效

第一，补偿激励，增添保护动力。建立覆盖全市263个行政村、315万亩耕地的保护补偿机制，与永久基本农田保护绩效、“田长制”实施情况挂钩。在坚持地方补助标准不低于省补助标准前提下，对永久基本农田示范区、永久基本农田和一般耕地实行差别补偿。如绍兴市越城区范围内村级补偿资金按永久基本农田示范区、永久基本农田、其他一般耕地分别予以80元/亩·年、60元/亩·年、40元/亩·年的补助，加上补给农户的耕地地力保护补贴，补偿标准将不低于140元/亩·年、120元/亩·年、100元/亩·年。补偿标准以2年为周期适时调整提高，且每次提高幅度原则上不低于10%，充分调动基层耕地保护积极性。截至2022年3月，全市已累计发放耕地保护补偿资金5.06亿元。

第二，全民参与，激发保护活力。引入社会监督力量，将耕地保护补偿资金使用方案和使用情况列入村务公开重大事项，接受群众监督等。同时，全市树立“田长制”保护标志牌1940块，公布保护面积，责任单位，镇（街）田长、村（社区）网格长、网格员姓名，举报电话，所在片永久基本农田分布示意图等内容，鼓励人人护田，形成“全民参与、齐抓共管”的保护格局。

第三，多跨协同，释放数字红利。依托国土空间基础信息平台，以第三次全国国土调查数据为本底，形成集成全市永久基本农田、耕地和永久基本农田储备区面积、位置、质量等信息的“一张底图”，实现耕地保护信息“一屏掌控”。谋划推进“耕地保护田长制应用”多跨场景，构建形成“全局一屏掌控、政令一键智达、执行一贯到底、服务一网通办、监督一览无余”的数字化协同场景，确保全市划定的永久基本农田管得住、建得好、守得牢，努力成为耕地保护领域的绍兴样本。

（七）湖南省资兴市“一张图”：基于规划工具的耕地保护监测[①]

2021年5月，国家市场监督管理总局批准发布国家标准《国土空间规划“一张图”实施监督信息系统技术规范》（GB/T 39972–2021）。“一张图”规划系统的完善和优化，能够有效实现乡村规划编制、审批、修改和实施监督全周期管理，并且为耕地保护提供监测监管的规划工具，主要包括耕地减少、耕地增加、耕地变化举证等。具体而言，通过对比分析历史影像数据，将耕地变化的图斑进行精确的自动勾绘与标注，综合叠加图斑面积、位置、权属、地类、审批情况等数据信息，快速定位并定性被占用耕地或新增耕地的具体范围、占用原因、用地合法性、整改措施。

如湖南省资兴市13个乡镇自然资源所所长、39个一级田长、472个二级田长通过下载耕地保护“一张图”，随时随地打开手机便能精准掌握辖区

① 《资兴“一张图”落实最严耕地保护》，http://www.hn.xinhuanet.com/2022-02/24/c_1128411269.htm，2022年2月24日。

耕地位置、面积、质量和耕地使用情况等信息，巡田过程中若发现占用耕地、破坏耕地等违法行为，田长可即时定位上报，实现巡田“掌中可视”。2022 年 2 月 23 日，资兴市一田长通过“一张图”仅用时三天便成功处置一起侵占耕地行为。

四、乡村规划促进耕地管控的对策建议

根据乡村规划促进耕地管控的现状与问题，基于乡村规划促进耕地保护的逻辑框架，结合国内外经验措施和已有研究，本部分提出乡村规划促进耕地管控的对策建议，主要包括以下六个方面。

（一）推进乡村规划“应编尽编”，提供耕地保护方向指引

乡村规划是实施乡村振兴战略的基础性工作，是乡村建设行动的重要工具与手段。当前乡村规划推进乡村建设面临诸多问题，如远未达到“应编尽编”的要求、与乡村建设需求存在结构性矛盾和缺乏合适的载体和抓手。传统意义上的村庄规划编制工作具有积极影响，但在建设“多规合一”的国土空间规划体系、全面推进乡村振兴战略的大背景下，乡村规划与乡村建设行动仍然存在诸多问题。

各地要明确乡村规划对耕地保护的引领作用，做到“应编尽编”。各地开展乡村建设行动要做好顶层设计，注重规划先行、目标引路，按照地域特点、乡村特色，摸清村庄家底，挖掘文化特色，下足绣花功夫，编制兼顾当前需求和长远发展、兼具乡土气息和现代理念的实用性乡村规划。乡村规划要严格按照“三区三线”确定的范围，有序引导乡村生产生活，有条件的要利用测绘技术手段让村民更清晰、直观、准确地了解建设范围和底线。特别

是强化规划用地管控机制，设立合理的用地管控目标，如通过直接的用地管控确保基本农田数量、质量不受损害，从而起到保护生态空间和农田的作用。要积极探索乡村规划师驻镇村服务合作机制，大力支持“规划下乡”，切实引导城市规划资源向乡村倾斜，如鼓励大专院校和规划设计机构提供志愿服务等。要重视集体经济组织的作用，特别是在已具备集体经营性建设用地入市条件或积累了产业发展资源的乡村，要摸索建立强有力的组织机构，做实做优乡村集体财产。

（二）加强乡村规划主动管控，促进耕地新增与提质改造

第一，加强规划管控，依法依规审批用地。政府要强化对优质耕地的保护，严格控制建设占用优质耕地。一方面，加强规划管理控制，依据法规审批用地。未经批准，不得擅自调整城乡建设用地管制边界，严格控制建设项目用地的审批，做到不占用或少占用耕地。另一方面，严守底线，强化耕地资源保护。按照规划，鼓励和引导工业、城镇用地向低丘、缓坡、荒滩等未利用地、劣质农用地等区域发展[①]。

第二，加强节约集约用地，鼓励开发利用地上地下空间和城市低效用地“二次开发”。在高层楼房、厂房建设中充分运用节地技术，避免低效用地。从严控制城市建设规模，依法加强和规范城市建设用地管理，严禁在城市规划区外审批项目。促进城市从外延式扩张向内涵式发展转变，坚决杜绝“一指一栋楼、一划一片地”的现象。严格按规划推进城乡建设，加大城区和乡村的改造力度，科学规划用地，提高土地的利用效率。

第三，着力推进“空心房”整治工作，促进节约集约用地。拆除“空心房”对盘活闲置土地、加快美丽乡村建设具有重要意义。“空心房”占据了大量宅基地，浪费了宝贵的土地资源，拆除危旧“空心房”可以盘活土地经

① 《严控建设用地占用优质耕地》，中国土地资源网，http：//www.tdzyw.com/2012/0803/18511.html，2012年8月3日。

营，让村民享受“空心房”拆后的发展红利。“空心房”拆除后，宅基地可依照村庄规划用于兴建公共设施或重新安排符合条件的村民建房或绿化，也可通过土地整理方式开发利用，不断优化农村土地开发利用布局，整治农村居住环境，提高村庄建设管理水平。

第四，积极将旧村复垦为耕地，促进美丽乡村建设。推进土地整治，建设美丽乡村。实施农村旧村复垦和城乡建设用地增减挂钩，是当前和今后一个时期自然资源管理部门的一项重点工作任务，对于节约集约利用土地资源、增加优质耕地面积、落实耕地占补平衡、坚守18亿亩“红线”、促进城乡协调发展具有十分重要的意义。将旧村复垦与美丽乡村建设结合起来，鼓励农民有偿退出原宅基地，把旧房和“空心房”推倒整理成连片耕地，使荒地变为良田。不仅改观村容村貌，改善村民的居住环境，为今后建设美丽乡村打下了基础，更重要的是增加耕地面积、增加村民的收入。

（三）优化乡村规划“一张图”建设，提高耕地保护科技水平

第一，基于乡村规划的技术基础和监测系统，提高耕地保护数据科学性，以第三次全国国土调查数据为基础，考虑人口、资源、环境、经济、社会等因素，科学测算各地耕地保有量，与国土空间规划相衔接，提高耕地保护数据权威。完善农业结构调整管理，科学调整优化农业结构，做好与林地、草地、湿地等资源保护政策衔接，科学划定永久基本农田控制线。加强耕地资源数据共享，完善耕地资源信息互通机制，要掌握和充分利用好第三次全国国土调查数据，尤其是耕地现状调查地类、耕地质量情况、耕地实际利用情况、耕地种植属性等基础数据。

第二，探索土地科技创新，提高耕地保护科技水平。要构建全面、立体、动态的耕地保护科技支撑体系。充分运用物联网、大数据、云计算、人工智能、5G等技术，推动耕地保护实现“互联网+监管”，建立耕地保护智慧监管平台，强化耕地保护全流程动态网格化监管，及时发现存在违法违规

利用耕地问题，做好“护田使者”。同时要注重耕地用养结合，发展应用耕地质量提升技术，加强退化耕地生态系统修复技术研发，做到“养田”“治田”，实现耕地质量有提升、生态有改善[①]。

（四）严格落实耕地占补平衡政策，探索耕地保护激励措施

第一，严格落实耕地“占一补一”政策。目前各地正处于乡村建设快速发展时期，经济要发展，就必须有工业、能源、国防、基础设施等重点项目，其中有些项目不可避免会占用耕地，因此必须统筹建设与耕地保护之间的关系。坚决落实耕地“占一补一”政策，保证耕地数量不减少且质量有提升。积极盘活存量建设用地，可以考虑使用存量土地进行地方性项目建设。这样既能满足建设需求，又能保护耕地“红线”[②]。

第二，确保耕地保护经费，探索耕地保护补偿激励措施。国家层面研究设立耕地保护专项资金，建立耕地保护补偿激励标准，探索对履行耕地保护义务突出省份，尤其是对粮食主产区、承担国家统筹补充耕地的省份给予补偿奖励。统筹土地出让收入等资金支持耕地保护，提高土地征用过程中新增费和耕地开垦费的征收标准，严格控制征占耕地的规模和速度，防止各种土地浪费行为。制定耕地保护补偿办法，对农户进行经济补偿可以激励农民保护耕地。

（五）建立健全“田长制”制度体系，以“田长制”促“田长治”

目前，“田长制”仍处于探索阶段，全国范围内的“田长制”并未完全建立。要进一步优化“田长制”，需要建立以法治为基础、制度为保障、多

① 《科技创新助力耕地保护和利用提质增效》，光明网，https：//m.gmw.cn/baijia/2021-02/04/34599218.html，2021年2月4日。

② 《占补平衡守住耕地保护红线》，人民网，http：//qh.people.com.cn/n2/2021/0524/c182757-34741289.html，2021年5月24日。

方参与的长效机制才是根本。明确责任分工，完善耕地保护制度体系。制定“耕地保护法”，国家层面应结合各地推行“田长制”过程中积累的经验教训，因地制宜、统筹组织，构建并筑牢“田长制”的法律体系，推动“田长制”从“有名”走向“有实”。完善耕地保护责任目标考核制度，建立耕地保护逐级负责机制，逐级签订目标责任书，将耕地和永久基本农田保护任务落实到责任人和责任地块，完善耕地保护责任落实与干部绩效评价挂钩的奖惩机制；完善耕地保护共同责任制度，实现保护责任全覆盖，形成部门密切合作、分工负责、齐抓共管的长效机制。完善社会监督机制，公开田长责任人和责任事项，定期向社会公示监督结果，开放社会投诉举报实现全民可参与①。

（六）以乡村规划促村民参与，提升耕地主体保护责任意识

第一，开展规划和耕地保护宣传。在全国范围内宣传推广北京、上海、广州、成都、南京等开展责任规划师的经验做法。组织中央媒体和部属媒体开展“八不准”和坚决遏制耕地“非农化”、严格管控加强永久基本农田保护、改革占补平衡制度确保补充耕地质量、耕地动态监测等方面的宣传。通过部官方微博、微信、报刊、“学习强国”学习平台等途径，以专栏文章、图片、短视频和系列短剧等方式加大宣传，增强群众依法依规实施规划保护耕地的意识。同时，通过“6·25”土地日、“4·22”世界地球日、“12·4”全国法制宣传日以及普法教育等，采用电视、报纸、互联网等多种途径，多渠道、全方位宣传耕地保护的重要意义及有关法律法规，树立绿色、系统、可持续的耕地保护理念，提升全民耕地保护责任意识和科学保护素养②。

① 《推行“田长制”，构建耕地保护长效机制》，载《光明日报》2021年3月11日第10版。

② 《自然资源部：如何规范农村规划加强耕地保护杜绝违建？》，农村土地网，http：//www.nctudi.com/news/detail-75664.html，2021年7月6日。

第二，以乡村规划促村民参与，发挥村民耕地保护的积极性。农民作为农业生产活动的主要参与者，理应成为耕地保护最重要的主体。如果能够充分调动农民耕地保护的主动性和积极性，耕地保护工作便可做到“垂拱而治”。要调动农民耕地保护的积极性，首先，要切实提高农民待遇。“让农业成为有奔头的产业”，也要让农民成为更有吸引力的职业。可以考虑把城市职工的各项待遇应用于农民，吸引更多的“土专家”“田秀才”回流农村，壮大高素质农民群体，耕地保护便也有了更为充足的人力资源。其次，要提高农民的耕地保护技术。如今的农业早已不是“靠天吃饭”。耕地保护的技术越高，耕地产出则会越高，农民收益也会响应提高。而从全国范围来看，由于我国农业方面小农经济占主体，农民更多依靠长久传下来的技术来耕种土地，而这已经不适应当前农业供给侧结构性改革的需要。比如，华北地区的土地也可以借鉴东北黑土地保护的经验，实行宽窄行种植，而这些都需要专家一定的指导。因此，可以鼓励当地农校的农业专家与农村建立“一帮一”的机制，对农民进行定期的培训，培养新型职业农民，真正做到种地有证书、技术有职称。最后，对农民进行耕地保护的补贴要发放到位，使农民没有后顾之忧。比如，为减少耕地污染，我国提倡减少农药化肥的使用量，而这在短期内无疑会影响粮食的产量。国家可出台相关政策，对响应号召的农民给予适当补贴，以弥补农民的损失。为了保持耕地肥力，鼓励农民对耕地进行轮作休耕，在这方面也要适当补贴农民。

主要参考文献

[1] 张立，李雯骐，张尚武. 国土空间规划背景下建构乡村规划体系的思考——兼议村庄规划的管控约束与发展导向[J]. 城市规划学刊，2021（06）：70-77.

[2] 吴宇哲，沈欣言. 中国耕地保护治理转型：供给、管制与赋能[J]. 中国土地科学，2021，35（08）：32-38.

[3] 邱敏，何灏，曹银贵，苏锐清，王文旭. 基于产权效应的耕地保护决策行为分析[J]. 中国农业资源与区划，2022，43（07）：74-84.

[4] 官卫华，江璇. 国内外耕地保护补偿实践及其启示[J]. 规划师，2021，37（13）：80-86+94.

[5] 张媛媛，王国恩，黄经南，敖宁谦. 空间规划背景下我国乡村规划的融合与发展——基于历史和现实的视角[J]. 现代城市研究，2021（05）：64–70.

[6] 孔祥斌. 中国耕地保护生态治理内涵及实现路径[J]. 中国土地科学，2020，34（12）：1–10.

[7] 王文旭，曹银贵，苏锐清，邱敏，宋蕾，周伟. 我国耕地保护政策研究：基于背景、效果与未来趋势[J]. 中国农业资源与区划，2020，41（10）：40–51.

[8] 魏广君. 中国乡村规划浪潮——特征、困境和思考[J]. 国际城市规划，2022，37（05）：131–137.

[9] 王文旭，曹银贵，苏锐清，邱敏，周伟. 基于政策量化的中国耕地保护政策演进过程[J]. 中国土地科学，2020，34（07）：69–78.

[10] 贺贤华，毛熙彦，贺灿飞. 乡村规划的国际经验与实践[J]. 国际城市规划，2017，32（05）：59–65.

[11] 唐燕，赵文宁，顾朝林. 我国乡村治理体系的形成及其对乡村规划的启示[J]. 现代城市研究，2015（04）：2–7.

[12] 李保国. 中国的村落与耕地保护[J]. 人与生物圈，2021（03）：36–37，40–41.

农村承包地二轮承包到期后延包实证研究*

改革开放以来，农村土地制度的长期稳定和持续完善是我国农村经济社会飞速发展的根本保障。目前，我国已开展过两轮承包工作，第二轮承包是从 1993 年开始到 1999 年基本完成。按承包期三十年计算，二轮承包即将在“十四五”迎来大批到期。在我国进入农村改革持续深化的新时期，做好农村承包地二轮承包到期后的延包工作事关重大。我国各地二轮承包的情况并不完全相同，延包的高峰期将集中在 2026 年到 2028 年，“十四五”期间必须为延包工作开好头、奠好基，形成可推广的延包工作实施方案。这要求对延包涉及的重大问题进行深入研究，根据中央的精神和我国农业农村的发展实际做出准确判断。

一、“第二轮土地承包到期后再延长三十年”的政策深意

第二轮土地承包到期后再延长三十年，使农村土地承包关系从第一轮承

---

* 本报告是清华大学中国农村研究院2021年重点研究课题“农村承包地二轮承包到期后延包实证研究”的研究成果，报告观点仅代表课题组的看法。课题负责人：张红宇，中国农业风险管理研究会会长。报告执笔人：胡凌啸、曹丹丘、刘余。

包开始保持稳定长达七十五年，是实现“长久不变”的重大举措。中央之所以反复强调“第二轮土地承包到期后再延长三十年”（以下简称“土地承包期再延长三十年”），并通过修订《中华人民共和国农村土地承包法》和出台专门文件保障延包工作的顺利开展，有着深层次的考虑。

（一）土地承包期再延长三十年与保障农民权益

做好第二轮土地承包到期后的延包工作，对保障农民权益、保持农村稳定意义深远，这种重要性并不仅仅体现在土地能给农民带来经济收入，还在于土地是农民最看重的兜底保障。延包工作搞得好不好，将直接影响农民切身利益、影响农村干群关系、影响党的执政根基。因此，认识土地承包期再延长三十年，不能只算经济账、眼前账，还要算政治账、长远账，确保始终沿着正确方向推进。历史上我国已经开展了两次延包工作，都切实保障了农民的根本权益。在此背景下，土地承包期再延长三十年，是要继续给广大农民吃下“定心丸”。同时应注意到，与二轮承包初期相比，当前延包工作涉及的利益关系更加复杂，必须充分考虑不同群体的利益诉求。在“延长三十年”的总原则下，坚持把保障农民物质利益和民主权利作为出发点、落脚点和基本准则，通过多层级、多类型、差异化的试点探索，归纳、比较、研究，提炼出符合最广大农民利益的延包措施。

（二）土地承包期再延长三十年与保障粮食安全

家庭承包经营、统分结合的双层经营体制是保障我国粮食安全的重要制度基础，通过土地承包期再延长三十年确保家庭承包关系稳定事关我国粮食安全战略。改革开放初期，家庭联产承包责任制的创新实施有效激发了农民种粮积极性，解决了亿万农民的温饱问题。开展土地承包期再延长三十年，稳定农民的承包权，继续保障农民从事农业生产的积极性，将对确保国家粮食安全发挥重要作用。在我国农业现代化进程中，出现了一些经营主体以发展现代农业的名义把短期效益、眼前利益作为追求目标，掠夺性使用土地导致土壤退化、面源污染、植被破坏等消极后果，这不仅丧失了现代农业的内涵，也对持续保障粮食安全构成了威胁。土地承包期再延长三十年能够有效保障农民农业生产的主体地位，加深农民与土地的情感联结，培养农民珍惜耕地的信念意识，从而激发出农民保护耕地的热情和动力，形成一支“爱农业”的生产队伍，持续保障粮食安全目标的实现。

（三）土地承包期再延长三十年与发展现代农业

推进现代农业发展，尤其是实现多种形式的农业规模经营离不开稳定的土地承包关系，土地承包期再延长三十年是确保土地承包关系稳定的必要条件。如果土地承包关系长期处于不断调整的不稳定状态，就很难确保土地流转的稳定，不利于规模经营主体的形成。此外，不稳定的流转关系也不利于新型农业经营主体对土地进行有效投资，降低了规模经营的效率。因此，培育稳定的新型农业经营主体队伍需要有稳定的土地制度。在工业化、城镇化快速推进过程中，我国农村劳动力大量转移，农业物质装备水平大幅提升，开展土地承包期再延长三十年，促进农村土地“三权”分置格局形成，放活经营权，有利于发展多种形式适度规模经营，推进中国特色农业现代化。土地承包期再延长三十年，保持土地承包关系长久不变，并不是把农民束缚在土地上，也不是限制土地流转，而是在“三权”分置制度设计下，为农地经营权有序流转提供制度保障，推动土地流转保持长期稳定，培育新型农业经营主体队伍，发挥新型农业经营主体引领作用，实现小农户和现代农业发展有机衔接，逐步实现农业现代化。

（四）土地承包期再延长三十年与协调城乡关系

在我国重塑城乡关系、推进城乡融合发展的大背景下，稳定土地承包关系对协调城乡发展有重要影响。由于我国人多地少、农业人口比重较大的客观事实，加之复杂严峻的国际环境，保证承包关系稳定成为应对城乡融合发展过程中可能出现的不确定因素的重要保障。土地承包期再延长三十年并不只是基于农业发展方面的考虑，同样也考虑到了在农民不断向城市流动的背景下，如何解决农民后顾之忧的问题，以此保障国家现代化发展的平稳推进。当农民离开土地、逐步获得稳定的非农就业收入和社会保障水平、不再从事农业生产经营活动时，稳定的承包关系更有利于农民转出土地经营权，这既实现了城镇化进程中更多农民流入城市，也为留在农村的人提供了更大的发展空间。稳定的土地承包关系与城乡协调发展之间不仅是单向的推动关系，还有着相互影响、相互制约的关系。在城乡协调发展的波动期，当流入城市的农民失去了稳定的非农就业收入时，长久稳定的土地承包关系能够使农村发挥蓄水池和稳定器的作用，保证城乡关系的平稳。

二、关于第二轮土地延包的调查发现

家庭联产承包责任制实施以来，我国先后经历了两轮土地承包，以家庭承包经营为基础、统分结合的双层经营体制，是我国农村改革的重大成果，也是党的农村政策的基石。当前学术界对农村基本经营制度长久不变、土地承包主体与客体相对固定、土地承包经营权能更加完整等方面基本达成共识，但对“长久不变”下的土地调整存在着变与不变的争议。由于二轮延包工作涉及众多利益主体，为了解不同主体对二轮延包的认识看法、掌握目前承担土地承包期延长三十年试点任务地区的具体做法，课题组先后在山东、浙江、山西、陕西、吉林、安徽6个省份开展调研，形成了以下分析。

（一）利益相关主体对二轮延包的认识

2021 年 7—9 月，课题组组织团队在山东、浙江、山西、陕西、吉林 5 个省份进行调研，共开展座谈会 10 余次，完成村级问卷 45 份，农户问卷 709 份，家庭农场、合作社、企业等新型农业经营主体问卷 160 份[①]。基于调研成果，本部分基于调研数据分析了农户二轮承包到期后的经营意愿和对延包的认识，以及新型农业经营主体和村干部对二轮承包到期后延包的看法。

1. 承包农户

此次调查的 5 个省份中，吉林、山东集中于 2027 年到期，山西、浙江集中于 2028 年到期，陕西集中于 2042 年到期（见表 1）。其中，陕西省情况较为特殊，主要由于陕西省安康市一轮土地承包期为 30 年，而非绝大多数地区的 15 年，故二轮承包到期较晚。面对土地承包到期，不同农户对于延包方式存在不同认识。

表1　　5个省份二轮承包集中到期年份

省份	集中到期年份
吉林	2027 年
山东	2027 年
山西	2028 年
浙江	2028 年
陕西	2042 年

总体上看，1/2 的农户希望维持二轮土地承包关系不变，同时有超过 1/3 的农户希望进行重新分配。在希望进行重新分配的农户中，超过六成希望按

① 此外，清华大学中国农村研究院还组织学生团队在云南、广西、湖南、湖北、福建、安徽、江苏7个省份同步开展了实地调研，累计完成村级问卷14份，农户问卷297份，家庭农场、合作社、企业等新型农业经营主体问卷58份。课题组对以上7个省份的数据进行了分析，分析结论与山东、浙江、山西、陕西、吉林5个省份的结果高度一致。考虑到学生团队调研的7个省份样本规模较小，本研究未纳入该部分样本。

照户籍人口数进行承包分配，三成希望按照常住人口数进行承包分配，剩余农户绝大部分认为按户籍人口或常住人口分配均可以，还有部分农户认为应当由村集体统一经营，或是按照家庭劳动力数量进行分配（见图 1）。

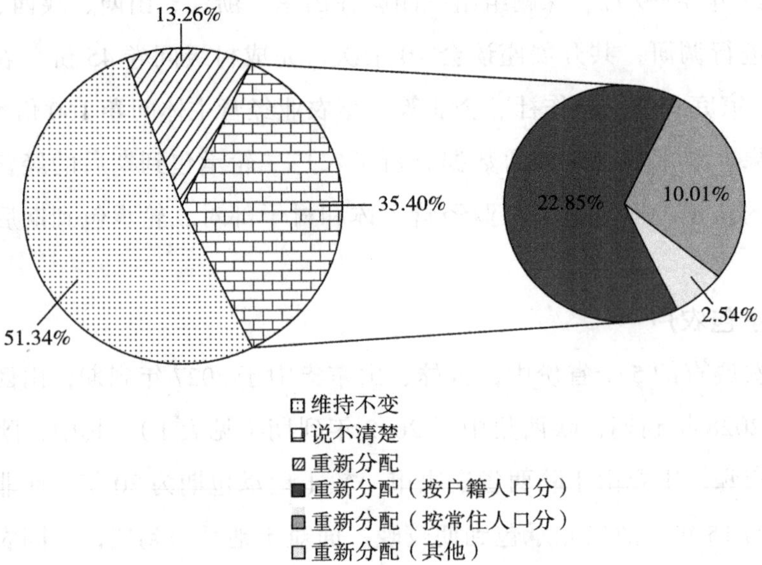

图 1　对土地二轮承包到期后延包的总体认识

资料来源：清华大学中国农村研究院2021年5个省份调研数据。

（1）从农户家庭成员构成看。二轮承包中未分到土地的家庭成员数量越多，希望重新分配的比例越高。各地二轮承包大多从 1997 年左右开始，这意味着在该时间点之后出生的农户大多没有承包地。因此，伴随新生人口数量日趋庞大，农户对土地重新分配的呼声也越来越高。根据调研数据，选择以家庭中 16 岁以下人口数量这一指标进行分析。伴随着家庭中 16 岁以下人口数量增多，农户希望重新分配的比例也逐渐提高。在家庭中 16 岁以下人口超过 4 人（含 4 人）的农户中，有 62.50% 希望二轮土地承包到期后重新分配，相较于家庭中没有 16 岁以下人口的农户占比高 31.62 个百分点（见图 2）。由此可见，二轮承包以来农户家庭人口的变化是影响对二轮延包态度的关键因素之一。

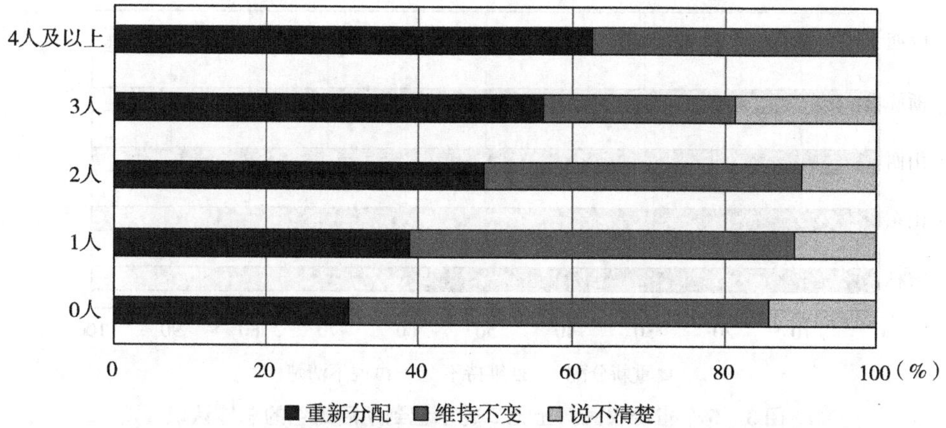

图 2　按 16 岁以下人口数量分类的农户家庭对土地二轮承包到期后延包的总体认识

资料来源：清华大学中国农村研究院2021年5个省份调研数据。

（2）从是否为粮食主产区看。粮食主产区农户选择维持不变的比例低于非粮食主产区，选择重新调整的比例处于较高水平。在粮食主产区，42.58% 的农户选择二轮承包到期后重新调整，较非粮食主产区高 13.89%；41.48% 的农户选择维持不变，较非粮食主产区低 20.26%。从直观上判断，粮食主产区农户可能出于对土地依赖度较高而更关注土地承包关系，因此较高比例的农户希望二轮承包到期后进行重新调整。但结合二轮承包到期后继续从事农业经营的意愿强度看来，粮食主产区仅 59.38% 的农户愿意继续从事农业生产经营活动，低于非粮食主产区比例（73.90%）。这意味着粮食主产区农户希望重新调整土地承包关系的原因可能与土地的财产价值有关。粮食生产经营方式和农户土地流转数据也恰好印证了这一点。受规模经济驱动，粮食生产经营朝着适度规模经营方向发展，粮食主产区农地流转市场也更为活跃繁荣。调查数据显示，粮食主产区 37.98% 的农户转出了承包地。此外，近年来土地的财产属性不断增强，可能成为影响粮食主产区保持土地承包关系稳定并长久不变的潜在因素之一。具体到各个省份，山西省选择维持不变的农户比例最高，达到 79.27%，吉林省该比例最低，仅为 28.57%；与之对应的是，吉林省选择重新分配的农户比例最高，达到 57.14%，山西省该比例最低，仅为 16.46%（见图 3）。

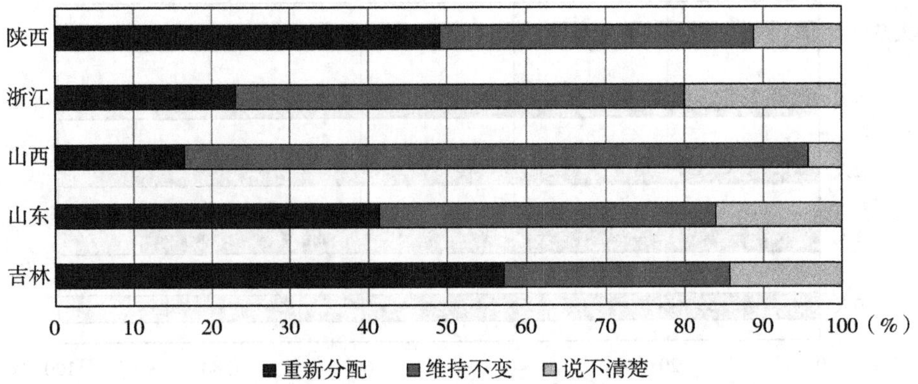

图3 5个省份农民对土地二轮承包到期后延包的总体认识

资料来源：清华大学中国农村研究院2021年5个省份调研数据。

（3）从承包地调整经历看。在粮食主产区，过去五年进行过承包地调整的农户占比为24.86%，较非粮食主产区高18.48个百分点。五年内经历过承包地调整的农户更倾向于选择重新分配，具有政策惯性。总体上，在五年内经历过土地调整的农户中，41.59%的农户希望重新分配土地，较没有调整经历的农户高6.86%；希望维持不变的农户比例（38.05%）较没有调整经历的农户低15.81%。结合是否粮食主产区来看，无论是否为主产区，有承包地调整经历的农户均更倾向于选择重新分配；但非粮食主产区受承包地调整经历影响更大，表现为有承包地调整经历的农户中，非粮食主产区选择重新分配的比例较主产区更高。

（4）从不同农户类型看。既未转入土地、也未转出土地的自营农户和土地转入户选择二轮承包到期后重新分配的比例更高，但在粮食主产区和非粮食主产区间存在较大差异。根据农户土地流转行为，将农户划分为三种类型：自营农户Ⅰ型（指无转入有转出的农户）、自营农户Ⅱ型（指既无转入也无转出的农户）和土地转入户（指有转入且实际经营面积大于承包地面积的农户）。数据显示，粮食主产区39.89%的农户为土地转入户，较非粮食主产区高5.5%（见图4）。在三类农户之间，希望重新分配的农户占比由自营农户Ⅱ型（36.83%）到土地转入户（35.61%）、自营农户Ⅰ型依次递减（33.85%），希望维持不变的农户占比按上述次序依次递增。按既有理论，土地转入户从事更大规模的粮食生产，往往希望在更稳定的环境下从事经营活动，应更倾向于选择维持不变，但数据分析结果却显示其更倾向于重新分配。为进一步探究背后原因，根据是否为粮食主产区进行划分，分析结果显示：在粮食主产区，希望重新分配占比最高的为自营农户Ⅱ型，达到48.17%，自营农户Ⅰ型和土地转入户分别为37.04%、38.36%；在非粮食主产区，希望重新分配占比最高的为土地转入户，达到32.20%，自营农户Ⅰ型和自营农户Ⅱ型分别为31.58%、24.50%。从土地转入户希望重新分配的占比来看，尽管粮食主产区土地转入户希望重新分配的占比并非最高，但其绝对水平较非粮食主产区土地转入户希望重新分配的占比高6.16个百分点。此外，在粮食主产区和非粮食主产区间，自营农户Ⅱ型希望重新分配的占比也存在较大差异。

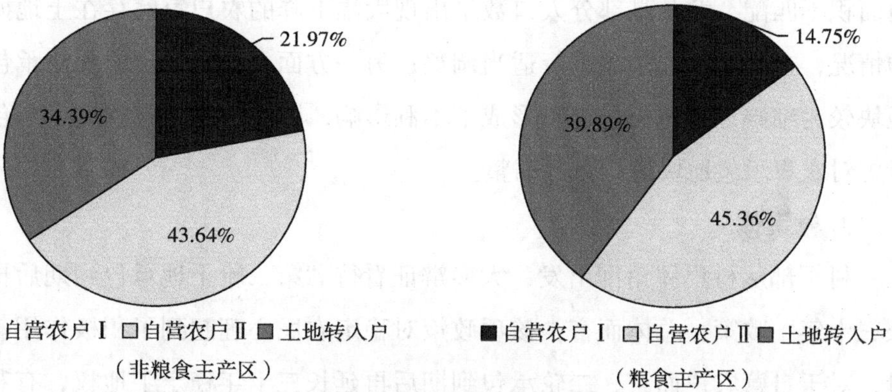

图4 样本地各类型农户分布

资料来源：清华大学中国农村研究院2021年5个省份调研数据。

（5）从农业生产经营方式看。以自家劳动和自有机械为主的农户希望二轮承包到期后重新分配的比例更高。家庭经营格局下规模经营和社会化服务共同发展成为当前我国农业生产经营方式新特征，并在实践中形成了以自家劳动和自有机械为主、半托管、全托管等具体方式。数据显示，无论是夏熟作物还是秋熟作物，以自家劳动和自有机械为主的农户希望重新分配的比例均最高，分别为48.40%和45.99%，半托管经营方式下的农户选择重新分配的比例较前者低11 ~ 15个百分点，全托管经营方式下的农户选择重新分配的比例较前者低12 ~ 23个百分点。

2. 新型农业经营主体

绝大部分新型农业经营主体支持认可“第二轮土地承包到期后再延长三十年”，部分主体认为延包方式需灵活调整。对于新型农业经营主体而言，其更关注二轮土地承包到期后土地调整对土地流转难易程度和经营稳定性的影响。现阶段大部分新型农业经营主体已经与农户建立了较为稳固的土地流转契约关系，故而大部分新型农业经营主体支持直接延包。更有部分经营主体认为二轮承包到期后土地应当收归集体，这样开展大规模土地流转协商沟通更为顺畅。此外，还有部分经营主体认为二轮承包到期后应当进行合理调整。一方面，二轮承包以来农村人地关系发生了变化，家庭人口数量与承包地面积不匹配，尤其是部分人口数量出现大幅下降的农户家庭存在土地抛荒的情况，在延包过程中需进行适当调整；另一方面，二轮承包中农户承包的地块较为细碎，对规模化进程形成了不利影响，因此二轮承包到期后延包可考虑对农户承包地块进行合并归整。

3. 村集体

村干部从村集体角度出发，大多辩证看待“第二轮土地承包到期后再延长三十年”政策。总体而言，该项政策对稳定农民心理起到了积极作用。同时，对于自营农户而言，二轮承包到期后再延长三十年稳定了地权，有利于农户开展长期投资。部分村干部表示，保持二轮承包关系不变更符合当前农村实际情况，尽管二轮承包后出生的年轻人没有获得承包地，但当前种地的年轻人很少，给其调整分配承包地仅具有集体成员身份的象征意义，因此二轮承包到期后可维持不变。但也有部分村干部表示，应当进行重新分配。一方面，承包地面积不符合农户人口数量变化趋势；另一方面，在长久稳定的土地承包关系下，承包户对承包地拥有的权利认识突破了承包权边界，近乎所有权，对公共基础设施建设、规模经营发展形成了较大阻力。此外，还有部分村干部表示需要结合实际情况来确定二轮承包到期后的延包方式，需要尊重村内的传统做法，在有调整经历的村庄进行土地调整，在一直维持不变的村庄保持稳定。有时即便在同一个自然村内部，不同村民小组之间也存在差异，需要充分考虑、尊重当地经验传统。

（二）二轮延包的试点探索

2020年中央农办、农业农村部组织16个省份20个县市开展第一批延包试点，2021年又批复了20个县市开展试点探索。本研究基于对安徽省滁州市二轮延包试点的调研[①]，呈现不同的延包方案并分析适用性，为全国的二轮延包工作提供参考。

1. 鲍岗村大塘组："确权确亩不确地"

鲍岗村大塘组地处天长市东南，属江淮分水岭地区，东、西、南三面分别与江苏仪征市、南京六合区相邻。鲍岗村下辖25个村民组，其中大塘组共有农户28户，包括有地农户25户，无地农户3户；总人口112人，其中有地人口88人（含有地已死亡人口7人），无地人口24人。

（1）二轮承包以来的人地变化情况

鲍岗村于1995年开始实施二轮土地承包，1995年后，鲍岗村大部分村民组均未进行过土地调整，只有少数村民组每3～5年进行一次"小调整"。而大塘组则约定"十年一调整"，并分别于2005年和2014年进行两次土地调整。2014年后，大塘组又分别因确权颁证和高标准农田建设进行了两次土地调整。

关于二轮承包以来的耕地变化与调整情况。1995年二轮土地承包时，大塘组参与二轮承包人口共86人，承包耕地面积120亩，人均1.39亩。1995年后，大塘组共进行了四次土地调整（见表2）。第一次调整是2005年，第

① 滁州市天长市承担了第一批试点工作，本次调研的鲍岗村、沿湖村、双园村属于天长市，均在2020年开始探索，2021年形成了延包方案；滁州市明光市承担了第二批试点工作，本次调研的柳巷村属于明光市，目前仍处于探索阶段。

二次土地调整是 2014 年。2014 年进行土地调整时，大塘组参与二轮土地承包人口为 95 人，二轮承包耕地面积为 172.28 亩[①]，人均 1.81 亩。当年，组内耕地已基本实现整组流转，为了适应规模经营需要，部分农户在组内进行了小范围土地调整。第三次土地调整是 2016 年。2016 年大塘组开始土地确权工作，确权总面积为 213.61 亩，确权人口以 2014 年人口（95 人）为基准，人均 2.24 亩。由于组内承包地已全部流转，因此土地确权面积与地块界限按地块与户的顺序进行指界平均划分。第四次土地调整是 2018 年。当年，大塘组实施了高标准农田建设项目，经全体村民代表研究商议，全组土地的使用被分为三个部分。其一，预留集体机动地。保留不利于种植的 20 亩高岗地作为集体机动地，该部分不做土地平整并统一流转给古典砖瓦厂取土，收益作为组集体收入进行使用和再分配。其二，公共设施建设用地。在高标准农田建设中，8.37 亩土地被用于修建路、沟、渠、堤坝等公共设施建设。其三，承包到户土地。大塘组约定将 2014 年整组流转给大户的 185.24 亩土地继续流转（此面积以 2016 年土地确权面积为基准），土地流转租金以 2014 年的有地人口为基数（95 人），按人均约 1.95 亩分配到户，且约定租金分配每五年根据成员变动情况调整一次。

表2　　　　1995年以来大塘组土地调整情况

	1995 年 二轮承包	2014 年 土地调整	2016 年 土地确权	2018 年 土地整治
承包地面积（亩）	120	172.28	213.61	185.24
实际承包人数（人）	86	95	95	95
人均面积（亩 / 人）	1.39	1.81	2.24	1.95

关于二轮承包以来的集体经济组织成员变化情况。1995 年二轮土地承包时，鲍岗村大塘组参与二轮承包农户为 22 户 86 人。2014 年第二次土地调整时，大塘组共有农户 28 户，参与承包农户 25 户 95 人。2016 年，大塘组完成土地承包经营权确权登记颁证工作，确权农户 25 户，登记人口共 100 人，

① 2014年的耕地面积与1995年情况不符的原因是，1995年以当时的计税面积为准，2014年则以丈量的习惯面积为准。

实际有田人口95人。截至延包方案制定时，大塘组共有农户119人，其中有地人口95人[①]、无地人口24人。在无地人口中，包括新出生9人、农转非2人、婚入4人、婚出户口未迁出5人、离婚户口未迁出1人、其他人口3人（见表3）。

表3　1995年以来大塘组成员变动情况

	1995年 二轮承包	2014年 土地调整	2016年 土地确权	2021年底 最新情况
总户数（户）	23	28	28	28
有地户数（户）	22	25	25	25
无地户数（户）	1	3	3	3
总人数（人）	88	103	112	119
有地人数（人）	86	95	95	95
无地人数（人）	2	8	17	24

（2）二轮承包到期后再延长三十年的延包方案

鲍岗村大塘组通过召开村民代表大会、选举产生延包工作小组等办法，根据二轮承包以来土地、人口等变化情况，最终拟定并通过土地延包方案草案，明确集体经济组织成员认定办法和延包路径等内容。

①延包方案的确定过程

在方案商讨阶段，大塘组村民关于第二轮土地承包到期后再延长三十年大致包括两种倾向：一是沿袭2018年制定的“五年一调整”的规定，实施“动账不动田”。具体而言，即根据家庭人口变化情况，每五年重新确定有地成员身份，依据成员资格分配土地流转租金。二是实施“确权确亩不确地”方案。具体而言，根据大塘组的现有人口认定成员资格，按人均1.95亩的标准发包到户并确定家庭承包耕地总面积。同时，固化家庭承包耕地总面积在新的承包期内保持三十年不变，依据固化的承包地面积分配土地流转租金。

由于“动账不动田”方案需要每五年重新确定有地成员身份、算一次“平衡账”，一旦有人反悔就难以继续推进，进而影响土地延包后人地关系的

① 在有地的95人中，包括户籍人口88人、有地已死亡人口7人。

长期稳定。而“确权确亩不确地”的方式以“三十年不变”为基础，新增人口通过机动地给予补偿，农户接受度较高。因此，经多次协商，大塘组最终确定按照“确权确亩不确地”的形式进行土地延包试点。

②延包方案的具体内容

大塘组根据既定的土地资源和变动的成员身份两个方面综合研究制定了延包方案。在成员权益保障方面，兼顾了已确权成员和未来新增成员的相关权益；在土地分配方面，对已确权到户土地和集体机动地进行统筹安排。具体包括，对已确权成员实行“确权确亩不确地”方案，对未来新增成员实行集体机动地保障办法。

一是对已确权的成员实行“确权确亩不确地”。对2018年已确权到户的185.24亩承包地，大塘组首先按照集体经济组织成员确定办法重新确定承包人口104人，采取“确权确亩不确地”的形式继续承包到户，人均面积1.78亩。由于经过高标准农田整治项目，该块土地利于流转，因此大塘组根据有地人口平均分配土地流转租金的办法具体实施，有地人口和家庭承包耕地总面积在新的承包期内保持三十年不变。

二是对未来新增成员通过预留机动地的办法保障权益。对未分配到户的20亩集体机动地，继续由集体统一经营或流转，所得收入在进入新的承包期后，专项用于新增人口的利益补偿（规定补偿不得高于其他成员延包的土地承包权标准，实际与已确权成员的流转租金分配一致）、集体公益事业建设、困难成员救济等，款项由鲍岗村集体股份经济合作社设立专户进行管理。

（3）“确权确亩不确地”延包策略的可行性

鲍岗村大塘组之所以能够形成“确权确亩不确地”的延包方案，存在一些不可忽视的支撑条件。

一是非农就业充分吸纳劳动力，土地已实现整组流转。鲍岗村所属的金集镇形成了以玩具生产、机械制造和船舶配件加工为支柱的产业集群，为当地农民提供了适于不同年龄结构的非农就业机会，吸纳了绝大部分劳动力，使得农业收入在农民家庭总收入中所占份额很小。从2014年起，大塘组全部承包到户的土地已开始统一流转[1]，租金支付方式为按年支付、先付后租，支付时间为每年收割稻谷之前，流转租金按有地人口均分到户。2018 年高标准农田建设项目进一步促进了土地流转的稳定性和流转收益的增加。这成为保障“确权确亩不确地”方案顺利开展的重要前提。

二是实施高标准农田建设项目，打破了地块界限。天长市是国家重要商品粮基地和粮食生产先进县（市），2018 年以来，该市整合近 16.2 亿元涉农项目资金投入高标准农田建设项目。大塘组也于 2018 年开始土地集中整治，一方面促使土地集中连片，更有利于新型农业经营主体流转土地开展规模经营，提高了流转合约的稳定性；另一方面也打破了户与户之间原有的地块界限，在此过程中，农民在心理上接收了“打破地块界限”的方式，形成了根据成员变动情况每五年调整一次租金分配的约定。在此背景下，“确权确亩不确地”的延包方案更符合大塘组打破地界后的现实需要，也是易于被农民接受的方案。

三是具有土地调整传统，延包方案容易达成一致。大塘组自 1995 年二轮承包以来就有“十年一调整”的传统，本组村民在二轮延包方案讨论过程中形成以重新界定成员身份和调整土地为基础的“动账不动田”和“确权确亩不确地”两种方案。无论哪种方案，都因土地调整传统的存在而有利于在组内形成统一意见。最终，出于充分遵守中央“大稳定，小调整”和“三十年不变”等政策要求的考虑，大塘组确定了“确权确亩不确地”的方案。

四是预留集体机动地，保障无地人口权益。鲍岗村大塘组在 2018 年实施高标准农田建设项目时预留了 20 亩不利于耕作的高岗地作为集体机动地，通过集体机动地的流转收益来补偿新增人口的利益，以此缓解新增无地人口的要地压力。集体机动地调节和固化承包到户土地的有效衔接共同促成了二轮延包方案的落地实施。对农户而言，固化承包到户土地保证了家庭承包耕地三十年不减少，集体机动地调节保障了新增人口的土地权益，是一种“只

① 最近一次土地整租流转合同期限是2019年至2025年，即土地流转至第二轮承包到期为止。

增不减”的延包方案。在这种情况下，大塘组自然打破了“十年一调整”的传统，并行推进“确权确亩不确地”与“机动地调节”两个方案，保证二轮延包工作的顺利开展。

2. 沿湖村高圩组：“大稳定，小调整”

高圩组地处安徽省天长市和江苏省金湖县、盱眙县的交界处，位于沿湖村最南边的铜龙河北岸，距天长市约30公里。组内土地多为圩田和低洼地，水源充足便于灌溉。截至2020年6月30日，本组户籍人口共37户149人、常住人口共38户167人。

（1）二轮承包以来的人地变化情况

沿湖村高圩组于1995年开始实施二轮土地承包，期间组内没有调整过承包到户土地、没有新增耕地、没有预留机动地，也没有土地被征用等情况，但因确权登记颁证和高标准农田建设有过两次耕地面积调整。

关于二轮承包以来的耕地变化与调整情况。1995年二轮土地承包时，高圩组的承包耕地总面积为377.8亩，人均2.45亩。2016年高圩组开始土地确权登记颁证工作，确权总面积为431.65亩，确权人口153人，人均2.82亩。2017年，高圩组实施了高标准农田建设项目后，本组实际耕地面积增加至462.48亩，人均3.02亩（见表4）。

表4　　1995年以来高圩组土地调整情况

	1995年 二轮承包	2016年 土地确权	2017年 土地整治
承包地面积（亩）	377.8	431.65	462.48
实际承包人数（人）	154	153	153
人均面积（亩/人）	2.45	2.82	3.02

关于二轮承包以来的承包农户变化情况。1995年二轮土地承包时，高圩组共有农户38户159人，其中参与二轮土地承包的户数为35户154人。2016年，高圩组除了有1户3人因举家进城未参与土地确权登记颁证以外，共确权38户，登记共153人。截至2020年6月30日，高圩组常住家庭户数为38户167人，公安户籍家庭户数为37户149人。

（2）二轮承包到期后再延长三十年的延包方案

沿湖村高圩组以在“大稳定”的前提下对个别农户之间的土地进行适度“小调整”为思路，通过召开全体户主会议、选举产生延包工作小组等办法，讨论确定本组集体成员认定办法和土地延包方案。

①延包方案的确定过程

在方案研讨阶段，高圩组通过召开户代表会议对二轮承包到期后再延长三十年的方案进行讨论。主要围绕以下几个问题展开：一是二轮延包要不要调地。高圩组以“三十年不变”政策为基准，在二轮承包期内没有调整过土地，但实际各户人口变动较大，人地关系不平衡矛盾突出，大部分村民要求调地或同意土地调整。因此，高圩组最终确定二轮延包对农户的土地进行“小调整”。二是第三轮承包期内是否仍保持三十年不变。高圩组在二轮承包期执行“三十年不变”政策，人地关系变化突出，矛盾较大。在借鉴邻村定期调地[①]经验的基础上，最终确定在三轮承包期内执行“五年一调整”的延包方案。三是哪些人可以参与三轮延包。在二轮承包期内，高圩组存在入赘婿、出嫁女、参军入伍、上大学、国家公职人员户口迁出等情况，还存在二轮承包时主动放弃承包地的农户现又希望要回承包权的情况。经多次协商，高圩组制定了详细的成员资格认定办法，并以该办法为原则进行土地延包试点。

②延包方案的具体内容

为缓解人地矛盾，高圩组以“大稳定，小调整”为原则开展二轮延包。一方面，通过“小调整”的方式化解现有人地关系不平衡的问题；另一方面，通过“五年一调整”方案避免未来可能出现更严重的人地矛盾。

一是实施“大稳定，小调整”的延包策略。其中，“大稳定”即保证原有土地不打乱重分。“小调整”是在“大稳定”的前提下，根据人口变动情况，在重新确定的人均耕地面积基础上对个别农户的土地进行适度调整。具

---

① 如沟圈组每年一调整，朱庄组、余庄组、姚庄组每三年一调整，人地关系协调、延包矛盾少。

体而言，人均承包地多的农户将多出部分撂出，由人均承包地少的农户承包。经过情况摸排，高圩组需要撂地2亩以上的农户共9户，进地2亩以上的农户共8户，总共调整耕地29.52亩，占全组耕地总面积的6.3%。

二是二轮延包后实行“五年一调整”。高圩组自二轮承包以来没有进行过土地调整，也没有预留机动地，在2018年高标准农田建设后，组内承包耕地面积基本固定。因此，“五年一调整”的重点在人口变动。具体而言，以高圩组集体成员资格认定办法为基本原则，每五年摸排组内家庭人口变动情况，人均耕地面积多的农户将土地撂出给少地农户承包。

三是对二轮承包时主动放弃承包地的农户，补缴相关费用后恢复其土地承包权。二轮承包时，部分农户因农业税费负担等原因主动放弃承包地，但在二轮延包过程中又提出恢复土地承包权的诉求。对此，高圩组约定此部分农户需要补缴本组在二轮承包期内村民自筹用于农业基础设施建设的相关费用（约4000元/亩），补缴后允许其恢复第三轮土地承包的权利。据统计，高圩组有1户存在以上情况。

四是对独生子女实施二轮延包照顾政策。男女方结婚时，执行计划生育政策的独生子女户或双女户，可在二轮延包分地过程中享受一定比例的照顾。具体而言，执行计划生育的农户凭“独生子女证”可享受一人份的土地奖励，若该独生女嫁出本村，仍享受该奖励政策。据统计，高圩组有7户存在以上情况。

（3）“大稳定，小调整”延包策略的可行性

沿湖村高圩组实施“大稳定，小调整”的延包策略，与组内耕地资源条件、土地调整历史等因素有关。

一是组内没有新增耕地，也没有预留集体机动地，无法满足新增无地人口的需要。自1995年二轮承包以来，高圩组既没有新增耕地，也没有因征地等原因减少耕地。除了2016年土地确权登记颁证和2017年高标准农田整治后的耕地实测面积有所增加以外，高圩组的实际耕地资源几乎不变。同时，在二轮承包期内，高圩组没有预留集体机动地。在无新增耕地和无集体

机动地的情况下，高圩组只能在二轮承包耕地的总量约束下满足无地人口的承包地需求。

二是“大稳定，小调整”和“五年一调整”协同并行，平衡了人地关系，保障了农户承包的相对公平。高圩组多数农户要求调地或同意调地，为协调人地关系，高圩组在二轮延包中实施“大稳定，小调整”策略，采取人均承包地多的农户将多出部分挪出，由人均承包地少的农户承包的办法进行延包。但该方案可能难以和挪地农户的意见达成一致，对此，高圩组进一步约定，二轮延包后进行“五年一调整”，在保障农户承包耕地相对公平的前提下照顾了挪地农户的情绪，也维护了人地关系的协调发展。

三是相邻村组“三年一调整”的成效显著，村民乐于接受。高圩组附近的几个村组具有土地调整的传统，如沟圈组每年一调整，朱庄组、余庄组、姚庄组每三年一调整。根据相邻村组的经验，组内 3 ~ 5 年间的人口变动情况较小，土地调整比例小、难度低。同时，由于土地调整遵循“大稳定，小调整”的原则，需要调整的土地较少，基本不影响农业生产投资。而高圩组由于执行“三十年不变”方案，在二轮延包试点过程中发现，此次挪地最多的农户需要一次挪出 6 亩地，调地难度较大，也可能影响农户的农业投资预期。基于以上考虑，高圩组最终确定在“大稳定，小调整”的基础上，实施“五年一调整”。

四是有农户要求恢复二轮承包时主动放弃的土地承包权。2006 年之前，我国对农民征收农业税。高圩组部分村民因难以承受相关税费负担，选择在二轮承包时主动放弃土地承包权。2004 年，我国开始逐步减少农业税收，并于 2006 年起全面取消农业税。与此同时，国家开始实施各项农业补贴政策，农业经营从“付费制”向“赋惠制”转变。此外，《中华人民共和国物权法》的颁布实施成为强化农民土地承包权益的重要节点，土地的财产价值属性凸显，因此出现农民希望恢复土地承包权的情况。对此，高圩组基于公平原则考虑，制定按 4000 元 / 亩的价格补缴相应款项则允许村民恢复其土地承包权的办法。

3. 双园村王湾组："机动地调节"

双园村位于天长市汉涧镇东部，下辖27个村民组。其中，王湾组现有农户75户，人口350人，耕地面积552.72亩。

（1）二轮承包以来的人地变化情况

王湾组于1995年开始实施二轮土地承包，并约定根据人口变动情况"五年一调整"，该办法于2007年后不再实施。2016年，以土地确权登记颁证为契机，王湾组在"大稳定"的基础上，对集体机动地进行了相应调整。

关于二轮承包以来的耕地变化与调整情况。1995年二轮土地承包时，王湾组承包耕地总面积为402.8亩，人均1.35亩。当时，王湾组约定根据"增人增地、减人减地"办法每五年进行一次土地调整，具体办法为：待死亡人口摞出土地后，新增人口按出生顺序依次承包土地。2007年，王湾组进行了最后一次土地调整，并按圩外土地人均1.2亩、圩内土地人均0.3亩的标准进行分地，调整后的承包人口为314人，承包耕地总面积为471亩。2016年，王湾组开始土地确权工作，全组耕地总面积为552.72亩，包括427.3亩承包到户耕地[①]和125.42亩集体机动地。集体机动地主要来源于两个部分。一是保留原本预留的集体机动地，共31.96亩，二是将圩外土地收归集体作为集体机动地，共93.46亩。圩外土地主要是北塔河治理时河道开挖所形成的河床滩地，由于该块土地位于北塔河以北的北湾及黄湾，无过河路桥，通行困难，不便于单个农户种植，加之该地块内的河床滩地属国有，无法确权到户，故于2016年将承包到户的圩外土地统一收归集体作为集体机动地（见表5）。

表5　1995年以来王湾组土地调整情况

	1995年 二轮承包	2007年 土地调整	2016年 土地确权
承包地面积（亩）	402.8	471	427.3
实际承包人数（人）	299	314	299
人均面积（亩/人）	1.35	1.5	1.43

① 在承包到户的427.3亩耕地中，有424.65亩已确权、2.65亩待确权。

关于二轮承包以来的集体经济组织成员变化情况。1995 年第二轮土地承包时，双园村王湾组参与二轮承包的农户共 71 户 299 人。2007 年土地调整时，王湾组的承包农户共 314 人。在经历两次调整后未再进行组内调整。2016 年，参与确权的农户共 74 户 299 人。截至 2020 年 12 月 31 日，王湾组共有农户 75 户 350 人。2007 年至 2020 年底，王湾组共出生 41 人，婚入、迁入 24 人，死亡 20 人，婚出、迁出 11 人。与 2007 年相比，有 28 户为人口净增加，净增 52 人；有 17 户为人口净减少，净减 18 人。

（2）二轮承包到期后再延长三十年的延包方案

双园村王湾组通过召开村民代表大会，经推选成立由村民组长、村民代表、老党员等 8 人组成的延包工作小组，在开展摸底调查、梳理延包试点中可能出现的各种问题和矛盾的基础上，最终拟定以“三十年不变”“机动地调节”“先补田，后受益”的方案进行二轮延包。

一是对已确权的成员实行二轮延包后“三十年不变”。对 2016 年已确权到户的 424.65 亩土地，保持承包关系长久不变，将土地承包权直接顺延至第三轮承包期止。对需补登确权的 2.65 亩土地，待确权完成后也将在第三轮承包期内保持不变。

二是通过预留集体机动地的办法保障未来新增成员的权益。对 125.42 亩未确权的集体机动地，计划于 2025 年二轮承包到期后，按 2007 年所定的人均 1.2 亩的承包土地标准，将部分集体机动地用于补给净增无承包地人口。

三是按照“先补田，后受益”的办法补偿现阶段新增无地人口。由于未确权的 125.42 亩土地目前已全部进行流转，土地流转合同签订至 2025 年，为减少矛盾，王湾组约定按照“先补田，后受益”的办法对二轮延包中新增无地人口进行补地。具体而言，即先按人均 1.2 亩的标准对新增人口进行土地确权，待 2025 年所补土地租约到期后再受益。剩余未确权土地由村民组统一对外流转，收益归全体承包土地人口所有。

（3）“机动地调节”延包策略的可行性

双园村王湾组采取“机动地调节”的延包策略主要与该组土地调整的历史经验和河滩地改造过程中增加的土地资源等因素有关。

一是“五年一调整”矛盾突出，成为“减人不减地”的重要前提。王湾组在二轮承包时约定根据“增人增地、减人减地”的办法每五年进行一次土地调整，即待死亡人口撂出土地后，新增人口按出生顺序依次进地。2007年以后，由于撂地村民的矛盾冲突太大而不再调地。因此，在二轮延包政策制定过程中，虽然约定2025年9月20日前本组已死亡人员不被认定为集体经济组织成员，但为了避免再次出现“减人减地”矛盾，王湾组主要以保持原有土地承包关系不变为原则开展，实施“减人不减地”办法，将已确权到户的耕地直接顺延至第三轮承包到期为止。

二是组内预留集体机动地，为“增人增地”提供条件。王湾组之所以能够在二轮延包时采取“增人增地，减人不减地”的办法，其主要原因在于王湾组利用河道治理契机形成了大量河滩地，且因该地块地理位置不便于农户种植，为王湾组将其收归集体作为机动地提供条件，也成为王湾组实行“机动地调节”和“增人增地”延包策略的重要支撑。

三是集体机动地已全部流转，因此实施“先确权，后受益”办法。王湾组采取“增人增地，减人不减地”办法开展二轮延包，计划划拨预留的集体机动地用于“增人增地”。但因集体机动地已全部流转出去，且流转合同签至2025年，王湾组规定二轮延包的基准日为2021年9月20日。对此，王湾组采取“先确权，后受益”办法以满足新增人口的土地延包需求，即先按人均1.2亩的标准对新增人口进行土地确权，待2025年集体机动地流转合同到期后再切实受益。

4. 柳巷村三组：“直接延包不调整”

柳巷村属明光市柳巷镇，该镇位于淮河北岸，于2001年由柳巷乡和浮山乡合并组成。柳巷村是柳巷镇街道村，是滁州市唯一整村开展二轮延包试点的村庄。全村总面积5.403平方千米，辖16个村民小组，农户

948户，户籍人口3803人。耕地总面积约4828.6亩，其中约2000亩由5位新型经营主体流转，统一开展规模经营，土地流转率为40%～50%。

（1）二轮承包以来的人地变化情况

柳巷村原属柳巷乡，于1992年秋季开始实施二轮土地承包，1993年10月前基本结束，故而柳巷也是滁州二轮承包到期最早的一个乡镇，2023年将正式开展二轮承包到期后延包工作。

关于二轮承包以来的耕地变化与调整情况。二轮承包以来，柳巷村未进行过土地调整。按照二轮承包时形成的土地格局，先后于2015年完成土地确权工作、2018年完成农村集体产权制度改革。1993年土地二轮承包完成时，柳巷村共有承包户938户，承包人口3133人，承包土地面积3890亩。2016年，柳巷村开展土地确权工作，确权户数932户，确权面积4828.6亩。确权面积与二轮承包面积存在较大差异的主要原因在于，二轮承包时考虑到农业税费负担和不同地块间耕地质量的差异，耕地面积普遍存在折损，但在确权颁证实施过程中，按照实际耕地面积丈量后，土地确权面积有所增加。与此同时，土地二轮承包以来，因用于建设柳巷中心学校、柳巷派出所、柳巷镇政府、变电站、污水处理厂、文体广场和厂房等，柳巷村先后经历多次征地，承包土地减少约106.93亩。

关于二轮承包以来的集体经济组织成员变化情况。2018年，柳巷村完成农村集体产权制度改革，登记本集体经济组织成员户数为948户，集体经济组织成员3827人，成员规模明显大于土地承包人口。其主要原因在于，对于结婚户口未迁入的对象，柳巷村未予确定为土地承包人口，但将其纳入了集体经济组织成员。为做好二轮承包到期后延包工作，柳巷村已开展全村摸底调查，发现现有人口比二轮承包时净增加575人，其中新出生人口1227人，婚入588人，死亡505人，婚出397人，迁出338人，整户死亡5户6人，整户迁出7户21人（见表6）。

表6　　1993年以来柳巷村人地变化情况

	1993 年 二轮承包	2016 年 土地确权	2018 年 集体产权改革
承包地面积（亩）	4138	4828.6	4772.9
人数（人）	3248	3753	3827
人均面积（亩 / 人）	1.27	1.29	1.25

柳巷村三组作为全村试点，二轮承包以来人地变化与柳巷村整体情况类似。前期摸底调查发现，截至 2020 年底，柳巷村三组摸排本小组 53 户农户，净增人口 55 人。其中，净增 2 人及以上的有 17 户，净增 4 人以上的有 3 户（见表 7）。总体看来，由于土地二轮承包以来柳巷村从未开展过土地调整工作，各小组均面临较为突出的人地矛盾。

表7　　1993年以来柳巷村三组人地变化情况

	1993 年 二轮承包	2016 年 土地确权	2021 年 最新情况
承包地面积（亩）	236.5	314.41	314.41
人数（人）	187	219	242
人均面积（亩 / 人）	1.26	1.44	1.30

（2）二轮承包到期后再延长三十年的延包方案

为做好土地二轮承包到期后延包工作，柳巷村三组在全村范围内先行先试，本着“尊重历史、照顾现实、程序合法、结果公平”的原则，在“大稳定”的前提下，对个别农户之间的土地进行适度“小调整”，保障本组集体经济组织成员同等享有土地承包权。

①延包方案的确定过程

柳巷村三组先行成立了延包工作理事会，理事会由村民组长、村民代表、老党员、老村干等 7 ~ 9 人组成，具体负责本组的延包试点工作。在方案商讨阶段，根据保持土地承包关系稳定并长久不变、第二轮土地承包到期后再延长三十年的改革精神，基本确定了“直接延包不调整”的延包方案。

但由于柳巷村三组自二轮承包以来承包地从未进行过调整，人地矛盾有所凸显，以“小调整”方式缓解人地矛盾显得尤为必要。因此，经过多次协商，柳巷村三组基本确定了“大稳定，小调整”的延包思路。

②延包方案的具体内容

在延包思路确定的基础上，柳巷村三组开展了摸底调查，了解二轮土地承包以来家庭承包人口及承包地变化情况、集体经济组织成员身份确认情况以及农户对于二轮延包的意愿情况，并确定2023年9月30日为延包基准日，对成员的确认办法做出了明确规定。

根据上级文件精神，按照“大稳定，小调整”的原则，经2/3以上户代表同意，可不做任何调整，直接按照二轮承包现状进行延包。但由于自二轮承包以来，柳巷村三组承包土地从未进行过调整，因此约定对于个别农户人地矛盾特别突出的情况，经本户申请、理事会认定，也可在个别农户间进行适度“小调整”，但不得打乱重分。当前设想的方案是：收回整户消亡和整户脱离本集体经济组织成员的承包土地，由柳巷村集体经济组织托管或者发包给本组人地矛盾特别突出的农户。

（3）“直接延包不调整”延包策略的可行性

柳巷村在二轮承包期间从未开展过土地调整，且村集体无机动地可用，这与全国绝大部分村集体面临的状况一致。该类村庄在二轮承包到期后采取“直接延包不调整”策略需要充分考虑村民非农就业充分、对土地依赖程度较低的现实条件。柳巷村位于滁州市明光市，地处长三角地区，工业发展水平较高，非农就业机会充裕。村内绝大部分劳动力从事非农就业，家庭收入的主要构成为非农收入。因此，当地承包农户对土地的依赖程度普遍较低，承包土地也大多以600元/亩的价格流转给新型经营主体从事规模经营。上述收入构成和土地流转收益削弱了农户对土地的重视程度，在中央继续延包的思路指导下，具有实现“直接延包不调整”策略的可能性。但该方案仍处于商讨制定阶段，暂未开展实施。

（三）对调研发现的总结

1. 不同利益主体对土地延包的诉求不尽相同

从调研结果看，土地延包受到了农村内部各类利益主体的高度关注，不同类型的利益主体出于自身需求，对如何延包存在不同认识。承包农户作为延包最直接的相关主体，对土地存在很强的需求；伴随农户分化，不同类型农户的诉求不同。受人地矛盾、调整经历、生产经营方式等因素影响，无地人口较多、有土地调整经历、以自营方式为主的农户具有更强的调地需求，这一部分群体应在延包工作中被给予重点关注。新型农业经营主体从稳定流转地块经营现状角度出发，大多认为应该直接延包不调整，如若调整，也应当考虑将地块合并，以此降低地块细碎化程度。村集体则认为应当根据实际情况决定延包方式。由此可见，在二轮延包过程中，需处理协调好不同利益主体的需求，既保护好承包户的权益，也要避免给新型农业经营主体继续从事农业现代化经营带来负面影响。

2. 不同村庄之间存在差异化的最优延包方案

通过对二轮延包试点的案例剖析可以发现，不同村庄之间在土地承包关系历史稳定性、机动地有无、农业生产经营现状方面存在较大差异，这直接决定了试点地区延包方案的不同。综合对比发现，一类村庄在化解人地矛盾上有较大空间。这类村庄中一部分是在二轮承包期内通过自行约定的方式，根据人地关系的变动定期开展土地小调整，整体矛盾不突出，延包方案制定较为容易；一部分是拥有足量的机动地，在延包时可由村集体用机动地加以调节，也较易制定延包方案。另一类村庄在化解人地矛盾上存在较大困难。这类村庄受限于无地可调，往往采取“直接延包不调整”的方式，这类村庄也是现实中存在范围最为广泛的村庄类型，但在具体落实“直接延包不调整”时也各有不同。由此可见，不同村庄之间的情况存在较大差异，延包方案也呈现很大的差异性。在延包方案的选择上必须关注不同方案背后的实现条件，寻找最大公约数，避免“一刀切”。

3. 村集体在延包方案制定中能发挥重要作用

现阶段，中央对各地开展二轮延包试点十分稳慎，目前试点单元以村组为主，且仅在全国选取了100个村组开展探索。实地调查也了解到，目前改革试验区二轮延包方案的制定主要是在县、镇两级农经部门的指导下，由村委会牵头负责、自然村具体操作。由于农户对村集体的信任度较高，村委会或村小组理事会能够成为农户集体行动的代言人，在延包方案的制定过程中充分展现了集体智慧。在摸底排查、成员界定、基准时间确定等工作过程中，村集体充分发挥组织议事职能，在召开理事会、家庭户主会的基础上，民主确定延包方案中的各项细节和流程。由此可见，村集体是二轮延包开展的基本单元，也是在村集体内部达成一致延包方案的主要抓手，能够在未来延包方案的制定中发挥积极作用。

三、对第二轮土地延包中土地调整问题的思考和政策建议

从试点实践来看，土地调整是二轮延包过程中所要解决的核心问题。调与不调、如何调整，与农民利益和中国农地制度改革成效息息相关。对此，本研究基于调研分析提出一些思考和政策建议。

（一）相关思考

自实行家庭承包经营以来，中央先后两次延长承包期限，并提出保持土地承包关系稳定并长久不变的指导意见。以中央政策为指导，结合实践探索，本研究认为二轮延包中的土地调整需要重视以下三个方面的内容。

1. 准确把握“长久不变”的政策内涵是认识土地调整问题的基本前提

《关于保持土地承包关系稳定并长久不变的意见》对“长久不变”的政策内涵做了三个方面的阐释：保持土地集体所有、家庭承包经营的基本制度长久不变；保持农户依法承包集体土地的基本权利长久不变；保持农户承包地稳定。从政策方向上看，“长久不变”的底线是严守农村基本经营制度和承包关系，这是进一步讨论土地调整问题的基本前提。在农村土地改革方面，“不管怎么改，都不能把农村土地集体所有制改垮了，不能把耕地改少了，不能把粮食生产能力改弱了，不能把农民利益损害了”。这为我们认识土地调整提供了基本原则。从稳定土地承包关系出发看待土地调整问题，首先就是要在第二轮土地承包到期后坚持延包原则，不得将承包地打乱重分，确保绝大多数农户原有承包地继续保持稳定。

2. 正视人地关系变化导致的土地调整诉求和特殊情形“小调整”的必要性

二轮土地承包以来，农村家庭人口结构因“生老病死、娶妻嫁女、户籍迁移”等原因产生了很大的变化。从调研结果看，在“不得调地”政策下，无地少地人口具备一定数量规模，缺地农户的调地意愿强烈，这一客观现实不容忽视。因此，有必要在保持承包关系稳定的同时，处理好特殊情形需要小调整的关系。对少数存在承包地因自然灾害毁损等特殊情形且群众普遍要求调地的村组，届时可按照“大稳定，小调整”的原则，由农民集体民主协商，经本集体经济组织成员的村民会议三分之二以上成员或者三分之二以上村民代表同意，并报乡（镇）政府和县级政府农业等行政主管部门批准，可在个别农户间作适当调整，但要依法依规开展。总结而言，不调是常态，调是特殊；原则上不调，有特殊情形的允许小调整，但要从严把握，严格程序。

3. 赋予村集体一定的探索空间，真正实现延包方式的多元适用方案

在坚守基本底线的前提下，发挥集体协商、共同决策的作用有助于应对复杂多样的人地矛盾。在安徽省二轮延包的试点探索过程中，在“长久不变”和“大稳定，小调整”政策指导下，各村探索出最适宜自身现实条件的多元延包策略。具体而言，对于有集体机动地的村庄，采取集体机动地调节的方式延包。如鲍岗村大塘组和双园村王湾组，通过二轮承包期内预留的集体机动地和将不利于种植的发包土地收回作为集体机动地的方式来满足新增无地人口的要地需要。对于没有集体机动地的村庄，采取“小调整”的方式延包。如沿湖村高圩组，没有集体机动地，二轮承包期内也未调整过土地，经村民代表大会协商一致，最终以一人撂地、一人进地的方式在个别农户之间进行小范围的土地调整。对于各方意见难以协调的村庄，采取“不调整”的方式进行二轮延包。如柳巷村三组，由于组内人地关系变动较大，二轮延包试点讨论中组内各方意见难以协调，在这种情况下，坚持“增人不增地，减人不减地”的政策方案成为最易于接受的二轮延包方案。但与此同时，还应注意协调各方关系、安抚各方情绪，促进二轮延包过程中承包关系的切实稳定。

（二）政策建议

二轮土地延包对全社会的稳定具有重要意义。对此，需要严格按照《关于保持土地承包关系稳定并长久不变的意见》的精神，坚持基本原则，从组织领导、方案制定、矛盾化解和规范程序等各方面加快试点探索。

1. 提高认识，强化组织领导

各级政府应该充分认识二轮土地延包工作的重要性，在考虑不同群体的利益诉求的前提下，强化组织领导，规范稳妥实施。一是领导部署，各部门横向配合。省级党委农村工作机构要加强领导，对落实长久不变政策、开展延包试点工作做出具体部署。同时，由省级农业农村部门牵头成立联席会议，加强部门间协调配合，形成合力。二是强化监督，完善纵深机制。成立由省级农业农村部门牵头领导、试点县相关部门组织协调、试点村具体落实的三级延包工作小组，层层分解任务，压实工作责任。同时，省级农业农村部门要对试点地区的二轮延包工作进行跟踪监督，确保二轮延包工作符合法律政策规定和农民的根本利益，针对延包工作中出现的重大问题应及时探讨解决方案。三是加强宣传，提高干群认识。采取发放工作手册、入户宣传等方式，对基层干部群众进行广泛宣传，提高他们对延包政策的认识。通过解读中央对二轮土地延包工作的态度和相关政策，强化基层干部群众对延包试点工作重要性和必要性的认识，提升群众和村集体在二轮土地延包试点的自主意识。

2. 扩大试点，分类制定方案

充分利用好 2023 年之前的短暂窗口期，加快试点探索，及时总结、提炼成功经验。一是分层试点，逐级推开。在整村试点、整乡镇试点基础上，探索完善政策举措，适时开展整县试点。通过分层试点，全面摸清各层级各部门在试点工作中存在的问题、总结经验，提炼形成延包工作的规范程序和配套政策，明确解决二轮延包关键问题的具体办法。二是分类试点，一村一策。坚持因村施策，充分梳理各村的有利条件，分析各村现实矛盾和主要问题，本着因地制宜、从实际出发的原则，积极探索各村二轮土地延包的最佳方案。在此基础上，对比分析各村的差异化条件和延包试点方案，总结出一套可行的分类延包策略，尽可能确保公平公正。

3. 突出重点，化解相关矛盾

聚焦解决影响承包关系稳定的关键因素，重视延包过程的具体矛盾，探索解决办法。一是尊重民意，积极化解“人地矛盾”。在延包方案制定过程中，要发扬民主，尊重民意，广泛征求群众意见。将方案制订过程和宣传发动有机结合，有效保障群众的知情权、参与权和监督权，以确保延包方案的公平公正和有效落实。二是逐户排查，妥善解决“特殊人群问题”。由试点村牵头、各生产小组逐户排查，重点关注外嫁女、入赘婿、整户进城、承包方消亡等现实情况。充分了解农户需求，切实保护妇女的合法权益，对非集体成员户等特殊人群，把好法律法规关，通过民主决议调剂利益关系。在此基础上，协商形成集体成员资格认定办法。三是顺应变化，高度关注新情况、新问题。正确认识二轮承包以来的人口数量和结构的变化情况，按照“保持稳定、尊重历史、照顾现实、分类处置”的原则，前后衔接、平稳过渡，稳慎有序推进试点。

4. 规范程序，确保工作质量

以程序规范为重要抓手，通过规范延包工作的决策程序、工作流程、工作台账，提高延包工作质量。一是规范决策程序。严格遵循延包方案制定的工作流程，严格执行土地承包法律法规和相关政策，制定各层级的二轮延包工作配套文件，确保延包试点工作有序推进。二是规范工作流程。召开村民代表大会，推选产生延包工作领导小组。由延包工作领导小组牵头，拟定延包工作方案和集体成员身份认定标准，并召开户主代表大会进行表决。根据集体经济组织成员认定标准和界定的承包地面积，通报并公示各户承包地面积份额和承包人口情况，回应各种疑问。三是规范工作台账。对承包农户和土地等信息进行“一对一”核实摸底，通过召开村民代表大会等方式广泛征求意见，摸清、摸透延包工作过程中可能出现的问题，逐项列出问题清单，建立工作台账。根据台账目录清单，突出方案制定、纠纷调解、协议签订等环节，严格规范试点工作台账。同时，指导村集体经济组织加强对集体机动地、四荒地、土地流转的管理，建立健全管理台账。

主要参考文献

[1] 孔祥智."长久不变"和土地流转[J].吉林大学社会科学学报，2010，50（01）：8-11.

[2] 张红宇.新中国农村的土地制度变迁[M].长沙：湖南人民出版社，2014.

[3] 张红宇.中国农地制度变迁的制度绩效：从实证到理论的分析[J].中国农村观察，2002（02）：21-33+80.

[4] 张红宇，李伟毅.人地矛盾、"长久不变"与农地制度的创新[J].经济研究参考，2011（09）：33-47.

优化农业补贴政策，促进我国农业食物系统可持续转型*

农业补贴作为重要的政策工具，是推进农业食物系统转型的重要抓手。我国先后实施了一系列农业补贴政策，在稳定食物生产、促进农业农村发展、农民增收等方面发挥了重要的积极作用。但是，当前我国农业食物系统仍面临化学品过量施用、水土资源约束趋紧、气候变化加剧等挑战。尽管2015年我国启动了新一轮农业补贴政策改革，推进农业绿色发展，取得了一定成效，但在“双碳”目标约束、自然资源退化、气候变化影响加剧等新形势下，如何通过农业补贴政策改革促进农业食物系统可持续转型成为需要解决的重大问题。为此，本研究聚焦我国农业补贴政策改革历程与优化方案模拟分析，结合国际经验，提出促进我国农业食物系统可持续转型的对策建议。

---

* 本文为清华大学中国农村研究院2021年重点研究课题“促进我国农业可持续发展的补贴政策优化路径研究”的研究成果，报告观点仅代表课题组的看法。课题负责人：樊胜根，中国农业大学文科讲席教授，全球食物经济与政策研究院院长。报告执笔人：樊胜根、冯晓龙、吴宗燚。

一、引言

农业补贴是支持农业发展的最重要手段之一，世界上大多数国家都对农业进行补贴。2016年农业补贴政策改革以来，我国农业补贴结构优化，绿色补贴力度正在加大。经济合作与发展组织（OECD，以下简称“经合组织”）2021年报告显示[①]，2018—2020年全球对农业的总支持平均每年为7200亿美元，其中约75%用于支持生产者。经合组织国家的农业支持政策占农业总收入的平均比重超过18%，而新兴和发展中国家的平均比例上升至12%。我国的农业补贴在过去20年中呈逐步增长趋势，但2016年以来补贴力度逐渐下降。2020年，我国对农业的总支持达到2048亿美元，其中2018—2020年农业总支持占农业产值的比例达12.5%。农业补贴改革后，测土配方、草原生态保护等直接用于农业绿色发展的资金超过200亿元，在分类名录上与农业绿色发展相关的资金投入已经达到1500亿元的规模[②]。

我国现有的农业补贴政策很大程度上促进了粮食增产和农民增收，但在化学品过量施用、土地质量退化、水资源短缺、温室气体排放等方面仍存在诸多挑战。农业补贴政策促进了粮食生产，对农民增收也取得了积极效果。2004—2016年的种粮直接补贴、农资综合补贴、良种补贴“三项补贴”的资金规模由145亿元增长到1415亿元，农机购置补贴由7000万元增长到238亿元，农民收入持续稳定增长，有效地激励了农民种粮积极性。但农业补贴政策还面临诸多挑战，包括以牺牲资源环境为代价、国际竞争力下降等多个层面。第一，以增加粮食产量为目标的农业补贴政策导致化肥农药

① OECD，2021. Agricultural Policy Monitoring and Evaluation OECD 2021，Publishing，Paris. https：//doi.org/10.1787/2d810e01-en.

② 金书秦、牛坤玉、韩冬梅：《农业绿色发展路径及其“十四五”取向》，载《改革》2020年第2期。

施用量增加，造成土地和水资源污染、碳排放量增加，不利于农业可持续发展，影响农产品质量安全。1961—2013 年，我国的亩均化肥施用量增长了 45 倍[①]，2019 年中国化肥施用总量比 2015 年下降了 10.3%，但亩均化肥施用量仍是全球平均用量的 2.9 倍、美国的 2.8 倍。我国的杀虫剂数量占世界总消费量的一半（Pretty and Bharucha，2015）。

第二，造成了严重的土地污染和退化。2015 年，原国土资源部地质调查局发布《我国耕地地球化学调查报告》显示，我国 29.3% 的土壤碱化趋势明显，主要分布在北方地区，造成土壤板结，不利于作物吸收养分，土壤中重金属及其他污染物残留超标。据统计，我国粮食主产区耕地土壤重金属点位超标率达到 21.49%，主要污染物为 Cd、Ni、Cu、Zn、Hg，超标率分别为 17.39%、8.41%、4.04%、2.84%、2.56%（尚二萍等，2018）。同时，广泛的农业开垦活动导致土地肥力下降。以东北黑土地为例，由于常年的农作物种植，土壤中养分水平下降，有机物含量降低，造成土壤板结和农业减产（刘钟龄等，2002）。

第三，水土资源枯竭和生态系统退化对农业食物系统产生冲击。我国是世界上土地和水资源最短缺的国家之一，人均耕地面积不足世界平均水平的 40%，人均水资源占有量仅为世界平均水平的 30%（朱晶，2017）。水土资源短缺和质量恶化威胁食物安全。由于人口的扩张和土地退化，可耕种的土地资源减少。快速城镇化和工业化加速了水土流失，出现了土壤酸化、板结、盐碱和营养失衡等问题。土壤侵蚀和盐碱化都对农业生产造成负面影响。生态多样性对农业食物系统非常重要，然而基因、物种、生态系统等多个层面的多样性都有所降低，威胁着农业生产与系统稳定性和适应力（Khoury et al.，2014）。

第四，农业补贴政策加剧了碳排放。研究指出，农业是温室气体排放的重要来源，2006—2015 年，农业产生的温室气体占全部温室气体排放量的 7.9%[②]，但以保障粮食增产为目标的农业补贴政策间接刺激了化肥的过量

① 全世文、于晓华：《中国农业政策体系及其国际竞争力》，载《改革》2016年第11期。

② OECD，2019. Agricultural Policy Monitoring and Evaluation OECD 2019，Publishing，Paris. https：//doi.org/10.1787/39bfe6f3-en.

施用，加剧了碳排放。过去二十年，我国农业温室气体排放量从 1990 年的 6 亿吨增加到 2018 年的 7.1 亿吨，增加了 18%[①]。

面对这些挑战，联合国启动了 17 个可持续发展目标（SDG），农业食物系统与其中一半以上目标有直接关联，核心内容是必须转型农业食物系统以实现可持续发展。2013 年，欧盟通过了新一轮共同农业政策（CAP）改革，更注重农业的可持续发展[②]。经合组织 2021 年报告认为，应逐步取消价格干预和扭曲市场的生产者支持，使农业政策更好地支持可持续生产率增长和增强食物系统韧性。世界银行报告建议，为应对气候变化，各国亟须调整农业支持政策以促进地球健康[③]。

近些年，我国将绿色发展理念提到了国家战略高度。2015 年，习近平总书记在党的十八届五中全会上提出了创新、协调、绿色、开放、共享五大发展理念。2015 年，农业农村部发布了《全国农业可持续发展规划（2015—2030）》，设定了 2020 年和 2030 年我国农业可持续发展的目标和道路。同年 9 月，中共中央、国务院印发了《生态文明体制改革总体方案》，提出要建立以绿色生态为导向的农业补贴制度。2017 年中央一号文件围绕“促进农业农村发展由过度依赖资源消耗、主要满足量的需求，向追求绿色生态可持续、更加注重满足质的需求转变”的总要求，深入推进农业供给侧结构性改革。十九大报告中提出了乡村振兴战略，强调坚持人与自然和谐共生、绿水青山就是金山银山、要坚持节约资源和保护环境的基本国策，要像对待生命一样对待生态环境，推动形成绿色发展方式和生活方式。2020 年，国家主席习近平在第七十五届联合国大会一般性辩论上发表重要讲话，提出了“二

---

① 中国农业大学全球食物经济与政策研究院等：《2021中国与全球食物政策报告——后疫情时代农食系统的重新思考》，2021。

② European Commission，2013.Overview of CAP Reform 2014–2020. Agricultural Policy Perspectives Brief No. 5，DG Agriculture and Rural Development. Unit for Agricultural Policy Analysis and Perspectives，Brussels.

③ Gautam，Madhur；Laborde，David；Mamun，Abdullah；Martin，Will；Pineiro，Valeria；Vos，Rob. 2022. Repurposing Agricultural Policies and Support：Options to Transform Agriculture and Food Systems to Better Serve the Health of People，Economies and the Planet. World Bank，Washington，DC.

氧化碳排放力争于2030年前达到峰值，努力争取2060年前实现碳中和”的目标[①]。2021年，中央发布“十四五”规划和2035年远景目标纲要，要求推进农业绿色转型，加强产地环境保护治理，深入实施农药化肥减量行动。同时，国家出台《“十四五”全国农业绿色发展规划》，对“十四五”农业绿色发展工作作出系统部署和具体安排。提出到2025年，力争实现农业资源利用水平明显提高，产地环境质量明显好转，农业生态系统明显改善，绿色产品供给明显增加，减排固碳能力明显增强。

加快推进我国的绿色发展，构建现代化经济体系，必须改革存在的制度障碍，创造更加有利于绿色发展的社会经济制度环境（洪银兴等，2018）。因此，通过改革优化我国农业补贴政策，促进农业食物系统实现绿色发展显得尤为重要。在这些背景下，2016年11月，中央全面深化改革领导小组第二十九次会议审议通过了《建立以绿色生态为导向的农业补贴制度改革方案》。方案改革的目标是到2020年，基本建成以绿色生态为导向、促进农业资源合理利用与生态环境保护的农业补贴政策体系和激励约束机制。目前我国农业补贴政策的研究主要集中在粮食安全和农民收入方面，虽然近年来我国农业补贴政策已开始由价格补贴和收入补贴向保护生态环境等方向拓展，如耕地地力保护补贴、退耕还林还草等，但从农业食物系统可持续发展角度讨论农业补贴政策的优化路径的研究不足。

二、我国农业补贴政策的演变路径

进入21世纪以来，我国逐步形成了符合不同发展阶段国情的农业补贴政策体系。我国农业补贴政策的演变过程具有明显的阶段性特征：一是稳产增收。2003—2014年出台的一系列支持补贴政策的主要目标在于保障国家粮

① 《习近平在第七十五届联合国大会一般性辩论上发表重要讲话》，新华社，2020年9月22日。

食安全和农民增收。从 2003 年开始中央逐步取消农业税，2004 年后相继实施了粮食直接补贴、农业生产资料综合补贴、农机具购置补贴以及玉米、大豆临时收储政策和稻谷、小麦最低收购价政策等。二是绿色发展。2015 年至今，为加快推进我国农业绿色发展，国家开启了新一轮农业补贴政策改革。重点是将农业“三项补贴”合并为农业支持保护补贴，同时将玉米、大豆临时收储政策转变为生产者补贴。随着国家生态文明建设的推进，化肥行业支持政策改革、农业资源环境补贴等服务于农业绿色发展的支持政策也逐步施行。自进入新世纪后，为满足国民肉类消费需求、保障肉类产能供给，国家陆续出台了一系列支持政策，促进畜牧业发展（见图 1）。

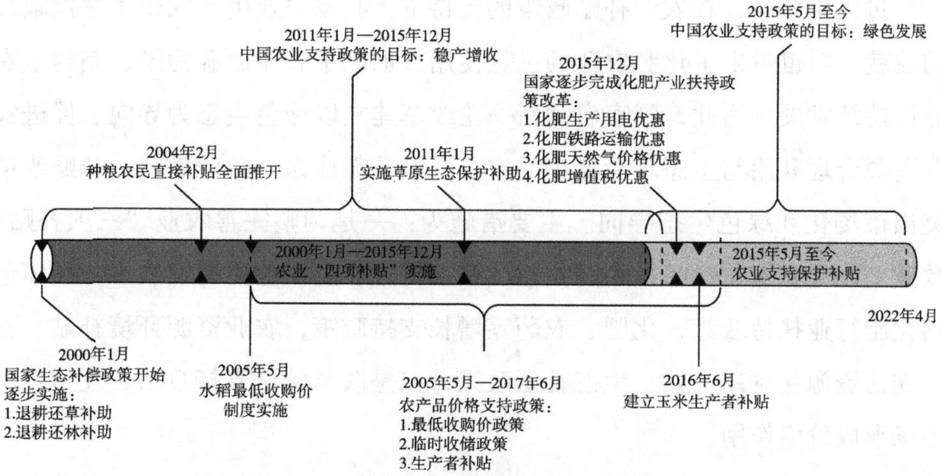

图 1　我国农业支持政策体系的演变

（一）以稳产增收为目标的农业补贴政策（2003—2015年）

在 2003—2015 年期间，我国农业补贴政策的核心目标是稳产增收。进入 21 世纪后，我国开始试点实施农业税减免和种粮直接补贴政策，在农业保护政策的探索与实践过程中，我国相继实施了种粮直补、农作物良种补贴、农资综合补贴和农机具购置补贴等多种农业补贴政策。在粮食安全得到有效保障的同时，国家适时推出一系列绿色发展补贴，缓解农业长期粗放式发展引发的资源环境问题。以稳产增收为目标的农业补贴政策分为直接补贴、价格支持政策、产粮（油）大县奖励和农业保险保费补贴。从2004年开始，我国逐渐形成以价格支持为基础，以直接补贴和间接补贴、一般服务支持为主要内容的农业支持政策体系。尽管在这一阶段，我国农业补贴支持政策的主要目标是保障粮食生产、提高农民收入，但在此期间，为解决补贴政策间接带来的环境问题，国家也陆续出台了一些保护农业资源环境的补贴措施。

（二）以绿色发展为目标的农业补贴政策改革

过去十多年，在农业补贴政策的支持下，我国农业生产取得了举世瞩目的成就，但也带来了化肥农药的过量使用，加剧了农业面源污染，制约了农业可持续发展。为此，国家启动新一轮改革建立以绿色生态为导向、促进农业资源合理利用与生态环境保护的农业补贴政策体系。总体而言，补贴改革突出市场化和绿色生态导向。主要措施为：一是调整完善农业“三项补贴”政策，改革农业化学品投入的支持政策，促进农业绿色可持续发展，具体包括化肥行业扶持政策，化肥、农药零增长支持政策，农业资源环境补贴，畜禽粪污资源化利用补贴，生态补偿政策；二是改革价格支持政策，注重发挥市场形成价格作用。

（三）我国畜牧业相关补贴政策的演进

进入21世纪后，伴随着居民膳食结构转型，为保障肉类产能供给，国家陆续出台了一系列支持政策，为促进畜牧业发展提供了有效保障。2007年以来，畜牧业政策逐步完善，相关政策主要包括生猪（牛、羊）调出大县奖励、畜牧良种补贴、畜禽标准化规模养殖补助，以及非洲猪瘟之后的相关支持政策。

现阶段，种植业中化肥农药的不合理施用和规模化畜禽养殖排污是最重要的农业面源污染来源（武淑霞等，2018）。因此，推进种植业化学品投入减量增效、减少畜禽养殖污染是农业绿色发展的重要内容。虽然近年来我国不断改革完善现有农业补贴政策，从制度上部署推动农业绿色发展转型，但仍然存在补贴资金分散、补贴力度不足和补贴目标执行偏差等问题，一定程度上弱化了政策效应。

三、我国农业可持续发展面临的挑战

过去20多年，我国农业补贴支持政策基本实现了保障粮食安全和促进农民增收的核心目标。2015年以来，服务于生态文明战略，国家逐步进行农业“三项补贴”补贴、化学品减量行动、农业面源污染治理等政策的改革，并取得了积极成效。但现阶段国家农业基础还不稳固，实现全面农业绿色转型仍然面临诸多挑战，尤其是在“双碳”目标下，我国面临着巨大的农业食物系统减排压力，对农业可持续发展提出了更高要求。

第一，化肥农药等农用化学品过量投入成为农业面源污染的主要来源，促进了农业温室气体排放的增加。我国以鼓励农业增产为导向的投入品支持政策，导致我国农业投入品过量使用、有效利用率低。虽然自2015年化肥减量行动施行以来，全国施肥总量和强度连续5年下降，施肥结构不断优化，但至2020年，全国单位耕地面积平均施肥强度为410.67千克/公顷，全国单位播种面积平均施肥强度为313.51千克/公顷[①]，仍然存在过量问题。此外，农药作为外来化学物质会改变土壤的结构和功能，直接危害土壤中的生物，破坏土壤生态系统平衡（李秀芬等，2010）。我国农业生产过度依赖于化肥、农药等要素投入，造成严重的农业面源污染，温室气体排放增加，不利于农业可持续发展，影响农产品质量安全。

---

① 金书秦、张惠、张哲晰、刘洋：《“十三五”化肥使用量零增长行动评估及政策展望》，载《环境保护》2022年第50（05）期。

第二，土地污染和退化状况严重。据资料显示，我国土壤污染状况严重。2014 年，原环境保护部和原国土资源部联合发布的《全国土壤污染状况调查公报》指出，全国土壤环境状况总体不容乐观，部分地区土壤污染较重，耕地土壤环境质量堪忧。全国土壤总的点位超标率为 16.1%。从土地利用类型看，耕地、林地、草地土壤点位超标率分别为 19.4%、10.0%、10.4%。我国粮食主产区耕地土壤重金属点位超标率达到 21.49%，主要污染物为 Cd、Ni、Cu、Zn、Hg，超标率分别为 17.39%、8.41%、4.04%、2.84%、2.56%（尚二萍等，2018）。据估算，现阶段，全国有 3.93 亿亩耕地存在不同程度的污染，农田耕层普遍变浅。华北地区土壤板结和水土流失、东北地区黑土地退化、华东和华中地区土壤板结与酸化、西南和华南地区土地重金属污染、西北地区土壤碱化与水土流失等现象未能有效缓解（中国农业发展战略研究 2050 项目综合组，2022）。

第三，水资源污染和短缺矛盾突出。研究表明，农业面源污染已经成为我国水体污染中氮、磷的主要来源。2020 年，生态环境部等三部委公布的《第二次全国污染源普查公报》显示，全国农业源污染物排放对水环境的影响较大。2017 年度全国水污染物总氮排放量 304.14 万吨，总磷排放量 31.54 万吨。其中，农业源水污染化学需氧量排放量为 1067.13 万吨。农业源也是总氮、总磷排放的主要来源，其排放量分别为 141.49 万吨和 21.20 万吨，分别占全国总量的 46.52% 和 67.22%。由于化肥农药的过量和不当使用，60% 的地下水被污染，特别是被氮和重金属污染（Zhang et al.，2015）。我国农业用水占用水总量的 62%，缺水压力是经合组织国家平均水平的 2 倍①。根据《2020 年中国水资源公报》显示，2020 年全国用水总量 5812.9 亿立方米，其中农业用水 3612.4 亿立方米，占用水总量的 62.1%。水资源短缺现象加剧，使得农业用水比例从 1978 年的 88% 下降到 2020 年的 60%，未来农业用水比例可能继续下降；地下水超采严重（2020 年北方地区农用地下水量超过

① OECD，2019. Agricultural Policy Monitoring and Evaluation OECD 2019，Publishing，Paris. https：//doi.org/10.1787/39bfe6f3-en.

6.9×10^{10} 吨，比 1998 年增加 43%）、极端气候变化加剧，可能加剧水资源的危机程度（中国农业发展战略研究 2050 项目综合组，2022）。

第四，农业温室气体排放量增加明显。数据显示，我国温室气体排放二氧化碳当量从 1990 年的 38.5 亿吨增加到 2018 年的 132.3 亿吨，增加 2.4 倍，年均增长 4.6%，增速显著高于世界平均增速，占世界温室气体排放的比重从 9.5% 提高到 23%①。我国农业温室气体排放量从 1990 年的 6 亿吨增加到 2018 年的 7.1 亿吨，增加 18%。同时，农业活动产生的甲烷和氧化亚氮分别占全国甲烷和氧化亚氮排放量的 40.2% 和 59.5%②。

第五，农业食物系统面临日益严峻的气候变化的挑战。气候变化深刻影响人类的生存和发展。大部分研究表明，气候变化对未来几十年全球粮食生产会有复杂的正面和负面影响，但负面影响为主是高信度的研究结论（《第三次气候变化国家评估报告》，2015）。气温在历史水平上每升高 1℃，全球粮食产量比如水稻、玉米、小麦会减产 3% ~ 10%（Challinor et al.，2014）。FAO（2021）报告指出，我国是世界上最容易遭受气候及相关风险影响的国家之一，2008—2018 年我国农业受气候灾害影响遭受的损失累计达 9760 亿元人民币，占全球农业累计损失总量的 55%③。

四、农业补贴政策改革的国际经验

欧盟、美国、日本和韩国作为农业绿色发展水平较高的经济体，在农业发展过程中，也面临着农业高效发展与环境保护相协调的问题，在农业支持

① 中国农业大学全球食物经济与政策研究院等：《2021中国与全球食物政策报告——后疫情时代农食系统的重新思考》，2021。

② 中华人民共和国生态环境部：《中华人民共和国气候变化第二次两年更新报告》，2018。

③ FAO.The impact of disasters and crises on agriculture and food security：2021，https：//doi.org/10.4060/cb3673en.

政策转型以及政策选择过程中积累了大量经验，可为我国农业补贴政策向绿色可持续转型提供参考。因此，本研究选取欧盟、美国、日本和韩国作为参照，分析了各国（地区）农业支持政策的演变历程，如表 1 所示。

表1　　各国（地区）农业支持政策演变历程

欧盟	美国	日本	韩国
早期阶段： 食品安全提高生产力； 市场稳定收入支持	早期阶段（1930—1969 年）： 减少过剩农产品生产，保护受侵蚀土地	1946—1960 年： 以保证粮食生产为主的恢复时期	第一阶段（1948—1960 年）： 战后恢复； 土地改革； 体制建设
危机阶段： 过剩生产支出激增； 国际摩擦结构性措施	全面推进阶段（1970—2001 年）： 农业资源环境问题的综合治理	1961—1994 年： 农业政策目标的转向期	第二阶段（1961—1969 年）： 提高生产力； 增加粮食产量； 以农养工
1992 年改革： 减少剩余； 环境保护； 稳定收入； 预算稳定	调整阶段（2002 年至今）： 提高资金利用效率	1994 年加入 WTO 后： 农业政策逐渐转向提升农业优势的目标	第三阶段（1970—1977 年）： 提高农业生产力； 增加家庭农产收入
2000 年议程： 深入改革进程； 提高竞争力	—	进入 21 世纪以来： 为提升农业竞争力注重生态效益阶段	第四阶段（1978—1998 年）： 调整农业生产结构； 提高农业生产效率； 增加农民家庭收入
2003 年改革： 市场导向关注消费者； 农村发展； 环境保护简政； 与 WTO 规则相容		—	第五阶段（1999 年至今）： 发展环境保护型农业； 促进农村综合发展
2008 年检查： 加强 2003 年改革； 应对新挑战； 风险管理	—	—	—
2013 年改革： 粮食自给； 自然资源和气候行动的可持续管理； 均衡的地区发展	—	—	—

资料来源：课题组根据文献整理。

（一）欧美农业补贴政策的改革过程

为缓解过度追求农业产出带来的生态环境问题，欧盟与美国不断调整农业支持结构和水平。欧盟和美国在政策选择上具有相同特征，更侧重具有一定潜在正向环境影响的政策，二者在环境收益与生产收益之间不断寻求平衡，逐步降低政策的生产效应，发挥农业政策在改善环境方面的影响。

1. 欧盟

欧盟的农业支持政策历经数十年改革，从关注农业生产提高农民收入逐渐向注重农业绿色发展方向转变。欧盟潜在危害最大的政策措施占比从1986—1988年的平均91.6%降至2016—2018年的平均26%，而具有正向潜在环境影响的政策（具有一定潜在环境影响与最大环境影响政策支持之和）从1.55%升至60.45%，调整趋势明显；美国具有同样调整趋势，具有正向潜在环境影响的支持政策占比从24.3%升至54.21%（崔海霞等，2019）。共同农业政策（Common Agriculture Policy，CAP）是欧盟农业政策的主要体现。CAP中与农业绿色发展支持有关的政策主要包括四种[①]：

第一，用于执行强制性环境要求和污染者付费原则的收入支持措施（如与交叉遵守原则配套的脱钩支付），主要用于解决地下水、土壤、生物多样性、生态重点区域等环境问题。2005年交叉遵守机制（Cross-Compliance System）成为欧盟范围内各成员国必须遵守的要求。强制性交叉遵守机制包括法定管理条例（Statutory Management Requirements，SMR）和良好农业环境条件（Good Agricultural and Environmental Condition，GAEC）。SMR内容中涉及的环境问题主要包括防止地表及地下水污染、土壤保护、自然栖息地和野生动植物保护。GAEC要求成员国确保所有农业用地，尤其是不再用于生产目的的土地，维持良好农业和环境条件，包括保护土壤免受侵蚀、保持

① https://ec.europa.eu/info/food-farming-fisheries/sustainability/environmental-sustainability/cap-and-environment.

土壤有机质和土壤结构、避免生态环境恶化、水管理和保护景观特征。2009年欧盟对GAEC进行修订，将水资源保护和管理加入强制性标准。2013年CAP改革在直接支付体系中引入新的绿色直接支付，调整后的交叉遵守机制主要关注水资源保护、土壤问题、生物多样性及乡村景观的建设和维护。2020年提案中提出绿色体系的重构，交叉遵守机制以新的增强型条件代替，内容上仍包括法定管理要求和良好农业环境，但具体内容有所调整。法定管理要求由于对《水框架指令》和《可持续使用农药指令》要求的增加而扩展至16个，其中与环境气候有关的仍为4个，良好农业环境扩展至10个，范围包括气候改变、水、土壤和生物多样性方面。绿色直接支付措施包括标准绿色措施、对等绿色措施，并规定了免于绿色约束的特定情况。标准绿色措施涉及作物多样性、永久绿地和生态重点区域的相关规定。要求耕地面积超过10公顷且在30公顷以内的农户至少种植两种作物，主要作物不得超过土地面积的75%，超过30公顷的农场至少种植三种作物，主要作物不得超过75%，两种主要作物不得超过95%。在划定的永久绿地区域农户不得耕种或改变其用途，且成员国须维持总农业用地一定比例为永久用绿地，并对其进行监测，每年监测下降比例不能超过参考比例的5%，耕地超过15公顷的农户须保留至少5%的耕地为生态重点区域，2017年后可能提高到7%，生态重点区域包括休耕地、梯田、景观带、缓冲草带、农业林、灌木林及固氮作物等。关于对等绿色支付，成员国允许农户通过对等（可选择的）措施以达到绿色要求，对等措施需满足成员国农村发展项目的农业环境气候计划或与国家地区认证计划相一致，并须具有相同或更高水平的气候环境效益。

第二，以鼓励资源提供环境服务为目标的措施（Agricultural-Environment Measure，AEM），主要针对农业环境和农村生活环境问题。2000—2006年，欧盟农村发展政策框架中第二部分的五项措施侧重于农村生活环境的修复和改善。2007—2013年新的农村发展改革政策中的第二个主题轴与环境问题关系紧密，具体措施包括农业环境支付、农业用地上的首次造林、在农业用地上首次建造农业森林系统等。2014—2020 年改革重点关注生态环境改善、农村可持续发展。与农业绿色发展有关的政策领域和支出包括：可再生能源生产的资金约 27 亿欧元，能源效率资金 28 亿欧元，接受保护或封存碳的管理合同的农业和林地 410 万公顷，接受减少温室气体排放或氨排放管理的农业土地预计 510 万公顷。2021—2027 年欧盟委员会预计投入 54.3 亿欧元用于支持环境和气候行动项目，比上轮增加 19.4 亿欧元。其中保护自然和生物多样性投资 21.5 亿元，循环经济和提高生活质量方面投资 13.5 亿元，缓解和适应气候变化投资 9.5 亿欧元，清洁能源转移投资 10 亿欧元[①]。

第三，以具有积极的环境影响或有助于维护环境利益或农场类型 [自然条件不利地区支付（LFA）[②]] 的市场稳定或收入支持为目标的措施，主要针对自然条件不利于农业生产活动的地区给予补贴。在被指定为自然条件不利的地区，由于自然缺陷，农业生产或活动更加困难，农业土地撂荒的风险很大，因此有可能进而引起生物多样性、荒漠化等方面问题，此类维持型农业对环境、景观及旅游有积极效果，但由于自然条件恶劣、高生产成本、居住条件较差，需要补贴予以支持。2005 年大约有 140 万个农场约占欧盟 25 国农场总数的 13% 得到支持，且各成员国受补贴比例及额度有显著差异。2000—2006 年对 LFA 的财政支持达 80 亿欧元，约占农村发展资金的 18%，2007—2013 年欧洲农村发展农业基金专门用于该方案的分配额为 126 亿欧元，这样共同体资金分配总额的 13.9% 相当于 32% 的资源，通过支持可持续土地管理用于改善环境和农村。

第四，以满足标准措施或由于区域特殊环境要求等强制性规定导致的经济损失的补偿，如《Natura2000 保护区及水资源管理框架指令》。Natura2000 保护区是根据 1992 年《栖息地指令》建立的全欧盟范围的自然保护区网络，是将生物多样性纳入农业政策的重要手段，在 Natura2000 保护区内强调对保

---

① https://ec.europa.eu/growth/industry/strategy/hydrogen/funding-guide/eu-programmes-funds/life-programme_en.

② https://ec.europa.eu/info/food-farming-fisheries/key-policies/common-agricultural-policy/rural-development.

护区的可持续管理，并不完全排除人类活动，但在相关活动开展之前必须进行环境评估项目，在通过环境评估证明不会对生态环境保护造成不利影响后才可以实施（张风春等，2011）。

欧盟对农业绿色发展的关注从早期的休耕措施到环保理念全面融入农业政策，再到措施的不断具体细化，欧盟农业绿色发展支持政策一直处于不断调整过程中，以服务于其可持续发展目标。

2. 美国

美国对农业绿色发展的关注历经了从单一土壤问题向综合治理阶段的转变。美国自 20 世纪 30 年代开始关注农业生产引起的环境问题，随着面临问题的复杂化和提升政策效率的需要，历经了政策调整的三个阶段。早期阶段（1930—1969 年）主要关注土壤问题，通过耕地休耕项目和土壤银行项目政策实现；全面推进阶段（1970—2001 年）开始向综合治理方向推进，重点关注土壤、空气、水资源等，主要政策包括休耕计划、在耕地项目和保护遵从条款；调整阶段（2002 年至今）开始注重在耕地项目，通过政策的整合和创新提高政策效率。美国通过政策工具的不断调整、创新机构的整合、资金的持续性投入，构建了较为完整的支持政策体系。以农场服务机构（FSA）和自然资源保护局（NRCS）作为项目主要管理机构，分别负责休耕地及在耕地和地役权项目的管理。

美国农业绿色发展支持政策包括强制性措施和自愿性项目两种。强制性措施占比很少，支持政策更倾向于在农民层面采取自愿激励的方式。强制性措施如遵守机制和行政法规等政策工具，是进入农场项目的前提。由于美国农业用地私有权特征，因此支持政策更倾向于采取自愿激励的方式。以财政支持和技术援助的形式激励有意愿提高农场生态环境效益的农场。主要提供支持项目涉及休耕退耕类在耕地项目、地役权保护项目、区域保护、合作项目、技术性援助等，具体农业环境保护项目如表 2 所示。支持机制以自愿激励机制为主，支持形式为财政支持和技术支持。构建了层次清晰的支持结构，在对农业绿色发展的支持中引入竞争机制，通过拍卖的方式进行项目筛选，这需要农户在申请项目资金时必须有明确的生态环境效益目标及相应的成本核算。另外，NRCS还在如何扩大私人资本的参与性、提高知识、资金力度方面不断创新，开发新的金融工具充实支持资金，在一定程度上为社会资本寻找新的利润增长点，交叉遵守机制作为强制性措施则注重高侵蚀土壤和湿地的保护。

表2　　美国主要农业环境保护项目

类型	对象	激励手段	措施
休耕/退耕类	高度侵蚀的耕地	补偿土地收入，分担种草种树成本，激励性补贴和技术支持	空闲退耕地、种草种树、恢复植被
在耕地保护类	农业生产用地	成本分担和激励性补贴	工程措施、生物措施和土地管理措施
	私有耕地（在用）、草地和非工业用林地以及印第安部落土地	分担成本、补偿收入、激励性补贴和研究示范活动补贴	工程、生物及土地管理措施
	使用中的耕地、牧场、草地以及非工业私有林地	成本分担	协助农业生产者进行风险管理，将保护措施纳入农业的生产经营，自愿解决环境问题
地役权保护类	耕地、湿地、草地、牧场和非工业私有林地	购买地役权，恢复成本	购买地役权
技术支持类	所有项目	提供技术支持	技术支持
环保遵守条款	高侵蚀土地、湿地	保护高侵蚀土壤机湿地	申请其他项目的前提

资料来源：《欧盟与美国农业绿色发展支持政策比较研究》。

此外，碳汇政策也是美国农业绿色发展的支持政策之一。为了促进森林碳汇发展，美国联邦政府和州政府出台了一系列政策以保障森林资源的可持续发展，如林业生态服务补偿政策，为森林碳汇交易提供了坚实基础。对于公有和私有两类森林的融资制度美国政府均有不同程度介入。对于公有林，美国政府主要采用政府直接介入的方式为其提供资金（赵荣等，2013）；对于私有林，主要采用政府间接介入方式，为扶持林业发展美国对林业生产实施税收减免政策，并建立面向中小家庭农场的低利率、长期限的专项贷款制度以解决林业信贷筹资难的问题。同时，启动了流域管理新项目，旨在保护生态脆弱的土地，对具有保护堤岸的植林行为给予70%的补助。为了分散林业投资风险，美国政府还以提供业务补贴的方式激励私人部门的保险机构提供林业保险（刘冬莉，2017）。

（二）日韩农业补贴政策的改革过程

1. 日本

日本的农业政策目标旨在保证农产品可持续供应、创造强大的农业和乡村活力。随着日本工业化、城市化及国际贸易自由化进程的逐渐深化，农村农业发展所面临的国内外环境日益严峻，迫使日本再次调整乡村振兴战略。1999年7月，日本出台了面向21世纪食品、农业、农村政策基本方针的新农业基本法——《食品·农业·农村基本法》。新农业基本法以更广阔的视野审视有关粮食安全、农业生产、农村宜居的一系列问题，强调农业的多功能性和可持续发展，把全面改善农村生活环境和区域特色乡村振兴作为政策的主要目标。

日本关于农业可持续发展的主要措施有以下几方面。第一，通过合并支持集约经营，加速家庭农场与社区农场的合作与合并，以发挥集约经营高产出、高收益、稳定收入的特点。第二，保证和发展农户数量和发展女性农户，以保证合理的务农人口结构为目标，通过促进租借和转租、新农户补贴支付等政策吸引个人、公司、企业加入涉农事务。第三，促进土地以租借和转租形式向经营农户转移，减少弃耕土地并推动恢复已弃耕土地。第四，促进务农收入稳定和考虑设立收入保险。第五，促进农业生产基础发展：促进农场专业化分区和多功能农地的发展，保护和建设水利灌溉等基础设施，引入机器人等自动化新技术，完善灾害应对措施。第六，改革产品与供应体系，如改革稻米政策，增产饲养用稻米与其他新战略作物的产量；增加畜禽类产品和有机农业、医疗植物、园艺花卉等高附加值产品的供应。第七，推动生产与销售中的技术创新：建立新的研发体系并加速机器人、信息、控制、新型温室园艺等技术向农业实践转化，以节省劳动力、降低生产成本、扩大生产规模、提高农业生产安全性。第八，推进生态农业和环境保护：在农业生产中保护和持续利用生物多样性，维持和发展畜禽粪便施肥、秸秆利用、生物防病虫害等自然循环功能，以温室种植、农业机械化等措施节能减排，推进环境变化的生态适应计划，使农业与环境保护协调发展（郭曦等，2016）。2011 年日本制定了“环境保护型农业支付制度”，为使用农药和化肥的农民提供优惠支持，提供支持资金和中长期低息贷款，向减少化肥使用 50% 以上的农业协会和农民提供现金补贴[①]。

日本非常重视农业科研投入，大力发展新型农药、农业生物技术、病虫害生物防治、新的栽培方式等，通过经济补贴方式积极推广此类技术。目前日本重点补偿的环保型农业包括三种：第一种是减量型农业，主要降低农业生产中化肥和农药用量；第二种是废弃物循环利用型农业，加大对畜禽粪便、农作物秸秆等农业废弃物和有机资源的循环高效利用；第三种是有机农业型，在农业生产过程中完全不使用农药、化肥和饲料添加剂等外部物质（李国志和董俊迪，2017）。

2. 韩国

韩国的农业直接补贴政策以稳定农户收入、维护农业农村公共性为宗旨，根据一定条件对农户支付收入补贴。1997 年后，韩国农业直接补贴政策由以下制度构成：1998 年的牛犊生产稳定制度，1998 年的亲环境直接补贴制度，2001 年的稻谷生产直接补贴制度和农作物灾害保险，2002 年的大米收入保全直接补贴制度，2003—2005 年的大米生产调整制度，2004 年的地理不利地区的直接补贴制度、亲环境畜产直接补贴制度、果园收入保全直接补贴制度等。分期分阶段扩大其制度实施领域后，目前已经发展成为 9 大类农业直接补贴制度。

其中，亲环境农业支持政策具有生产和供应安全、高品质农产品的功

① 报告“*China-Japan-South Korea Rural Vitalization Experiences: Implications for ASEAN Countries*”，尚未公开出版。

能，还有保护土壤、水等非经济的公益功能，更有维持生物多样性、减排温室气体及节能等功能。亲环境农业的功能带来很高的附加值，如构建亲环境农业体系，必然带来洁净的水资源、优良的土壤、减缓气候变暖等农业环境的改善和农业的公益价值的提升。为此而实施的亲环境农业直接补贴政策是对获得亲环境农产品认定的农民，根据被认定的水平，支援其相关成本的政策：对每公顷旱田提供52万～120万韩元，对每公顷水田提供22万～60万韩元，支援3～5年。其目的是促进亲环境农业的发展、鼓励高品质安全农产品和畜产品的生产、保全环境、提高农业的公益功能。尽管国民从提高生活质量、重视休闲娱乐体验等角度，比较关心亲环境农业的环境保全功能，但从2010年开始，韩国的亲环境农业呈现停滞甚至减少的趋势。除了因农药认定制度的废除等制度变化的影响外，还与亲环境农业的发展会增加农业成本、降低农民收入直接相关。

地理条件不利直接补贴政策同美国类似，是对耕地坡度大、营农条件不好的旱田、果园、草地提供支援的制度，该政策开始于2004—2005年旱田直接补贴的试点工作。它把农业大体上分为地理条件不利地区和其他地区，支援面积的下限为0.1公顷，支援金额的上限为户均200万韩元。根据《僻壤地区开发促进法》，在指定的399个僻壤地区中，利用耕地率和坡度指标选取补贴对象，水田被排除在直接补贴对象之外。因此，准确地说地理条件不利直接补贴政策就是旱田的地理不利直接补贴政策。

景观保全直接补贴政策于2005—2007年开始试点，之后逐年扩大其范围。它是指因为耕地里不直接耕种一般作物而耕种景观保全作物带来损失，对其损失额以补贴的方式给予支付的政策，其补贴金的70%来自中央财政，30%来自地方财政。景观作物包括油菜、葵花、波斯菊、荞麦、棉花、野花或山花等。这种政策有利于促进各地根据地情栽培各有特色的景观作物，创造出农村的景观特色，实现农村旅游资源化，增加农民的非农收入或者农外收入，达成农民增收的目的（张林国，2017）。

五、促进农业食物系统可持续转型的补贴政策优化分析

自2015年，我国开始实施一系列农业支持政策改革，国家农业支持政策的目标已由单纯追求粮食产量和农民增收向环境可持续转变，推动了农业绿色可持续发展。但是，“双碳”目标为农业绿色转型提出了更高要求，未来如何通过优化现有的农业支持政策，促进农食系统碳减排，还需要深入系统研究。基于此，本研究利用中国农业大学农食系统模型，以农业绿色低碳技术为案例设计政策方案，模拟评估农业支持政策对经济和环境的影响。该模型细化了农业及其加工和投入品部门，包括14个农作物部门，6个畜牧业部门，林业、水产品和农林牧渔服务业，14个食品加工部门和化肥、农药等投入品部门，共计88个部门。同时增加了农业食物系统的温室气体排放模块，将农业生产及其中间投入品的碳排放纳入模型，用于分析政策变化对温室气体排放的影响。种植业方面，支持缓控释肥、有机无机复混肥、深施肥机械、土壤—作物系统综合管理技术、水稻强化技术和水稻干湿交替技术等绿色低碳技术。畜牧业方面，对饲料添加剂技术和提高饲料转化率进行政策支持。

（一）农业支持政策模拟方案设计

为了探讨未来农业支持政策的优化方向，根据已有研究文献，本研究设计了8个模拟方案（见表3）。首先是基准方案。模拟政策不发生变化的情况下，按照正常情景预测未来的国民经济情况和农业食物系统碳排放。预测时主要考虑未来科技进步、人口、劳动力变化等因素。基准方案主要用作参照对比，本研究应用中国农业大学农食系统模型以2018年为基期，递归动态预测到2030年。

表3　　农业支持政策改革的模拟方案设计

	具体措施	品类	新增成本（元/公顷或羊单位）	补贴比例（%）	覆盖率	具体方案
种植业绿色低碳技术——化肥减量	（1）缓控释肥	水稻、小麦、玉米	100	100	到2030年增加到20%的覆盖率	作物单产提高1%，化肥量减少10%
	（2）有机无机复混肥	水稻、小麦、玉米	650	100		作物单产提高2%，化肥量减少40%
	（3）深施肥机械	水稻、小麦、玉米	400	100		作物单产提高2%，化肥量减少15%
	（4）ISSM技术	水稻、小麦、玉米	300	100		作物单产提高5%，化肥量减少16%
种植业绿色低碳技术——水稻减排	（5）SRI技术	水稻	300	100	到2030年增加到30%的覆盖率	水稻单产提高3%，化肥量减少20%
	（6）水稻干湿交替技术	水稻	300	100		稻田排放下降50%
畜牧业绿色低碳技术	（7）饲料添加剂技术	牛、羊	50	100	到2030年增加到50%的覆盖率	牛羊产量提高1%，碳排放系数下降30%
	（8）提高饲料转化率	生猪、牛、羊	新增科研投资和推广32亿元	—		生猪、牛羊产量提高0.1%，碳排放系数下降30%

资料来源：根据已有文献整理得到。

研究表明，缓控释肥、有机肥替代化肥、深施肥机械，土壤—作物系统综合管理技术（Integrated Soil-Crop System Management，ISSM）和水稻强化技术（System Rice Intensification，SRI）不仅能提高粮食产量，还能促进化肥减量及农业减排[①②]；水稻干湿交替技术可在保障稻谷产量不损失的条件下实现较大的碳减排效果[③]。同时，采用饲料添加剂技术、提高饲料转化率，既能提高畜禽肉的产量，也能降低畜禽生产过程中的温室气体排放[④⑤]。虽然已

① Xia L，Lam SK，Yan X，et al. How does recycling of livestock manure in agroecosystems affect crop productivity，reactive nitrogen losses，and soil carbon balance?. *Environmental Science & Technology*，2017，51（13）：7450–7457.

② Cui Z，Zhang H，Chen X，et al. Pursuing sustainable productivity with millions of smallholder farmers. *Nature*，2018，555（7696）：363–366.

③ International Rice Research Institute（IRRI）：Annual Report 2017. 2017.

④ Frank S，Havlik P，Stehfest E，et al. Agricultural non-CO2 emission reduction potential in the context of the 1.5 degrees C target. *Nature Climate Change*，2019，9（1）：66–72.

⑤ Wang W，Koslowski F，Nayak D R，et al. Greenhouse gas mitigation in Chinese agriculture: distinguishing technical and economic potentials. *Global Environment*，2014，26：53–62.

有研究证明了这些技术具有明显的碳减排效果，但一方面，采用技术需要额外的成本投入，导致经营主体缺乏积极性；另一方面，由于技术推广不到位或缺失，造成这些技术应用范围比较有限。为此，需要设计政策支持，进一步促进这些技术的推广应用。

（二）模拟结果分析

在种植业方面，投资绿色低碳技术能促进主粮、畜禽产品的产量增长，提高粮食自给率，有利于保障粮食安全。从种植业绿色低碳技术来看，与基准方案相比，2030 年，土壤—作物系统综合管理技术使得稻谷、小麦、玉米产量的增加最为明显，增幅为 0.5% ~ 0.6%，使得三大主粮的自给率有所提高；有机无机复混肥和深施肥机械均使得主粮的产量增加 0.2% ~ 0.3%；缓控释肥使得三大主粮的产量增加约 0.1% 以上。2030 年，水稻强化技术使得稻谷的产量增加 0.3%，自给率提高 0.1%；水稻干湿交替技术虽然对稻谷生产的影响较小，但其有利于抑制稻田温室气体排放。

投资种植业绿色低碳技术能促进农业食物系统碳减排。与基准方案相比，到 2030 年，有机无机复混肥和土壤—作物系统综合管理技术的减排效果较为明显，总体使得农业食物系统温室气体排放分别下降了 1660 万吨、1291 万吨，下降幅度分别约为 1.3%、1.0%；深施肥机械通过节约化肥用量使得农业食物系统温室气体排放下降了 1224 万吨，下降幅度约为 1.0%；缓控释肥通过提高化肥利用效率使得农业食物系统温室气体排放下降仅约 196 万吨，下降幅度为 0.2%。到 2030 年，水稻干湿交替技术通过降低稻田排放使得农业食物系统温室气体排放下降约 2798 万吨，下降幅度为 2.2%；水稻强化技术通过提高化肥利用效率使得农业食物系统温室气体排放下降 1487 万吨，降幅为 1.2%（见图 2）。

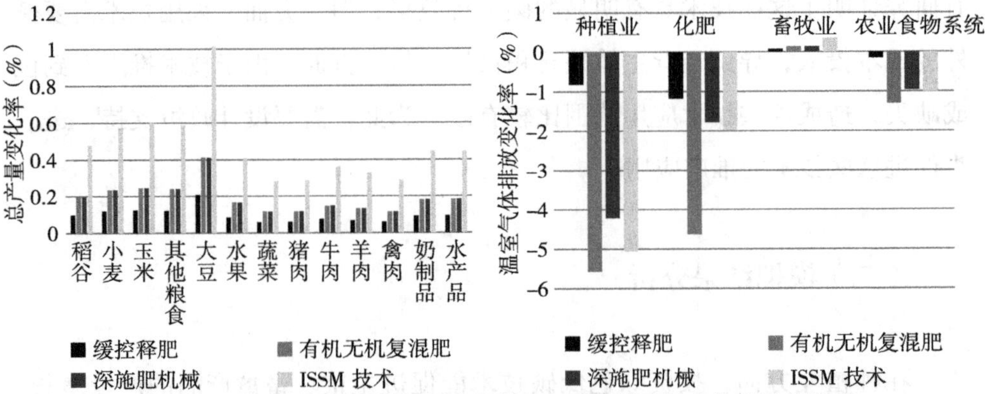

图 2　化肥减量技术措施方案对主要农产品产量和温室气体排放影响

在畜牧业方面，投资畜牧业绿色低碳技术不仅有利于畜禽产量的增长，也有利于碳减排。从畜牧业绿色低碳技术来看，与基准方案相比，2030 年，饲料添加剂技术使得牛、羊、奶等产量小幅上涨 0.1% ~ 0.4%，由于畜禽产业发展较快，对饲料的需求大幅度上升，由此拉动了稻谷、小麦和玉米等主粮的生产，带来了三大主粮的产量的增长在 0.1% 左右。提高饲料转化率使得牛、羊、奶等产量增加幅度有限，增加 0.2% ~ 0.3%，由于畜禽生产的饲料转化率增长明显，导致了其对饲料的需求下降，由此使得稻谷、小麦和玉米等主粮生产下降 0.2% ~ 1.2%，但对三大主粮的自给率影响不大。此外，投资饲料添加剂技术和提高饲料转化率总体使得 2030 年农业食物系统温室气体排放分别下降了 4209 万吨、5089 万吨，下降幅度分别达到 3.3% 和 1.0%（见图 3）。

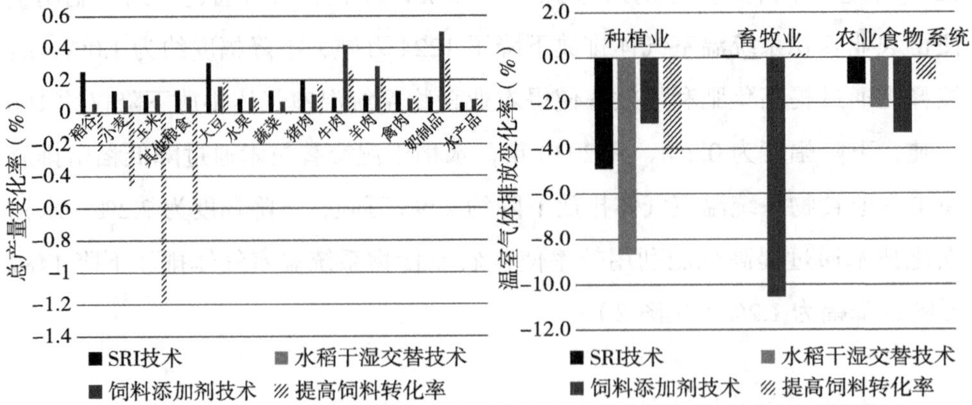

图 3　水稻和畜牧业绿色低碳技术方案对主要农产品产量和温室气体排放的影响

六、研究结论与对策建议

（一）主要研究结论

我国自2004年以来相继实施的农业补贴政策在保证粮食增产和农民增收方面起了巨大的促进作用。但近年来，面对化学品过量施用、水土资源约束趋紧、温室气体排放等一系列问题，国家启动了以市场化和绿色发展为导向的新一轮农业补贴改革。通过回顾我国农业补贴政策改革的过程，以及对国际绿色发展经验的分析，本研究得到以下结论。

一是适应农业绿色转型发展要求，以绿色生态为导向的农业补贴政策体系逐渐完善。我国农业补贴政策的演变过程具有明显的阶段性特征：一是稳产增收。2003—2014年出台的一系列支持补贴政策的主要目标在于保障国家粮食安全和农民增收。2004年后相继实施了粮食直接补贴、农业生产资料综合补贴、农机具购置补贴以及玉米、大豆临时收储政策和稻谷、小麦最低收购价政策等农业补贴制度体系。二是绿色发展。2015年至今，为加快推进我国的绿色发展，创造更加有利于农业可持续发展的制度条件，国家开启新一轮补贴政策改革。重点是将农业“三项补贴”合并为农业支持保护补贴，同时玉米、大豆临时收储政策向生产者补贴转变，逐步建成以绿色生态为导向的农业补贴制度体系。

二是我国实现全面农业绿色转型仍然面临诸多挑战。第一，化肥农药等农用化学品过量投入成为农业面源污染的主要来源。我国以鼓励农业增产为导向的投入品支持政策，导致我国农业投入品过量使用、有效利用率低。第二，在农业补贴政策的激励下，我国水土资源过度开发使用，造成严重的土地污染和退化状况，生态系统退化约束农业生产可持续发展。第三，农业温室气体排放量增加明显。第四，农业气候变化和极端天气给农业增加不确定性风险。

三是推动农业可持续发展的支持政策改革的国际经验。第一，欧盟和美国在政策选择上具有相同特征，更侧重具有一定潜在正向环境影响的政策，在环境收益与生产收益之间不断寻求平衡，逐步降低政策的生产效应，发挥农业政策在改善环境方面的影响。第二，通过立法对生态环境进行保护，不断完善绿色发展法规建设。第三，日本和韩国在农业转型过程中，重视农业的多功能性和可持续发展，把全面改善农村生活环境和区域特色乡村振兴作为政策的主要目标。同时，根据不同发展阶段的条件，建立亲环境农业直接补贴政策，保障农业生产和农民增收。

四是优化农业支持政策促进农业绿色低碳技术的推广应用能实现我国保障粮食安全和减排的双赢。从模拟结果来看，对缓控释肥、有机无机复混肥、深施肥机械、ISSM 技术、SRI 技术等进行投资，不仅能保障粮食产量，还能减少农业食物系统温室气体排放；虽然水稻干湿交替技术对水稻产量贡献较小，但能较大程度地减少温室气体排放。畜牧业方面，对饲料添加剂技术、饲料转化率技术等进行投资，不仅能促进畜牧业发展，还能减少农业食物系统温室气体排放。综合上述技术方案可实现农业食物系统较大力度的减排。与基准方案相比，综合上述措施使得在保障粮食安全的前提下 2030 年农业食物系统温室气体排放减少 1.5 亿 ~ 2.4 亿吨，占农业食物系统碳排放的 11.8% ~ 18.6%。因此，在保障粮食安全的前提下，推进农业支持政策改革，促进农业食物系统转型能为“双碳”目标做出更大贡献。

（二）优化补贴政策促进我国农业可持续发展的对策建议

我国农业补贴政策经历了从保障粮食安全和农民增收，再到注重农业绿色发展的转变过程。2015 年国家启动新一轮农业补贴政策改革，为推动农业绿色发展奠定了基础。当前，我国农业绿色转型仍面临资源环境约束趋紧的压力，尤其是“双碳”目标的新形势给农业食物系统的发展提出了更高要求。研究表明，优化农业补贴政策支持农业绿色低碳技术的推广应用能实现保障粮食安全与减排的双赢。基于此，本研究结合农业补贴政策改革的国际经验，提出促进我国农业食物系统可持续转型的农业补贴政策优化的对策建议。

一是优化农业支持结构，增加在绿色低碳方面的支持力度，促进农业补贴政策向绿色转型。欧盟、美国和韩国等国家和地区的农业支持政策存在明显的补贴脱钩化和绿色化趋势，减少了政府对市场的干预和影响，也有利于资源环境。我国农业补贴政策虽然经过多轮调整，但在农业绿色可持续发展的补贴力度较小，不利于“双碳”目标的实现。因此，重新定位农业补贴政策体系和农业科技投入领域，建立健全公共部门和社会资本合作科研投入体系，推动补贴政策和科技投入向绿色低碳可持续方向转变，加大农业绿色低碳的支持力度，促进农业食物系统可持续转型，更好应对资源环境约束和气候变化挑战。

二是明确补贴对象，合理补偿生产者因保护农业生态环境造成的生产损失。当前欧盟绿色支持政策体系的主要特点是以农业生产者支持为主体，并在2000年议程中，CAP明确规定因各类农业环境保护政策执行过程中给生产者带来的经济损失，按照面积给予相应的补偿。尽管我国生态补偿机制建设历经了多年实践，在森林、草原、耕地等7个领域建立了生态补偿机制，取得积极成效，但与此同时，也存在微观主体环保行为关注不足的问题。因此，在未来可借鉴欧盟的经验，进一步完善我国的农业绿色发展支持政策，对农业生产者开展退耕还湿还林还草、休耕轮作和水土流失综合治理等农业环境保护的行为，按实际经济损失进行合理补偿，增强政策的激励机制。

三是加大农业绿色低碳技术的研发与推广的支持力度，促进这些技术更好的应用。一方面，加大对化肥行业、畜牧业的科研支持力度，激发科研单位、化肥企业开发绿色化肥、智慧化肥等产品和新技术的开发，引导养殖业减排技术的研发，推动农业食物系统向绿色低碳转型，促进碳减排。另一方面，优化农业支持政策，推动高效、绿色、低碳等多赢技术和机械装备的推广和应用，同时引导社会化服务组织积极参与农业绿色低碳技术的应用工作，促进广大农民积极参与其中，推进农业绿色发展。

四是支持建立农业食物系统碳交易市场体系，激励经营主体参与碳减排行动。优化农业支持政策，推动建立农业食物系统的碳市场交易机制，提高碳交易价格，同时建立健全碳减排收益的分配机制，吸引化肥企业、食品加工企业、社会化服务组织、农民等主体参与碳减排行动，分享碳减排带来的红利。

主要参考文献

[1] 中国农业发展战略研究2050项目综合组. 面向2050年我国农业发展战略研究[J]. 中国工程科学，2022，24（01）：1–10.

[2] 《第三次气候变化国家评估报告》编写委员会. 第三次气候变化国家评估报告（2版）[M]. 北京：科学出版社，2015.

[3] 崔海霞，向华，宗义湘. 潜在环境影响视角的美国、欧盟农业支持政策演进分析——基于OECD农业政策评估系统[J]. 农业经济问题，2019（12）：129–142.

[4] 郭曦，齐皓天，钟涨宝. 日本第四次修订《食品、农业和农村基本法》及启示[J]. 中国人口·资源与环境，2016，26（07）：169–176.

[5] 洪银兴，刘伟，高培勇，金碚，闫坤，高世楫，李佐军. “习近平新时代中国特色社会主义经济思想”笔谈[J]. 中国社会科学，2018（09）：4–73+204–205.

[6] 李国志，董俊迪. 农业生态补偿的国际经验及启示研究[J]. 环境科学与管理，2017，42（08）：154–15.

[7] 李秀芬，朱金兆，顾晓君，朱建军. 农业面源污染现状与防治进展[J]. 中国人口·资源与环境，2010，20（04）：81–84.

[8] 刘冬莉. 国外碳汇林项目融资制度借鉴[J]. 世界农业，2017（03）：103–109.

[9] 刘钟龄，王炜，郝敦元，梁存柱. 内蒙古草原退化与恢复演替机理的探讨[J]. 干旱区资源与环境，2002（1）：84–91.

[10] 尚二萍，许尔琪，张红旗，黄彩红. 中国粮食主产区耕地土壤重金属时空变化与污染源分析[J]. 环境科学，2018，39（10）：4670–4683.

[11] 武淑霞，刘宏斌，刘申，王耀生，谷保静，金书秦，雷秋良，翟丽梅，王洪媛. 农业面源污染现状及防控技术[J]. 中国工程科学，2018，20（05）：23–30.

[12] 张风春，朱留财，彭宁. 欧盟Natura 2000：自然保护区的典范[J]. 环境保护，2011（06）：73–74.

[13] 张林国. 开放时期韩国农业支持政策研究[D]. 吉林大学，2017.

[14] 赵荣，陈绍志，胡延杰. 美国林业管理体系借鉴与启示[J]. 林业经济，2013（02）：117–120.

[15] 朱晶. 完善农业支持保护政策推进新时期农业改革发展[J]. 农业经济与管理，2017（6）：5–8.

[16] Challinor，A.J.，Watson，J.，Lobell，D.B.，Howden，S.M.，Smith，D.R.，Chhetri，N.A Meta-analysis of Crop Yield under Climate Change and Adaptation[J]. *Nature Climate Change*，2014，4（4）：287–291.

[17] Khoury，C.K.，Bjorkman，A.D.，Dempewolf，H.，Ramirez–Villegas，J.，Guarino，L.，Jarvis，A.，Rieseberg，L.H，Rieseberg，P.C.Increasing Homogeneity in Global Food Supplies and the Implications for Food Security[J]. *PANS*，2014，111（11）：4001–4006.

[18] Pretty，J.N.，Bharucha，Z.P.Integrated Pest Management for Sustainable Intensification of Agriculture in Asia and Africa[J]. *Insects*，2015，6（1）：152–182.

[19] Zhang，X.，Zhong，T.，Liu，L.，Ouyang，X.，Qian，Q.Impact of Soil Heavy Metal Pollution on Food Safety in China[J]. *PLoS ONE*，2015，10（8）：e0135182.

后 1 万美元时代农业的生态价值实现路径研究*

2019 年，我国人均 GDP 首次超过 1 万美元，2021 年我国人均 GDP 已经超过 1.2 万美元，可以预见，按照经济持续增长的态势，我国将稳定进入后 1 万美元时代。无论从发达国家还是我国自身的发展历程来看，随着工业化的进行，农业 GDP 占比将很小并持续下降①，农业逐渐不再是社会财富的主要源泉，其经济价值相对越来越小。伴随着这一趋势，漠视农业发展和淡化农业地位的现象开始出现。

在后 1 万美元时代，农业仍然具有重要的地位。农业所提供的粮食和重要农副产品供给保障的基础性功能是不可逾越的底线，此外，农业的重要性还体现在生态、社会和文化等多方面的价值。简言之，只要农业保障国家粮食安全和生态供给的基础性功能没有改变，那么强调农业的重要性就永远没有过时，但是不同发展阶段其重要性体现在不同的方面。在后 1 万美元时代，随着人民生活水平的提高，高质量农产品供给和旅游观光、文化体验等服务供给成为农业发展的新要求，农业绿色发展成为未来农业发展的重要机遇和必然趋势。党的十九大将“增强绿水青山就是金山银山的意识”写入党

---

* 本报告是清华大学中国农村研究院2021年重点研究课题“后1万美元时代农业的生态价值实现路径研究”的研究成果，报告观点仅代表课题组的看法。课题负责人：金书秦，农业农村部农村经济研究中心可持续发展研究室主任、研究员。报告执笔人：金书秦、刘洋、丁斐、胡钰、张哲晰、韩冬梅。

① 农业十分发达的美国和荷兰均在1978年人均GDP超过1万美元，当年其农业GDP占比分别为1.33%和3.53%，到2018年进一步下降到0.9%和1.63%。2019年我国农业GDP占比为7.1%，而在1952年我国农业GDP占比高达50.5%。

章，保护绿水青山、推进绿色发展成为落实“以人民为中心”发展理念的目标要求。在全面推进乡村振兴的历史阶段，绿色发展既是基本要义，也是重要引领。尤其是近年来，全球气候变化挑战突出，碳达峰、碳中和重大战略目标的提出，将绿色发展之路提升到新的高度。农业绿色发展是实现农业生态价值（生态红利）的基础，但由于环境外部性的存在，农业绿色发展带来的生态红利不会直接转化为经济价值，需要建立二者联通的桥梁，找到农业生态价值实现路径，使良好的生态进一步为农业增效与农民增收拓展新的来源渠道，成为乡村振兴的强大支撑。

一、基本逻辑：中国农业何以养活 14 亿人

新中国成立 70 多年、特别是改革开放以来，中国农业取得了巨大的成就，发挥了压舱石、稳定器的作用，为中国近几十年来经济社会稳定、快速发展提供了最基础的物质保障。总体来说可以归纳为：越来越少的农民、数量有限的耕地，通过大量的物资投入，产出了越来越多的农产品，养活了越来越多的人，同时也带来了一定的生态退化和环境污染问题。

吃饭的人越来越多，务农的人越来越少。新中国成立以来，总人口从 1949 年的 54167 万人增加到 2020 年的 141178 万人，增长约 2.6 倍。但是由于工业化进程，其中农村人口从 1995 年的最高值 85947 万人逐渐下降到 2020 年的 50979 万人，每个农民养活人口从 1949 年的 1.1 人上升至 2020 年的 2.8 人。快速增长的人口极大增加了食物需求，进而对中国农业发展产生了巨大压力。

有限的自然资源产出越来越多的农产品。由于耕地面积扩张受到中国多山的地理环境限制和粮食市场价格偏低的影响，中国粮食作物播种面积在 1949—2020 年间没有出现显著变化，基本保持在 10000 万 ~ 13000 万公顷，但是中国农业仍然取得了巨大成功。粮食产量从 1949 年的 11318 万吨增长

至2020年的66949万吨，人均粮食占有量从1949年的208.95公斤上升到2020年的474.22公斤；肉类产量从1980年的1205万吨快速增长到2020年的7748万吨，禽蛋产量从1982年的281万吨增长到2020年的3468万吨，牛奶产量从1980年的114万吨增长到2020年的3440万吨，肉、蛋、奶人均产量稳步提升，有效地保障了中国的食物供给。

农业丰产的背后是大量的生产资料投入。农用化肥施用量从1952年的7.8万吨增长到2020年的5250万吨（最高为2015年的6022万吨），约占全球使用总量的35%；农药使用量从1990年的73.3万吨增长到2020年的131万吨（最高为2013年180.7万吨）；农膜使用量从1990年的48.2万吨增长到2020年的239万吨；农业机械总动力从1952年的18.4万千瓦增长到2020年的105622.2万千瓦。由于近年来中国农业的绿色转型，农业生产资料“减量增效”行动成绩斐然，化肥、农药、农膜的使用量近几年已经下降，不过农业机械总动力一直保持高速增长态势，随着中国农业机械化水平进一步提高，未来还有继续增长的趋势。

高投入、高产出的后果是高排放。农业系统本身就是一个生命系统，大量的化学投入和产生的大量农业废弃物在一定程度上不可避免地带来了严重的农业污染和土壤退化问题。养殖业每年产生近40亿吨的畜禽粪污，种植业每年产生超过10亿吨的农作物秸秆，其中未被有效利用的部分都将成为致污因子。《第二次全国污染源普查公报》显示，2017年农业源主要水污染物化学需氧量、总氮、总磷排放量分别达到1067.13万吨、141.49万吨、21.20万吨，分别占全国排放总量的49.8%、46.5%、67.2%，占据了水污染排放源的“半壁江山”。地膜残留和重金属污染严重，截至2017年，地膜多年累积残留量达到118.48万吨，近年来全国农膜回收率稳定在80%左右，部分地区农膜污染形势严峻。《全国土壤污染状况调查公报》显示，2014年全国耕地土壤点位超标率为19.4%，其中重金属是主要的污染物。由于土壤污染和不合理使用方式，2019年中国优等地（指质量等级为一至三等的耕地）面积为6.32亿亩，仅占耕地总面积的31.24%，耕地退化形势严峻。

综上所述，认识和理解中国农业，以及近期广受诟病的污染或其他问题，应当认清两个基本逻辑：一方面，农业是立国之本，对经济社会健康平稳发展起到无可替代的压舱石和战略后院作用，其贡献是巨大的，无论发展到什么程度，其基础地位都不会改变；另一方面，农业在养活越来越多人口、满足越来越高营养需求的过程中产生了一系列环境污染问题，并威胁到其自身发展的可持续性，实现农业的绿色转型势在必行。立足这两个基本逻辑，才能更好地认识到社会经济发展到一定程度后，农业功能的“变”与“不变”。

二、理论框架：后1万美元时代以绿色重构农业价值体系

在后1万美元时代，生产力的发展使得人们不再单一满足于农业的食品供给功能，在进入该阶段后，农业一方面要保供增收，另一方面要满足人们对食物、环境和生态越来越高的需求，同时更要实现农业高质量、可持续发展的多重任务，其多功能性逐渐凸显。人们既要优质安全的农产品，也要洁净良好的生态环境以及清新美丽的田园风光。农业农村的发展不再是单一领域的问题，而是涉及多个领域、多重目标，逐渐融合、集成为国家现代化发展战略的一部分，随着绿色发展逐渐成为农业发展的核心要义，需要以“绿色”重构农业价值体系，加快构建有中国特色的农业绿色发展理论体系框架。

（一）后1万美元时代农业发展的新特征

新中国成立后农业发展经历了一个从注重量的增长到注重质的提高的演

进过程，从单纯提高产量到提高品质再到强调农业可持续发展、实施乡村振兴战略。进入21世纪以来，中国农业发展方向和目标逐渐系统化和全面化，实现农业绿色发展不仅成为乡村振兴的主要内容，也是全面推进农业现代化的重要手段。

1. 农业多功能性的演变

农业具有多重功能是一个共识，归纳起来可以概括为：经济功能、社会功能和生态环境功能。这几项功能都是同时共存的，但在不同时代背景下，其对社会经济发展发挥的作用可能出现此消彼长的情况。其演变过程大致可分为三个阶段（见图1）：①在社会经济整体欠发达时期，经济功能是主导，农业在国民经济结构中的地位举足轻重，农业也是家庭收入的主要来源。②现代化发展到一定程度后，农业作为保障国民经济运行的基础性产业，其社会功能更加凸显。农业生产效率显著提高，出现大量闲置劳动力，农村人口逐步向城市转移，农业产值对国民经济贡献日益下降，务农收入在农户家庭收入中的比重也下降。③经济社会高度发达，优质的生态成为满足人们对美好生活向往的最重要载体，农业的生态环境功能愈发重要。

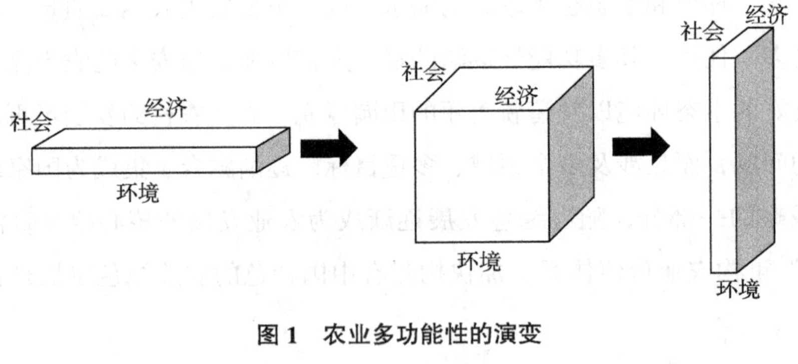

图1 农业多功能性的演变

资料来源：课题组自制。

2. 农业发展的新目标和新路径

新的目标。中国粮食生产已连续7年保持在1.3万亿斤以上。在强调继续稳定粮食生产、端好“中国饭碗”的同时，农业发展目标也不断升级，从“增产、增收”向既要保产量、也要保质量、更要保持续性的目标演化。保障粮食安全，进一步减少化肥、农药使用量，强化土壤污染管控与修复，促进畜禽废弃物资源化利用，推进质量兴农、绿色兴农，实现后脱贫时代乡村全面振兴，是农业农村发展的一系列新目标。人们对农产品的期望、社会对农业的期望也都不断提升。质量安全、生态安全成为关注的重点。

新的发展方式和路径。巩固拓展脱贫攻坚成果，衔接乡村振兴，推进农业现代化是未来一段时期内农业发展的必然路径。尤其对于刚刚摆脱贫困后的农村地区，更要避免走先发展后治理的老路。随着未来人口的持续增长以及消费需求的不断升级，加上国际农产品贸易环境的不确定性成为常态，中国越来越需要改进原有的农业发展方式，持续提高农业综合生产能力。保护和提升耕地地力、节约资源、减少环境影响，对于中国乃至全球都意义重大。以“绿色”推动“发展”成为农业农村发展的核心方式。实现农业绿色发展是加快推进农业现代化的重要抓手，是实现乡村振兴的重要路径。

（二）农业绿色发展的理论框架

1. 理论渊源：“两山”[①]理论

“两山”理论辩证地指出了农业绿色发展的内涵和发展方向。动态地勾勒出农业绿色发展的演进路线，“两山”理论的三个层次也凸显了农业发展和资源环境二者从对立走向统一的思想转变。

“两山”理论明确了农业绿色发展的定位和目标。多次强调实现农业农村绿色发展不仅是环境问题，更是一个涉及经济发展、政治稳定的大问题，关系到亿万农民群众的幸福感、获得感，是以人民为中心发展理念的重要体现。

“两山”理论提出了农业绿色发展的方法论。强调用“系统论”“整体

① 即“绿水青山就是金山银山”。

观”“长远观”看待发展问题。强调农业具有的食品保障、生态涵养、文化传承等多重功能带来的多元价值的系统呈现。农业绿色发展更多地强调综合发挥农业的多重功能，强调“绿色”源动力在农业发展中持续发挥作用。这也是“两山”理论中“保护生态环境就是保护生产力，改善生态环境就是发展生产力”表述的具体落实和集中体现。

“两山”理论强调了农业绿色发展的底线。保障粮食安全和推进“三农”发展是农业绿色发展的底线。农业生产的基础地位不能动摇，保障粮食供给是一个重大的战略性问题。

2. 根本内涵：绿色成为发展的源动力

世界银行和国务院发展研究中心将绿色发展定义为“一种经济增长与资源消耗、碳排放、环境损害脱钩的发展方式，这种发展方式可以通过创建新的绿色产品市场、技术、投资以及消费和保护行为的变化促进经济增长”。基于该定义，农业绿色发展的内涵包括三项关键要素：一是农业经济增长与环境负面效应脱钩；二是农业绿色投入与农业经济收益挂钩；三是农业中的绿色要素与经济增长良性互动，成为农业发展的内生因素，是农业经济持续增长的机会、动力和源泉，即“绿色”成为“发展”中集目标、手段、动力于一体的核心要素。因此绿色发展本质上是一种发展方式的转变，它强调绿色作为发展的一种驱动力，而不是发展中要“兼顾”的问题，这是与传统经济发展方式的本质区别。

3. 核心问题：生态红利向经济价值的转化

“红利”的概念源于投资学，后来被广泛应用于人口学、社会学和环境学等领域，表示一种超额利润或者价值溢出效应。生态红利则是由自然系统的完整性带来的价值增值。农业绿色发展带来的“生态红利”表现在三个方面：一是生态产品的红利；二是生态环境质量改善的红利；三是农业污染减排的红利。农业绿色发展理论的核心问题就是要研究如何以“绿色”重构农业价值体系，并使其持续地通过市场机制完整地体现出来，让生态红利在农业以及更广泛层面得以实现和转化。这不仅是构建绿色低碳循环农业产业体系的重要内容，也是真正体现绿水青山的价值，并进而推动农业经济价值、社会文化价值等多层面综合价值实现的重要手段。

4. 实现路径：农业绿色发展进阶

农业绿色发展的推进需要基于历史观、发展观的视角。农业发展进入到绿色转型阶段，大致会经历从低到高逐步进阶的三个阶段（见图 2）。在农业绿色发展的进阶过程中，农业产品优质化是直接结果，农业生产绿色化是实现路径和抓手，实现农业的高质量发展是最终目标。

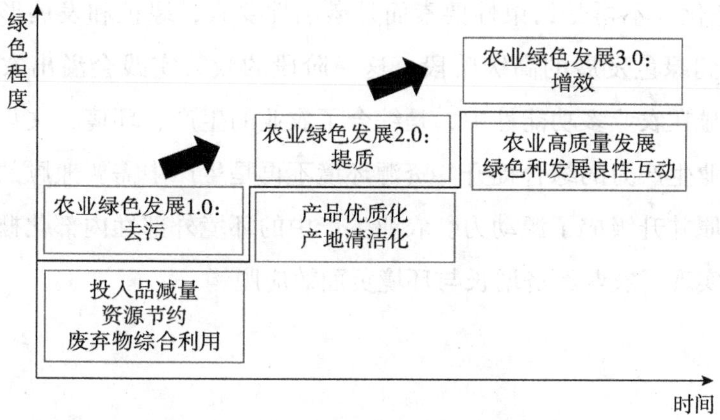

图 2　农业绿色发展进阶路线

资料来源：课题组自制。

（1）农业绿色发展 1.0：去污。

农业产出 = 传统农业产出 − 资源环境消耗

以减少污染排放为目标，通过控制化学品投入、节约资源、农业废弃物的综合利用等方式，减少农业生产过程中的环境污染和资源消耗。这一阶段的政策实践主要集中在农业生产领域。

（2）农业绿色发展 2.0：提质

农业产出 = 传统农业产出 − 资源环境消耗 + 资源环境增值

农业绿色投入的价值转化阶段，表现为产地绿色化和产品优质化。农业投入要素质量提高，农产品质量也得到提升，农业绿色投入的价值通过绿色农产品市场溢价得以实现。这一阶段的政策实践主要集中在农业生产领域和消费领域。资源环境要素的“绿色”动力开始逐渐显现，在减少“非合意”产出的同时，也带来由于要素品质提高而产生的农产品增值。

（3）农业绿色发展 3.0：增效

农业产出 = 传统农业产出 + 生态红利

以农业高质量发展为特征，对于外界的“输血性”依赖减少，“绿色”内化在农业从投入到生产再到消费的全过程中，成为驱动农业发展的内生动力。“绿色化”不再是约束性要素而是激励性要素，绿色和发展形成良性互动，进入到绿色发展的高级阶段。这一阶段的政策实践会溢出农业单一领域，而凸显在农业多功能性中，是综合了农业的生产、环境、文化等多种功能后对农业生产力的综合提升。资源环境不再是生产中需要兼顾的问题，而是将其还原并升级成了源动力。农业生产中的环境外部性内部化概念将不复存在，即实现了农业经济增长与环境负面效应脱钩。

三、价值核算和转化：农业生态红利的经济兑现

农业本身作为生态环境系统的组成部分，其生态资源价值远高于其生产农产品的价值，但是农业本身蕴含的生态资源价值并没有在市场上体现出来，导致农业农村被当成工业和城市发展的“污染避难所”、优质绿色农产品和优美生态等有效供给不足。长期来看，这既不利于保障粮食安全，也不利于实现农业绿色发展以及农业现代化的目标。在我国人均 GDP 迈过 1 万美元进入中等偏上收入国家行列的背景下，农业绿色发展成为未来必然的发展方向，同时将成为促进农业生态价值实现的重要手段。如上所述，农业绿色发展带来了三类生态红利，本部分将进一步核算这些生态红利，分析生态红利实现经济价值转化的可能路径。

（一）“十三五”化肥零增长行动下的碳减排红利核算

化肥投入对农作物增产、保障国家粮食安全起到了关键作用，是我国农业实现快速发展的重要物质资料。我国仅用全球 8% 的耕地生产了世界 21% 的粮食，但背后的投入是占全球 35% 的化肥消耗量①。国家统计局数据表明，1979—2015 年，我国化肥用量从 1086.0 万吨增加到 6022.6 万吨，年均增长 4.6%。过度使用化肥不仅增加了种植成本，还易造成生态环境恶化和食品安全事件频发问题。2015 年，原农业部出台了《到 2020 年化肥使用量零增长行动方案》，明确提出力争到 2020 年主要农作物化肥使用量实现零增长，2018 年，生态环境部和农业农村部联合印发《农业农村污染治理攻坚战行动计划的通知》，进一步提出了到 2020 年化肥使用量实现负增长的更高目标。

为了实现化肥零增长目标，“十三五”时期，国家加快集成推广化肥减量增效绿色高效技术模式，大力推广测土配方施肥技术、果菜茶有机肥替代化肥、调减玉米面积等减肥措施，进一步优化施肥结构，改进施肥技术，提高化肥利用率，取得了良好效果。农业农村部发布数据显示，我国化肥施用量在 2016 年首次实现零增长，之后呈逐年下降的趋势，2020 年我国水稻、小麦、玉米三大粮食作物化肥利用率为 40.2%，比 2015 年提高了 5 个百分点，而粮食总产量依然保持逐年增加态势，减肥增效成效显著。

从行动结果来看，“十三五”期间，我国农用化肥施用折纯量连续五年减少，从 2016 年的 5984.4 万吨降到 2020 年的 5250.7 万吨，年均减少化肥用量 183.4 万吨，5 年累计化肥用量 28151.5 万吨。相比于之前的“十二五”时期，“十三五”减少化肥用量达到 1322 万吨。从化肥减量原因来看，“十三五”时期农作物总播种面积相比“十二五”时期保持微弱增加②，化肥施用强度降低是化肥减量的唯一因素，2020 年全国平均化肥施用强度为

① 金书秦、张惠、张哲晰、刘洋：《“十三五”化肥使用量零增长行动评估及政策展望》，载《环境保护》2022年第5期第31–36页。

② 2011—2020年十年间农作物总播种面积维持在1.60亿～1.67亿公顷。

313.51 千克 / 公顷[①]，比 2015 年降低 56.38 千克 / 公顷，降幅达 15.24%。

化肥减量带来了减碳效果。化肥有关碳排放主要集中在生产和施用两个环节，陈舜等（2015）测算的化肥生产碳排放系数经我国化肥投入结构处理后为 4.712[②]，由此“十三五”化肥减量对应的生产环节二氧化碳减排量为 6228.8 万吨。关于氮肥施用的氧化亚氮排放系数，政府间气候变化专门委员会（IPCC）测算结果为 0.0125[③]，邓明君等（2016）根据胡小康等（2011）本土实验结果得出的氮肥施用碳排放系数为 4.679，本报告采用更适合我国国情的邓明君等（2016）的碳排放系数，由此得出“十三五”化肥减量对应的施用环节二氧化碳减排量为 6185.2 万吨。碳价方面，以 2022 年 3 月 25 日全国碳交易市场的收盘价 58 元 / 吨为准，通过计算可知，如果农业化肥减量产生的二氧化碳减排能够被市场交易，那么“十三五”化肥减量行动因生产环节 CO_2 减排带来的经济收益为 36.1 亿元，因施用环节二氧化碳减排带来的经济收益为 35.9 亿元，总计达 72.0 亿元（见表 1）。

表1　“十三五”化肥减量行动带来的碳减排交易价值

环节	化肥减量（万吨）	采用碳排放系数	碳价（元 / 吨）	交易价值（亿元）
生产	1322	4.712	58	36.1
施用		4.679		35.9

注：碳价日期为2022年3月25日全国碳交易市场收盘价。

资料来源：国家统计局、文献资料。

（二）农业碳市场交易：生态红利的经济转化路径

农业是温室气体排放的一个重要来源，又是一个巨大的碳汇系统，近年来，在“双碳”目标的背景下，我国坚持走绿色兴农之路，实施化肥、农药减量、作物秸秆、牲畜粪便资源化利用、东北黑土地保护、农田生态系统修复等行动，在减排固碳方面取得了显著成效。同时，减排固碳产生的正外部

① 以农作物播种面积为分母。

② 每生产1千克化肥排放4.712千克二氧化碳量，下同。

③ 每施用1千克氮肥排放0.0125千克氧化亚氮量。

性并没有有效通过市场或政府路径（排污权交易和生态补偿）内部化，从而影响到农业生态红利的经济价值转化。2021 年 3 月，生态环境部和农业农村部联合印发的《农业面源污染治理与监督指导实施方案》明确提出要探索开展“点源—面源”排污交易试点。这也从国家层面对于将农业减排纳入排污权交易试点提供了政策依据。从长远来看，将农业减排纳入排放权交易，并首先落实在碳交易市场，不仅是“十四五”期间降低污染减排总成本、提升社会经济生复合系统总体发展质量的可能途径，同时也是推进农业持续减排、推进碳达峰目标实现的重要推动力。

目前，全国统一的碳交易市场已于 2021 年 7 月正式启动开市，从地方试点到全国展开，碳交易市场已经历了 10 个年头，截至 2021 年 12 月底，碳排放配额累计成交量 1.79 亿吨，累计成交额 76.61 亿元，纳入行业仅为发电行业重点排放单位，农业碳交易市场尚未形成。在国外，美国农民可以通过自愿参加政府的可再生能源生产、增强土壤碳储量、沼气池推广等项目，获取碳减排核证，并通过市场交易、信贷抵押等多种途径实现获利。新西兰 2008 年 9 月出台的《2002 年应对气候变化法》修正法案中正式将农业纳入其碳排放交易体系，在新西兰实施的“无碳计划”中，取得无碳合格证书的农业企业均获得了经济效益和减排效果的双丰收，无化肥、无农药的天然农产品越来越受消费者的青睐，如今新西兰成为绿色农业发展的典范。

与限制主要碳排放部门的排放不同，将农业纳入碳市场主要是推动农业碳减排或碳汇进行碳配额抵消。首先要在政策层面将农业纳入碳减排交易范围，然后选择部分发达地区作为第一批试点，待到试点经验成熟后再向全国推广，最后还要做好技术保障，形成一套包含管理部门、生产主体、碳交易主体的核算方法体系，并出台相关核算和监督技术规范。同时，要尽快实现国家核证自愿减排量（Chinese Certified Emission Reduction，CCER）与现有碳交易市场的连通，使 CCER 成为农业减排价值实现的重要途径。

（三）绿色优质农产品认证及市场交易形式

20世纪90年代初期，生态农业认证的概念引入我国。1990年5月，原农业部召开第一次绿色食品工作会议，启动“绿色食品”开发和管理工作。随着对绿色优质农产品发展的不断实践探索，我国又增加了“有机产品”“地理标志产品”“绿色食品生产资料”等产品认证，到目前已经全面覆盖粮食、畜禽、水产、蔬菜、水果等大宗农产品和各地优势特色农产品。截至2020年底，全国绿色有机地标农产品获证单位超过2.3万家，产品总数超过5万个，每年向社会提供产品总量超过2亿吨；全国绿色食品原料标准化生产基地、有机农产品生产基地总数达到808个，面积超过2亿亩。

经过30多年的积极推动，认证绿色优质农产品实现了跨越式发展，但是在现实的市场竞争中，这些产品仍然面临生产规模小、供给不足以及“叫好不叫座”的现象。一是绿色优质农产品供给不足。目前我国绿色食品占主要农产品产量的比重不到10%，有机蔬菜种植面积和产量仅占全国蔬菜总量的0.3%左右，远低于国际平均水平。根据世界有机农业最新报告，2018年中国有机农田面积达到4650万亩，只占全球有机农田总面积的4.4%；2018年中国有机农产品消费市场总额达到81亿欧元，占全球有机农产品消费额的8.1%，消费占比显著高于生产面积占比。二是生产成本高。相比普通农产品，绿色优质农产品的生产经营成本较大。绿色优质农产品生产过程要求减肥减药，施用有机肥等绿色生资会造成成本增加，产品标准认证、品牌打造、高级人力资源等都会产生较高的费用。三是优质难以优价。农产品具有“经验品”和“信任品”特征，即消费者只有在实际消费后才能获得农产品质量好坏的体验，因此农产品市场广泛存在“信息不对称”的情况，优质农产品不容易得到消费者的认可和信任，难以实现优质优价。

鉴于认证绿色农产品具有成本高、投资大等问题，国际和国内开展了一些非认证的绿色农产品市场探索。这些探索以企业为主导，以绿色、有机、高品质的要求进行农业生产，并未参加认证，而是由企业自身的信誉来担保。

1. 社区支持农业模式

社区支持农业（Community Support Agriculture，CSA）模式运作过程中，由社区会员采用共同购买的模式，预先支付一笔费用给当地的小农户预约一季或一年的收成，农民收成后，再根据实际产出的多寡分配给会员。广东惠州“四季分享”等一批有机农场采取CSA模式，以共同购买的形式，公开种植过程，获得消费者的信任，形成了稳定的会员群体。

2. 参与式保障体系模式

参与式保障体系（Participatory Guarantee System，PGS）由当地中小型农户组成评委会，自行设定适合当地农业的有机标准，并邀请消费者代表、非政府组织代表等参与认证过程。PGS模式将消费者、专家、农户连成一个团体，对生产农户进行评估，且成本低、流程简单、过程透明。目前，在我国PGS模式较为成功的案例是有机农夫市集，其中北京有机农夫市集是目前发展历史最长、规模最大的市集，该市集一周举行2 ~ 4次活动，并在小区内开设集市中心，每月还会举办讲座、交流会，监督农业生产过程，并且帮助农友更科学地管理有机实践。

3. 电商订单模式

电子商务的兴起逐渐改变了消费者的消费习惯，“一站式到家”的销售机制，简化了农产品从农场到餐桌的流程，增加了生产和交易的透明度，弥补了传统绿色优质农产品销售中“信息不对称”的短板。电商平台从分散的消费者手中集中大量的订单，制定严格质量标准和技术规范要求，与具有生产能力的农户、合作社或乡村组织签订农产品订单采购协议。盒马鲜生是优质农产品电商订单模式的成功案例，利用电商销售平台优势和物流网络体系，构建了产、供、销全产业链，已形成了良好的品牌效益，为优质农品和消费者之间建立了高速公路。目前盒马鲜生签订订单生产原产地500多个，并打造140多个盒马村，农产品服务全国上亿消费者。

四、路径探索：碳标识赋能农业生态价值实现

实现碳达峰、碳中和是一场广泛而深刻的经济社会系统性变革。近年来，我国以“双碳”目标为导向，绿色生产和消费政策转型步伐明显加快。特别是随着全国碳市场正式上线运行，依托碳足迹、碳标识，建立行业碳排放信息披露机制已然成为大势所趋。同时，以欧盟碳排放边境调节机制为代表的绿色贸易壁垒有所抬头，因此加快建立出口产品碳标识认证制度，是应对新一轮贸易保护主义的重要策略。

农业既是巨大的碳排放源，也是宝贵的碳汇资源。当前，我国农业碳排放水平正处于历史高位，推进农业生产低碳转型是实现农业高质量发展的重要路径，也是农业领域落实“双碳”目标的重要责任担当。然而，与电力、建筑、交通等重点控排行业相比，农业碳排放核算方法学仍有待完善，特别是农业固碳增汇的生态价值和经济价值尚未得到充分体现。建立农产品碳标识认证制度不仅有助于厘清农业碳排放明细、明确农业固碳增汇价值依据，更为促进农民增收、实现乡村生态振兴提供重要制度保障。

目前，农产品碳标识在国内外均有典型案例示范，可充分借鉴已有案例。建议在农村改革试验区开展农产品碳标识试点，及时形成试点经验并加以总结，为未来建立农产品碳标识制度积累宝贵的实践经验。

（一）农产品碳标识概念简介

碳标识是重要的碳排放信息披露工具，记录了某一商品或服务在原料采购、制造加工、物流运输、终端消费和废弃物循环利用处理等全生命周期环节内产生的温室气体排放情况，并以标签形式告知消费者，引导消费

者进行低碳消费。

农产品碳标识分为企业自愿贴标和政府强制贴标两类。企业自愿贴标由企业自主制定碳排放核算标准，主要用于核算企业农产品生产环节中的环境成本，树立绿色企业形象，提升产品附加值。而政府强制贴标由政府直接组织或聘请第三方机构对特定区域和品种的农产品碳足迹进行核算贴标，政府掌握碳标识认证标准。目前，各国碳标识认证标准存在一定差异，但主要基于全生命周期评估方法。其中，英国环境食品与乡村事务部制定的PAS2050标准、世界可持续发展工商理事会与世界资源研究所联合制定的温室气体核算体系（GHG Protocol）和国际标准化组织指定的ISO14067标准具有典型代表性。

农业是助力碳达峰碳中和的关键一环，实现绿色发展和固碳增效是农业服务"双碳"目标的重要途径，也大有潜力。农产品碳标识可在五方面发挥积极作用。一是助推农业领域碳排放监测报告核查体系（MRV体系）建立健全。以碳标识为载体，摸清农业排放底数，建立可信的农业碳排放信息披露机制，是农业领域加入全国碳市场的未雨绸缪之计。二是厘清农业生产排放特征，明确农业生产减排技术路线。农业温室气体排放量大、排放源多、排放构成复杂，且与粮食安全等约束紧密挂钩，这就要求农业必须根据行业特点制定相应减排路线。基于碳标识认证制度厘清农产品生产各环节碳足迹状况，有利于进一步挖掘农业减排潜力。三是引导全社会树立绿色生产和消费的理念。作为一种环境信息披露机制，生产者向消费者明确告知农产品生产和消费环节的碳排放信息，对于引导全社会树立绿色低碳消费理念、促进企业低碳溢价起到积极作用。四是规避潜在的碳边境调节机制（CBAM）贸易壁垒。中国虽然是大豆、牛肉等软性大宗商品的净进口国，但是在国际市场上缺乏议价权。一旦巴西、美国等主要出口国采取碳边境调节机制，在出口产品中加入碳成本，必然会增加我国软性大宗商品进口成本，对国民经济产生较大冲击。因此，有必要加快我国农产品碳标识认证，并以此为依据研究碳排放互抵贸易机制，改善国际舆论环境，应对以碳边境调节机制为代表的新一轮绿色贸易壁垒。五是为碳金融发展提供信用背书。随着碳排放权交易市场持续推进，农业将会产生重要的碳汇财富。以农产品碳标识为依据提供信用背书，为碳汇资源的流通抵押和碳金融发展提供重要依据。

（二）农产品碳标识认证典型案例

目前，国内外在绿色标识、碳标识上已经积累了丰富的经验，为国内开展农产品碳标识认证提供了有益借鉴。

一是我国农产品绿色标识认证积累了丰富经验。我国从 20 世纪 90 年代就逐步推行无公害、绿色、有机和地理标志农产品认证（农产品“三品一标”），随着农产品质量安全要求的不断提高，无公害农产品已退出历史舞台。目前，绿色、有机、地理标志认证农产品数量超过 5 万个。农产品碳标识本质上仍属于绿色标识的一大类型，推行农产品“三品一标”的制度流程和组织安排形式，对于构建农产品碳标识工作框架具有较强借鉴意义。

二是制造业企业能效标识制度的有益探索。2005 年，我国能效标识制度正式实施。截至 2020 年底，我国已有家用电器、制冷空调、电子办公、照明产品、工业设备五大领域的 41 类用能产品被纳入能效标识制度目录范围。实施 15 年间，累计节电量超过 25000 亿千瓦时，年均节电量超过 1700 亿千瓦时。我国能效标识制度整体上采用“企业自我声明 + 备案 + 监督管理”的实施模式，即企业利用自有或第三方具有资质的检测机构自行检测产品能效等级，然后向中国标准化研究院对产品型号进行备案，销售之前贴上统一样式的能效标识标签，标签内容主要包括生产者名称、产品规格型号、能效等级、能效指标、依据的能源效率强制性国家标准编号、能效信息码（产品二维码）等，行政主管部门对产品能效标识使用实行监督管理。

三是国内外可借鉴的自发性的碳标识案例。国际层面上，由巴西国家农业研究公司（Embrapa）开发的牛肉碳标识是较为成熟的案例。巴西政府于 2010 年实施促进农业可持续发展的 ABC 计划，在 ABC 计划背景下，为促进巴西牛肉产业链低碳转型和提高牛肉产品出口附加值，Embrapa公司于2015年提出了巴西碳中和牛肉的概念，即通过增加农林系统碳汇的手段抵消牛肉生产过程中的温室气体排放，对于符合该生产工艺的牛肉贴碳标识。国内层面，浙江临安的“天目水果笋”碳标签是具有较强代表性的有益尝试。临安区太湖源镇聘请浙江农林大学研究团队，测算每生产1公斤“天目水果笋”可固碳45.53克，按当地单产计，每亩每年可固碳237.97千克；按总产推算，每年可吸收二氧化碳713.91吨。

（三）开展农产品碳标识认证试点的对策建议

尽管农产品碳标识认证是推进农业绿色发展的重要手段，但由于农产品种类丰富、核算方法复杂，存在部门分工不明确、成本收益不明朗等问题，宜通过“先试点再推广”的方式开展工作，在试点中发现和解决问题，并及时总结凝练，形成制度经验。

首先，厘清工作思路。试点可按照“明确核算方法、规范认证流程、强化政策支持”的思路展开。一是建立起农产品生产碳足迹测算方法学。基于全生命周期评估法对农产品碳足迹进行全生命周期评估，明确碳足迹测算的技术标准。二是建立农产品碳足迹自主申报体系、碳足迹预评估机制以及主管部门核查机制。鼓励农业龙头企业、农民合作社、种养大户和家庭农场等主体自主提交碳排放报告，由农业农村部门委托资质第三方进行核查，并定期组织开展复核工作。三是建立碳标识贴标制度规范。可参照能效标识思路，制定不同农产品的碳足迹，将农产品分为“高排放”“中等排放”“低排放”“负排放”四类并进行贴标。四是分门别类制定后续政策支持。如对于高排放、中等排放的农产品，根据碳足迹核查报告分析其减排重点环节，帮助农户或企业开发低碳生产工艺降低排放，或鼓励其通过增加碳汇方式抵消碳排放。对于负排放农产品，积极争取财政与金融层面支持，发展农业碳汇交易与抵押机制，探索农产品碳汇资源变现手段。

其次，明确试点任务。建议首轮农产品碳标识认证试点从以下三方面进行重点探索：一是研究基于全生命周期的农产品碳排放核算方法学。特别是针对畜牧业、水产养殖业、种植业、经济作物等具有代表性排放特征的行业开展碳排放核算。二是探索农产品碳标识认证规范。鼓励试点地区出台农产品碳排放信息披露管理办法、农产品碳排放核查办法、农产品碳标识认证管理办法等制度。三是研究农产品碳标识认证后的政策支持方式。重点探索基于碳排放核查报告的农产品减排工作办法，以及基于农产品碳汇资源的生态产品价值实现路径。

再次，确定试点范围。试点范围要兼顾农业生产的行业特征与区域特征。行业层面上，建议兼顾主粮种植业、蔬菜种植业、畜牧业、水产养殖业和经济作物业门类，选取代表性农产品品种开展试点。区域层面上，建议优先选择全国农村改革试验区，以县级行政单位为基本单元开展试点工作，及时总结试点经验，总结凝炼制度经验。

最后，落实配套保障。试点工作任务重、要求高，开展试点的地区需要具有一定的代表性、相应的条件和工作基础，鼓励有关试点地区根据实际情况，自愿申报。坚持政府主导和统筹协调，明确本地试点工作的具体目标和主要内容，建立起相应的工作机制与台账制度，确保试点工作全力推进。坚持边试点边总结，及时报送试点工作进展。试点结束后，提交关于农产品碳标识制度的规范性文件。

五、北京密云金叵罗案例分析：包容式的农业多功能发展

市场路径是未来农业生态价值实现的主流路径。通过农业绿色转型，农业生态价值从无到有、从低到高。许多地方积极探索，通过生态产业化、产

业生态化等模式，不断创新农业生态价值实现手段，将农业绿色转型带来的潜在价值转化为经济价值。

密云区是北京市的生态涵养区，承担着保护本市生态的重要公共性功能，但另一方面，区域内的农民也有发展的权利和需求，生态涵养区如何在生态与经济发展间找到平衡点成为关键问题。为探讨北京市生态涵养区农业多功能拓展与发展情况，2021 年 11 月，课题组赴密云区金叵罗村飞鸟与鸣虫农场（以下简称“农场”）进行了调研，以实地察看、深度访谈的方式对该农场的运营状况、与当地利益联结机制等情况进行全方位解析。

（一）农场及区位背景

密云区位于北京市东北部，属燕山山地与华北平原交接地，总面积 2229.45 平方千米，是北京市面积最大的区。农场所在的金叵罗村属密云区溪翁庄镇所辖行政村，距密云城区 10 千米，距北京市区约 70 千米，村域面积 7.83 平方千米，永久基本农田 1988.31 亩，约占全镇基本农田总面积的四分之一。现有村民 1120 户，常住居民 3500 人，汉族居多，少数为满族。村庄三面被浅山环抱，旅游业发达，近年被评为全国“一村一品”示范村、中国美丽休闲乡村、全国乡村旅游重点村、密云区乡村振兴示范村。

“飞鸟与鸣虫”是一个以食农教育为主的体验式生态农场，其经营理念是“销售在田野中度过的时光”。主要创始人曾在某国际组织工作 11 年，主要负责东亚地区的农业项目，另有 3 名创业合作伙伴，均为具有海外教育、工作背景的女性。4 名创始人创办农场的初衷是为了践行共同的环保理念，带动更多人了解生态农业。农场面积共 50 亩，其中一期 10 亩已于 2019 年 11 月投入运营，二期 40 亩正在建设中。农场主营自然科学、自然戏剧教育、食物与农业、传统节庆文化等主题的亲子课程、亲子农事体验、农事教育、自制烘焙面包等。

（二）主要做法及成效

1. 包容性发展贯穿农场建设经营各环节

多方共建，建立紧密的分红机制。初期农场由三方共建，分别是4名创始人、村合作社和20名共建人，三者出资比例为1∶1∶1，总投资约300万元，其中，村里出资建设基础设施、道路及建筑，4名创始人投入运营费用约100万元，20名共建人每人投入5万元（见表2）。农场与村合作社建立了紧密的合作和分红机制，签订了为期10年的战略合作协议，约定合作社主要负责提供土地（农业配套设施用地）等基础设施（如房屋），农场具体的运营和决策由创始团队负责等。根据协议，村合作社与创始团队约定按照4∶6的比例分享农场收益，若分红不足10万元，农场将以10万元作为保底。共建人①无股权无利润，可作为顾客有限制免费享受农场服务，类似于终身会员。

表2　农场建设与运营机制

主体	投入	经营	分红
4名创始人	100万元	2人全职、2人兼职，全职者领工资、全权负责经营	60%
村合作社	基础设施建设（约100万元）	不参与经营	10万元保底，40%
20名共建人	5万元/人	不参与经营	不参与分红，免费参加农场活动

资料来源：课题组调研资料。

由于良好的运营，农场投入运营半年后实现盈亏平衡。2020年，农场分配给村里收入35万元，提前兑现了向村集体的承诺。同时，农场会向村合作社公开农场的财务报表情况以供监督。

融入经营，形成当地雇工合作机制。农场经营最大的投入在于人工和运营两个方面。当前，有2名创始人全职在农场工作，另外2名则是兼职，聘

① 所谓共建人，是指在农场创建之初由创始人挑选的包括艺术、农业、公益、教育、传媒等领域在内的精英，共建人自身的影响力也会给农场带来一定的客户流。

用员工大约有 20 人，基本都是当地的农民，农场月均人工成本约 8 万元。2020 年全年的经营总成本约 120 万元，人工成本占了绝大部分。创始人和员工分工明确，农场员工主要负责农场内餐厅的点餐、备餐、收银、保洁以及烘焙面包等，农场则负责员工的培训，如烘焙面包就由创始人对其进行培训，经过培训后的员工具备独立烘焙面包的能力。

用工的本地化给双方带来了巨大的收益。就员工而言，一是解决了当地部分由于个人或家庭等原因无法外出务工妇女劳动力的就业问题，二是通过培训学习提高了员工的就业能力。就农场而言，既节约了人工成本，又有利于深入了解当地情况，在遇到一些本地矛盾纠纷时也有利于得到化解。

功能拓展，积极参与当地村务治理。金叵罗村原有 10 个生产队，农场经过这几年在当地的发展和奋斗，当地村民亲切地将农场和其他返乡入乡创业者称为“金叵罗 11 队”。农场经营团队对村庄发展规划、村内项目筛选、村容村貌提升等村庄事务提供建议和专业指导，还定期或不定期为村庄策划一些大型活动并推出一些助贫、助残等慈善活动。例如，针对即将到来的圣诞节，农场推出“+10%”面包套餐，将销售额的 10% 用于对当地困难群众（失独家庭、大病家庭）的帮扶，具体帮扶形式由农场和村委会、妇委会等协商确定。

“金叵罗 11 队”通过参与到当地发展事务中，起到了乡村资源整合者、城市要素导入者、村庄形象代言者、村庄运营参谋者的特殊作用，成功融入了村庄的生活，提升了当地乡村治理水平，成为村“两委”发展产业的参谋助手和城市资源入乡的媒人。

2. 生态、环保理念全方位覆盖

农场发展目标与当地发展现状、远景契合。在进行多个地方选址考察后，创始人最终选择金叵罗村主要原因有三个。一是农场与当地发展前景规划相一致。村第一书记是较早具有生态环保理念的回乡创业大学生，其发展理念就是走生态、可持续发展道路，因此十分支持生态农场的建设。二是具有基础良好的村合作社。金叵罗村的村合作社重点运营农旅融合项目，入社村民达到93%，拥有流转土地1800多亩，为农场的落地和发展起到了重要的组织协调作用。三是生态环境符合农场发展规划。该村已经连续八九年未使用农药，选址时农场创始团队对当地的水土进行了测量，当地各项环境指标均符合建设生态农场的标准。

充分挖掘农业多功能。作为一家主打食农教育的生态农场，农场主要业务分为两大部分，一部分是以农场为载体的各类亲子、农事体验、教育等活动，即“田野上度过的时光”，如种植水稻、小麦、饲养鸡鸭鹅、观察昆虫等，收费标准为788元/天（2大人1小孩）和1186元/天（2大人2小孩），项目包括一天的活动（根据季节，如种水稻、施肥等）及一顿午餐。目前农场不提供住宿，正在建设农场二期——野奢露营花园，该项目由农场创始团队与村集体、共建人、学校采用“社区参与式营造”方式共同建设，把原有废弃设施和果园荒地打造成同时兼具休闲度假、生态环保、仿生湿地、露营野餐、农业景观、自然教育等多功能户外空间，届时可能会提供住宿。除此类亲子活动外，农场还承接公司团建、婚礼等活动。另一部分是农场自制烘焙面包。一名热爱钻研面包烘焙的农场创始人邀请建窑大师建造了一座“柴烧式罗马窑”，采用木柴烧窑手工制作面包，燃料主要来源于当地大量的果树剪枝，窑烤风味的面包通过微信、小红书等渠道进行预售，按订单生产，避免了食材浪费，由于面包销售主要通过顺丰邮寄，快递的成本较高，因此面包主要售卖区集中在京津冀地区。

农业生产遵循自然农法。由于农场并不以销售农产品为主要收入来源，因此对产量没有太高要求，农场生产遵循朴门永续农法。除根据不同时节推出不同的农业活动外，农场本身会盖大棚并种植一些水果、蔬菜，用的肥料是农场中养的小马的粪便；农场中还有小型的锁孔花园、昆虫旅店、蚯蚓食堂等小型生态圈。农场的作物均为顾客参加各种活动时所种，生长过程遵循有机原则，对产量无太多期望。这就是农场所贯彻的生态环保理念和遵循自然法则的生态农业。因此，目前农场尚未有扩大规模的规划，致力于做好二期工程、引入野营基地、增加住宿，继续做好食农教育、发展成为前沿的学农基地。

通过全方位覆盖生态、环保理念，无论来农场体验“田野上的时光”的是儿童、学生还是成人，通过亲手种植作物、观察大自然规律等，都能够在农场中体验到遵循自然法则存续的小生态圈和深刻的环保理念。而后，这些感受和理念被带回城市里、带到生活中、带给身边的人，由此实现了生态环保教育理念的正向传播。

（三）经验启示

农场虽然很成功，但在实际运营过程中也存在一些问题，集中体现在与周边规模养鸡场协调困难（鸡粪等污染气味影响农场顾客体验）、运营团队缺乏务农经验、政府支持力度弱和商业模式难以推广等方面。与其他民宿和休闲农场相比，农场可以视为新农人和村合作社的深度合作，实现了环境保护和共享发展的双赢，具有重要的启示意义，归纳起来主要有两方面。

一是坚持绿色发展理念，深度挖掘农业非生产价值。历史为农业赋予的角色具有向上的动态演变性，农业发展方向的变化便以此为基础。我国社会已经进入到解决人民对美好生活的需要和发展不平衡不充分的矛盾的阶段，农业生产能力得到了充分保障，人民对农业的非生产功能需求开始出现并成为农业变富的关键实现手段。该农场邻近大都市圈，确立食农发展战略，顺应了现今社会发展阶段对农业供给产品升级和改变农产品附加值低这一困境的需求，市场发展前景良好。农场的创办源于创始人的环保、爱农思想和理念，并在实践中得以坚持，并以此吸引了一批共建人和客源，使农场在财务上得以可持续。同时，良好的生态环境、景观以及先进的理念也惠及全村，进一步巩固了各方的利益联结机制。

二是在实践中注重与相关利益主体建立紧密的利益联结机制。金叵罗村几乎村社合一的发展模式为农场与当地的深度合作提供了扎实的基础，并且当地领导班子的愿景与农场一致，主观与客观相一致的前提下自然为打造生态有机的食农教育农场提供了坚实的基础。农场采取共建、“保底＋分红”、本地用工、本地助农的方式进一步强化了农场、村社、农户“利益共同体”的属性。我们在推进项目落地的过程中，要注重利益相关者分析，首先是识别项目本身行为会对哪些主体带来负外部性并进行协商谈判，其次是将项目的正外部性最大化，带动相关利益主体参与和支持该项目。

六、研究结论与政策建议

在后1万美元时代，农业绿色发展成为我国农业发展的必然趋势，由此产生三类生态红利，并提升了农业的生态价值，但农业生态价值的提升并不意味着全部同步到经济价值的提升，不仅像绿色增值的产业生态化和像乡村旅游的生态产业化的价值实现存在难度，公共性和准公共性农业生态产品的价值实现更是缺乏多元、有效的路径。如何在保护绿水青山和冰天雪地的同时收获金山银山，将这些生态红利转化为农业产值和农民收入是需要深思的问题。

（一）研究结论

（1）我国人均GDP自2019年首次超过1万美元，并将持续稳定在1万美元以上水平，进入后1万美元时代。进入该阶段后，农业GDP占比将很小并持续下降，农业经济功能微乎其微。但农业仍然具有重要的地位，主要体现在社会功能和生态环境功能逐渐凸显，其中生态环境功能转而成为农业的核心功能。

（2）在后1万美元时代，由于对农业多功能性需求的提升，农业绿色发展逐渐成为未来农业发展的核心要义和必然趋势，并带来农业污染减排、绿色产品增值、生态环境质量改善三大农业生态红利，成为推进农业生态价值实现的重要手段。

（3）“双碳”目标背景下，以碳标识赋能农业生态价值实现，可能是后1万美元时代充分挖掘农业多功能性并实现外部性内部化的重要途径。

（4）农业绿色发展带来的生态红利是一种潜在价值，需要通过生态补偿等政府路径和生态产业化、产业生态化、构建产权市场等市场路径进一步转化为现实的经济价值，实现正外部性内部化，实现绿水青山转化为金山银山。

（二）政策建议

1. 加强认识，站在国家安全的高度看待农业发展

随着农业经济功能的不断下降，农业的地位似乎越来越微乎其微，但是，农业因其承担的社会、生态、文化等功能一直都具有重要的作用。粮食安全是国家安全的重要基础，在重大全球性灾害、地缘政治、贸易保护主义等冲击下，农业的基础性地位尤为重要，如果不能实现充分自给，将成为真正的“卡脖子”问题。要超越经济层面看待粮食和重要农产品供给问题，坚持底线思维，保障口粮的绝对安全。农村是我国主要的生态屏障所在地，维护着国家生态安全，要坚持绿色发展，树牢保护农业生态环境就是发展农业生产力、保护耕地是最有效的囤粮手段、保护山水林田湖草就是积攒鱼虾蟹肉蛋奶的观念，保障国家经济社会发展的环境基础。

2. 因地制宜、实事求是地推进农业绿色发展

正确认识农业绿色发展进阶还需要时空双重视角。农业绿色发展一定是一个循序渐进的过程。首先从时间尺度来看，一个地区在不同时点上对应不同的发展阶段，由低到高的进阶过程不可逾越；其次从空间尺度来看，不同地区在同一时点上可能会处在不同的发展阶段上，发展的目标和政策手段也应有所区别。目前，我国农业绿色发展总体上还处在起步阶段，部分发达

地区已经处在农业绿色发展的第二阶段，还有相当一部分地区处在第一阶段或从第一阶段向第二阶段过渡的时期。因此各地在推进农业绿色转型的过程中，必须先做好自诊断，既不能照搬其他地区的做法，也不能跳级跃进，而需要遵循发展的观点，立足本地实情，实事求是，循阶推进本地的农业绿色转型进程。国家在制定农业绿色发展相关评估和考核机制时，也应承认各地基准水平有差异，避免“一刀切”的考核标准。

3. 超前谋划，务实推动农业碳市场建设

在“双碳”目标背景下，减排是首要着力点，但减排和固碳两大措施将变得同样重要，实现碳中和有相当一部分要通过碳汇（其中包括少量碳捕获与封存）来实现，碳汇市场化交易将逐渐成为我国碳交易市场未来不断完善的方向，农业碳的角色将因土壤固碳方面的突出作用而受到重视。“双碳”目标将给我国带来一场广泛而深刻的经济社会系统性变革，引致的巨大资金需求只能依靠市场化路径解决，要积极扩大碳交易市场覆盖的范围，早日将农业纳入碳交易市场，通过核证自愿减排量（CCER）和碳汇两个途径去抵消碳排放配额。在实践推进方式上，先选择部分农业绿色发展基础较好、营商环境优良、改革创新意识强的发达地区作为试点区域，以村集体经济组织、专业大户、合作社、农垦、社会化服务组织等规模较大、组织程度较高、市场意识较强的主体为试点对象，以规模化畜禽养殖业为首批试点行业，加强经验总结和推广。

4. 加强保障，提高市场主体参与积极性

一是加强技术保障力度。农业碳排放足迹核算复杂，涉及农产品生产、投入、运输、消费和废弃物处理等多个环节，同时，不同农产品在不同环节的碳排放系数完全不同，无论是对于小农户还是企业而言都是一个技术难题。政府一方面要开展农业碳排放足迹核算的方法学研究，建立科学的核算体系；另一方面要加大对市场主体的技术支持，引导科研院所提供相关技术解决方案，破解市场主体参与碳标识项目和碳交易市场的障碍。二是加强资金保障力度。针对现有农业碳排放核算成本较高、碳标识增值空间不大、碳交易市场欠缺的情况，按照“节本增益”的思路，加大资金投入力度，分担部分碳排放足迹核算成本，为低碳产品加强社会宣传、提供价格补贴政策。

主要参考文献

[1] 李若成，罗必良. 直面现实推进中国农业经济学研究——第三届中国农业经济理论前沿论坛综述[J]. 经济研究，2019，54（6）：204-208.

[2] 金书秦，李明艳. 站在人均1万美元的台阶上如何看待中国农业？[J]. 中国发展观察，2020（Z7）：76-79.

[3] 高明秀，吴姝璇. 资源环境约束下黄河三角洲盐碱地农业绿色发展对策[J]. 中国人口·资源与环境，2018，28（S1）：60-63.

[4] 崔宁波，董晋. 新时代粮食安全观：挑战、内涵与政策导向[J]. 求是学刊，2020，47（6）：56-65.

[5] 陈锡文，韩俊. 经济新常态下破解“三农”难题新思路[M]. 北京：清华大学出版社，2016.

[6] 严立冬，邓远建，等. 农业生态经济学[M]. 武汉：武汉大学出版社，2015.

[7] 金书秦，牛坤玉，韩冬梅. 农业绿色发展路径及其“十四五”取向[J]. 改革，2020（2）：30-39.

[8] 冯丹萌，许天成. 中国农业绿色发展的历史回溯和逻辑演进[J]. 农业经济问题，2021（10）：90-99.

[9] 金书秦，韩冬梅. 从“两山”理论到农业绿色发展[J]. 中国井冈山干部学院学报，2020，13（3）：18-24.

[10] 范冬萍，付强. 中国绿色发展价值观及其生态红利的构建[J]. 华南师范大学学报（社会科学版），2017（3）：26-31+189.

[11] 于法稳，黄鑫，岳会. 乡村旅游高质量发展：内涵特征、关键问题及对策建议[J]. 中国农村经济，2020（8）：27-39.

[12] 王慧炯，甘师俊，李善同，等. 可持续发展与经济结构[M]. 北京：经济科学出版社，1999.

[13] 陈舜，逯非，王效科. 中国氮磷钾肥制造温室气体排放系数的估算[J]. 生态学报，2015（19）：6371-6383.

[14] 邓明君，邓俊杰，刘佳宇. 中国粮食作物化肥施用的碳排放时空演变与减排潜力[J]. 资源科学，2016（3）：534-544.

[15] 胡小康，黄彬香，苏芳，等. 氮肥管理对夏玉米土壤CH_4和N_2O排放的影响[J]. 中国科学：化学，2011（1）：117-128.

[16] 金书秦，韩冬梅，林煜，等. 碳达峰目标下开展农业碳交易的前景分析和政策建议[J]. 农村金融研究，2021（6）：3-8.

农村低收入人口的识别、生计和帮扶研究*

2020年中国如期实现打赢脱贫攻坚战，困扰中华民族几千年的绝对贫困问题得到历史性解决，中国踏上实现共同富裕的新征程。然而，脱贫地区仍然面临巩固拓展脱贫攻坚成果有效衔接乡村振兴的新任务。根据中共中央、国务院《关于实现巩固拓展脱贫攻坚成果同乡村振兴有效衔接的意见》，在5年过渡期内，脱贫地区要根据形势变化做好衔接，同时健全农村低收入人口常态化帮扶机制。那么农村低收入人口识别及其生计特征以及如何进行精准帮扶等，均是农村低收入人口研究的重要内容，同时也是实行常态化帮扶机制的前提。因此，课题组在实证研究基础上，对此问题开展深入探讨。

一、引言

农村低收入人口实质是农村绝对贫困问题向相对贫困问题转变的具体呈现。党的十九届四中全会明确提出“建立解决相对贫困的长效机制”，党的十九届五中全会提出“建立农村低收入人口和欠发达地区帮扶机制”，这些

* 本报告是清华大学中国农村研究院2021年重点研究课题“脱贫攻坚任务完成后，农村低收入人口的类型、识别和帮扶政策研究”的研究成果，报告观点仅代表课题组的看法。课题负责人：李小云，中国农业大学文科讲席教授。报告执笔人：于乐荣、郑添禄、徐进、李小云。

均为全面建成小康社会后脱贫地区巩固拓展脱贫成果指明了方向。相对贫困不同于绝对贫困，绝对贫困的标准具有客观性，集中表现为匮乏；而相对贫困则是一个与收入分配格局、收入差距紧密相关的概念，从标准上看表现为人群之间的“比较性”①。然而相对贫困和绝对贫困也不是完全泾渭分明，随着整个经济社会的发展，一方面，用于确定绝对贫困所依据的“生活消费品”的范围会有所扩大，这就使它具有了相对的意义；另一方面，仅仅说相对贫困是相对社会平均生活水平也并不全面，它还必须有一个合理的内核，这就使它具有了绝对的意义②。因此，未来一段时期，脱贫地区和脱贫人口仍然是相对贫困集中的区域和范围，也是实现乡村振兴和共同富裕所需关注的重点。

学者已经对中国相对贫困问题开展了大量的研究，但有关农村低收入人口的研究尚不多见。高强、曾恒源（2021）对低收入人口和相对贫困人口进行了区分，认为农村低收入人口与相对贫困人口是两个相伴相生的概念，相似之处在于都是因经济收入比较而划分的困难群体，不同之处在于前者主要关注经济收入不足，而后者则拓展到教育、健康等其他方面。而程国强、伍小红（2021）的研究并未明确使用相对贫困的概念，但是在农村低收入人口识别上实际是借鉴了相对贫困的识别方法，并在此基础上将农村低收入人口进一步划分为脱贫不稳定户、边缘易致贫户和相对低收入户。除去概念和识别方法的差异，现有研究一致认为巩固脱贫攻坚成果、防止规模返贫是“十四五”时期必须坚守的底线任务，因此需要尽快制定合理的农村低收入人口识别标准，以建立健全农村低收入人口动态监测与分层分类帮扶机制。

基于此，本报告分别以全国大样本数据以及实地调研地点微观数据为基础，采用点面结合的方式对农村低收入人口的识别、生计以及帮扶措施进行探索性研究，为农村低收入人口动态监测提供实践依据。宏观层面数据来自

① 左停、李世雄：《2020年后中国农村贫困的类型、表现与应对路径》，载《南京农业大学学报（社会科学版）》2020年第4期第58-67页。

② 唐钧：《确定中国城镇贫困线方法的探讨》，载《社会学研究》1997年第2期第62-73页。

中国家庭追踪调查（CFPS）已公开的数据，中观层面数据来自内蒙古自治区赤峰市国家扶贫改革试验区，个案数据来自云南省勐腊县河边村。

二、农村低收入人口识别方法述评

识别农村低收入人口首先面临的是划线标准问题，也就是如何界定低收入，这又与贫困标准密切相关。当前各国运用较多的是以基本需求为参考的绝对贫困标准①和以相对收入为依据的相对贫困标准②。部分发达国家也综合考虑贫困的多维度特征，形成了多维相对贫困标准③。

（一）绝对标准

从绝对指标来看，各国学者对于这一标准持有不同的观点。一些学者将国际贫困线视作识别低收入群体的绝对指标。发达国家的低收入群体标准通常较高，Hacker（2006）将美国的低收入人口界定标准定义为年人均收入低于25000美元；发展中国家的低收入人口界定标准通常较低，Ravallion（2010）认为如果一个人生活在一个人均消费水平介于发展中国家的中位贫困线（即按每天2美元）和美国每天13美元的贫困线之间的家庭，就是中产阶级。因此该学者将每人每天收入低于2美元的界定为低收入群体。Bussolo将每人每天收入低于10美元的界定为低收入群体。随着经济社会的不断发展，世界银行（World bank）（2018）在《贫困与共享繁荣2018：拼出贫困的拼图》提出了补充性的新标准来界定低收入人口，即每人每天生活费3.2美元的中

① 阿玛蒂亚·森：《贫困与饥荒》，商务印书馆2001年版，第38页。
② 王小林：《贫困测量：理论与方法》，社会科学文献出版社2012年版，第23–37页。
③ 李寻欢、周扬、陈玉福：《区域多维贫困测量的理论与方法》，载《地理学报》2020年第4期第753–768页。

等偏低收入贫困线，以及每人每天 5.5 美元的中等偏高收入贫困线。

中国自改革开放以来共采用过三条不同生活水平的贫困标准，分别是“1978 年标准”“2008 年标准”和“2010 年标准”。“1978 年标准”是一条低水平的生存标准，按 1978 年价格每人每年 100 元，在该标准下食物支出比重约 85%，基本能保证每人每天 2100 大卡热量。“2008 年标准”是一条基本温饱标准，按 2008 年价格每人每年 1196 元，在该标准下食物支出比重降低到 60%，基本满足温饱要求，达到“有吃、有穿”的水平[①]。“2010 年标准”即现行农村贫困标准，是一条稳定温饱标准，按 2010 年价格每人每年 2300 元，在该标准下食物支出比重在 50% 左右。由于物价水平变化，同一标准在不同年份需要进行年度调整，以确保其代表的生活水平不变。按相应年份的价格水平，现行贫困标准在 2019 年是 3218 元。综上可知，自 2008 年以来，我国农村贫困标准主要瞄准的是绝对贫困人口，在一定程度上已无法满足我国巩固拓展脱贫攻坚成果和治理相对贫困的需要[②]。

（二）相对标准

以相对指标来界定低收入群体，能够反映收入分配比重的变化对于低收入人口比重的影响，目前，学界主要有以下三种相对指标。第一种是基于收入中位数来界定低收入群体，这也是国际上通常采用的“中位线”方法。Joe C. Davis 和 John H. Huston（1992）认为低收入人口的上限标准应该是中位数的 50%，当收入低于收入中位数的 50% 时，就属于低收入人群。Nancy Birdsall（2000）在研究中的目标是评估中等收入群体在全球转向市场和经济一体化中的表现，并将中位数附近家庭的规模和收入份额列为衡量中等收入群体的标准，该标准认为当收入在中位数的 75% ~ 125%

① 鲜祖德、王萍萍、吴伟：《中国农村贫困标准与贫困监测》，载《统计研究》2016年第9期第3-12页。

② 高强、曾恒源：《中国农村低收入人口衡量标准、规模估算及思考建议》，载《新疆师范大学学报（哲学社会科学版）》2021年第4期第92-104页。

范围时为中等收入群体，收入低于75%的为低收入群体。黄征学（2021）结合社会经济承受能力，将低收入标准设定为中位数收入的30%。第二种是根据收入分位点或者按收入几等分组来界定低收入人口。发达国家一般采用20%的比例作为相对指标，排序位于后20%的个体为低收入人口。Mark D. Partridge（1997）将收入分为五等分，将最低两个等分组里的人视为低收入人口。William Easterly（2001）在《中产阶级共识与经济发展》中，将收入五等分中最低一个分组的人视为低收入人口。最后一种是按照收入的平均数来界定低收入群体。我国学者苏海南（2016）将收入的平均数定义为低收入人口的上限，收入低于平均数为低收入人口。但是，在收入分配差距较大的情况下，以平均收入作为确定低收入群体的基准是要慎重的。

国内学者对于中国相对贫困标准的研究大多采用了收入比例法来测定，即以居民收入中位数的一定比例作为相对贫困的判断标准。孙久文和夏添（2019）的研究表明，2020年后应分别以城乡居民中位数收入的一定比例作为城市和农村的相对贫困标准，同时设定一定年限（例如5年或10年）作为调整周期。沈扬扬和李实（2020）采用CHIP2018全国家庭收入调查数据测算了基于“全国城乡一条线”和“分城乡设置标准”两种方案下的相对贫困人口，并建议2020年以后中国应分城乡制定相对贫困标准并进行周期性动态调整，最终将相对贫困线稳定在收入中位数的50%。周力（2020）在总结国际经验的基础上，提出采用家庭人口加权计算得到的成人等效居民可支配收入中位数的50%作为相对贫困线。叶初升、赵锐（2013）采用人均收入的50%来度量总体的贫困发生率，谷晓然和刘维娜（2016）采用当期可比收入中位数的50%作为相对贫困线，王小林（2017）采用人均年纯收入中位数的20%为相对贫困线。

可以看出，无论是国际还是国内，都倾向于采用收入比例法划线确定相对贫困标准，区别在于不同国家根据所处的经济发展阶段以及财政负担能力而划定了不同的收入比例。

（三）多维标准

多维贫困标准是一种衡量个人或家庭同时遭受健康、教育、工作或生活其他方面“被剥夺”情况的指标体系。最早由牛津大学贫困与人类发展研究中心的 Sabina Alkire 和 James Foster 两位教授提出，因此又称为 AF 法。根据 AF 法，个人或居民在各维度上的被剥夺状况可以通过加权计算成多维贫困指数（Multidimensional Poverty Index，MPI），每个国家或地区可以根据居民的 MPI 指数状况来设置贫困线。如果个人或家庭的 MPI 指数等于或大于一个贫困临界值，比如说全部被剥夺状况的某个百分比（如 20%、30% 或 50%），则可以被认为是多维贫困的。联合国开发计划署（UNDP）在人类发展报告中采用了 MPI 来度量各国的贫困状况，称之为全球 MPI。在最新发布的 2019 年多维贫困指数报告中，研究者们采用多维贫困指数度量了包括孟加拉国、刚果、埃塞俄比亚、印度、尼加拉瓜、巴基斯坦和秘鲁在内的很多发展中国家的贫困状况。

国内学者对多维贫困的研究也非常多，但采用多维贫困标准判定中国相对贫困标准的研究还不是很多。一方面，在于多维贫困的指标体系涉及指标相对较多，在教育、健康和生活水平维度下所涉及的具体指标在各个地区差异较大，很难开发出一整套适用于全国的多维贫困指标体系。另一方面，如果没有一整套适用于全国的多维贫困判定方法，那么也就缺乏比较的依据，也无法对相应的财政支出进行有效安排。尽管多维贫困指标体系存在适用性的问题，但国内学者认为 2020 年后中国将进入解决相对贫困问题的新阶段，应逐步将健康、教育、文化、社会参与等维度纳入贫困监测范畴[①②]。

综上所述，以上贫困标准制定的经验做法对我国农村低收入人口识别具

---

① 高强、曾恒源：《中国农村低收入人口衡量标准、规模估算及思考建议》，载《新疆师范大学学报（哲学社会科学版）》2021年第4期第92-104页。

② 潘文轩、阎新奇：《2020年后制定农村贫困新标准的前瞻性研究》，载《农业经济问题》2020年第5期第17-27页。

有一定的启示意义。绝对贫困标准以维持基本生活为原则，将贫困程度转化为等值收入或支出；相对贫困标准以收入为依据，由收入集中趋势的一定比例计算得到；多维贫困标准与基本需求内涵相对应，更偏重于对基本可行能力的考察。“十四五”时期，巩固脱贫攻坚成果防止规模性返贫是实现共同富裕的底线任务。为此，2021年中央一号文件明确要求，要“健全防止返贫动态监测和帮扶机制”“开展农村低收入人口动态监测，实行分层分类帮扶”，这为实践中开展防止返贫监测和低收入人口监测工作提出了现实要求。

三、农村低收入人口的识别

（一）数据来源

赤峰市是国家和内蒙古自治区重点贫困地区之一，在脱贫攻坚以前其贫困人口占全区的三分之一。到2019年底，该市开始探索高质量稳定脱贫以及防止返贫机制。同年，该市被确定为西部省份首个国家扶贫改革试验区，在防止返贫监测以及相对贫困识别上开展一系列的试点试验。调研采用多阶段分层随机抽样方法在全市10个旗县及2个区内开展入户问卷调查。表1是样本农户的分布。已脱贫户（之前的建档立卡户）为373户，非建档立卡户为858户；居住在农区和牧区的农户比例分别为45.3%和54.8%。问卷调查内容涉及农牧户家庭基本信息、收入、消费、风险和脆弱性等。选用该数据开展农村低收入人口识别的主要原因在于赤峰市是国家乡村振兴局设定的首个位于西部省份的国家级扶贫改革试验区，有关脱贫攻坚后的重点任务，如防止返贫监测、低收入人口识别以及相对贫困治理等，都可以在试验区内先行先试，因此本研究也依托这些先行先试的做法开展实地调研。

表1　　样本农户的分布

类型	样本农户数（户）	所占比例（%）
非建档立卡户	858	69.7
已脱贫户	373	30.3
合计 1	1231	100
农区	557	45.3
牧区	674	54.8
合计 2	1231	100

数据来源：研究团队调查数据。

（二）基于赤峰市农牧户调查的低收入人口识别

在赤峰市国家扶贫改革试验区所开展农牧户住户调查基础上，课题组采用不同方案对农牧区低收入人口进行识别。

1. 绝对标准

研究中主要采用绝对贫困标准中的食物支出比率法和基本需要支出法识别低收入人口。其中食物支出法主要以恩格尔系数为测算依据，基本需要支出法是将除食物外的其他基本生活需要支出也计算在内。

以恩格尔系数（家庭食物支出占家庭总消费支出的比率）为测算依据，对样本农户的生活水平进行分析和比较。结果表明，样本农户中 99% 以上的农户均达到温饱以上的生活水平，93.5% 的样本农户实现富裕（见表 2）；农区和牧区以及建档立卡户（脱贫户）和非建档立卡户的恩格尔系数存在显著差异。

表 3 显示农区农户的恩格尔系数为 19.2%，而牧户的恩格尔系数为 15.6%，农户比牧户高 3.6 个百分点；建档立卡户的恩格尔系数为 19%，比非建档立卡户高 2.5 个百分点。经过差异显著性检验后，这两组差异均在 1% 的显著水平下显著。以上结果说明，以恩格尔系数度量的低收入水平在这一地区已不敏感，但是农牧区住户间生活水平的差异还是非常显著的，牧区要好于农区，非建档立卡户要好于已脱贫户。因此，尽管以食物消费支出

衡量的贫困在这一地区已不敏感，但为了监测不同类型农户的生活水平差异，食物消费支出比率仍可以作为参考指标，同时结合其他度量指标来进行联合识别低收入人口。

表2　　恩格尔系数下样本农户的分布

	恩格尔系数（%）	所占比例（%）
贫困	⩾ 60	0.8
温饱	50 ~ 60（含）	2.1
小康	40 ~ 50（含）	3.6
富裕	30 ~ 40（含）	7.6
最富裕	⩽ 30	85.9
合计		100

数据来源：研究团队调查数据。

表3　　不同类型农户的恩格尔系数

类型	样本户数量（户）	恩格尔系数值（%）
农区	557	19.2
牧区	673	15.6
非建档立卡户	857	16.5
建档立卡户	373	19.0

注：有缺失值。

数据来源：研究团队调查数据。

如果在食物消费的基础上，将衣着、居住、医疗、教育、交通通信和生活用品及服务支出也都计算在内，就可以获得一个家庭维持基本生活所需要的支出，即基本需要支出。我们依据问卷调查的内容构造了一个基本需要支出度量方案（见表4）。基本需要支出包括食物、衣着、居住、医疗、教育、耐用消费品、用电、用水、取暖、出行、通信支出以及人情往来支出，但是不包括休闲娱乐支出。参考 Morris et al.（2000）的做法，按照人均基本需要支出划分三个度量方案，低方案由样本中人均消费最低的 20% 农户的消费支出测算得出；高方案由样本中消费最低的 50% 农户的消费支出测算得出；总体方案由全样本农户数据测算得出。

表4　人均基本需要支出识别方案

方案	含义	样本农户数	人均基本需要支出
低方案	支出最低的 20% 农户	248	3419.2
高方案	支出最低的 50% 农户	615	5467.9
总体方案	全样本农户	1228	11400.5

注：有缺失值。

数据来源：研究团队调查数据。

表 4 显示按照不同方案测算的结果。低方案由人均基本需要支出最低的 20% 农户构成，共 248 户，他们的人均基本需要支出是 3419.2 元，基本与 2019 年赤峰市建档立卡户脱贫标准持平（2019 年赤峰市脱贫标准为人均可支配收入 3218 元）。高方案中包括 615 户，他们的人均基本需要支出为 5467.9 元，相当于 2018 年内蒙古自治区农村居民人均消费支出 12661.5 元的 43.2%，介于 0.4 和 0.5 之间。总方案中共有 1228 户，他们的人均基本需要消费支出为 11400.5 元，与 2018 年赤峰市农村牧区常住居民消费支出的 10593 元相差不大。以上结果表明，从以人均基本需要支出度量的生活水平看，低方案接近绝对贫困含义，高方案具有相对贫困含义，总方案反映平均水平，因此可参考人均基本需要支出中的高方案作为低收入人口识别的一种方法。

2. 相对标准

收入比例法是相对贫困识别中常用的方法，其中收入集中趋势是主要参考依据。样本统计分析结果表明，样本农牧户的人均可支配收入高于 2019 年内蒙古自治区农村牧区常住居民人均可支配收入，但低于城乡居民人均可支配收入；收入中位数接近内蒙古自治区平均水平。农牧区收入差距显著，农区人均可支配收入接近全区平均水平，而牧区收入显著高于全区平均水平。

依据不同收入比例识别出的低收入人口比例也存在较大差别。比如，如果以 2019 年内蒙古自治区农村牧区常住居民人均可支配收入的 50% 度量相对贫困，也就是 7641.5 元，在此标准下则会有 25% 的样本农户落在这个标准以下；同样地，如果以自治区城乡居民人均可支配收入的 40%，即 12222

元为界，则会有 40% 的样本农户落在该线以下。由此可见，以自治区人均可支配收入的 40% ~ 50% 为划线标准，样本农户的低收入人口比例也比较高。分析结果显示，尽管样本农户的平均收入水平高于自治区水平，但农户间的收入差距还是比较大，收入最低的 10% 的农牧户人均可支配收入仅为 3990 元，收入最低的 25% 的农牧户人均可支配收入为 7560 元，与收入均值及中位数都有较大的差距（见表 5）。

以收入比例法识别低收入人口对收入参考线及比例比较敏感，基于不同收入参考线及比例所度量的低收入人口比例差异较大。因此，仅以收入为依据识别低收入人口仍不能充分反映其生活水平，还需要考虑测算贫困深度指数以更好地反映低收入人口收入水平与低收入线的差距。

表5　人均可支配收入比较

指标	收入（元）
2019 年内蒙古自治区农村牧区常住居民人均可支配收入	15283
2019 年内蒙古自治区城乡居民人均可支配收入	30555
全体样本户人均可支配收入均值	25724.4
全体样本户人均可支配收入中位数	15085.0
样本农户中农区人均可支配收入	15193.8
样本农户中牧区人均可支配收入	34155.6
样本农户收入最低的 10% 人均可支配收入	3990
样本农户收入最低的 25% 人均可支配收入	7560

数据来源：研究团队调查数据。

四、农村低收入家庭的特征分析

（一）数据来源

本部分研究采用中国家庭追踪调查（CFPS）的公开数据。CFPS 先后于

2010年、2012年、2014年、2016年和2018年在全国开展追踪调查，调查内容涉及社会、经济、人口、教育和健康等多个方面。CFPS数据也常被国内外学者用于分析贫困问题，其追踪调查的连贯性为研究者提供了良好的数据基础。本报告选用CFPS过去五次调查的家庭经济和家庭关系部分数据，在剔除缺失值和异常值后，以家庭人均纯收入中位数的40%为标准进行低收入家庭的识别，并以识别结果开展后续分析。为了保证尽可能多的样本数量被纳入分析中，除了生计水平和生计策略选择部分采用家庭经济和家庭关系数据库合并后的样本进行分析外，其余部分均采用处理后的家庭经济数据。同时，为了使历年收入数据具有可比性，除2010年外，本报告均选用CFPS提供的与2010年可比的收入数据进行分析。

（二）农村低收入家庭的人力特征

为了全面认识农村低收入家庭的特征，研究首先从家庭人口规模、农业从业人数、个体经营从业人数、少儿抚养比和老年抚养比五个方面进行分析，得出以下三个特征。

第一，农村低收入家庭为小家庭状态，劳动人口较为缺乏。从表6可知，农村低收入家庭人口规模的平均值为3.83人，与中高收入家庭差异不大，小家庭逐渐成为主流。小规模家庭会带来劳动力的减少，从农业从业人数和个体经营人数来看，两个指标的平均值都处于较低水平。其中低收入家庭农业从业人数的均值为1.53人，个体经营人数的平均值仅为0.12人。

第二，农村低收入家庭更多地在农业劳动方面投入家庭劳动力。由农业从业人数和个体经营人数的对比可见，低收入家庭在劳动力紧缺的情况下更多地投入农事活动。相较于中高收入家庭，低收入家庭也更偏向于将劳动力投入农业劳作，二者在1%的水平上具有显著差异。在个体经营人数指标上，低收入家庭与中高收入家庭则不具有显著差异。世界银行统计数据显示，2019年我国农业从业人数在就业总人数中的占比达到25.1%，普遍高于其他中高收入国家。虽然自改革开放以来，我国农业现代化水平有了显著的提高，但是相比于工业化、城镇化的水平而言，仍然明显滞后。尤其是欠发达地区的农业发展水平仍旧不足，因此导致更多的劳动力投入小规模的农业生产中①。

第三，农村低收入家庭的老龄化问题严重。从少儿抚养比和老年抚养比的平均值比较可以看出，农村低收入家庭老年抚养远高于少儿抚养比，二者差值达到0.56。与中高收入家庭相比，低收入家庭的老龄化程度更高。表6卡方检验结果表明，在不同收入家庭类型中少儿抚养比和老年抚养比分别在5%和1%的水平上差异显著。然而我国全面放开二孩政策在2016年正式实施，但2018年农村低收入家庭和中高收入家庭的少儿抚养比仍旧仅为0.13和0.16，远低于2018年全国少儿抚养比0.24的水平。老年抚养比更是远远高于全国平均0.2的水平，分别达到0.69和0.51。

表6　以CFPS数据统计的农村家庭结构对比情况

指标	含义	农村低收入家庭		农村中高收入家庭		差异
		均值	方差	均值	方差	
人口规模	家庭人口数	3.83	2.1	3.89	1.97	0.013
农业从业人数	家庭从事农业的人口数量	1.53	1.22	1.37	1.28	-0.058***
个体经营人数	家庭从事个体经营的人口数量	0.12	0.12	0.11	0.43	-0.013
少儿抚养比	家庭0～14周岁少年儿童人口数占劳动年龄人口数的比例	0.13	0.46	0.16	0.47	0.034**
老年抚养比	家庭65周岁以上人口数占劳动年龄人口数的比例	0.69	0.43	0.51	0.47	-0.187***

注：**表示在5%水平上显著，***表示在1%水平上显著。

数据来源：中国家庭追踪调查（CFPS）2018年数据库。

（三）农村低收入家庭的资产状况

家庭资产水平作为反映农户资本和生产能力的重要维度，是农村家庭

① 李小云：《现代化进程中的乡村问题和振兴路径》，载《贵州社会科学》2022年第1期第143-151页。

自我发展能力的重要体现[①]，家庭资产在收入代际传递中存在显著的中介效应，父代所具有的家庭资产在一定程度上会影响子代收入[②]。从CFPS 2018年数据统计的各项资产价值的方差可以看出，各项资产的离散程度十分大，可见农村低收入家庭内部家庭资产持有的差异较大，家庭净资产的最小值为-561812.5元，而最大值可达到4991000元（见表7）。

表7　以CFPS数据统计的农村低收入家庭拥有家庭资产基本情况

资产类型	户数（户）	均值（元）	方差	最小值（元）	最大值（元）
耐用消费品价值	2159	14726.29	39122.74	0	700000
金融资产	2192	17745.16	62193.17	0	1200000
生产性固定资产	2186	13045.65	155144.7	0	6000000
房屋资产	2176	160441.6	309842.9	0	5050000
土地资产	2203	21347.66	41473.69	0	584375
家庭净资产	2099	187337.7	298431.5	-561812.5	4991000

数据来源：中国家庭追踪调查（CFPS）2018年数据库。

对家庭资产价值分布情况的进一步统计分析可以发现，除了房屋资产外，农村低收入家庭间各项资产持有差异跨度都很大。以生产性固定资产为例，该类资产最小值为0元，占比为60.20%，而有9.42%的家庭生产性固定资产价值在1万元以上，价值在0.1万元至1万元之间的家庭占比为21.96%（见表8）。

表8　以CFPS数据统计的农村低收入家庭拥有的家庭资产价值分布情况　单位：%

价值区间	耐用消费品价值	金融资产	生产性固定资产	房屋资产	土地资产
0元	10.79	36.13	60.20	0.69	21.61
0～0.1万元（含）	19.96	13.59	8.42	1.19	3.31
0.1万～1万元（含）	49.98	25.68	21.96	10.98	27.73
1万～5万元（含）	12.14	17.61	6.22	27.44	36.27

① 闫姝雅、杨国涛、张晓欢：《基于农户家庭资产视角的多维贫困测度》，载《统计与决策》2020年第12期第19-23页。

② 刘润芳、郝一格、邵鑫鑫：《家庭资产对居民收入代际传递的影响——基于CFPS经验数据分析》，载《西北人口》2021年第4期第82-92页。

续表

价值区间	耐用消费品价值	金融资产	生产性固定资产	房屋资产	土地资产
5万~10万元（含）	4.40	3.97	1.33	21.32	8.08
10万~50万元（含）	2.69	2.60	1.60	33.23	2.86
50万元以上	0.05	0.41	0.27	5.15	0.14

数据来源：中国家庭追踪调查（CFPS）2018年数据库。

从家庭资产结构方面来看，房屋资产是农村低收入家庭最为主要的资产来源，占总资产的比重高达70.58%，其次是土地资产，占比为9.39%，二者之和超过八成（见表9）。赵锦春等人（2021）的研究也指出，低收入家庭较中高收入家庭而言，更偏向于增加房屋资产，这体现出低收入家庭的福利水平较中高收入家庭而言处于更低水平。值得注意的是，生产性固定资产所占的比重最小，仅为5.74%，这反映出农村低收入家庭在生产资料上的投资还远远不足，对于这些家庭而言首要的是满足生存性的目标。当家庭收入有盈余时，相较于购买金融产品，农村低收入家庭会更偏向于选择传统保存现金或到银行存款的方式，以抵御潜在风险①。根据表10可知，农村低收入家庭购买金融产品的比例仅有0.27%，印证了这类家庭更为保守，获得稳定的生活保障是其第一选择。

表9　以CFPS数据统计的农村低收入家庭户均家庭资产结构

资产类型	价值（元）	占比（%）
耐用消费品价值	14726.29	6.48
家庭金融资产	17745.16	7.81
生产性固定资产	13045.65	5.74
房屋资产	160441.60	70.58
土地资产	21347.66	9.39
家庭总资产	227306.26	100.00

数据来源：中国家庭追踪调查（CFPS）2018年数据库。

① You Jing. Risk，under-investment in agricultural assets and dynamic asset poverty in rural China. *China Economic Review*，2014，29：27–45.

表10　以CFPS数据统计的农村低收入家庭金融资产比较　单位：%

有没有拥有该类资产	金融产品	现金和存款
有	0.27	60.09
没有	99.73	39.91

数据来源：中国家庭追踪调查（CFPS）2018年数据库。

（四）农村低收入家庭的收入特征

1. 收入水平变化

通过对 CFPS 历年调查数据结果的分析可以看出，农村低收入家庭自 2010 年到 2018 年的收入变化主要呈现以下特征。

（1）收入水平总体保持上升态势，但增长幅度呈波动状态。一方面，2010—2018 年，农村低收入家庭人均纯收入均保持稳定增长，但从数额角度来看，2018 年的 2722.03 元远远低于国家统计局公布的 2015 年全国农村居民人均纯收入 10772.00 元。另一方面，收入增长幅度波动上涨，其中分别在 2014 年和 2018 年有较大幅度变动。2014 年农村低收入家庭人均纯收入较 2012 年而言增加了 24.43%，而 2012 年较 2010 年仅增长了 6.96%，前者是后者的 3.5 倍。2013 年习近平总书记提出精准扶贫思想，2014 年中共中央办公厅从顶层设计角度详细规划精准扶贫工作模式，全党、全社会开始关注农村贫困群体，“一系列措施、一揽子政策”开始向贫困地区倾斜。因此，在 2014 年农村贫困人口收入水平开始出现较大幅度的增长。与此相同的是，2017 年 10 月党的十九大报告中提出实施乡村振兴战略，2018 年中共中央、国务院印发《乡村振兴战略规划（2018—2022 年）》，反复提及“缩小城乡收入差距，提高农民收入水平”。与此同时，2018 年农村低收入家庭人均纯收入较 2016 年增长了 28.92%，再一次出现大幅度增长（见表 11）。

表11　以CFPS数据统计的农村低收入家庭人均纯收入增长情况

年份	家庭人均纯收入的均值（元）	增长幅度（%）
2010年	1352.21	/
2012年	1446.36	6.96
2014年	1799.64	24.43
2016年	2111.36	17.32
2018年	2722.03	28.92

数据来源：中国家庭追踪调查（CFPS）2010年、2012年、2014年、2016年和2018年数据库。

（2）城乡低收入家庭收入水平和增长速度的差异不明显。对比城乡低收入家庭人均纯收入的水平可以发现，农村低收入家庭与城镇低收入家庭的收入水平基本一致，城镇家庭收入略高于农村家庭。2018年城乡低收入家庭人均纯收入较2010年的增长幅度差异也不明显。较2010年而言，2018年农村低收入家庭人均纯收入增长了101.30%，城镇低收入家庭增长了103.46%，二者相差2.16%。值得注意的是，无论是农村低收入家庭还是城镇低收入家庭的收入增长幅度都小于全体家庭，相差约20个百分点（见表12）。

表12　以CFPS数据统计的家庭人均纯收入情况对比

年份	农村低收入家庭（元）	增长幅度（%）	城镇低收入家庭（元）	增长幅度（%）	全体家庭样本的均值（元）	增长幅度（%）
2010年	1352.21	/	1369.78	/	10253.13	/
2018年	2722.03	101.30	2787.00	103.46	22749.80	121.88

数据来源：中国家庭追踪调查（CFPS）2010年和2018年数据库。

2. 收入结构变化

收入结构是收入来源的直观反映，准确认识农村低收入家庭的收入结构特征才能够明确重点帮扶领域，对其实施精准帮扶。为了明晰农村低收入家庭收入结构，本报告以国家统计局对收入的分类标准，提取并整合CFPS历年数据中与2010年可比的工资性收入、经营性收入、财产性收入、转移性收入、其他收入和家庭纯收入数据用于分析（见表13）。研究发现，农村低收入家庭的收入结构特征主要有以下五个方面。

表13　以CFPS数据统计的农村低收入家庭纯收入的收入结构和增长率　单位：%

收入类别	2010 年		2012 年		2014 年		2016 年		2018 年	
	占比	增长率	占比	增长率	占比	增长率	占比	增长率	占比	增长率
家庭总收入	100.00	/	100.00	15.53	100.00	3.62	100.00	21.54	100.00	25.44
工资性收入	42.51	/	41.91	13.88	41.24	1.96	45.65	34.54	53.13	46.01
经营性收入	48.58	/	40.75	–3.10	33.14	–15.73	29.86	9.50	17.74	–25.47
财产性收入	0.77	/	1.31	94.61	1.62	28.92	1.78	33.39	2.16	52.27
转移性收入	3.37	/	9.69	232.37	18.73	100.32	16.93	9.85	17.76	31.60
其他收入	4.76	/	6.35	54.09	5.27	–14.02	5.78	33.41	9.20	99.62

数据来源：中国家庭追踪调查（CFPS）2010年、2012年、2014年、2016年和2018年数据库。

（1）农村低收入家庭的收入结构变得更加多元。据 CFPS 2010 年至 2018 年调查数据分析结果显示，农村低收入家庭收入结构由主要依靠工资性收入和经营性收入转变为以工资性收入为核心、经营性收入和转移性收入并重、财产性收入和其他收入予以补充的结构状态。2010 年农村低收入家庭收入基本来源于工资性收入和经营性收入，二者占家庭总收入的 91.09%。然而，至 2018 年，经营性收入减少的同时转移性收入占比上涨，分别为 17.74% 和 17.76%，工资性收入则上涨至 53.13%。因此，在 2018 年形成了以工资性收入为核心、经营性收入和转移性收入并重、财产性收入和其他收入加以补充的新结构。

（2）工资性收入仍然是农村低收入家庭最重要的收入来源。一方面，自改革开放以来，随着工业化、城镇化的不断推进，进城务工成为许多农村居民的主要选择，“农民工”也逐渐成为农民的新代名词。另一方面，除了进城务工，留在农村的人们通常选择帮他人做一些短期的农活以获得临时性工资收入，还有很少一部分人能够通过担任乡村干部获得每月固定的工资收入。往往这两方面的工作所能够获得的收入相对于其他类别的收入而言更加丰厚，这也就是工资性收入成为农村低收入家庭最主要的收入来源的原因之一。当然，并不是所有家庭都能够拥有工资性收入，由表 14 可知，仍有 53.83% 的家庭无工资性收入来源。在人均纯收入水平上有工资性收入的家庭人均纯收入为3417.80元，而无工资性收入的家庭仅为2124.96元，二者相差1292.84元[①]。

表14 以CFPS数据统计的农村低收入家庭各类收入情况

是否有该类收入	工资性收入		经营性收入		财产性收入		转移性收入		其他收入	
	数量（户）	占比（%）	数量（户）	占比（%）	数量（户）	占比（%）	数量（户）	占比（%）	数量（户）	占比（%）
是	1018	46.17	952	43.17	239	10.84	1704	77.28	830	37.64
否	1187	53.83	1253	56.83	1966	89.16	501	22.72	1375	62.36

数据来源：中国家庭追踪调查（CFPS）2018年数据库。

（3）经营性收入增长遇到瓶颈，呈负增长态势。由表14可知，经营性收入是所有收入构成中唯一呈负增长态势的收入类别。在2012年、2014年和2018年增长率分别为-3.10%、-15.73%和-25.47，2010—2018年总体增长率为-33.36%，负增长态势不断扩大。在农村低收入家庭中，经营性收入主要来源于农业经营收入，主要通过出售农产品获得收入。但农民作为农业产业链中受益最小的主体，一方面，种养殖业需要花费农民大量的成本；另一方面，需要承担因自然和市场等因素带来的各种风险。因此，农民能够从出售农产品中获得的收益十分微薄。同时，第二、第三产业在乡村的发展不够充分，能够通过从事个体私营的农村低收入家庭却寥寥无几。根据CFPS 2018年调查数据显示，超过90%的农村低收入家庭表示没有从事个体私营，仅有7.35%的家庭从个体私营活动中获得收入。

（4）转移性收入比重不断提升，增长幅度最大。农村低收入家庭的收入构成中增长幅度最大的转移性收入，2010—2018年增加了8.6倍。除了增幅明显外，转移性收入在总收入中所占的比重也在增加，由2010年的3.37%增长到2018年的17.76%。此外，转移性收入对农村低收入家庭的覆盖度更加广，有77.28%的家庭从转移性收入中受益，其比例远高于其他收入类别。值得关注的是，虽然从平均水平来看工资性收入是农村低收入家庭最主要的收入来源，但是在CFPS 2018年的数据分析结果中仅有46.17%的家庭拥有

① 数据来源：作者以CFPS 2018年数据统计的农村低收入家庭的收入数据。

工资性收入。而在无工资性收入的家庭中，转移性收入则起到了关键的补充作用，成为这一部分家庭的主要收入来源。如图 1 所示，通过分析 2018 年无工资性收入的农村低收入家庭收入数据可以发现转移性收入占比最大，达到 38%，其次是经营性收入（占比 36%）、其他收入（占比 22%）和财产性收入（占比 4%）。在这些家庭中，有 66.55% 的家庭明确表示收到了来自政府的补贴，更有 10.57% 的家庭只能依靠转移性收入生活，无其他收入来源[①]。这与精准扶贫和脱贫攻坚等相关政策实施以来，政府向农村地区大规模投入的社会保障、医疗、教育和基础设施等诸多方面密不可分[②]，也进一步表明了扶贫政策效果具有一定的显著性。

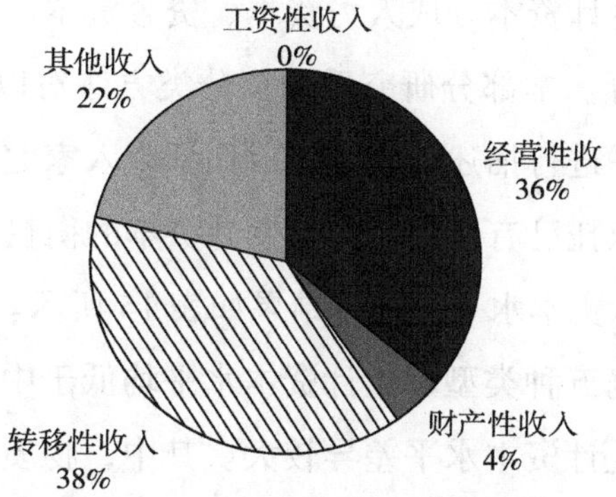

图 1　以 CFPS 数据统计的无工资性收入的农村低收入家庭收入结构

数据来源：中国家庭追踪调查（CFPS）2018年数据库。

（5）财产性收入占比依旧严重不足。财产性收入一直以来都是农村低收入家庭最为缺乏的收入来源，其占比始终保持在 1% ~ 2%，难以在促进家庭增收中发挥有效作用。在农村低收入家庭中仅有 10% 左右的家庭有财产性收入，这些收入主要来自出租土地获得的租金收入。对于农村低收入家庭而言，几乎没有家庭有住房出租收入（有该项收入的家庭占比 0.73%）和其他资产出租收入（有该项收入的家庭占比 0.27%），并且几乎没有家庭持有

---

① 数据来源：作者根据CFPS 2018年数据整理分析所得结果。

② 徐进、李小云：《论脱贫的稳定性与减贫动力变化的若干问题》，载《南京农业大学学报（社会科学版）》2021年第6期第33–42页。

金融产品（有该项收入的家庭占比 0.27%）。然而，CPFS 数据表明 2018 年农村低收入家庭平均拥有 187337.7 元的家庭净资产，可见该部分资产未能够得到充分发挥作用，难以为其带来收益增长。

（五）农村低收入家庭的生计特征

1. 生计资本水平

家庭的生计资本水平在一定程度上影响着家庭收入、发展机会和应对风险的能力，进而影响收入不平等[①②]。英国国际发展部（DFID）的可持续性生计分析框架将农户生计资本分成人力资本、资金资本、自然资本、物质资本和社会资本五个部分。本部分研究采用该分类方法对以 CFPS 数据统计的农村家庭生计资本水平进行描述性统计，对比低收入家庭和中高收入家庭的生计资本水平差异。依托已有研究对各类生计资本的衡量和 CFPS 2018 年调查数据，本研究对生计资本水平的衡量结果如表 15 所示。

农村低收入家庭五种类型的生计资本水平均低于中高收入家庭，两种家庭类型之间的各类生计资本水平差异较大。其中，物质资本和资金资本差距最大，农村低收入家庭的物质资本均值为 16938.92 元，而中高收入家庭的水平达到 36807.03 元，后者约为前者的两倍，资金资本的差距则达到三倍左右。对于人力资本而言，农村低收入家庭平均受教育程度的均值为 1.02，基本等于小学教育程度，中高收入家庭则为 1.46，相当于一半的中学教育水平。马明等人（2021）的研究表明衡量资金资本的家庭存款和衡量社会资本的人情往来对于移民家庭的收入增长具有突出贡献。农村低收入家庭的现金和存款总值为 12049.78 元，远低于中高收入家庭的 36755.54 元，在人情往来支出上也呈现类似的差距。这一数据对比在一定程度上与马明等人得出的

① 李斌、李小云、左停：《农村发展中的生计途径研究与实践》，载《农业技术经济》2004年第4期第10–16页。

② 李聪、刘若鸿、许晏君：《易地扶贫搬迁、生计资本与农户收入不平等——来自陕南的证据》，载《农业技术经济》2019年第7期第52–67页。

研究结论具有相同之处。此外，农村低收入家庭与中高收入家庭的五类资本水平差异均在 1% 的水平上具有显著差异。

表15　以CFPS数据统计的农村家庭生计资本情况对比（2018年）

资本类型	变量	低收入家庭			中高收入家庭			差异
		总均值	均值	方差	总均值	均值	方差	
物质资本	耐用消费品价值（元）	16938.92	14750.84	39192.13	36807.03	33581.13	84749.29	0.123***
	农用器械价值（元）		2465.46	7976.39		3314.40	18207.79	
	经营资产（元）		3.35	108.01		1.23	12.05	
自然资本	土地资产（元）	–	21362.53	41539.46	–	34873.91	100256.90	0.074***
资金资本	现金和存款总值（元）	25441.96	13049.78	44531.37	66091.63	36755.54	109498.20	0.134***
	金融产品资产（元）		15.02	549.35		1275.60	21176.41	
	总房贷（元）		12379.48	47686.79		28092.61	115924.20	
社会资本	人情往来支出（元）	–	2635.17	4157.29	–	4214.61	5862.06	0.138***
人力资本	平均受教育程度	–	1.02	0.76	–	1.46	0.81	0.253***

注：平均受教育程度采用虚拟变量赋值的形式进行表示并以此取均值，其中文盲/半文盲=0、小学=1、中学=2、高中=3、大专=4、大学本科=5、研究生及以上=6。***表示在1%水平上显著。

数据来源：中国家庭追踪调查（CFPS）2018年数据库。

2. 生计策略选择

生计策略是指一个家庭为了达到生计目标，凭借自身资产和收入结构而选择参与不同的生计活动[①]。生计策略选择与生计资本和收入结构密切相关，本研究参照瓦莱林[②]和陈良敏等人（2020）对于生计策略类型的提取方法，对各类收入水平及其占总收入的比重、农业从业人数和个体经营人数进

① Chambers，R.，G. Conway. Sustainable rural livelihoods：practical concepts for the 21st century. *IDS Discussion Pape*. 1992，296：6.

② McLaughlin，P. Brian. The rhetoric and the reality of rural deprivation. *Journal of Rural Studies*. 1986，4：291-307.

行 k- 中值聚类分析，将农村家庭的生计策略分为五大类，并在此基础上对每个指标进行 k 样本中位数检验。数据结果显示各指标均通过了中位数差异检验，P 值均小于 0.01，在 1% 的水平上差异显著（见表 16）。

表16 农村不同生计策略类型家庭的收入和职业分布对比分析（2018年）

指标	务工型	农工结合型	务农型	资产型	供养型	总均值	中位数检验 Pr=
工资性收入	67577.5	41366.261	4756.927	15914.1	2617.28	36661.789	0.000
经营性收入	324.702	3671.0497	17029.97	989.847	505.378	3980.7743	0.000
财产性收入	546.353	245.35757	180.8463	13464.6	114.901	662.67639	0.000
转移性收入	2211.61	2638.0305	1891.013	3513.66	11157.6	3789.6438	0.000
家庭总收入	70660.1	47920.699	23858.75	33882.2	14395.2	45094.884	0.000
工资性收入占比	95.35%	85.17%	10.70%	18.10%	5.50%	63.63%	0.000
经营性收入占比	0.33%	7.94%	74.92%	4.85%	4.02%	14.09%	0.000
财产性收入占比	0.85%	0.53%	0.66%	56.74%	0.85%	2.24%	0.000
转移性收入占比	3.47%	6.36%	13.71%	20.31%	89.63%	20.04%	0.000
农业从业人数	0.19	2.21	2.04	0.69	1.07	1.43	0.000
个体经营人数	0.13	0.09	0.13	0.20	0.09	0.11	0.000

数据来源：中国家庭追踪调查（CFPS）2018年数据库。

在对数据结果进行分析的基础上，本研究将生计策略类型分别命名为务工型、农工结合型、务农型、资产型和供养型。从家庭总收入来看，随着非农化程度的减少，家庭总收入呈现下降趋势，家庭工资性收入也表现出相同特征。家庭经营性收入则与之呈现相反特征，随着农业化程度增加，家庭经营性收入比重不断加大。从生计策略类型来看，属于供养型生计策略的家庭，其家庭总收入最低，其次是务农型家庭。供养型生计策略的家庭为基本依靠社会救助获取转移性收入维持生活的家庭，包括低保户、五保户和残疾户等。这部分家庭大多由于劳动力的匮乏导致难以通过自身能力获得收入，因此不得不依靠社会救助来保证基本生活，这也决定了其家庭收入仅能维持在较低的水平。资产型家庭则主要指的是依靠经营家庭资产获取收入的家庭，大多为农村留守或孤寡老人家庭。在农村，这部分家庭通常通过出租土地、房屋等资产来获取一定的租金收入。值得注意的是，资产型家庭的总收入水平较务农型家庭高，可见第一产业的受益效果不如第三产业的效果可观。这部分家庭虽然在农业中投入大量的劳动力，但所获得的受益却远不如其他类型的家庭。

为了比较农村低收入家庭和中高收入家庭在生计策略选择上的差异，本报告对家庭收入类型和生计策略选择类型进行了列联相关分析。结果显示，家庭收入类型与生计策略选择存在显著性差异（见表 17、表 18）。低收入家庭多为供养型、农工结合型和务农型的生计策略，而中高收入家庭则更多集中在农工结合型和务工型两种非农化程度更高的生计策略。农民人口、土地和产业的非农化转型能够带来收入的增长①，同时村庄的非农化程度也对农户收入产生影响②。对于劳动力充沛、具有一定自身发展能力和潜力的农村低收入家庭向中高收入家庭转移的过程中，在一定程度上实现非农化转型是一条可行的路径。因此，如何实现村庄的非农化转型从而带动低收入家庭的“去农化”，在乡村振兴进程中则需要加以重视。

表17　　家庭收入类型与生计策略类型交叉表（2018年）

	供养型	资产型	农工结合型	务工型	务农型	总计
低收入家庭	697	97	638	164	457	2197
中高收入家庭	299	79	2008	1508	380	4420
总计	996	176	2646	1672	837	6617

数据来源：中国家庭追踪调查（CFPS）2018年数据库。

表18　　卡方检验结果

	值	自由度	渐进显著性
皮尔逊卡方	1364.881a	5	0.0000
似然比	1400.925	5	0.0000
有效个案数	6617		

注：无数值单元格（0.0%）的期望计数小于5，符合卡方检验要求。最小期望计数为58.44。

数据来源：中国家庭追踪调查（CFPS）2018年数据库。

① 肖丽群、姚娉婷、刘宇湉：《“人口—土地—产业”非农化转型与农民收入的灰色关联分析》，载《江苏农业科学》2020年第15期第311–315页。

② 王建：《村庄非农化、社会资本与农民家庭收入》，载《华南农业大学学报（社会科学版）》2019年第2期第71–83页。

五、农村低收入家庭的生计冲击

本部分以云南省河边村低收入户为个案，剖析农村低收入家庭在脱贫攻坚后面临的风险和生计状态，试图通过对这些个案生计冲击的叙述来探究农村低收入家庭陷入低收入状态的可能原因，以此作为确定低收入家庭帮扶机制和路径提供可参考的证据。课题组对村庄内的结构及变化有着长期且系统的观察，并且连续七年对村庄农户开展基线调研和入户访谈，对全村 57 户农户的家庭特征和生计状况有全面的了解和认识，能够在点的层面对低收入人口的生计状况进行深入刻画，深入理解农村低收入家庭日常生产生活的真实图景，为有效开展帮扶提供现实支持。

（一）市场风险冲击

农村低收入家庭在对接现代化市场、直面潜在市场风险时，其风险应对能力的主要影响因素和因素间的作用机制具有多样性和复杂性。该类家庭长期的相对收入贫困状态无法为其积累参与市场竞争所需的资金资本，同时无法实现家庭资产的合理配置，从而导致农村低收入家庭难以通过自身的力量参与市场竞争。反之，市场风险的存在也是制约农户收入增长的客观因素之一（张小青等，2009），小农户出售的农产品价格的变动是影响农民收入稳定增长的主要因素（王川，2009）。此外，该类家庭生计资本的短缺使得在选择风险性高的生计策略时无法有效把握发展机会，被排斥在结构之外。进而使得其在市场竞争中始终处于不利地位，无法准确把握市场规律，缺乏市场风险防范意识，信息闭塞，知识匮乏，以至于市场风险基本上由农民消化和承受，而工、商环节则成为主要的受益者（张小青等，2009），进一步拉大了贫富差距，加剧相对收入贫困的状态。

我国农户基本以小农的形式存在[①]，受地理、资金、知识和信息等方面的限制难以发展大规模农业生产。河边村大多数农户依靠小面积种植甘蔗、无筋豆、芭蕉或中药材获得农业经营收入。仅有少数几户家庭尝试大规模的农业种植，大规模种植必然要面对不可预见的市场风险。然而，对于大多数农户而言，由于缺乏足够的文化和市场经验，他们难以准确把握政策利好机会、掌握先进技术以及自由市场竞争的最佳窗口，常常要面对“错失良机”的窘境；他们也缺乏参与市场竞争的资金资本，只能依靠借贷维持生产。在这样的状况下，一旦市场风险爆发，他们大多都不堪一击地“倒下”。小农户对接现代化市场所面临的风险，成为农户在进行生计结构转型以提高收入过程中不可忽略的重要一面。

（二）自然风险冲击

河边村地处热带雨林保护区，自然条件优越，但受雨林保护政策影响，无法利用雨林资源发展经济。也正是由于特殊的地理条件，使得河边村农户发展农业生产的同时需要面对自然风险的挑战。河边村最常见的一个现象就是农作物遭到野象的破坏，亚洲野象作为国家保护动物，政策规定农户经济作物遭到野象破坏时，不得伤害野象，损坏农作物将由国家予以赔偿。甘蔗、芭蕉、南瓜等农作物是河边村农户的首选经济作物，同时也是野象最喜欢的几种食物。过去六年，河边村有不少农户受野象影响，无法通过种植经济作物获得可观收入。原因在于：虽然被损害的农作物能够得到政府的赔偿，但以芭蕉树为例，损失一株芭蕉树补贴10元、一株芭蕉苗补贴2元，然而，如果按照市场价格来说，香蕉成熟后平均能够产生30元/株左右的收入，远高于政府的补贴。除了野象外，农户还面临着鼠灾、非洲猪瘟、水灾等不

① 根据国家统计局发布的《第三次全国农业普查主要数据公报（第二号）》数据显示，我国小农户占农业经营户比例超过98%。

可预见的自然风险。这些自然风险都会对河边村农户的种植业和养殖业产生巨大影响，切断了一些农户家庭唯一的收入来源。

2020年突如其来的新冠肺炎疫情，打乱了河边村农户的日常生活，不少依靠“瑶族妈妈客房”获得收入的家庭受到沉重打击。2018年和2019年河边村新业态发展刚刚开始步入正轨，参与“瑶族妈妈的客房”项目的家庭从客房经营和餐厅经营中获得了较高的收入。根据调查结果，2019年参与“瑶族妈妈客房”项目的家庭收入主要以非农经营收入为主（占总收入44.59%），该部分收入主要来源于客房及餐厅收入。这是河边村农户第一次真正体验到足不出户就能赚钱的喜悦，对于这些家庭来说，非农经营收入逐步取代了务农收入，占据主要地位。然而，伴随全球疫情的扩散和蔓延，河边村的新业态发展受到了严重的阻碍。原定于2020年寒暑假到村开展的各类夏令营、冬令营和小型会议接连取消，2020年全村家庭非农经营收入占比下降至21.78%，收入同比减少35.566万元，导致不少家庭收入骤降。在疫情的冲击导致非农经营收入急剧下降的情况下，河边村的农户表现出截然不同的状态。大部分家庭做出了及时的反应，依托复合型产业体系，选择了其他的生计策略来规避风险。然而，一部分缺乏生计资本的家庭难以抵御疫情的冲击，只能通过“再农化”来保持低收入状况避免返贫。

（三）疾病风险冲击

因病致贫、因病返贫是目前“脱贫低收入户”面临的主要问题之一，疾病带来的不仅是高昂的支出，还有可能导致家庭劳动力暂时性丧失，影响家庭的可持续发展。“一人生病，全家遭殃”是在村里随时能够听到的一句俗话。大多数落后地区的农户由于早年饮水安全、生活环境和卫生意识等问题严重，多数村民都会患上慢性病，常年需要服药，医药费已成为家庭固定开支的一部分。在疾病的影响下，家庭劳动力难以开展农业生产活动，这又为农业生产占很重要一部分生计的家庭增收带来了严重的阻碍。此外，由于村庄基础设施发展水平的限制，农户从事的生产性活动安全性较低，突发事故的发生率较高，如车祸、摔伤等。这类疾病的发生，必然也会为家庭带来巨大的医疗开支。农户大病就医需要到远离村庄的县城甚至是市区的大医院，不仅需要支付医疗费用，还需要大额的陪护人员住宿、餐饮开支，这样一来，大额开支加上劳动力的暂时缺失，大多数家庭在该年度都面临收入大大降低的风险。即使当前国家针对脱贫户的社会保障、医疗救助等政策措施得以延续，但只能起到兜底作用，无法为低收入农户带来增收动力。此外，还有一部分低收入农户由于家庭收入不景气且缺乏风险防范意识，未能按期缴纳医疗保险，以至于被排除在医疗保障制度之外。当潜在风险发生时，这类家庭在难以依靠自身能力加以应对的同时，还无法享受基本医疗保障政策的兜底和保护，返贫风险不断增加。

六、从防贫到振兴：对农村低收入家庭帮扶的建议

农村低收入家庭的低收入“困境”所表现出的贫困特征，在很大程度上受到结构性特征的影响。当前我国存在的城乡差距，如不均等的公共服务和社会保障体系，都是在历史过程中的城乡二元发展结构下形成的，单单靠帮扶农民本身无法实现对结构的跨越，需要宏观政策的转变，通过改变社会政策和制度来消除结构的固化，帮助低收入家庭走出困境。一方面，低收入家庭很大一部分来自返贫群体、意外风险致贫群体和流动贫困群体，在帮扶政策体系中应当首先聚焦于化解这一部分群体的返贫风险。因此，对于农村低收入家庭的帮扶，首先需要强调宏观政策从减贫到防贫体系的转变，从经济性的减贫政策到用社会政策来防贫，即社会政策需要具有防贫敏感性。另一方面，面对来自相对贫困群体的农村低收入家庭，需要通过完善政策体系来保障该部分群体的可持续增收能力和自我发展权利，建立缓解该部分群体相

对贫困的长效机制，将缓贫政策与部门发展政策相融合，即使得发展性政策具有缓贫敏感性。

第一，实践中可以将低收入人口识别下沉到地方基层，基于地方实际情况制定适合的低收入识别方案并进行监测。根据在不同调研地对低收入人口的测算，发现结果差异非常大，不适合采用统一的低收入线。实地调研也了解到现有行政部门中用到低收入家庭概念的主要是民政部门，在农村，虽然中央政府在2011年通过大幅提高贫困标准的方式将低收入对象和贫困人口合而为一，但随着精准扶贫政策的推进，实践中在建档立卡贫困户之外又区分了“贫困边缘户”或“边缘易致贫户”，并为他们提供不同的帮扶措施。在城市，“低收入家庭”仍然是民政部门贫困认定的重要标准。这样一种政策历史为我国建立新的“低收入人口”奠定了一定的政策基础①。2020年民政部出台的《关于进一步做好困难群众基本生活保障工作的通知》明确规定了低收入家庭一般是指家庭人均收入高于当地城乡低保标准，但低于低保标准的1.5倍，且财产状况符合当地相关规定的低保边缘家庭②。鉴于此，同时考虑到省际经济发展水平和财政能力的差异，可以在制定全国低收入人口参考线基础上，将省级划线标准下沉到地方，由各省自行确定适合本省的农村低收入人口划线标准。

第二，现有低收入人口与已脱贫人口中需要兜底保障的对象高度重合，政策帮扶仍以低保、临时救助为主，对于低收入人口发展需求关注不够。调研案例中所呈现的三种类型的低收入人口分别对应不同的需求。对于第一种市场风险下的低收入人口，他们有劳动能力，有发展需求，也试图通过发展产业增收，但囿于小户种植又缺乏对市场的把握，增收效果甚微，发展需求不能有效回应；第二种类型是各种自然风险叠加下的冲击使农户陷入困境；第三种类型则是意外事故和疾病带来的小农户“疾病—贫困”交织的循环困

① 李棉管、岳经纶：《相对贫困与治理的长效机制：从理论到政策》，载《社会学研究》2020年第6期第67–90+243页。

② 民政部、财政部：《关于进一步做好困难群众基本生活保障工作的通知》，http：//xxgk.mca.gov.cn：8011/gdnps/pc/content.jsp?id=14545&mtype=1。

境。后两种类型低收入人口仍处于基本需求和生计建设需求无法满足的阶段。由此可见，在巩固和拓展脱贫攻坚成果同乡村振兴有效衔接的过程中，巩固和建设农户生计结构显得尤为重要。为小农户建立复合型产业体系，才能有效减少农户的脆弱性并提高其抵抗风险的能力。而脱贫攻坚与乡村振兴政策交汇期，各项政策叠加共同作用，但在执行过程中总是出现未实现其预期目标或者执行过程中又引发新的问题等现象，比如低收入人口帮扶过程中资源利用的粗放化，帮扶政策仍以阶段性政策、应急性政策为主而缺乏制度性、常态化政策。

第三，明晰低收入人口的基本需要、个体发展需要和社会发展需要三种不同需要，在此基础上从保护性政策（社会政策为主）、发展性政策（经济性政策为主）两个维度提出宏观层面的国家整体帮扶政策、中观层面的地方或区域帮扶政策、微观层面的个体帮扶政策等政策体系与机制。完善针对特定家庭和群体的围绕基本需求和社会权利的社会保护（如最低生活保障、救助）、针对特定家庭和群体的生计建设和经济发展（如人力资本投资、家庭资产建设、就业促进）、针对欠发达地区的区域社会发展政策（社会福利、社会服务、基础设施、基本公共服务等）。

第四，健全防返贫帮扶机制，巩固脱贫成果。一方面依托防返贫监测系统做好应纳尽纳、应收尽收，依靠政治力量打通部门间数据壁垒，依据现有数据建立预警模型，利用大数据、云计算等数字技术对在库人群开展监测、跟踪和预警；另一方面需要出台全国性的农村低收入家庭帮扶工作条例，规范帮扶范围、措施和方法，对待不同低收入类型的农户开展分类帮扶，使得帮扶工作有章可循。从全国各省份的实践来看，目前多地低收入帮扶的政策措施均停留在救助性帮扶层面，缺乏发展性的帮扶。随着脱贫攻坚战的结束，我国乡村治理和乡村发展应当由运动式治理转向常态化治理，对于农村低收入家庭的帮扶应当在吸收脱贫攻坚经验的基础上加快转变为常态化帮扶。充分发挥市场和社会的作用，转变政府主导模式，向“党的领导下，政府、市场、社会和民众多方主体协同推进”的整体性治理模式推进，由政府兜底、市场加持、社会广泛参与，为农村低收入家庭增收致富探索更为有效的途径。

第五，积极回应低收入家庭发展性需要，为实现共同富裕奠定基础。一是促进乡村产业朝着多元化方向发展。发展现代农业是提高劳动生产率的关键途径，扶持农村低收入家庭参与现代农业各个环节，在优化资源配置中让低收入农户更多地享有现代生产技术、加工技术、数字技术资源红利。引导农业延长产业链，在农村地区开发有技术含量的加工业，提高农产品附加值，促进第一、第二、第三产业融合。充分发掘村庄资源，发展新业态产业，特别是在有条件的地区发展旅游、自然教育、休闲体验和康养产业。二是积极推动就业创业工作，完善相关就业保障政策。帮助农村有能力的低收入群体实现在地就业、直接就业，以工资性收入增长带动低收入农户的总收入增长。三是有效盘活闲置资产，促进资产增值增收。财产性收入在农村低收入家庭收入结构中占比水平极低，原因在于受村庄发展水平影响，农村家庭闲置资产未能得到有效利用。因此，在丰富农村产业类型、完善农村产业结构的基础上应当有效地盘活闲置资产，创新集体资产管理方式，引导闲置资产盘活、走向市场，实现资产增值增收。

第六，加大教育资源投入，促进农户可持续发展。教育是培育农村低收入家庭内生发展动力和人力资本、使得农村低收入家庭实现可持续增收的重要途径。首先，立足当下，加强对农民的职业技能培训，为农村低收入家庭“造血”。对于有劳动能力并有发展需求的人群，应引导其在干中学、在学中干，为其提供全面、完整和精准的技能培训，进一步丰富和强化职业技能和知识，加大人力资本投资；对于身体存在缺陷的低收入人群，应在保障其基本生活稳定的情况下，针对个人不同特点为其制定个性化的培训体系，树立其发展的自信心，做到不落下一个人。其次，远观未来，需要加大基础教育资源向农村地区倾斜，促进城乡教育公平化和教育水平均等化，保障农村低收入家庭的义务教育，扩大职业技术类学校向农村低收入家庭招生的规模。通过教育手段，有效阻断低收入的代际传递。

主要参考文献

[1] 阿玛蒂亚·森. 贫困与饥荒[M]. 北京：商务印书馆，2001.

[2] 程国强，伍小红. 抓紧做好农村低收入人口识别工作[J]. 中国发展观察，2021（Z1）：27-28+24.

[3] 高强，曾恒源. 中国农村低收入人口衡量标准、规模估算及思考建议[J]. 新疆师范大学学报（哲学社会科学版），2021（04）：1-11.

[4] 郭建宇，吴国宝. 基于不同指标及权重选择的多维贫困测量——以山西省贫困县为例[J]. 中国农村经济，2012（02）：12-20.

[5] 潘文轩，阎新奇. 2020年后制定农村贫困新标准的前瞻性研究[J]. 农业经济问题，2020（05）：17-27.

[6] 沈扬扬，李实. 如何确定相对贫困标准？——兼论"城乡统筹"相对贫困的可行方案[J]. 华南师范大学学报（社会科学版），2020（02）：91-101.

[7] 孙久文，夏添. 中国扶贫战略与2020年后相对贫困线划定——基于理论、政策和数据的分析[J]. 中国农村经济，2019（10）：98-113.

[8] 唐钧. 确定中国城镇贫困线方法的探讨[J]. 社会学研究，1997（02）：62-73.

[9] 王小林. 贫困测量：理论与方法（第二版）[M]. 北京：社会科学文献出版社，2017.

[10] 徐进，李小云. 论2020年后农村减贫战略和政策的相关问题[J]. 贵州社会科学，2020（10）：149-155.

[11] 于乐荣，李小云. 中国农村居民收入增长和分配与贫困减少——兼论农村内部收入不平等[J]. 经济问题探索，2013（01）：117-122.

[12] 张琦，沈扬扬. 不同相对贫困标准的国际比较及对中国的启示[J]. 南京农业大学学报（社会科学版），2020，20（04）：91-99.

[13] 周力. 相对贫困标准划定的国际经验与启示[J]. 人民论坛·学术前沿，2020（14）：70-79.

[14] 左停，李世雄. 2020年后中国农村贫困的类型、表现与应对路径[J]. 南京农业大学学报（社会科学版），2020，20（04）：58-67.

[15] Alkire，S.，Kovesdi，F.，Mitchell，C.，Pinilla-Roncancio，M. & Scharlin-Pettee，S. Changes Over Time in the Global Multidimensional Poverty Index： A Ten-Country Study.2019，https：//ophi.org.uk/wp-content/uploads/OPHI_MPI_MN_48_2019.pdf.

[16] Chambers，R. Poverty and livelihoods： whose reality counts?. *Environment and Urbanization*，1995，7（1）：173-204.

[17] Deeming，C. Minimum Income Standards： how might budget standards be set for the UK?. *Journal of Social Policy*，2005（34）4：619-636.

[18] Morris，J.N.，Donkin，A.J.M.，Wonderling，D.，Wilkinson，P. & Dowler，E.A. A minimum income for healthy living. *Journal of Epidemiology and Community Health*，2000（54）12：885-889.

[19] Rowntree，S.Poverty： A Study of Town Life. London：Macmillan，1902.

脱贫摘帽县全面转入乡村振兴跟踪研究*

聚焦过渡期如何更有针对性地推进脱贫摘帽县全面转向乡村振兴，本文使用了2013—2020年的脱贫摘帽县县级数据，构建指标体系，对脱贫摘帽县的经济发展能力、产业竞争能力、公共服务能力、政府调控能力以及发展能力综合指数开展测量分析，并结合广泛的实地调研，研判脱贫摘帽县全面转入乡村振兴的问题与挑战，提出推动脱贫摘帽县全面转入乡村振兴的关键路径。

一、对脱贫摘帽县全面转入乡村振兴开展跟踪研究的必要性

自1986年国家首次划列国家贫困县并实施有针对性的开发式扶贫方略以来，以贫困县为基本组织实施单元的区域性扶贫政策体系逐步完善，对改变贫困地区贫穷落后面貌、加快贫困地区经济和社会发展、逐步缩小东西部地区差距起到至关重要的作用。精准扶贫时期，区域性扶贫开发与精准到户到人施策并行不悖，各类扶贫举措主要以县域为组织单元统筹实施。其中，

* 本报告是清华大学中国农村研究院2021年重点研究课题“脱贫摘帽县全面转入乡村振兴跟踪研究”的研究成果，报告观点仅代表课题组的看法。课题负责人：王瑜，中国社会科学院农村发展研究所助理研究员。报告执笔人：王瑜、孙俊娜。

贫困县的任务尤其艰巨，在建档立卡之初，全国超过六成的贫困人口和将近六成的贫困村位于832个贫困县内，包括教育、卫生、文化、就业、社会保障等一系列民生基础的区域性发展条件，始终是减贫的基础和防贫的支撑。经过8年的精准扶贫和5年的脱贫攻坚战，到2020年，我国现行标准下农村贫困人口全部实现脱贫、贫困县全部摘帽、区域性整体贫困得到解决。

脱贫摘帽不是终点，打赢脱贫攻坚战、全面建成小康社会后，脱贫地区的工作重心也与全国一道发生了历史性的转移，就是要在巩固拓展脱贫攻坚成果的基础上，接续推动脱贫地区发展和乡村全面振兴，持续改善群众生活。党的十九届五中全会明确提出，要“实现巩固拓展脱贫攻坚成果同乡村振兴有效衔接”。为实现巩固拓展脱贫攻坚成果同乡村振兴有效衔接，中共中央和国务院提出了具体实施意见①，明确了脱贫攻坚目标任务完成后，设立5年过渡期，要求脱贫地区在过渡期内做好领导体制、工作体系、发展规划、政策举措、考核机制等有效衔接，从解决建档立卡贫困人口“两不愁三保障”为重点转向实现乡村产业兴旺、生态宜居、乡风文明、治理有效、生活富裕，从集中资源支持脱贫攻坚转向巩固拓展脱贫攻坚成果和全面推进乡村振兴。

对照中央提出的5年过渡期的目标，本研究对脱贫摘帽县全面转入乡村振兴的现实基础和主要挑战进行了评估分析，并对加快推动脱贫摘帽县全面转入乡村振兴提出政策建议。

二、脱贫摘帽县发展能力的差异与演变

对脱贫摘帽县发展特征的捕捉，是有针对性地实施推进举措的重要依据。利用脱贫摘帽县的县级数据，可构建脱贫摘帽县发展能力的指标体系，

---

① 《中共中央 国务院关于实现巩固拓展脱贫攻坚成果同乡村振兴有效衔接的意见》，2020年12月16日，http：//www.gov.cn/zhengce/2021-03/22/content_5594969.htm。

对脱贫摘帽县发展能力的相关指数开展测量，呈现脱贫摘帽县的发展分化与差异演变状况。

（一）脱贫摘帽县发展能力指标体系的建构

1. 指标构建说明

脱贫摘帽县的发展能力是多种因素共同作用的结果，本研究基于县域发展能力的内涵以及脱贫攻坚阶段的政策发力点，着眼于经济、产业、公共服务以及政府调控等方面，全面构建脱贫摘帽县发展能力指标体系。指标的选取遵循科学性、可操作性和政策指导性等原则，同时借鉴相关研究并考虑数据可得性，本研究设置了包括 4 个一级指标和 13 个二级指标的指标体系（见表 1）来反映脱贫摘帽县的发展能力和差异性特征。具体而言，经济发展能力一级指标对应选取了人均 GDP、农村居民人均可支配收入、人均社会消费品零售总额 3 个二级指标；产业竞争能力一级指标对应选取了人均农业机械总动力、第二产业增加值占比、第三产业增加值占比 3 个二级指标；公共服务能力一级指标对应选取了万人均在校中小学生数量、万人均医疗卫生床位数量、万人均社会福利收养性单位床位数量 3 个二级指标；政府调控能力一级指标对应选取了人均公共财政收入、财政自给率、人均居民储蓄存款余额、存贷比 4 个二级指标。

2. 数据来源说明

本研究的分县数据来源渠道包括但不限于《中国县域统计年鉴》（2014—2021 年）、各省份历年统计年鉴、各县（市、区、旗）历年国民经济和社会发展统计公报、各县（市、区、旗）历年政府工作报告、中国经济社会发展统计数据库等。

3. 数据处理说明

本研究综合考虑指标体系的全面性以及数据可得性和连续性特点，将样本区间选取为 2013—2020 年，样本为除了新疆维吾尔自治区和西藏自治区以外的 726 个国家级脱贫摘帽县单位，并且对数据进行了如下处理：一是剔除掉了数据缺失较为严重的 20 个市辖区数据和 1 个数据缺失较为严重的县数据；二是对于部分县（市、区、旗）存在个别缺失数据，根据前后年份数据利用插值法或类推法予以补齐，或者利用该县（市、区、旗）所在地级市的平均值予以替代；三是基于原始指标对部分二级指标进行了比重测算，如第二产业增加值占比、第三产业增加值占比、财政自给率、存贷比等。经过上述处理，本研究最终得到 2013—2020 年 705 个国家级脱贫摘帽县的面板数据。

表1　　脱贫摘帽县发展能力指标体系

一级指标	二级指标	单位	属性
经济发展能力	A1：人均 GDP	元	正向
	A2：农民人均可支配收入	元	正向
	A3：人均社会消费品零售总额	元	正向
产业竞争能力	B1：人均农业机械总动力	千瓦时	正向
	B2：第二产业增加值占比	%	正向
	B3：第三产业增加值占比	%	正向
公共服务能力	C1：万人均在校中小学生数量	人	正向
	C2：万人均医疗卫生床位数量	个	正向
	C3：万人均社会福利收养性单位床位数量	个	正向
政府调控能力	D1：人均地方公共财政收入	元	正向
	D2：财政自给率（公共财政收入 / 公共财政支出）	%	正向
	D3：人均居民储蓄存款余额	元	正向
	D4：存贷比（年末金融机构各项贷款余额 / 居民储蓄存款余额）	%	逆向

注：对于指标D1和D2，由于县域统计年鉴统计口径发生变化，2017年及以前统计口径为公共财政收入和公共财政支出，2017年以后统计口径为一般公共预算收入和一般公共预算支出。

资料来源：课题组构建的指标体系。

（二）脱贫摘帽县发展能力指数的测算方法

本部分测算衡量脱贫摘帽县的发展能力，包括 4 个分指数（即经济发展能力指数、产业竞争能力指数、公共服务能力指数、政府调控能力指数）和

1 个综合指数（即发展能力综合指数）。在构建表 1 的指标体系后，需要为各指标赋予权重。指标权数设定的方法主要有主观赋权法和客观赋权法两种形式。其中，主观赋权法通常由相关领域专家根据经验对指标进行主观赋予权重，比较常见的有古林法、德尔菲法、层次分析法等，这种方法应用较早，但容易受到主观影响。客观赋权法出现较晚，使用相对不够成熟，但它不依赖于人的主观判断，客观性较强，比较常见的有主成分分析法、熵值法、离差最大化法、均方差权数决策法等。本研究在综合考虑数据特征、方法应用领域以及计算烦琐性等多方面因素后，借鉴王军等（2013、2021）采用的客观赋权法中的熵值法对二级指标进行赋权并计算 4 个分指数，在此基础上，采用等权重赋权法对一级指标进行赋权并计算综合指数。其中，采用熵值法计算每个分指数的具体过程如下。

第一，对数据进行标准化处理。本研究选取的每个一级指标下的 3 ~ 4 个二级指标具有不同的量纲和量纲单位，使得各指标之间不具有可比性。因此，在为各指标赋予权重之前，应首先对各评价指标进行标准化处理，消除量纲与量纲单位的影响，再利用处理后的数据进行分析。本文采用极值化方法对所有变量进行标准化处理后，使得各变量的取值范围均为 [0，1]。具体计算过程如下：

除“存贷比”这一指标外，其他指标均为正向指标，即指标值越大越好；“存贷比”这一指标为逆向指标，即指标值越小越好。对于正向指标，无量纲化的计算公式为：

$$Z_{ij}=(x_{ij}-x_{min})/(x_{max}-x_{min}) \tag{1}$$

对于逆向指标，无量纲化的计算公式为：

$$Z_{ij}=(x_{max}-x_{ij})/(x_{max}-x_{min}) \tag{2}$$

式（1）和式（2）中，$i=1,2,\cdots,n$，x_{max} 和 x_{min} 分别为该指标的最大值和最小值。显然，无量纲化后的指标均为处于 [0，1] 的正向指标，都是越大越好。

第二，计算第 i 年指标 j 所占的比重。公式为：

$$\omega_{ij}=Z_{ij}/\sum_{j=1}^{n}Z_{ij} \tag{3}$$

式（3）中，n 为构建每个分指数要评价的二级指标数。

第三，计算指标的信息熵值。公式为：

$$e_j=-k\sum_{j=1}^{n}\omega_{ij}*\ln\omega_{ij} \tag{4}$$

式（4）中，k=1/lnm，m 为要评价的年度数。

第四，计算信息熵冗余度。公式为：

$$d_j=1-e_j \tag{5}$$

第五，计算指标权重。公式为：

$$\varphi_j=d_j/\sum_{j=1}^{n}d_j \tag{6}$$

第六，计算分指数。公式为：

$$Index_I=\sum_{j=1}^{n}\varphi_j*Z_{ij} \tag{7}$$

最后，计算综合指数。

通过上述步骤后，就可以测算出衡量脱贫摘帽县发展能力的 4 个分指数，然后基于 4 个分指数采用等权重赋权法计算出脱贫摘帽县发展能力综合指数，即：

$$Index=1/4Index_1+1/4Index_2+1/4Index_3+1/4Index_4 \tag{8}$$

（三）脱贫摘帽县发展能力指数测算结果与分析

在以上步骤基础上，可进一步得出脱贫摘帽县发展能力的相关指数水平，包括经济发展能力指数、产业竞争能力指数、公共服务能力指数和政府调控能力指数。这些指数体现了脱贫摘帽县在公共资源和市场要素资源配置方面的能力和潜力。

1. 经济发展能力指数

经济发展能力是衡量一个地区内在发展能力的根本内容，体现了一个地区的发展潜力。经过测算，可以看到（见表2），2013—2020年脱贫摘帽县的经济发展能力指数整体上呈现逐年上升的趋势，说明脱贫摘帽县的经济发展能力不断提升，即使面临疫情冲击，仍展现了一定的经济发展韧性。分指标来看，脱贫摘帽县的人均GDP和农村居民人均可支配收入指标整体上均呈现逐年增加的趋势，人均社会消费品零售总额除2020年受到疫情影响外也逐年不断提高。

表2　2013—2020年经济发展能力指数及其各指标描述统计

年份	经济发展能力指数	人均GDP（元）	农村居民人均可支配收入（元）	人均社会消费品零售总额（元）
2013	0.1178	18550.09	5827.062	4649.583
2014	0.1410	19581.59	6765.699	5368.847
2015	0.1610	20567.65	7545.242	6013.373
2016	0.1826	22203.06	8330.618	6719.963
2017	0.2048	23577.72	9141.949	7467.560
2018	0.2256	25502.36	10054.880	7966.130
2019	0.2533	28981.24	11162.030	8669.750
2020	0.2644	30125.09	12110.390	8458.251

数据来源：课题组根据所搜集的县域数据测算。

借鉴已有的相关文献（王军等，2021），采用自然间断点分段法将脱贫摘帽县的经济发展能力划分为低水平、中低水平、中高水平和高水平，其经济发展能力指数区间分别为[0.0075，0.1331）、[0.1331，0.1826）、[0.1826，0.2435）、[0.2435，0.7804）。从表3可以看到，2013年705个脱贫摘帽县中，经济发展能力相对处于高水平和中高水平阶段的脱贫摘帽县共有63个，其余县均处于低水平和中低水平阶段；2020年经济发展能力处于高水平和中高水平阶段的脱贫摘帽县共有600个，而仍有105个县处于低水平和中低水平阶段。总体来说，脱贫摘帽县的经济发展能力正从低水平和中低水平向中高水平和高水平发展演变，但也存在空间上发展不平衡的特征。

表3　2013—2020年不同经济发展能力指数脱贫摘帽县数量分布情况　单位：个

年份	低水平（0.0075 ≤指数＜0.1331）	中低水平（0.1331 ≤指数＜0.1826）	中高水平（0.1826 ≤指数＜0.2435）	高水平（0.2435 ≤指数＜0.7804）
2013	477	165	50	13
2014	339	246	89	31
2015	234	248	168	55
2016	158	222	227	98
2017	97	176	259	173
2018	47	161	232	265
2019	33	112	196	364
2020	25	80	189	411

数据来源：课题组根据所搜集的县域数据测算。

2. 产业竞争能力指数

产业是经济活动的载体，脱贫摘帽县的产业竞争能力可以说是其发展能力的核心内容（冷志明、唐珊，2014）。经过测算，可以看到（见表4），2013—2019年脱贫摘帽县产业竞争能力指数整体上呈现逐年上升趋势，说明脱贫摘帽县的产业能力在逐年提高，2020年可能受疫情影响，脱贫摘帽县的产业竞争能力指数有所回落，一定程度上体现出脱贫摘帽县的产业能力在面对风险冲击时还存在一定的脆弱性。分指标来看，2013—2020年脱贫摘帽县的人均农业机械总动力呈现先上升后下降再上升的趋势，虽然该指标无法全面反映脱贫摘帽县农业现代化发展情况，但也一定程度上可以代表，测算结果说明脱贫摘帽县的农业现代化进程有所加快。第二产业增加值占比和第三产业增加值占比除个别年份外，整体分别呈现下降趋势和上升趋势，说明脱贫摘帽县第三产业的发展能力和水平不断提升。

表4　　2013—2020年产业竞争能力指数及其各指标描述统计

年份	产业竞争能力指数	人均农业机械总动力（千瓦时）	第二产业增加值占比（%）	第三产业增加值占比（%）
2013	0.2959	0.8557	0.4000	0.3464
2014	0.2997	0.8911	0.3860	0.3651
2015	0.3029	0.9306	0.3687	0.3851
2016	0.3043	0.8910	0.3626	0.3972
2017	0.3087	0.8844	0.3547	0.4154
2018	0.3105	0.9013	0.3449	0.4271
2019	0.3143	0.9134	0.2920	0.4832
2020	0.3084	0.9373	0.2830	0.4752

数据来源：课题组根据所搜集的县域数据测算。

同样是采用自然间断点分段法，将脱贫摘帽县的产业竞争能力划分为低水平、中低水平、中高水平和高水平，其产业竞争能力指数区间分别为[0.0076，0.2820）、[0.2820，0.3077）、[0.3077，0.3322）、[0.3322，0.5187）。从表5可以看到，2013年705个脱贫摘帽县中，产业竞争能力相对处于高水平和中高水平阶段的脱贫摘帽县共有270个，其余县均处于低水平和中低水平阶段；2020年产业竞争能力相对处于高水平和中高水平阶段的脱贫摘帽县共有388个，而仍有317个县处于低水平和中低水平阶段。总体来说，脱贫摘帽县的产业竞争能力正从低水平和中低水平向中高水平和高水平发展演变，但也存在时间上发展不充分和空间上发展不平衡的特征，尤其是在疫情冲击下，表现出一定的脆弱性。

表5　　2013—2020年不同产业竞争能力指数脱贫摘帽县数量分布情况　　单位：个

年份	低水平（0.0076 ≤指数 ＜ 0.2820）	中低水平（0.12820 ≤指数 ＜ 0.3077）	中高水平（0.3077 ≤指数 ＜ 0.3322）	高水平（0.3322 ≤指数 ＜ 0.5187）
2013	251	184	137	133
2014	222	181	152	150
2015	196	188	159	162
2016	189	182	166	168
2017	151	185	187	182
2018	142	167	195	201

续表

年份	低水平（0.0076 ≤指数＜0.2820）	中低水平（0.12820 ≤指数＜0.3077）	中高水平（0.3077 ≤指数＜0.3322）	高水平（0.3322 ≤指数＜0.5187）
2019	116	149	211	229
2020	143	174	203	185

数据来源：课题组根据所搜集的县域数据测算。

3. 公共服务能力指数

聚焦公共资源配置，特别是促进基础设施和公共服务均等化以及强化社会保障网络建设等方面，是促进脱贫摘帽县降低贫困脆弱性、提升自我发展能力的重要手段。经过测算，可以看到（见表6），2013—2020年脱贫摘帽县的公共服务能力指数整体上呈现逐年上升的趋势，这说明脱贫摘帽县的公共服务能力不断提升。但同时要看到，各年度公共服务能力指数均较小，这说明脱贫摘帽县的公共服务水平仍有较大提升空间。分指标来看，脱贫摘帽县的教育和医疗服务能力在脱贫攻坚阶段整体呈现上升趋势，这说明脱贫攻坚阶段的相关教育扶贫和健康扶贫举措发挥了重要作用。由于缺乏更为合适的指标，选取了“社会福利收养性单位床位数量”这一指标来衡量脱贫摘帽县社会保障网络建设的情况，可以看到，除个别年份外，脱贫摘帽县该指标整体上呈现上升趋势，这说明脱贫摘帽县的社会保障网络不断完善。

表6　2013—2020年公共服务能力指数及其各指标描述统计

年份	公共服务能力指数	万人均在校中小学生数量（人）	万人均医疗卫生床位数量（个）	万人均社会福利收养性单位床位数量（个）
2013	0.1283	1200.150	30.3698	24.6637
2014	0.1365	1176.137	33.8061	26.5718
2015	0.1406	1160.468	35.8860	27.3055
2016	0.1464	1152.527	38.5335	28.1982
2017	0.1516	1157.229	41.3251	28.3531
2018	0.1574	1176.528	43.4303	29.0868
2019	0.1620	1192.034	46.3609	28.4284
2020	0.1682	1192.139	48.1956	30.1935

数据来源：课题组根据所搜集的县域数据测算。

沿用自然间断点分段法，将脱贫摘帽县的公共服务能力划分为低水平、中低水平、中高水平和高水平，其公共服务能力指数区间分别为[0.0240，0.1123)、[0.1123，0.1388)、[0.1388，0.1745)、[0.1745，0.5012)。从表7可以看到，2013年705个脱贫摘帽县中，公共服务能力相对处于高水平和中高水平阶段的脱贫摘帽县共有216个，其余县均处于低水平和中低水平阶段；2020年公共服务能力相对处于高水平和中高水平阶段的脱贫摘帽县共有490个，而仍有215个县处于低水平和中低水平阶段。总体来说，脱贫摘帽县的公共服务能力正从低水平和中低水平向中高水平和高水平发展演变，但也存在空间上发展不平衡的特征。

表7　2013—2020年不同公共服务能力指数脱贫摘帽县数量分布情况　单位：个

年份	低水平（0.0240 ≤指数＜0.1123）	中低水平（0.1123 ≤指数＜0.1388）	中高水平（0.1388 ≤指数＜0.1745）	高水平（0.1745 ≤指数＜0.5012）
2013	297	192	121	95
2014	251	186	148	120
2015	214	198	157	136
2016	176	180	193	156
2017	150	186	174	195
2018	134	168	183	220
2019	113	160	203	229
2020	75	140	231	259

数据来源：课题组根据所搜集的县域数据测算。

4.政府调控能力指数

在脱贫攻坚阶段，政府的组织与调控能力对打赢脱贫攻坚战发挥了重要作用，同样地，到了乡村振兴阶段，为了实现共同富裕的目标，政府仍然发挥着举足轻重的作用，因此，本研究将政府的调控能力纳入脱贫摘帽县发展能力的指标评价体系。经过测算，可以看到（见表8），2013—2020年脱贫摘帽县的政府调控能力指数整体上呈现逐年增加趋势，说明整体上脱贫摘帽县的政府组织与调控能力不断提升。分指标来看，脱贫摘帽县的人均公共财政收入和人均居民储蓄存款整体上呈现逐年上升趋势，但财政自给率则呈现逐年下降趋势，这说明脱贫摘帽县的财政依赖程度整体上有所上升。存贷比指标除个别年份外，整体呈现上升趋势，这说明脱贫摘帽县金融机构的资金流动性整体上有所下降。

表8　　2013—2020年政府调控能力指数及其各指标描述统计

年份	政府调控能力指数	人均公共财政收入（元）	财政自给率	人均居民储蓄存款余额（元）	存贷比
2013	0.2713	1221.438	0.1997	12605.54	0.8210
2014	0.2735	1357.543	0.1955	14350.16	0.8624
2015	0.2753	1430.691	0.1817	16218.43	0.8887
2016	0.2781	1526.801	0.1787	18434.69	0.9203
2017	0.2803	1551.483	0.1682	20664.83	0.9495
2018	0.2832	1536.423	0.1649	22953.77	0.9471
2019	0.2860	1569.696	0.1575	25517.74	0.9764
2020	0.2888	1516.915	0.1390	28681.30	0.9984

注：对于人均公共财政收入指标，由于2018年统计口径开始变为一般公共预算收入，而公共财政收入包含一般公共预算收入，因此2018年脱贫摘帽县整体上人均财政收入水平有所降低。2020年受疫情影响，各种减税降费政策的出台使得脱贫摘帽县当年财政收入水平整体上有所回落。

数据来源：课题组根据所搜集的县域数据测算。

接着，同样也采用自然间断点分段法将脱贫摘帽县的政府调控能力划分为低水平、中低水平、中高水平和高水平，其政府调控能力指数区间分别为[0.0400，0.2651）、[0.2651，0.2770）、[0.2770，0.2901）、[0.2901，0.7301）。从表 9 可以看到，2013 年 705 个脱贫摘帽县中，公共服务能力相对处于高水平和中高水平阶段的脱贫摘帽县共有 211 个，其余县均处于低水平和中低水平阶段；2020 年政府调控能力相对处于高水平和中高水平阶段的脱贫摘帽县共有 491 个，而仍有 214 个县处于低水平和中低水平阶段。总体来说，脱贫摘帽县的政府调控能力正从低水平和中低水平向中高水平和高水平发展演变，但同样也存在空间上发展不平衡的特征。

表9　2013—2020年不同政府调控能力指数脱贫摘帽县数量分布情况　单位：个

年份	低水平（0.0400 ≤指数＜0.2651）	中低水平（0.2651 ≤指数＜0.2770）	中高水平（0.2770 ≤指数＜0.2901）	高水平（0.2901 ≤指数＜0.7301）
2013	264	230	134	77
2014	225	232	155	93
2015	207	210	163	125
2016	166	193	204	142
2017	150	179	198	178
2018	146	142	198	219
2019	136	126	176	267
2020	116	98	182	309

数据来源：课题组根据所搜集的县域数据测算。

5. 脱贫摘帽县发展能力综合指数

基于上述 4 个分指数，本研究构建了脱贫摘帽县发展能力综合指数，表 10 展示了该指数的相关情况。可以看到，2013—2020 年，脱贫摘帽县发展能力综合指数整体上呈现逐年上升趋势，这说明脱贫摘帽县的综合发展能力不断提高。但同时也应看到，脱贫摘帽县发展能力综合指数水平整体上较低，即使位于相对高水平区间，指数值仍小于 0.5，这说明脱贫摘帽县综合发展能力仍有较大提升空间。

接着采用自然间断点分段法将脱贫摘帽县的综合发展能力划分为低水平、中低水平、中高水平和高水平，其综合发展能力指数区间分别为 [0.1315，0.2057）、[0.2057，0.2280）、[0.2280，0.2542）、[0.2542，0.4671）。从表 10 可以看到，2013 年 705 个脱贫摘帽县中，综合发展能力相对处于高水平和中高水平阶段的脱贫摘帽县共有 121 个，其余县均处于低水平和中低水平阶段；2020 年综合发展能力相对处于高水平和中高水平阶段的脱贫摘帽县共有 551 个，而仍有 154 个县处于低水平和中低水平阶段。总体来说，脱贫摘帽县的综合发展能力正从低水平和中低水平向中高水平和高水平发展演变，但仍存在空间上发展不平衡的特征。

表10　2013—2020年脱贫摘帽县发展能力综合指数水平及数量分布情况　单位：个

年份	发展能力综合指数	低水平（0.1315 ≤指数＜0.2057）	中低水平（0.2057 ≤指数＜0.2280）	中高水平（0.2280 ≤指数＜0.2542）	高水平（0.2542 ≤指数＜0.4671）
2013	0.2033	410	174	91	30
2014	0.2126	306	229	112	58
2015	0.2200	235	222	161	87
2016	0.2278	174	200	212	119
2017	0.2363	116	181	231	177
2018	0.2442	84	155	217	249
2019	0.2539	50	130	198	327
2020	0.2575	35	119	188	363

数据来源：课题组根据所搜集的县域数据测算。

6. 脱贫摘帽县发展能力制约类型划分与分布

根据脱贫摘帽县发展能力受到约束的情况，可划分出5类发展能力制约类型，分别命名为发展能力一类制约型、发展能力二类制约型、发展能力三类制约型、发展能力四类制约型和发展能力相对无约束型脱贫摘帽县。划分依据分别为：4个分指数均处于低水平值或中低水平值、3个分指数处于低水平值或中低水平值、2个分指数处于低水平值或中低水平值、1个分指数处于低水平值或中低水平值、无分指数处于低水平值或中低水平值。表11展示了2013—2020年不同发展能力制约类型脱贫摘帽县的数量分布情况，可以看到，2013年时5种发展能力制约类型脱贫摘帽县数量分别为267、220、135、62、21，而2020年时该组数字分别变为24、72、158、223、228，发展能力受到制约的脱贫摘帽县数量明显减少，发展能力相对无约束型脱贫摘帽县数量明显增多，这表明了脱贫攻坚工作取得的成效显著。但仍有24个脱贫摘帽县属于发展能力一类制约型、72个脱贫摘帽县属于发展能力二类制约型，这些脱贫摘帽县的发展能力仍然受到较多因素制约，需引起重视，多措并举提升其内在发展能力。

表11　2013—2020年不同发展能力制约类型脱贫摘帽县数量分布情况　单位：个

年份	发展能力一类制约型	发展能力二类制约型	发展能力三类制约型	发展能力四类制约型	发展能力相对无约束型
2013	267	220	135	62	21
2014	204	230	143	90	38
2015	178	179	158	130	60
2016	126	159	156	173	91
2017	94	135	160	173	143
2018	64	127	142	186	186
2019	34	102	144	215	210
2020	24	72	158	223	228

数据来源：课题组根据所搜集的县域数据测算。

（四）脱贫摘帽县发展能力评价总结

从经济发展能力指数看，2013—2020年脱贫摘帽县的经济发展能力不断提升，即使面临疫情冲击，仍展现了一定的经济发展韧性。从产业竞争能力指数看，2013—2019年，脱贫摘帽县的产业能力在逐年提高，2020年受疫情冲击有所回落。从公共服务能力指数看，2013—2020年，脱贫摘帽县的公共服务能力不断提升，但同时各年度公共服务能力指数均较小，这说明脱贫摘帽县的公共服务水平仍有较大提升空间。从政府调控能力指数看，2013—2020年，脱贫摘帽县的政府组织与调控能力不断提升，但从部分指标来看，财政自给率则呈现逐年下降趋势，这说明脱贫摘帽县的财政依赖程度整体上有所上升。从发展能力综合指数来看，脱贫摘帽县的综合发展能力不断提高，但同时也应看到，脱贫摘帽县发展能力综合指数水平整体上较低，这说明脱贫摘帽县综合发展能力仍有较大提升空间。

三、脱贫摘帽县全面转向乡村振兴的问题与挑战

结合到目前为止的实地调研来看，总体而言，脱贫摘帽县巩固脱贫攻坚成果取得明显成效，全面转向乡村振兴的基础越来越扎实。但对照5年过渡期的阶段性目标，也存在一些薄弱环节和突出挑战。

（一）摸排方式耗时耗力，监测机制亟须转型

防返贫监测工作机制的常态化、轻量化转型是脱贫摘帽县全面转向乡村振兴的工作基础。现阶段各地扎实开展防返贫监测工作，但整体来看，低收入人口监测机制未能实现实质性的动态化和常态化，这在客观上造成了基层工作精力的分配失衡，既导致基层倾向于延续攻坚状态的查漏补缺，也带来了过渡期内政策对象调整过程中的瞄准漏洞隐患。

一是农户返贫风险具有多元性，部分返贫风险还具有突发性。现阶段，边缘户在大部分脱贫摘帽县普遍存在，是巩固脱贫攻坚成果的风险难点。以西南地区M县为例，该县于2019年4月摘帽出列，2020年，该县对非建档立卡风险边缘户和脱贫监测户的“两摸底”标注工作中，通过对全县所有农业户籍农村常住农户收入情况进行收入测算和家庭情况的拉网式核查，摸排出的边缘户和脱贫监测户占该县2013年末建档立卡贫困人口规模的11%。此外，因病、因残等致贫因素是主要返贫风险。例如，西南地区L县从2014年至2019年累计识别的建档立卡贫困人口中因病、因残致贫的占12.66%。在边缘贫困普遍存在的情况下，返贫风险极易诱发边缘贫困人口陷入贫困。在此情形下，保持整体政策稳定和帮扶不滑坡固然十分重要，但是在过渡期内，更为根本性和战略性的政策目标是在确保扶持力度稳定的基础上，加快实现脱贫地区的体

制机制向全面推动乡村振兴的战略格局转变。而当前脱贫地区对防返贫的监测工作主要延续脱贫攻坚做法，只是监测对象从攻坚时期的建档立卡贫困户转变为了脱贫摘帽后的脱贫不稳定户、边缘易致贫户、突发严重困难户，类型划分有所细化，但本质上依然是身份认定模式的二分逻辑，从发现风险到批准纳入，再到纳入系统，做法上与脱贫攻坚阶段没有本质差别。以西南地区 M 县为例，该县于 2019 年 4 月摘帽出列，2020 年，该县对非建档立卡风险边缘户和脱贫监测户的“两摸底”标注工作，是通过对全县所有农业户籍农村常住农户收入情况进行收入测算和家庭情况的拉网式核查，才摸排出边缘户和脱贫监测户。需要特别指出的是，无论贫困标准如何变化，边缘户、返贫风险户是持续存在的客观现象，因此，拉网式核查能满足阶段性的识别需求，但并非长久之计。

二是由于工作机制未能实现根本意义上的“动态化”和“常态化”，当前的防返贫监测依然是一项需要重复比对、耗时耗力的工作。正是由于上述问题，对于相当一部分脱贫摘帽县来说，巩固脱贫攻坚成果这一要求依然是基层工作精力的主要投入点，无力对常态化帮扶开展具体探索，更难以对全面转向乡村振兴乃至如何在乡村振兴的全局中衔接帮扶工作有所思考。此外，由于过渡期内监测对象变动和部分帮扶政策调整的双重变化，一些县域出现了对监测对象识别标准把握不准的情况，甚至存在纳入系统的监测对象未能享受帮扶跟进的情况。部分帮扶政策执行缺乏对过渡期的平稳过渡考虑，存在摘帽后急于取消特惠政策又因导致返贫风险叠加特惠政策的波动状况。这些问题的发生，既反映出在过渡期初期脱贫摘帽县的相关考核机制还未根据形势变化做出相应调整，也反映出基层政府在压力之下追求完成任务的执行困境，进而导致中央提出的“有序调整、平稳过渡”的指导原则被部分脱贫摘帽县有意无意地执行成了刻板延续攻坚期做法。

（二）公共服务供给低效，下沉困局亟待破解

实现基本公共服务有效下沉乡村，是补齐公共服务领域的福祉短板、培

育脱贫地区人力资本、夯实长期发展基础的根本。脱贫攻坚收官之际，贫困地区生产生活条件明显改善，“两不愁”质量水平明显提升，“三保障”突出问题彻底消除，经济社会发展明显加快，为脱贫摘帽县全面转向乡村振兴奠定了扎实基础。但在当前村村布局公共服务基础设施的情形下，却面临着严峻的服务下沉困局，表现为有效服务规模不足、人才配置困难、服务供给低效化等特征，在人口稀疏、劳动力流出地区尤其如此。这些问题若不及时破解，将导致脱贫摘帽地区原本有限的公共资源遭到浪费，并且不利于脱贫人口福利的提升。

以基本公共卫生服务为典型领域，结合西北多省的脱贫摘帽县调研发现，基本公共卫生服务下沉的良好愿景遭遇服务规模不足和从业人员下沉困难情形下的目标背离。以K县高乡、王乡、宋乡三个乡镇及所辖范围村庄为例，人口稀疏地区基本公共卫生服务下沉困局的问题主要表现为环环相扣的三个方面。

第一，村级服务规模不足。囿于乡村常住人口稀疏化特征，村村配置卫生室的布局，面临服务规模不足的困境。一是村庄常住人口是卫生室的主要服务对象和基本公共卫生服务费的拨付依据。在西北地区，户籍人口分布原本分散，加之青壮年劳动力普遍外出务工，且在大多数农村撤点并校的现实条件下，妇女带着孩子在县城租房陪读现象普遍，形成了村内常住人口稀少的情形。以高乡、王乡、宋乡为例，这些乡所辖行政村的户籍人口平均仅为300～600人，常住人口则更少。由于非集镇所在地的乡村人口十分稀疏，目前以村为基本单元独立配置卫生室的方式，不仅将乡村基本公共卫生的服务规模分割得极小，也使得原本不足的资源和人才进一步摊薄。二是以村为单元的服务对象划分方式，也面临人口流动条件下的服务对象跟踪管理困难。村卫生室依管理规定应承担行政村的健康教育、预防保健等公共卫生服务，但由于青壮年人口和儿童往往不常住在村里，乡村医生难以跟踪管理孕产妇情况、儿童预防接种情况等基本服务项目。

第二，专业从业人员下沉困难。在服务规模不足条件下，非集约化的配置方式加剧了服务资源和人才配置的低效化，并与乡、村两级公共卫生从业人员配置难题形成恶性循环。第一，以常住人口为依据的公共卫生服务经费和基本生活补助构成乡村医生的收入来源，服务规模不足直接导致乡村医生收入微薄，难以吸引和留住人才。以基本生活补助 500 元 / 月、到村基本公共卫生经费 25 元 / 人、医事服务费 5 元 / 次测算，一个户籍人口 500 ~ 2000 人规模的行政村，常住人口约为 100 ~ 500 人，乡村医生的年从业收入仅为 9000 元至 2 万元。在人口较少的村庄，乡村医生的收入水平不及扶贫公益岗位的保洁员收入，但其工作繁重程度高、职责范围宽、心理负担大，这些因素导致乡村医生待遇与职责不匹配。第二，县域整体人才外流，回基层工作的人才数量少，乡村医生职责繁重但待遇低，在村村需配置从业人员的硬性要求下，导致逆向选择，形成非专业化、非专职化的乡村医生在岗局面，出现乡村医生不在村等岗位虚化和服务停摆现象。在高乡，村卫生室共有 13 个，但能切实提供基本公共卫生服务的实际只有 2 个，均是老村医转为乡村医生的村庄。专业从业人员难招的困境不仅发生在村级，同样也发生在乡、县两级。例如，高乡的卫生院因长期缺专业从业人才，逐渐减编，整个卫生院工作人员只有 3 人，仅院长 1 人有编制。

第三，趋高就医行为十分普遍。服务规模不足和专业人员下沉困难导致乡、村两级卫生服务资源不足、服务能力滞后，趋高就医行为普遍，悖于基本公共卫生服务下沉目标。第一，慢性病监测、小病问诊、常用药品发放是乡卫生院和村卫生室的主要业务，但在实行药物采购体系的地区，采购目录的药厂仅有两三家，利润薄的常见药存在供应不足的情形，也存在因乡村卫生机构偏远而出现厂家有药不愿配送的情况，导致乡、村两级卫生机构难以满足基础服务需求。第二，2017 年底 S 省全部县域实行县乡医疗卫生机构一体化改革以来，看病“能到乡里不在村里，能到县里不在乡里，能到市里就不在县里”的趋高性就医行为成为常态，其客观结果与一体化改革的服务下沉目标背离，乡、村两级的卫生服务资源进一步闲置浪费。

（三）产业风险多重叠加，退出波动亟须平抑

产业发展是脱贫地区长效发展的基础，也是脱贫人口稳定就业的根本保障。从实地调研情况看，脱贫摘帽县普遍高度重视产业发展和稳定就业，大量脱贫摘帽县在脱贫攻坚之初没有主导的特色产业，村集体经济空壳现象突出，在扶贫政策引导下，经过多方多年努力，至脱贫摘帽时，市场主体、地方政府、村集体及农户形成了合力，产业扶贫成效显著。但脱贫摘帽后，政策扶持力度减小，经历快速扩张的产业项目所隐藏的风险问题进入了暴露期，包括从解决有产业问题到面临产业链多环节的挑战，从形式上满足利益联结机制要求到资源优化配置要求和利益平衡的困难，从大规模产业的形成到市场竞争和波动退出的风险等诸多问题。

第一，产业技术与深层次的产业发展能力之间存在鸿沟。脱贫攻坚阶段的科技扶贫和资本下乡，重点解决了实用型生产技术应用和产业孵化问题，但要实现向深层次经营能力转化，还需持续与人力资本培育、市场开拓等方面相配合，而这些方面恰恰是贫困地区的短板。另外，当前贫困县常规性基础设施和服务能够基本达到脱贫标准，但金融信贷服务、交通、网络、冷链物流等重要条件，还很难与市场竞争条件下的产业发展需求相匹配，制约产业发展。

第二，产业的利益联结机制形式完善但隐藏内在风险。要化解相对贫困情境的收入问题，必须让贫困人口多环节、多元化融入产业链。例如，M 县的帮扶产业，虽然形成了完善的利益分配模式，但产业项目对农户而言主要以土地入股参与，产业对农户带动面较窄，带动方式也比较简单。另外，农地分散、劳动力数量等禀赋限制与产业分工的现实需求之间的匹配度通常较低，政策直接作用于产业环节也容易对生产和贸易产生扭曲效果，短期内存在为满足产业扶贫政策而实行的对贫困户分红、流转租金和雇工等覆盖式做法，难以形成长效化的资源优化配置，“利企”和“利农”平衡较难。

第三，产业“一哄而上”的局面隐藏着“一哄而散”的风险。在产业扶

贫政策导向下，各地发展扶贫产业，一定程度上有非市场化选择的问题。脱贫摘帽后，相关扶持政策虽不变不减，但帮扶措施力度相对弱化，存在产业批量化退出的风险。此外，政策扭曲效应形成产业同构性高、产出规模过剩等问题，遭遇市场风险后，将长期影响贫困地区产业培育愿景和农户参与意愿。调研发现，不少县域根据当地资源特色，在脱贫攻坚阶段培育了以“一县一业”为主导的扶贫产业体系，在县域层面较好地规避了产业的同构性，但很难说在更大区域范围内规避了产业的同构性。同时，在政策导向下，脱贫攻坚阶段的产业大规模覆盖贫困户，势必明显扭曲产出规模和要素配置效率，从而加剧产业发展的系统性风险，也隐藏了脱贫摘帽后政策调整后存在的产业退出波动风险。在一些省份调研发现，脱贫摘帽后，脱贫摘帽县的到户产业帮扶的措施力度明显下降，脱贫户得到合作社带动的比例减少，部分脱贫摘帽县的抽样调查中，减少约六分之一。与此相关的另一个现象是，一些地区的帮扶车间安排脱贫劳动力就业人数大幅下降，2021 年，部分脱贫摘帽县帮扶车间脱贫劳动力就业人数相比 2020 年下降了一半左右。

（四）财政风险逐年累积，收支矛盾亟盼破题

地方财政能力是地方履行基础设施建设和基本公共服务供给等事权的重要保障。脱贫摘帽后，持续改善脱贫地区基础设施条件，进一步提升脱贫地区公共服务水平，需要财政能力的长期支撑。从调研情况来看，不少脱贫摘帽县的财政底子薄，脱贫攻坚阶段因基础设施建设和公共服务补短板，债务负担加重，在脱贫摘帽后进入债务偿还高峰期，影响后续基础设施维护和基本公共服务供给的能力。

第一，越是原深度贫困地区的脱贫摘帽县，后期投入压力越大。基础设施薄弱是制约脱贫摘帽县全面转向乡村振兴的长期瓶颈，也是过渡期内需要持续投入的重点领域。以西南地区 H 县为例，该县交通、水利、电力等基础设施建设薄弱，虽然达到了脱贫出列标准，但由于原先建设等级不高、补助

标准低、附属设施较少，后期运行时间长、管护难度大，需要大量资金修复提升。同时，农村电网、饮水安全、农田水利和公共服务等基础建设还需巩固提升。

第二，一些脱贫摘帽县的财政收支矛盾加剧，债务风险累积。基层财政自给率低、财源基础薄弱在调研各县具有普遍性。脱贫攻坚期间，县级政府配套资金投入大，县级刚性支出不断增加，后续产业还在培育过程中，县级政府财政收支矛盾突出、债务风险加大。以L县为例，根据实地调研情况，从2014年到2019年，该县一般公共预算收入仅从4.63亿元增加到4.81亿元，但支出从29.42亿元增加到56.64亿元，财政自给率从15.72%下降到8.49%。同时，受全球疫情带来的产业影响，中小微企业困难凸显，金融等领域风险有所积聚，基层财政收支矛盾进一步加剧。例如，H县在2020年已经进入了债务偿还高峰期，仅2020年就需还本付息6.25亿元，但受支柱企业税源下滑影响，财政增收乏力，同时落实减税降费也将影响县级财政收入2.7亿元，财政收支矛盾已经非常尖锐。

（五）基层治理困境突出，内生资源亟待调动

基层治理组织是打赢脱贫攻坚战的重要带动力量和推动力量，也是全面转入乡村振兴过程中乡村产业振兴、人才振兴、生态振兴、文化振兴的根本支撑。调研发现，脱贫摘帽县在基层治理方面做了很多很好的尝试，基层治理能力逐渐激活，组织创新凸显成效。但是，现阶段脱贫摘帽县乡村普遍面临内部资源不足、外援力量依赖、失衡风险凸显等治理问题。在从脱贫攻坚转向全面推进乡村振兴的过程中，这些问题若不及时系统应对，或将由“脱贫的后遗症”变为“振兴的软梗阻”。

一是脱贫摘帽县普遍缺乏内源性治理资源，在全面转向乡村振兴上面临着基层治理能力滞后的挑战。脱贫攻坚阶段，国家资源以资金项目等形式全面进入乡村，自上而下的治理资源输入占据绝对主导地位，但转入乡村振兴

阶段，要全面推动乡村振兴，必须形成与之相适应的内生发展机制，促进乡村形成与其复杂治理任务相匹配的治理资源体系，以提升治理有效性。从现实情况来看，脱贫摘帽县不同程度地面临内生资源匮乏的情形，缺乏撬动下乡资源杠杆作用的配套资源和衔接能力，往往仅是"为国家分配资源"式的代理，尤其是乡村层面，效率不足、内生动力缺乏等治理困境突出。在多数脱贫摘帽县，乡村产业仍需长期投入，集体经济资源要成气候还有待时日，尚不足以形成内部治理资源的源泉。

二是脱贫摘帽县的组织力量具有较强的外援依赖性，在全面转向乡村振兴上面临着本土组织力量不足的挑战。脱贫攻坚阶段，驻村工作队、第一书记等外源性力量嵌入乡村，形成承接甚至引入项目与资金的组织力量，形成了攻坚战时期对乡村基层组织力量的战略性补充。但乡村振兴是长期发展战略，持续推动乡村振兴的关键是要有一支本土化的乡村人才队伍。在当前脱贫地区，青壮年人口大量外流、组织力量薄弱等困境比一般乡村更为突出，后进的乡村党组织力量普遍薄弱，人员结构、知识结构不合理等问题已经严重制约基层党组织引领功能的正常发挥，村党组织涣散现象严重，目前依然主要依赖派驻力量支持。全面脱贫后，尤其是过渡期结束后脱贫地区和脱贫村或将面临派驻力量减弱的局面，需要更加强有力的内生组织能力形成对常态化减贫的支撑以及对乡村振兴工作的承载，如何提振乡村基层组织的治理能力，是乡村基层治理的关键。

三是基层的扶贫实践中客观上形成了帮扶失衡风险，在全面转向乡村振兴的阶段面临着基层治理生态调整的挑战。脱贫攻坚阶段，扶贫资源大量下沉，通过兜收入、兜支出等多种形式，切实实现了"两不愁""三保障"，确保了如期全面脱贫，但客观上形成了三类治理生态失衡风险。其一，在政策目标（考核压力和时间压力）的约束下，由于任务的层层加码和治理的协同困境，形成了脱贫户和边缘户的帮扶悬崖效应，在住房、医疗救助等领域尤为突出，引致乡村内部的不公平感、侵蚀乡村基层治理生态。其二，部分脱贫村庄形成集体"等、靠、要"思想，期望在乡村振兴阶段要更多资源。其三，因村庄内的社会关系结构复杂、集体行动不足等因素，不同程度地形成政策未能有效落地或变通执行等资源耗散问题，致使公共资源分配项目功能错位、目标偏差，挫伤基层组织的权威性。转入乡村振兴阶段，涉及更全面、更长期的资源下乡和配置问题，亟须修复和完善基层治理生态，提升群众的公平感。

四、推进脱贫摘帽县全面转向乡村振兴的关键路径

基于前述现实基础、风险挑战，过渡期内进一步推动脱贫摘帽县全面转向乡村振兴，要从整体性的视角出发，推动系统分类、整体衔接、协同治理。在分类扶持方面，要根据脱贫摘帽县的不同发展基础，对县域进一步细化差异化的扶持方式和扶持力度。在基本机制上，要加快形成常态化的大救助体系，及时将减贫工作与救助体系进行衔接，实现常态化救助体系下的真动态、真常态，化解全面转向乡村振兴的帮扶“后顾之忧”。在发展基础上，要推动完善基本公共服务的集约供给，确保有限资源的充分利用。在发展路径上，要推动产业和就业同步发展，并在城镇化进程中安置规模较大的县域重点推进城乡融合发展，因地制宜培育发展转型的动能。在基础支撑上，要加快激活脱贫摘帽县内源性的治理资源，加强组织创新和手段支撑，形成适应乡村振兴的治理能力。

（一）进一步细化脱贫摘帽县的分类扶持

细化对脱贫摘帽县的分类扶持方案，是集中有限资源更有效推动脱贫摘帽县全面转向乡村振兴的有力支撑。在此方面，2021 年，中央农村工作领导小组办公室和国家乡村振兴局已公布国家乡村振兴重点帮扶县名单

（160个），这项举措有利于促进国家乡村振兴重点帮扶县的脱贫基础更加稳固、成效更可持续，确保重点帮扶县在全面推进乡村振兴的新征程中不掉队。按照党中央、国务院决策部署，延伸当前已实施的举措，可结合脱贫摘帽县差异化的发展基础实施更进一步的分类扶持，并匹配相应的扶持措施。

从实际情况看，一方面，脱贫摘帽县总体上欠发达，依然是全面推进乡村振兴的短板，决定了全面转入乡村振兴的过渡阶段，需要扶贫政策整体稳定。另一方面，脱贫摘帽县的发展基础差异大，转入乡村振兴的整体发展水平有所不同，决定了过渡期内应当坚持和完善分类施策的帮扶机制，并且，从脱贫摘帽县不同维度的发展能力指数来看，即使整体水平相似的脱贫摘帽县，其短板弱项也有所不同，建议在现有的重点帮扶县基础上，进一步按照脱贫摘帽县的具体实际补短板、扶弱项、促发展，为推进脱贫摘帽县全面转入乡村振兴提供定制化的帮扶支持。

（二）加快完善防贫救助常态化工作机制

加快完善基层动态化和常态化帮扶机制，是巩固脱贫攻坚成果，全面转入乡村振兴的工作机制基础。结合基本公共服务均等化的趋势，要以基本公共服务夯实长期性和普惠式的防贫基础，在此基础上重点推进防贫救助常态化工作机制，轻量化治理返贫风险和边缘贫困风险，以社会保障织密安全防护网、以分类分层救助应对突发风险冲击，在短期内防范多元化的个体贫困风险，长期内缓解相对贫困，化解过去事后干预、锁定贫困户后福利叠加形成的高财政风险压力。

一是建议系统推动扶贫治理转型，在分类施策基础上，完善以贫困发生过程为参照的精准施策体系。在过渡期内，根据实际统筹安排专项扶贫资金用于及时支持边缘户和风险贫困人群，但建议不再沿用一旦返贫或致贫就纳入全方位帮扶体系的方式。要加快细化政策对象的分类分层识别，区分为收入型救助对象和支出型救助对象，提升监测效率和过渡期内帮扶政策的精准度，避免沿用脱贫攻坚阶段以是否纳入系统作为一揽子帮扶政策瞄准依据的模式，转向以分类分层识别为基础，实现信息共享、政策协同、资源统筹，有效平衡救助资源，从而克服身份锁定模式下的帮扶悬崖效应等问题。

二是建议在县域层面构建城乡一体的大救助体系，并将农村扶贫与之接轨。目前农村扶贫开发和农村最低生活保障制度已经进行了衔接，具备了农村两套制度衔接的基础，但是城乡最低生活保障制度衔接还不普遍。由于当前居民生活水平在地区间差距较为突出，但同县（市、区）域范围内的城乡差距较小，可尝试由省级统筹推动县（市、区）域范围内城乡救助水平统一。在城乡差距较大的县（市、区）域范围甚至可以先通过比例式城乡衔接（例如，根据本地城乡生活成本设定乡村低保水平为城镇的某一比例），逐步在推进地区内部城乡融合发展的过程中，形成统一水平。鼓励有条件的脱贫摘帽地区因地制宜积极探索建立以县（市、区）域范围为基础的城乡一体的大救助体系，在过渡期内，可将脱贫不脱政策的防返贫对象作为收入型救助对象的叠加政策，衔接于城乡一体的大救助体系。此方式有助于在形成城乡融合的救助体系的同时，实现扶贫政策的平稳过渡。具体做法可借鉴浙江丽水等扶贫改革试验区的经验。

三是建议加速推进部门信息共享和信息化手段的采用，促进后台信息的动态协同管理，全面降低前台的识别成本。巩固脱贫成果和防范新生贫困是过渡期的基本目标，边缘贫困问题、脆弱性风险和相对贫困问题将成为政策新考量。这就要求逐步实现对象识别和瞄准的延伸和动态管理；同时政策对象也将明显扩大，过去成本极高的识别方式需要及时转变。伴随政府数字化治理水平的提升和大数据技术的不断进步，建议积极探索在隐私保护前提下实现跨部门信息共享、大数据辅助识别等在救助对象认定中的作用，用准、用好家庭收入、财产状况、刚性支出等数据在识别认定中的规则作用。这些部门既包括统计、扶贫、农业农村、工商税务等政府部门，也包括银行等非政府部门。

（三）着力推动基本公共服务的集约供给

2022年中央一号文件将加强基本公共服务县域统筹作为扎实稳妥推进乡村建设的重点内容，并明确了县域统筹的方向，即“加强普惠性、基础性、兜底性民生建设，推动基本公共服务供给由注重机构行政区域覆盖向注重常住人口服务覆盖转变”。对脱贫摘帽县而言，尤其应当为加快转变，提升公共服务资源的集约利用水平。脱贫摘帽地区基本公共服务底子薄，脱贫户的劳动力数量不足、家庭人力资本水平低、可持续生计能力不足，要在薄弱的基础上推进基本公共服务的效能，必须考虑脱贫后县域内城乡人口分布和村庄布局调整的趋势，重点考虑公共服务的集约化配置。有必要遵循县域一体化的趋势，以人口集聚度为布局依据，集中有限资源配优配强中心乡镇和中心村，优化从业人员培养和激励政策，进而以中心点辐射周边区域，并结合互联网手段和送服务下乡等形式，有效支撑服务下沉目标的实现。

第一，加强脱贫摘帽县不同类型基本公共服务的协同布局、资源共享。建议以县域为整体对基本卫生、养老等服务的布局进行协同规划，结合常住人口动态分布情况，通过中心点辐射配合灵活服务模式，促进基本公共服务资源集约化布局。在教育、医疗、老年人支持等领域加快形成县域内监测对象的城乡协同管理，提升县域内城乡公共卫生服务、基本医疗服务和卫生计生等方面一体化和信息化管理水平，减少村级在信息管理方面的重复工作。

第二，优化脱贫摘帽县的县、乡、村基本公共服务一体化布局，推动资源集约化利用和服务水平同步提升。脱贫摘帽县的公共服务资源相对短缺，更需集约整合，建议将县、乡、村三级基本公共服务机构的动态规划布局作为服务一体化的首要内容，充分考虑县域内乡村常住人口由村庄向集镇和县城聚集的趋势、人口稀疏地区未来一定时期内的村庄撤并趋势。优先依托以小城镇、小集镇、中心村等为代表的县域内重要节点，着力改善重要节点的设施条件和人员配备，强化节点辐射功能。开展县域内医疗、养老等基本公共服务“一核引领、多点辐射”试点，先试先行，重点破解基本卫生服务和养老设施村村铺点但“有设施、缺人员、少服务”的下沉困境，允许因地制宜地将有限资源集约化用于中心节点的基础配置，以服务切实覆盖到乡村常住人口为中心目标和评价依据，同步实现服务规模集聚和从业人员绩效改进。通过县中心医院、学校等专家定期联合各乡镇服务点提供互联网诊疗、互联网教育等便捷服务手段，通过市和县行业专家定期巡诊、派驻等灵活方式送服务下乡，提升乡村两级基本公共服务的实质水平。

第三，以培养和激励机制创新适应脱贫摘帽县的乡村专业人才长期需求。一是建议一体化制定乡村教师、乡村医生的长期支持计划，重点解决偏远地区待遇低、人才短缺甚至断层问题。在县域专业人才吸引力不足的现实条件下，破除引进人才的思路，注重在地化培养，充分通过市县培训班、互联网函授等形式对本地有潜质的服务人才进行专业化提升，培养流不走的专业人才队伍。通过师范生、医务生定向培养机制，签订资助和服务协议，培养乡村专业服务人才，服务满 5 年可转正式特设乡村教师、乡村医生编制岗位，待遇与一般正式编制人员一致。二是切实提高乡、村两级公共服务专业人员的薪酬待遇，确保乡村基本公共服务专业人才的整体收入不低于本地的一般打工收入，让乡村基本公共服务成为乡村社会中的体面工作，夯实县域内基层专业人才招揽留用的社会认同基础。

（四）重点培育脱贫县域发展转型新动能

推动脱贫摘帽县全面转向乡村振兴的关键是培育发展动能。从基本路径来说，需要适应现阶段要素集合、产业融合、城乡统合的发展规律，因地制宜形成合力，推动脱贫摘帽县形成发展转型的新动能和增长极。结合当前脱贫摘帽县的现状，一方面是要系统促进产业发展转型，另一方面是针对城镇搬迁安置人口规模较大的县域，加快推动城乡融合发展。

第一，推进脱贫攻坚与乡村振兴衔接，实现产业发展转型。完善帮扶产业链，让低收入人口真正融入产业链，是持续减贫的根本大计、长远之策。地租式等单一化的产业分红，不仅无法提升低收入人口的能力，也无法形成实质意义上的利益联结，致使企业往往独自承受市场压力，面临可持续发展问题。从推动产业和就业同步发展的角度，财政可以考虑的重要措施是参照支持残疾人就业的政策，对吸纳低收入人口就业的企业予以奖补，也可以对低收入人口创业给予一定的奖励和资助。只有为企业提供激励性政策，并对低收入人口稳定就业予以支持，才能在有助于产业发展的同时，提高劳动者的就业技能和就业稳定性，甚至提高他们创新创业的能力，从而持久稳定地促进产业发展，使生产者分享产业发展带来的利益。

第二，加快在城镇化集中安置人口较多县域推动城乡融合发展，为乡村振兴提供发展动能。搬迁安置点的后续发展周期较长，需要着眼全局和长远，将大型、特大型安置区作为县域经济发展和新型城镇化的重要载体，加强综合谋划、强化政策支持，通过城镇化驱动，引领相关脱贫摘帽县的乡村振兴。具体而言，就是要继续完善产业布局提升安置区经济发展活力和城镇化承载力，并强化公共服务和就业扶持，以安置区的稳定发展为县域乡村振兴提供新引擎。一是通过产业发展和以工代赈，同步提升安置区经济活力和就业承载力。可以建立东部与西部省份间的劳动密集型企业梯度转移对接平台，在匹配资源结构、劳动力技能结构条件下，推动产业和项目资金安排优先布局在特大型安置区。针对大型安置区、中小型安置点和“插花式”分散安置的不同特点，分类布局产业园、帮扶车间和灵活加工项目。深化实施以工代赈，积极推广福建省宁德市“工料法”等项目机制在城乡产业项目中的运用。二是要加快推进安置区公共服务共同体的打造。利用好安置区人口集聚效应，进一步通过医疗共同体和教育共同体建设，促进优质医疗和教育资源常态化的共建共享，为县域发展夯实人力资本基础。三是要完善就业扶持和培训体系，提升就业匹配度。在当前就业培训广覆盖的基础上，加快创新订单式培训、以工代训、以奖代补等形式，提升培训实效，特别是利用好技能储备基础，对“40+”劳动力要注重发挥畜牧养殖、手工业等传统技能优势，增强人力资本和技能经验就业匹配的有效性。

（五）全面提升脱贫摘帽县基层治理能力

在稳定农村发展工作队伍的同时，通过治理资源对接和组织方式创新，激活内生资源，加强智治支撑，全面调动群众自主发展的积极性，是突破当前脱贫地区乡村基层治理困境、为巩固脱贫攻坚成果同乡村振兴有效衔接夯实治理基石的关键路径。建议在过渡期内加快化解脱贫地区乡村基层治理困境，激活乡村内源性的治理资源、推进治理组织创新、强化智慧治理支撑，夯实“三农”工作重心转移的治理基石。具体而言，就是要激活集体经济、人力资本这两类内源资源，推进传统组织与现代组织衔接和治理机制创新，加强乡村政务数字化、信息化协同的智治支撑。

第一，激活内源治理资源，深凿治理源泉。一是要重塑和壮大新型农村集体经济，形成乡村基层治理的内源性物质资源。农村集体经济是乡村治理的经济基础，也是农村最重要的内部治理资源之一，过渡期阶段，需要从基层治理体系着手，加快创建新型利益联结方式，通过构建互利共赢的产业利益联结机制，确保村集体经济在新阶段的产业帮扶过程中得到培育，通过产业帮扶利润的二次分配用于发展壮大村集体经济和奖励、设置公益性岗位、救助弱势群体等方式，为基层治理增加物质方面的治理资源，为刚脱离绝对贫困的人口提升生计水平的集体补充支撑。二是通过本土人才培育，激活乡村基层治理的人力资本资源。在资源下乡过程中匹配人力资本对资源的衔接，是增强减贫和发展项目实际效果的关键机制。建议在定点帮扶框架下，加强本地人才培育方面的对口支持。尤其是要匹配脱贫地区现实需求，一方面是扩大技能实训类支持，为脱贫县域培养一大批实用型的乡土人才、创业人才，促进脱贫劳动力稳步实现就业、创业，实现“志智双扶”；另一方面是把实训支持作为切入点，挖掘培养留得下的乡村致富带头人与乡村能人，为乡村振兴沉淀本土化人才资源池。

第二，推进治理组织创新，提升治理效能。一是通过传统组织与现代组织衔接，释放基层治理潜力。从脱贫攻坚转向全面推进乡村振兴的过程本质是现代化的过程，现代组织力量的培育是必不可少的一环。建议在广大脱贫地区尤其是在少数民族地区甚至“直过”民族地区，重点解决现代组织发育不足等短板问题，避免组织断层或空洞化，切实因地制宜地整合传统组织与现代组织两种力量，总结和推广“党建＋本地传统社会组织资源”的模式，通过基层党组织的规范引领，有效吸纳传统组织的组织功能与形式，激活乡村基层治理活力。二是通过治理机制创新，提升乡村基层治理的组织效能。在乡村基层治理的现有组织形式和组织要素基础上，创新治理机制是激活组织资源的主要途径，其核心是通过动员机制的适应性设计，提升相关治理主体的参与度。建议从治理资源再组织化的角度，加快积分制等社区内部有效性较高的“行为银行”机制的推广，以其为载体搭载不同阶段的重点治理事项，推动乡村公共性重建和成员主动性的发挥。

第三，加强智慧治理支撑，提升治理效率。一是通过政务数字化延伸提升乡村基层事务治理集约化水平。智慧化治理并非重建一套治理体系，而是在梳理乡村基层社会治理结构和网络的基础上，为基层社会治理提供系统化的技术支撑，通过智慧化手段再造乡村基层社会治理的流程，提升乡村基层社会治理效率。一方面，建议依托全国一体化在线政务服务平台，推动“网上办”“码上办”“少跑快办”等政务服务向乡村基层和减贫救助体系延伸，通过建立和完善适应于乡村实际需求的基层治理数字化平台，以群众需求和关切为导向，提升信息公开程度和畅通民意，实现数据信息集约化采集和反馈，及时掌握乡村治理中的问题，精准有效为民解忧。二是通过信息化协同提升常态化管理支撑。为适应全面脱贫后的减贫救助常态化治理需求，必须加快探索政府、企业、公益组织等不同主体的纵深合作，开发大数据资源用于对减贫甚至城乡基层各类治理事务的支持，克服扶贫工作数据部门条块分割、追踪更新滞后、挖掘利用不足、基层重复报表等一揽子问题，深化大数据技术在辅助贫困监测预警方面的应用，系统性地提高治理效率、降低治理成本，将基层治理的精力进一步释放到非行政化事务的领域。

主要参考文献

[1] 蔡文成. 基层党组织与乡村治理现代化：基于乡村振兴战略的分析[J]. 理论与改革，2018（03）：62–71.

[2] 陈秋红. 乡村振兴背景下农村基本公共服务的改善：基于农民需求的视角[J]. 改革，2019（06）：92–101.

[3] 冷志明，唐珊. 武陵山片区自我发展能力测算及时空演变分析——基于2005、2008和2011年县级数据的实证[J]. 地理学报，2014，69（06）：782–796.

[4] 李健. 数字技术赋能乡村振兴的内在机理与政策创新[J]. 经济体制改革，2022（03）：77–83.

[5] 万君，张琦. 区域发展视角下我国连片特困地区精准扶贫及脱贫的思考[J]. 中国农业大学学报（社会科学版），2016，33（05）：36–45.

[6] 汪德根，沙梦雨，赵美风. 国家级贫困县脱贫力空间格局及分异机制[J]. 地理科学，2020，40（07）：1072–1081.

[7] 王军，朱杰，罗茜. 中国数字经济发展水平及演变测度[J]. 数量经济技术经济研究，2021，38（07）：26–42.

[8] 王军，邹广平，石先进. 制度变迁对中国经济增长的影响——基于VAR模型的实证研究[J]. 中国工业经济，2013（06）：70–82.

[9] 王秀艳. 区域自我发展能力理论分析框架下民族地区自我发展能力评价[J]. 中央民族大学学报（哲学社会科学版），2019，46（03）：84–92.

[10] 王瑜，孔德帅，李若愚. 何以破解深度贫困地区产业与资金双重困境——陕西省汉阴县产业扶贫的经验启示[J]. 中国延安干部学院学报，2019，12（01）：113–118+71.

[11] 王瑜. 以扶贫改革试验有效衔接乡村振兴——来自浙江丽水扶贫改革试验区的观察[J]. 中国延安干部学院学报，2021，14（02）：119–128.

[12] 辛方坤. 财政分权、财政能力与地方政府公共服务供给[J]. 宏观经济研究，2014（04）：67–77.

[13] 徐孝勇，封莎. 中国14个集中连片特困地区自我发展能力测算及时空演变分析[J]. 经济地理，2017，37（11）：151–160.

[14] 周扬，郭远智，刘彦随. 中国县域贫困综合测度及2020年后减贫瞄准[J]. 地理学报，2018，73（08）：1478–1493.

[15] 朱海波，聂凤英. 深度贫困地区脱贫攻坚与乡村振兴有效衔接的逻辑与路径——产业发展的视角[J]. 南京农业大学学报（社会科学版），2020，20（03）：15–25.

基于普惠金融深化视角的农村合作金融制度研究*

为解决在普惠金融深化背景下，农村合作金融是否还具有生存空间和可持续发展路径何在的关键问题，课题组采用了田野调查与案例分析的方法，剖析“股金＋合作资金”内置式资金互助、“股金＋银行资金”外置式担保互助模式和生产、供销、信用“三位一体”综合合作模式这三种农村合作金融模式的制度安排和运作机制，对比分析不同农村合作金融模式的普惠效应，并深入探讨普惠金融深化对农村合作金融的影响，最后为促进农村合作金融可持续发展提出政策建议。研究结果表明：正规信贷排斥者对农村合作金融仍有需求，但是农村合作金融难以充分满足社员的资金需求；各种合作金融模式的制度安排和运作机制尽管存在差异，但是均具有普惠效应。在商业银行业务下沉、数字金融发展、政策金融参与和地方金融监管双面挤压的普惠深化背景下，农村合作金融的生存空间在缩小且难以满足转型与升级的农村金融需求。

---

* 本报告是清华大学中国农村研究院2021年重点研究课题“发展农村新型合作金融问题研究”的研究成果，报告观点仅代表课题组的看法。课题负责人：何广文，中国农业大学经济管理学院教授。报告执笔人：何广文、潘婷、陈晓洁、丁凯莉、张少宁、袁宇曦。

一、问题的提出

在政府放宽农村地区银行业金融机构准入政策和一系列财政金融支持政策的激励作用下，在中国农村金融市场特别是县域金融市场，大型商业银行纷纷撤并网点的局面逐渐转向各类型商业银行业务下沉的格局，逐渐形成一种机构多元化、竞争性机构体系格局。同时，数字技术、信息技术赋能下的互联网银行和金融科技企业成为农村金融供给的新生力量，传统商业银行业务数字化转型也进一步提升了农村金融市场的竞争活跃度和普惠深化度。就供给角度而言，除了个别欠发达地区以外，中国农村金融市场供给已经走出了金融供给不足的历史，供给总规模是比较高的。根据银保监会的信息，2018年到2021年，全国普惠金融领域贷款余额从13.39万亿元增长至26.52万亿元，年均增长率32.69%。2021年末，全国银行业普惠金融服务支持小微经营主体4304万户，普惠型涉农贷款余额43.21万亿元，较年初增长17.48%。

但是，从需求角度考察发现，尽管农村地区金融供给主体和金融产品或服务供给较为充足，但非正规信贷仍然是农户满足信贷需求的重要渠道，农户信贷配给仍较严重，抵押和担保仍然是农户获得正规信贷的主要方式，正规信贷可获得性较低，同时农户对金融服务的自我排斥程度依然较高（何广文等，2018）。据中国农业大学经济管理学院普惠金融团队2020—2021年在9个省对1044个新型农业经营主体的调研，61.86%的新型农业经营主体均存在外部融资需求（李志平、郭沛，2021）。在乡村振兴战略背景下，如何撬动金融资源缓解农村地区的金融服务供需矛盾是亟须解决的重要问题。

发展农村合作金融是填补农村地区金融服务供需缺口的重要途径，利于提高金融发展权利公平性，尤其是在特定群体被正规金融排斥时，能够实现内生性发展，填补农村金融体系空白（何广文，2007）。早在2008年10月党的十七届三中全会通过的《关于推进农村改革发展若干重大问题的决定》就指出“允许有条件的农民专业合作社开展信用合作”。2013 年 10 月党的十八届三中全会通过的《中共中央关于全面深化改革若干重大问题的决定》提出，“允许合作社开展信用合作”。2014 年底，国务院批复同意山东省开展新型农村合作金融试点方案，原农业部与原银监会联合启动了在安徽金寨县、河北玉田县和湖南沅陵县等农村改革试验区的新型农村合作金融组织试验。2016 年以后，扩大农民合作社内部信用合作试点和推动生产、供销、信用“三位一体”综合合作模式成为中央政府层面的政策基调。2021 年中央一号文件再次强调开展生产、供销、信用“三位一体”综合合作试点。

那么，在农村金融供给较为充分的背景下，农村合作金融的生存空间还有多大、中央层面鼓励发展农村合作金融的政策导向是否符合现实的需要、实践中信用合作是怎么运作的、其农村金融普惠绩效如何、其可持续发展的能力怎样、农村合作金融的可持续发展路径何在等问题，都值得从理论与实践角度的探讨。

二、研究样本概况

理论和政策角度的“合作金融”“信用合作”概念，实践中的具体表现形态为资金互助、互助担保、互助保险等。为此，本文以对河北省玉田县、安徽省金寨县、湖南省沅陵县、福建省沙县、江西省新余市等地多家合作金融组织和开展信用合作的合作社的访谈为基础，对“股金＋合作资金”内置式资金互助模式、“股金＋银行资金”外置式担保互助模式和生产、供销、信用“三位一体”综合合作模式的制度安排和运作机制的阐释，对比分析了不同合作金融模式的普惠效应，并探讨了普惠金融深化对合作金融的影响，最后为促进农村合作金融可持续发展提出政策建议（见表 1）。

表1　　信用合作研究样本的基本特征

合作金融模式	调研案例名称	信用合作开始时间	2021年6月底			地区
			成员数（个）	互助金余额（万元）	业务	
“股金+合作资金”内置式资金互助模式	金福村农民合作社	2015年6月	1448	1530.33万元	累计向1400多个农户发放互助金2700万元，在投互助金1211.4万元	河北省玉田县
	鸦鸿桥镇福泰农村资金互助社	2011年12月	933	2799.87万元（其中：股金余额687.10万元、互助金余额2112.77万元）	投放资金余额2483.20万元	
	鑫源蔬菜种养合作社	2016年8月	212	股金余额为416万元	投放资金31笔，贷款余额322.5万元	安徽省金寨县
“股金+银行资金”外置式担保互助模式	沙县官庄村村级担保基金	2013年1月	79	基金194万元（其中县乡政府各10万元补助金，79个村村民入股163万元）	沙县农商行提供的在贷53笔贷款余额600.1万元；2013年至2021年6月，累计发放545笔共5294.46万元	福建省沙县
	筲箕湾镇产业信用合作协会	2015年8月	62	互助金81.5万元	19名会员获沅陵县农商行授信共836万元，贷款余额333.9万元；26名会员获新阳村镇银行贷款合同金额共541万元，贷款余额342.9万元	湖南省沅陵县
	金寨县余山村惠民合作社	2018年4月	42	股金42万元，存入金寨徽银村镇银行作为借款保证金	贷款户数24户，贷款金额226万元	安徽省金寨县
生产、供销、信用“三位一体”综合合作模式	民钰种养农民合作社	2016年12月	2719	吸纳社员互助金余额787.58万元	互助金投放余额652万元	江西省新余市
	王家岭蛋鸡养殖合作社	2014年11月	126	400万元为基础资金（社员每户1万～10万元标准自筹200万元，沅陵农商行提供贷款200万元）	累计为社员投放互助金1106万元	湖南省沅陵县

三、信用合作三种模式的制度安排与运作机制

信用合作的目的在于缓解成员农户正规信贷融资困境，从缓解成员融资困境的方式角度，信用合作可以划分为三种模式：一是“股金 + 合作资金”内置式资金互助模式；二是“股金 + 银行资金”外置式担保互助模式；三是生产、供销、信用“三位一体”综合合作模式。

（一）“股金+合作资金”内置式资金互助模式

这是中国信用合作实践中的一种典型模式，起源于2006年12月原银监会发布《中国银行业监督管理委员会关于调整放宽农村地区银行业金融机构准入政策更好支持社会主义新农村建设的若干意见》（银监发〔2006〕90号）。该文件鼓励农民和农村小企业按照自愿原则，发起设立为入股社员服务、实行社员民主管理的社区性信用合作组织。原银监会还在2007年1月出台了《农村资金互助社管理暂行规定》（银监发〔2007〕7号）。

按照原银监会《农村资金互助社管理暂行规定》要求，农村资金互助社是经银行业监督管理机构批准，由乡（镇）、行政村农民和农村小企业自愿入股组成，为社员提供存款、贷款、结算等业务的社区互助性银行业金融机构。2014年中央一号文件明确农村资金互助社合法经营要坚持“社员制、封闭性、不对外吸储放贷、不支付固定回报、社区性”五项原则。对于这类资金互助社，银监部门在2012年6月起暂停审批，自此以后，农村资金互助社数量不再增加并陆续有互助社退出，截至2022年7月底，全国仅余38家。不过，在农村地区还存在大量以此模式组建的农民资金互助合作社，以农民合作社为依托，为社员提供小额生产性、经营性融资服务，作为独立的核算单

位在工商部门注册登记，也有部分仅为农民合作社内部的资金互助部。

1. 股金设置多样化，利于多渠道融资，但在权力配置上可能出现“内部人控制”

由于中央一号文件和地方政府推动的合作金融试点过程中，一直强调合作社内部信用合作要“吸股不吸储”“不支付固定报酬，分红不保息”“不承诺支付固定回报”等，为避免政策风险，农村信用合作组织或合作社内部信用合作一般将其资金来源分为五类：资格股、投资股、流动股、公共股、集体股。资格股是成员入社的基础股金，不同组织的入股起点额度不同，农民身份和非农民身份社员入股要求有差异；投资股是经济实力较强的组织成员在资格股之外形成的投资，以获取收益为目的；流动股能吸引更多闲置资金注入组织；公共股是政府财政或民间机构所提供的资金支持补贴，一般不参与管理，政府和社会监督同时存在；集体股由组织所在地集体公共积累资产投资形成，为所有组织成员所共有。

一般情况下，资格股股金对应借款权利，投资股股金对应分红返利的权利。资格股的单户股金投入额度较低，引入投资股的互助金筹集方式更有利于扩大互助金规模，能满足更多社员的借款需求，赋予更多社员借款权利（见表2）。

表2　合作社互助金筹集情况

合作社	互助金来源	单户存入互助金的要求
金福村合作社	基础股金（资格股）、互助金（投资股）	单户资格股股金100元，投资股股金无最高限制
福泰合作社	社员股金（资格股）、互助金（投资股）	单户资格股股金1000元，投资股股金无最高限制
鑫源合作社	入股股金（资格股）、内部社员存放的合作资金（投资股）、合作社提取的风险金、上级政府拨放资金	单户资格股股金1万元以上，投资股股金1万元以上

这种在社员资格股以外设置其他股金的方法，打破了经典合作金融组织股金不分红的做法，虽然不是绝对符合经典的合作制原则的要求，但与国际上普遍存在的现代合作金融制度变迁趋势一致（何广文，2007）。

就其所有权结构而言，其核心发起人为乡村政治精英或经济精英，股金占比较高。乡村精英们在财富资本、工作才能、信息资源等方面比一般农户更具有优势，对于资金互助社的成立和发展至关重要。同时，管理人员往往与核心发起人重合，核心发起人兼具所有权与管理权，可以避免委托代理问题，提高组织经营决策的灵活性、一致性。并且管理人员具有剩余收益索取权，可以参与股金分红，控制权与剩余索取权相结合，激励控制权所有人去努力实现组织的剩余收益最大化（马九杰等，2013）。

不过，实践中也出现组织治理存在理事长“一言堂”的“内部人控制”现象，欠缺权力制衡。那些具有社会资本、经济资本和政治资本的理事长在合作社经营管理中更具有权威性，社员的信任度较高。合作社大多是当地政治精英、经济精英领办的，在这方面表现更为突出，理事长掌握的控制权远高于其股权（所有权），有的合作社理事长甚至处于绝对控制地位。从资金投放角度出发，理事长“一言堂”的资金配置投放决策仅能体现理事长对社员“个人信用”的认知，而未体现全体社员的“群体信用”价值和民主管理理念，表现为“内部人控制”现象。合作社章程挂在墙上、治理结构比较健全、制度也比较完善，但是社员相互监督的机制缺失。而且，如果理事长的金融素养不高，“一言堂”的资金配置投放决策就不利于提高资金配置投放效率和风险控制，特别是对于大规模资金额度的管理，更需要专职人才提供专业性管理经验。在本课题组调研的样本合作社中，只有一个合作社聘请了职业经理人，将组织的所有权与管理权分离（见表3）。

表3　合作社理事长特征及其内部资金投放决策情况

合作社	理事长是否本地人	理事长特征	是否聘请职业经理人	资金投放决策者
金福村合作社	是	经济能人	否	理事长
福泰合作社	是	经济精英、政治精英	是	职业经理人
鑫源合作社	是	经济能人、政治精英	否	3万元以下由理事现场签字+理事长审批；3万~5万元由理事和监事签字+理事长审批

2. 组织结构简洁，权力责任明了

这类信用合作组织一般都按照现代公司治理的机制，设置了社员大会（或社员代表大会）、理事会和监事会。社员大会或社员代表大会选举理事会成员、监事会成员，理事会成员推举理事长负责召集和主持理事会各项会议。监事会负责对信用合作经营活动进行监督。理事会聘任经理负责并具体开展资金互助业务，保证组织经营的正常运转。

3. 封闭运营管理，贷款小额分散，保障了资金流动性，但是互助资金实力有限，难以满足成员经济转型和发展需求

农村资金互助基于一定社区（村）、一定经济区域内的全部或部分村民和小企业，按照一定规则出资，组成仅限于成员间不断借贷的信贷基金，满足成员的小额信贷资金需求（见图 1）。它与国际上轮转储蓄信贷协会（RoSCA）的最大区别在于不是基于一次性博弈，而是试图建立一种重复博弈的机制，利用成员的闲散资金，通过余缺调剂解决成员生产生活的临时性资金短缺，或满足成员发展个体工商业务的资金需求（何广文，2007）。

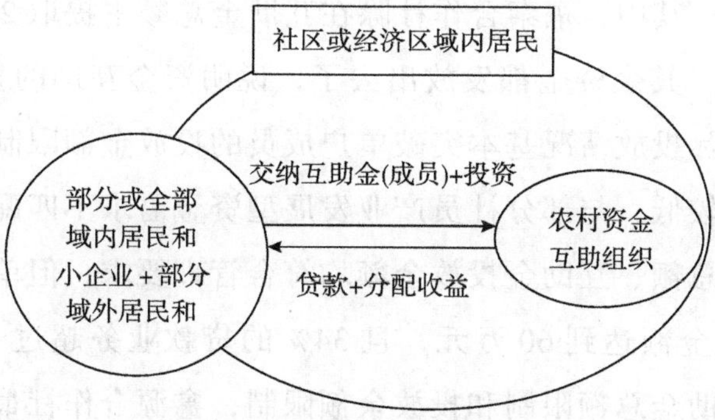

图 1　农村资金互助的动作

资金实行封闭运营管理，互助组织不得向非社员吸收存款、发放贷款及办理其他金融业务。资金发放采用小额分散原则，优先满足社员的小额需求，提高贷款覆盖面，防止贷款过度集中。根据《农村资金互助社管理暂行规定》，对单一社员的贷款总额不得超过资本净额的 15%，对前十大户贷款总额不得超过资本净额的50%，有利于增强资金的流动性，控制流动性风险，防止支付危机的发生。最高可贷额度的杠杆系数范围一般为3～10倍。

但是，在互助金总额和投放金额的管理规则限制下，部分社员的资金需求难以满足。为了控制风险，资金互助试验过程中，地方政府部门普遍的做法是对资金互助总额设有不得突破的上限。河北唐山国家农业科技园区管理委员会印发的《关于开展农民专业合作社信用合作试点工作的监督管理办法》(唐农科〔2015〕15号)明确规定“试点起步基础股金规模不低于200万元，吸收的互助金总额不超过3000万元，对一般成员的投放限额：单笔和单户累计投放在10万元（含）以下的互助金投放余额占总投放余额的在70%以上，且单笔和单户累计投放互助金最高不超过15万元（含）”。《金寨县农村合作金融改革试验实施方案》要求“合作社互助金总额限制为500万元，同一贷款人单笔贷款不超过5万元”，且“备付金不得低于互助金总额的15%”，即互助金投放余额限制在375万元。

由表4可知，金福村合作社和福泰合作社的实际互助金总额均符合监管办法的要求；其中，福泰合作社除在互助金总额中提取200万元作为一般准备金以外，其余资金都发放出去了，说明资金互助的贷款需求旺盛；但互助金的实际投放情况基本突破单户成员的投放金额限制，说明投放金额限制的额度较低，与部分社员产业发展型资金需求不匹配。鑫源合作社的实际互助金总额、互助金投放余额均符合管理要求，但单笔贷款和单户贷款最高放款金额达到60万元，且34%的贷款业务超过5万元的限制。同时，由于互助金总额限制和投放余额限制，鑫源合作社最后一笔互助金存入的时间是2020年9月15日，而最后一笔贷款的放款时间是2020年9月6日，即从2020年9月以后因互助金存量不足，无法再满足社员新增的信贷需求。

表4　合作社互助金筹集与投放的限制标准和实际操作情况（2021年6月末）

地区	合作社	互助金总额限制（万元）	投放金额限制	实际互助金总额（万元）	实际投放情况
河北省玉田县	金福村合作社	3000	对一般成员的投放限额：单笔和单户累计投放在10万元（含）以下的互助金投放余额占总投放余额的在70%以上，单笔和单户累计投放互助金最高不超过15万元（含）	1497.08	单笔贷款最低2万元、最高20万元；单户累计贷款最低2万元、最高30万元；单笔和单户累计投放在10万元（含）以下的贷款人数71户、互助金投放余额678万元，占总投放余额的55.97%；在贷款余额1211.4万元
	福泰合作社			2799.87	单户最高放款20万元；10万元以下（含10万元）的贷款人数175户，贷款余额1767.5万元（占总贷款余额的71.78%）；10万～30万元的贷款人数26户，贷款余额715.7万元
安徽省金寨县	鑫源合作社	500	同一贷款人单笔贷款不超过5万元	416.07	单笔贷款和单户累计贷款最低1万元、最高60万元；单笔贷款超过5万元的有17笔，占全部贷款业务数量的34%；累计贷款业务50笔，累计贷款429.5万元；在贷业务31笔，总贷款余额322.5万元

4. 构建了“社区信任”内在担保+“资产抵押”外在担保结合的信用风控机制

同一农村社区的社员处于农村社会网络之中，经过长期的生活和经济交往，会形成较为稳定的信任关系，同时也会形成以风险共担、利益共享为特征的合作规范。合作规范与社会规范鼓励人们互惠合作、诚信交往，也会对违约者进行约束和惩罚，构成了资金互助的内在担保机制。农户间相互熟悉，降低了信息不对称，同时利用人际关系、社区声誉的软性约束能有效规避道德风险与逆向选择，节约监管成本、降低信用风险，使违约率保持在较低的水平。

放款额度较大时，一般需要成员提供抵押物做担保。虽然正规金融机构不认可土地经营权、使用权及农用机械等为抵押物，但在资金互助活动中是普遍认可的抵押品。当成员出现借款风险时，合作社可以转让处置其抵押物，将资产变现，为资金互助合作提供风险保障。不过，在实际运作过程中，课题组调研的几个案例都没有现实地出现过处置抵押物的行为。

根据表5可知，三家合作社均建立了社员担保机制，但在风险管理过程中完全依赖该事后风险治理手段，没有依托产业链进行资金互助风险控制。

表5　　合作社对资金互助贷款风险的管理措施

合作社	贷前调查	社员间担保机制	贷后监督	建立违约惩罚机制	运用产业链进行风控	不良贷款情况
金福村合作社	只向村委会核实借款人信息，不查看借款人征信	5万～10万元需1名社员担保；10万元以上需2名社员担保	否	否，贷款到期可只还利息，贷款本金自动展期	否	有1例违约，没有代偿。原因：2个人申请12万元给1个人用，种子培育失败
福泰合作社	在社员申请入社时建立家庭经济档案，贷前现场调查	5万元以下需2名社员担保；5万元以上需3名社员担保	贷后会对贷款实际使用人和具体用途进行监督	贷款到期后不能自动展期，必须按时偿还本息，否则失去贷款资格	否	有1笔10万元贷款逾期，由担保人代偿；10笔贷款因自然灾害影响农业生产形成不良，不良率为3.8%
鑫源合作社	贷前现场勘查	信用担保为主，需1名社员担保；以物抵押的，借款资金不超过抵押物评估价值的60%	贷后会对贷款实际使用人和具体用途进行监督，违反合同约定会收回贷款	续贷签约需先偿还利息；自逾期日起，按借款本金每日千分之五收取违约金和2000元催收管理费	否	无不良；已还清贷款共20笔；有30笔在贷，最早一笔贷款是2016年6月5日申请的，到2021年6月底仍然在使用

5. 构建了二次利润分配机制，利于激励社员参与互助

根据《农村资金互助社暂行规定》，社员代表大会有权决定组织的利润分配与亏损分摊。大多数资金互助实行“二次利润返还”分配方式，即按股金金额和存贷款交易额混合分配收益（商文莉，2016）。二次利润分配能为成员带来比商业银行存款利息更高的收益，对社员参与资金互助活动给予更高的激励。

（二）“股金+银行资金”外置式担保互助模式

“股金 + 银行资金”外置式担保互助模式可细分为依托社区的担保互助和依托产业的担保互助两种类型（黄迈等，2019），如福建沙县依托村级融资担保基金的担保互助、安徽金寨县村级惠民合作社依托村镇银行“普惠通”产品的担保互助和湖南省沅陵县依托产业信用协会的担保互助。

1. 构建了一套有利于风险防范的制度安排

该模式是以乡（镇）或行政村为单位成立担保互助组织，与当地商业银行、政策性银行等金融机构合作，为组织成员向金融机构申请贷款时提供一定的担保。

政府牵头，实行三级联动管理。以县金融办牵头、乡（镇）推动、担保互助组织具体执行为基本架构，县金融办负责担保互助组织设立的审批、指导和督办；各乡镇负责对担保互助组织的设立初审、属地监管、风险防范、信息统计等工作；担保互助组织负责担保互助机制的建立、具体执行、风险防控、权责法务等工作。

担保贷款不垒“大户”，防范信贷集中风险。福建沙县实行乡（镇）挂村领导与村“两委”干部挂钩联系贷款农户制度，强化村级融资担保基金监管。湖南沅陵产业信用协会的单笔担保额度放大倍数不超过会员信用保证金的 12 倍，最高金额限定在 50 万元。

2. 担保互助运作机制完善

农村地区的担保互助是一种基于担保金担保 + 组织（社区、村、经济组织）增信的双重担保机制，一般由组织（社区、村、经济组织）牵头组建，组织内成员自愿出资加入互助资金，以获得担保互助组织担保增信资格，从而提高正规信贷的融资可得性或增大融资规模的合作金融模式（见图 2）。

担保互助机制中，组织（社区、村、经济组织）成员是参与主体，是主要出资者和资金的需求者：组织（社区、村、经济组织）是联通组织成员和地方政府部门、合作银行的中介；合作银行和担保互助机制分别作为参与成员间接融资和直接融资的资金提供者，地方政府是担保互助机制的引导建立者和监管者。以担保互助机制为中心，成员可向金融机构通过担保间接融资。担保互助机制利用农村地区由血缘、亲缘和地缘关系发展而成的社会和组织资本，将单个经营主体与市场有机连接起来，实现信用转嫁和契约关系的替代，提高融资的可得性。

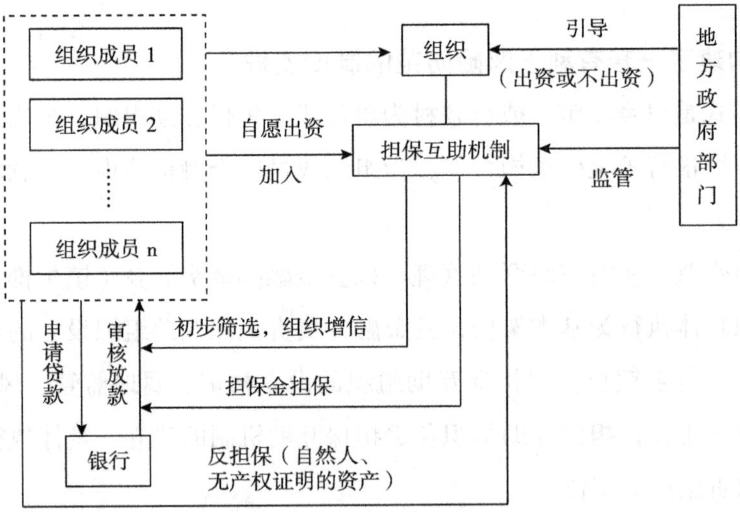

图 2　担保互助运作机制

3. 集个体信用为团体信用，构建信用共同体

担保互助体由政府引导、社区（或村集体、经济组织）组织、成员自愿加入而组建。这样形成的团体信用获得了银行的认可，提高了团体信用的可信度，保证了履约“承诺”的可置信性。在成员申贷过程中，这种声誉成为一种隐性的“抵押物”，扮演着与担保互助金同等的角色，形成担保金担保＋担保互助体声誉增信的双重担保机制。

4. 组织筛选，实现个人增信，提高信贷可得性

担保互助体依托其组织载体的筛选，极大地减轻了借款成员不易观察、识别与传递的外生性信息不对称，提高了银行信息甄别效率。由于担保互助体的组织载体是受到银行信任的，因此对于通过组织筛选的借款成员，也在某种程度上实现了个人增信，提高了成员的信贷可得性。

5. 信用合作，强化关系治理，增强成员自履约

信用与合作问题是制约农村金融发展的两大根本问题。农村经济主体的信用水平不足制约了其融资需求的满足，信用合作可以促进个体信用的动态改良，特别是在正确且有效激励下的信用合作，可以实现个体与团体信用水平的全面提高，从而提高融资需求的满足程度。履约激励是担保互助体通过信用合作满足其成员融资需求的关键。合约治理（硬约束）与关系治理（软约束）是激励履约的两种途径，二者互为补充能共同促进提高履约激励。

担保互助体的组建根植于农村同一“圈层”，有着较为一致的社会人际关系行为规范，声誉机制、信任机制及违约的惩罚机制能够成为一种“可置信”威胁，即成员一旦出现还贷违约行为，将会给整个群体带来损失（包括担保互助金的损失、贷款机会损失），则其将面临群体性“惩罚”。加入担保互助体的三方信贷模式，能够在正式契约治理的基础上强化关系治理的功能发挥，更有效克服市场多变性条件下银行与借贷者之间契约约束的脆弱性和协调困难问题，增强了对成员自履约的激励。

6. 信息不对称问题内部化，解决融资信息障碍

农村各类信贷需求主体的融资信息往往因缺少金融机构认可的标准化显示方式而无法被有效识别，造成所谓的“信息不对称”，从而面临着外生性信贷配给：要么一部分人无法获得正规借贷，要么信贷需求只能得到部分满足。在银行与借贷者之间引入传递信号的第三方担保，其作为信誉证明和资产责任保证相结合的中介，不仅可以发挥传递信息的作用，也减轻了借贷者融资能力不足的问题。因此，担保可视为一种转化非标准信息为标准信息、有效实现融资信息传递的通道与信号显示机制。担保互助体的存在，不仅实现了融资信息的传递，更增强了这一融资信息信号的传递与显示，从而提升了借贷者需求满足程度，减轻了信贷配给。

7. 利益激励相容，降低融资成本障碍

担保互助体是联结借贷者与银行的中介，对银行来说，担保互助体天然具有信息搜集成本、监督成本和交易成本的优势（巴劲松，2007）；对借贷者来说，担保互助体所结成的信用联盟能够帮助成员实现信用自增强和信用自升级，提高信贷可得性。因此，相较于一般的放贷模式，担保互助体是一种银行与农村经营主体更愿意选择的信息生产负担较轻的融资方式和融资技术。

（三）“三位一体”综合合作模式案例分析

1. 基于“订单收购＋粮食储兑＋资金互助”的“三位一体”信用合作——民钰合作社

江西新余民钰种养农民专业合作社（以下简称“民钰合作社”）成立于2014年2月，注册资金3050万元，是由新余市、渝水区两级供销社领办的农民专业合作社，曾荣获农业农村部国家级示范社、供销系统省级示范社、供销系统信用合作试点单位等称号。

民钰合作社以水稻专业生产为基础，依靠自身平台的组织优势、信息优势和信用优势，通过为社员提供农机、农技、农资、粮食收储烘干、“粮食银行”储兑、农产品购销加工、日用消费品供应资金互助等综合性服务，着力打造现代农业经营服务体系，形成了“订单收购＋粮食储兑＋资金互助”的“三位一体”综合合作发展模式（运作机制如图3所示），属于典型的合作社内部“内联模式”。

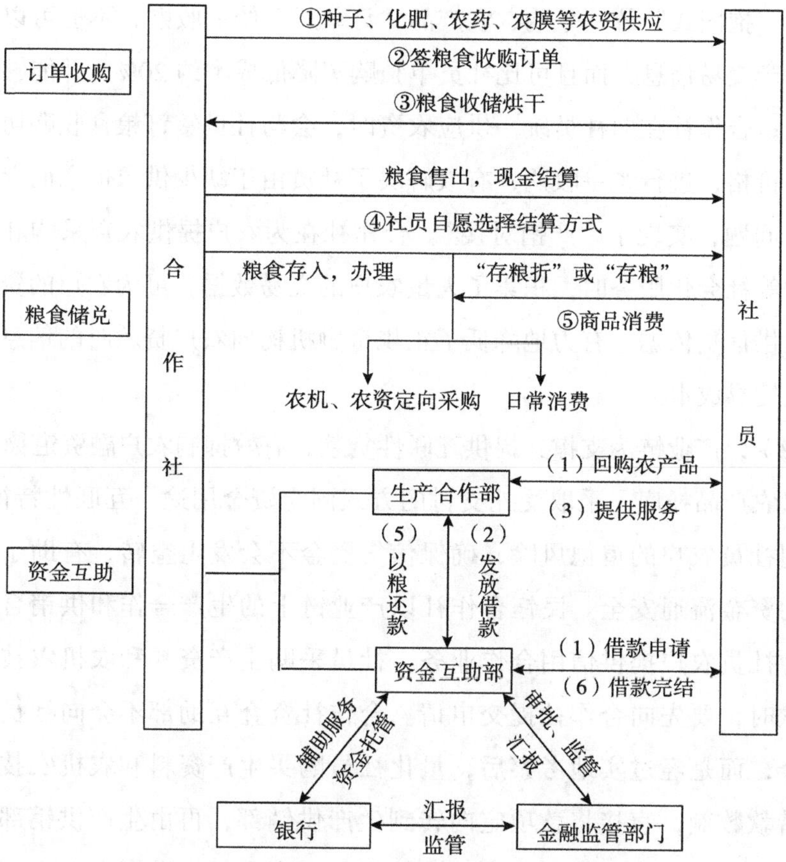

图3　民钰合作社“三位一体”综合合作运作机制图

民钰合作社“三位一体”信用合作运作机制有四个特征。

（1）合作社内部成员建立资金互助机制，有效缓解农户融资信息不对称

民钰合作社在自身组织内部成立资金互助部，发展基于合作社内部社员的信用合作，有利于发挥“熟人社会”优势和组织平台优势，大大降低融资双方的信息不对称。合作社要求参与资金互助的农户首先必须是专业合作社入社1年以上的成员，以出资股金的形式加入。参与资金互助的农户首先必须是合作社社员，农户在参与资金互助之前就与合作社之间存在着生产交易关系。资金互助部可以比较容易地获取社员的家庭特征信息，如农田种植面积、家庭经济状况、社会诚信度及股金出资额等信息要素；同时，通过合作

社农资“抱团式”统一采购、农产品“订单式”统一收购，不但可以搜集社员的生产交易信息，而且可比社员单独购买降低成本约20%，并能够保证质量安全；合作社在向社员统一供应农资时，会与社员签订粮食收购协议，约定收购价格，进行统一收购，有效解决了社员由于缺少供求信息而存在的销路不畅问题，实现了“产销对接”。合作社在为农户提供农资采购和粮食订单收购等社会化服务时，积累了大量农户的交易数据，可为农户的资金互助贷款提供信贷依据，有力地降低了正规金融机构向农户贷款时的信息不对称和信息搜寻成本。

（2）以产业链为支撑，提供互联性贷款，有效抑制农户融资道德风险

以农产品托底，采取受托支付的方式固定资金用途，互联性特征明显，可抑制社员农户的道德风险，确保信贷资金不会发生空转，有助于保障信用互助资金流通安全。民钰合作社以产业链上的生产合作和供销合作为支撑，为社员农户提供信用合作业务。社员采购生产资料和农机农技服务需要借款时，要先向合作社提交申请。合作社资金互助部不会向社员直接提供现金，而是经过实地考察后，量化社员购买生产资料和农机农技服务所需的借款数额，直接将款项定向转到生产供销部，再由生产供销部向社员定向提供所需的生产资料和农机农技服务，实现了互助资金在生产经营体系内循环和集聚，切实解决了社员农户在农业生产和物资购销上的资金短缺问题。

（3）利用农业生产资产专用性，以粮转贷、以粮兑贷，有效扩大农户融资抵押品范围

合作社以农户生产的农产品为风险保障，将社员种植的粮食作为信用合作资金风险保障，开展以粮转贷、以粮兑贷，灵活创新农户融资抵押品，扩大了农户融资抵押品范围，保障贷款及时收回，降低不良贷款。若社员借款后期没有资金来偿还借款，可选择让合作社回购自己的粮食，用所种植的等价值的粮食来偿还本息，即“以粮兑贷”；若社员需要续贷，也可以选择与合作社签订下一年度的农产品回购协议，在下一年度借款到期时合作社回购

粮食抵偿本息，即“以粮转贷”。

（4）粮食储兑，存粮涨息，激活农产品价值，有效发挥“粮食银行”资金融通功能

民钰合作社依托自身的仓储条件、规模化经营优势及社会化服务体系等有利条件，坚持市场化运作方式，按照“粮权不变、存取自由，落价保底、保值增值，商品兑粮、通存通兑”原则，为社员农户提供“粮食银行”业务。社员可凭社员证办理粮食免费代储、保值增值和兑换业务。社员在将粮食拉到合作社收储点进行验质过磅后，可以选择现金结算或者将粮食存到合作社粮食储兑所。存入“粮食银行”的粮食具有某种信用、融资功能，社员在获得一定的“存粮收益”时，也可以用粮食存折按照优惠的价格兑换各种生产服务、生产资料及其他消费品等。

民钰合作社则拥有粮食经营权，对粮食的使用和处分通常有以下四种方式：一是与国家粮食部门合作，将粮食送入储备库；二是打造品牌，进行自加工；三是与用粮企业合作，提供原材料，进行深加工；四是与农业链条上的其他企业合作，采用以粮换物的方式，换取各自所需物品。合作社以整体组织的名义对接市场，在市场上更具有话语权和议价能力，通过加工和产品流通不断延长产业链，提升产品经济附加值，为农户和合作社带来更多的增值收益。

2. 基于种养一体化的“三位一体”信用合作——王家岭合作社

湖南沅陵县王家岭养鸡专业合作社（以下简称“王家岭合作社”）是一家集蛋鸡育雏、蛋鸡养殖、鸡蛋和淘汰鸡销售、有机肥加工销售、资金互助、大棚蔬菜种植及加工为一体的现代化新型农村合作经济组织。合作社主要采取“合作社＋基地＋农户”的运作模式，凭借蛋鸡养殖的技术、信息、资源和市场优势，不断延伸农业产业链条，发展种养循环经济。王家岭合作社以蛋鸡养殖为基础，发展有机肥加工、大棚蔬菜种植、蔬菜加工等产业种养一体化，实现生产购销统一管理。同时，通过自筹和借入银行资金开展资金互助业务，成立资金互助部，为社员的产业发展提供资金支持，并建立分

红机制。合作社以产业链为支撑，紧密结合生产、供销和信用资源，形成了基于完善产业链的种养一体化“三位一体”综合合作发展模式（运作机制如图 4 所示）。

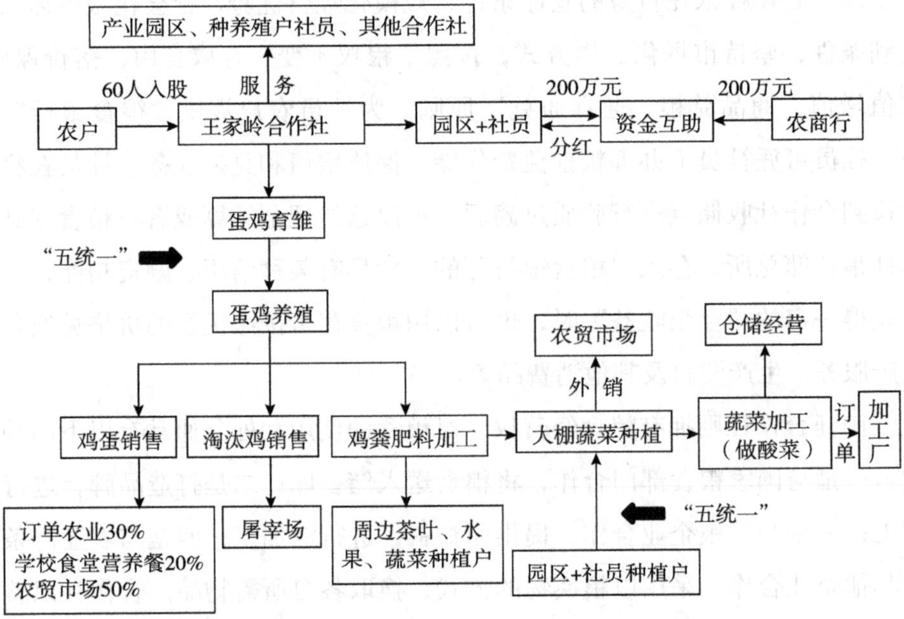

图 4 王家岭养鸡专业合作社“三位一体”综合合作运作机制图

王家岭合作社“三位一体”信用合作运作机制有三个特征。

（1）以产业信息为支撑开展内部资金互助，有利于降低信息不对称和信贷成本

王家岭合作社只为内部社员提供产业链条上的借款服务，并以社员与合作社间的业务往来数据作为信贷依据。资金互助部会参照上年度交易量、存栏蛋鸡羽数及大棚种植面积等综合因素对社员进行信用评价及授信。社员在各生产环节需要资金时，也是按照生产信息来申请互助金的，养殖户社员申请标准为每只蛋鸡 10 元，种植户社员为每亩地 5000 元。合作社内部“熟人社会”信息优势和产业发展信息优势能够有效降低信贷双方间的信息不对称程度，防范逆向选择和道德风险。

（2）以产业发展资金需求为导向，信用合作与产业合作互联，服务产业发展

资金互助部采用受托支付的方式向社员提供互联性贷款，确保互助资金用于蛋鸡、蔬菜产业的生产和购销，助推产业发展。社员提出互助金申请，资金互助部审核通过后，会将互助资金直接转账到社员所需生产资料的厂家，然后向社员提供商品提货单，社员则以提货单为凭证到相应的厂家提取商品。截至2021年7月9日，资金互助部已累计投放互助金1106多万元，惠及265户社员，未发生一笔不良借款，在一定程度上满足了社员蛋鸡养殖、蔬菜种植各产业环节中的资金需求，促进社员产业可持续发展，扩大经济收入。

（3）以蛋鸡等资产的最低处置价值为基础替社员担保，开展金融联结，推动贷款资金循环使用和防范道德风险

沅陵农商银行以乡村振兴战略的实施为契机，依托王家岭合作社产业发展，与该合作社合作推行乡村振兴卡服务，以产业为基础向社员发放贷款，助力乡村产业振兴。

第一，通过合作社整体授信，提高金融支持规模。

沅陵农商银行通过开展整体授信合作，可以详细掌握王家岭合作社的资产价值、产业规模和交易流水等信息。同时，沅陵农商银行凭借以往借款情况、经济实力、实际种养殖规模等信息对借款社员进行个人评估授信。开展整体授信可以有效降低合作社与农商行之间信息不对称，增加沅陵农商银行对合作社及社员的金融支持规模。

第二，通过合作社风险共担，减少贷款损失。

社员通过乡村振兴卡获得贷款时，合作社与沅陵农商银行共同承担风险。一是社员提出贷款申请时，资金互助部会首先进行审核，然后再向银行推荐。合作社作为农村合作经济组织，嵌入产业链条，可以确保贷款的真实性和安全性。二是合作社以蛋鸡等资产的最低处置价值为基础替社员提供担

保。当社员出现贷款风险时，农商行不承认蛋鸡的抵押价值，但合作社可以处置社员的蛋鸡，将资产变现。合作社根据保险赔偿和蛋鸡大小等信息，进行初步信用评级，确定最低担保额度。由合作社提供担保，处置社员的蛋鸡等资产有助于防范道德风险，减少贷款损失，并且合作社拥有长效机制，已发展到一定的规模，抗风险能力较强。

四、合作金融制度的普惠效应

商业银行系统之外的其他金融模式的产生，就是基于其能够带来弱势群体金融（特别是信贷）可得性的提升，这也是深化普惠金融服务的目标所在，合作金融制度的普惠效应是显著的。

（一）“熟人社会”的信任和声誉机制下的自我履约作用明显，有利于服务的可持续发展

信用合作的基础是基于“熟人社会”的社会关系网络产生的人际信任。中国农村基层社会是一个乡土社会，具有靠土地谋生、流动缓慢的特征。在此基础上的中国传统社会结构和个人社会影响联系是以“自己”为中心，按亲属关系、地缘和业缘关系等关系的亲近程度由强到弱逐渐外推所形成的“差序格局”（费孝通，1985）。农民资金互助组织生长于乡村社区，其社员大多数来自同一地域范围，处在相同的熟人社会圈层。农户个体间存在着血缘、亲缘、地缘和业缘关系，因而，参与资金互助业务的主体之间彼此相互了解、熟悉，信息较为对称，且遵循着相同的观念认知和社会规范，会产生一种非制度性的“人际信任”，其借贷属于“关系型信用”，具有“自我履

行”的功能（张改清，2008；高帆，2002），能够缓解农户申请正规信贷时所面临的融资约束（见图5）。

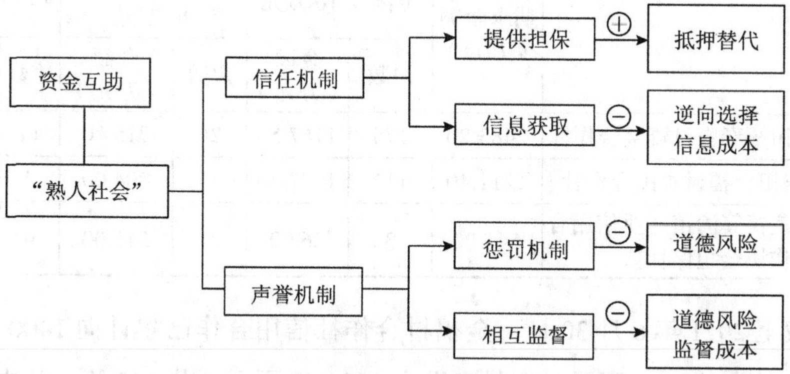

图5　资金互助缓解农户融资约束作用机理

一方面，信任机制可以发挥抵押替代和降低信息不对称的作用（薛桂霞和孙炜琳，2013）。另一方面，声誉机制可以通过内部惩罚和相互监督有效抑制道德风险。如果有成员农户违约，其违约情况会在成员群体内被快速传播，其不守信的行为也会成为整个村落社区的公共信息，个人声誉会受到严重影响，失去“人际信任”，还会失去再次获得信用贷款的机会（李明贤和周蓉，2018）。

（二）互助金存入投放以小额为主，有利于受益群体不断拓展

截至2021年6月末，福泰农村资金合作社累计向内部社员投放互助金2亿多元，投放资金余额为2483.20万元（见表6），其中向农业生产领域投放的资金余额达2404.20万元，占比高达96.82%，有力地支持了社员的种植业和养殖业发展。并且现有投放资金201户社员中有175户投放金额在10万元及以下，金额规模占投放资金余额的71.18%。由于个别社员在从事农业生产中遇到自然灾害等原因造成经营亏损，有11笔借款形成不良，不良贷款率为3.8%。

表6　信用互助资金投放情况（截至2021年6月30日）

<table>
<tr><td rowspan="3"></td><td rowspan="3">投放资金期末余额（万元）</td><td colspan="4">单户投放金额</td><td colspan="2" rowspan="2">不良贷款：逾期＋呆滞</td></tr>
<tr><td colspan="2">金额≤10万元</td><td colspan="2">10万元＜金额≤30万元</td></tr>
<tr><td>户数</td><td>金额（万元）</td><td>户数</td><td>金额（万元）</td><td>笔数</td><td>金额（万元）</td></tr>
<tr><td>河北玉田福泰农村资金合作社</td><td>2483.20</td><td>175</td><td>1767.50</td><td>26</td><td>715.70</td><td>11</td><td>95.00</td></tr>
<tr><td>河北玉田金福村农民合作社</td><td>1211.40</td><td>111</td><td>1007.40</td><td>11</td><td>204.00</td><td>4</td><td>21.4</td></tr>
<tr><td>湖南沅陵筲箕湾镇产业信用合作协会担保贷款</td><td>541.00</td><td>3</td><td>26.00</td><td>21</td><td>515.00</td><td>0</td><td>0</td></tr>
</table>

截至2021年6月30日，金福村合作社信用合作已累计向1400多户社员发放互助金2700万元。在贷互助金1211.40万元，共122笔，其中有111笔在投互助金规模在10万元及以内，共1007.40万元，占总余额的83.15%，共有4笔不良贷款，余额为21.4万元，不良贷款率仅为1.7%。

湖南沅陵筲箕湾镇产业信用合作协会主要向当地农商行和新阳村镇银行申请贷款。截至2021年7月16日，新阳村镇银行向筲箕湾镇产业信用合作协会已累计发放贷款24户，共计金额541万元，主要为10万～30万元的贷款，共占贷款总额的98.89%。其中，贷款额度最多的是30万元，共有11笔；其次是20万元的贷款，共有7笔。

（三）利用互助性信用共同体增信，实现抵押替代和信用增级，破解了商业银行信贷抵押困局

由于信息不对称问题的存在，银行放贷时一般会要求贷款人提供抵押品或担保人，作为其放贷的风险保障措施。但由于农业弱质性、农户财产数量少且实际分布错位、农村产权交易市场发展滞后、担保手续复杂且成本较高等制约因素，农户在信贷市场上面临抵押约束；而引入第三方担保的互助性担保模式能够契合农村经济主体的经济金融特征，可以满足小范围内农村经济主体的资金需求（胡士华、李伟毅，2006）。互助担保是建立在亲缘、地

缘、业缘等社会关系基础上的会员制信用共同体，它将社会资本转化为信贷资本，以合作信用、组织信用等形式提供贷款担保，为农户增信（韩喜平、金运，2014），其缓解农户融资约束的作用机理如图 6 所示。

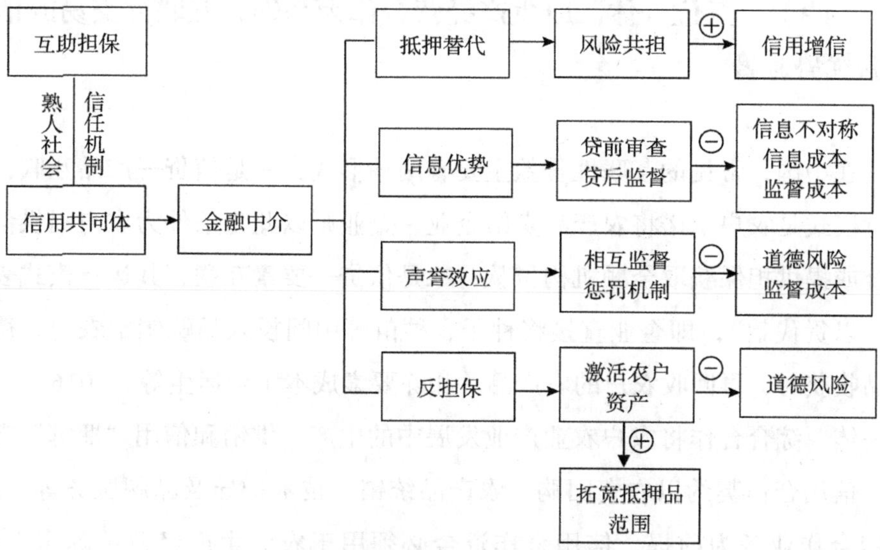

图 6　互助担保缓解农户融资约束作用机理

互助担保组织基于一定的乡镇地域范围，通过吸纳社员和保证金将个人信用捆绑在一起形成集体信用。社员生活在共同的乡村社区，彼此间具有基于亲缘、地缘、业缘等社会关系产生的人际信任，是互助担保组织成立的信任基础。当社员个人出现贷款违约时，互助担保组织承担连带责任，使用保证金先代为偿还，再向社员进行追偿。由于“资金池”由各位社员、政府等主体出资构成，违约社员、其他社员、政府等主体都相应承担了违约责任，形成了多方风险共担机制。因此，互助担保组织的互联互保可以提高银行对未来社员贷款回收的预期，进而促使银行同意向缺乏合格抵押品社员放款，有利于解决抵押品缺乏带来的融资困境，提高农户的信用等级。

福建沙县互助担保在“银行 + 村级融资担保基金”模式下，村民单户入股金额约为 1 万 ~ 2 万元。村级担保小组对农户进行信用评级，分为 AAA、AA、A、BBB、BB、B、C 共 7 个等级，农商行根据村民信用等级，以出资额为标准，给予 2 ~ 5 倍的授信额度，但单户不得超过 10 万元，破解了农户抵押困境，满足了农户小额贷款需求。

（四）“三位一体”以生产经营合作为基础，互联性交易的信息数据优势显著

在中国，常见的互联性贷款主要有两种形式：一是信贷—产品互联，其运行模式是农户承诺将农产品卖给企业，企业则以此为条件为农户提供信贷资金或提供担保获取金融机构贷款；二是信贷—要素互联，其运行模式表现为“以货代款”，即企业直接将种子、种苗等中间投入品赊销给农户，待农产品收获时，再回收农户的农产品并扣除要素成本（米运生等，2016）。“三位一体”综合合作将农户农业产业发展中的生产、供销和信用“捆绑”在一起，信用合作契约以农资团购、农产品统销、技术指导及品牌服务等生产、供销合作业务为前提，信用合作资金必须用于农业生产经营（陈东平等，2017；张雷、陈东平，2018），投资的投入品和固定资产具有较强的专用性。当社员农户生产经营需要贷款时，合作社信用互助部向社员直接提供贷款或作为担保中介帮助社员获得其他金融机构的贷款资金，而社员在将来要将收获的农产品以既定的价格和数量销售给合作社，即信贷—产品互联；需要特别指出的是，当农户需要购买农机具、种子、肥料等生产资料而申请贷款时，信用互助部或其他金融机构一般不会向社员提供贷款资金，而是会采取受托支付（以货代款）的方式提供实物形式的生产要素，并回收农户的农产品，此时的互联性交易又可以叫作信贷—要素互联。由于合作社与社员之间生产经营交易活动，合作社可以免费沉淀累积大量的生产、供销交易数据，实现交易历史、经营状态、信用信息等各类信息的共享，增强信息透明度，有利于发挥场景金融的优势为农户信贷提供依据（朱乾宇等，2021），在一定程度上打破了传统正规金融机构和农户间的信息壁垒。既降低了信息不对称程度，也有效减少了信用契约达成前的信息搜寻、评级授信等方面的交易成本。

同时，“三位一体”信用合作是重复博弈下的互联性贷款，能够发挥声誉机制的信号传递和惩罚机制作用，降低逆向选择和道德风险。重复博弈下的互联性贷款通过强化声誉机制的惩罚机制，促使契约双方选择合作行为。因为违约方不仅会遭受当期的产品收益损失，还会丧失未来在信贷市场继续申请贷款的机会，以及在产品市场继续合作的预期收益（Avner，1989）。达成契约的博弈双方为了获得长期利益，会在合作中特别注重建立和维护自己良好的形象与声誉。在“三位一体”新型合作体系下，农户与合作社基于产业链进行多环节的合作交易，会构建多个利益联结点，为农户带来丰富的超额收益。若参与信用合作的农户产生不良贷款，合作社采取的惩罚措施不只是简单地对其停止贷款，有可能在当期以及未来停止收购农户的农产品，或者不再对其提供其他生产经营服务，农户将失去合作经济带来的优惠便利和经济收益。农户信用合作违约将会面临着更高的潜在违约成本，这有利于促使农户诚信合作、按时履约，抑制其实施道德风险行为。

五、普惠金融深化对农村合作金融的影响

合作金融发展的空间一般是商业银行不愿涉入或较少涉入的，是为了避免融资歧视、争取政府支持、享受优惠政策、降低交易成本的产物（曾康霖，2001）。从这一视角来说，参与合作金融的群体大都是被传统金融排斥的群体。普惠金融旨在解决金融排斥，因此，新型合作金融是普惠金融深化的一种模式。随着传统金融机构与数字金融融合发展，我国农村金融市场多层次、多类型、差异化的普惠金融新业态、新模式正在加速形成。银行业在县域的战略布局已由收缩转变为扩张，多元机构竞争逐步成为农村金融市场的基本形态（王雪、何广文，2019），我国银行体系总体较为发达，金融供

给总量相对较为充分（何广文，2018），普惠金融发展的进一步深化，对农村合作金融产生了较大影响。

（一）商业银行业务下沉对合作金融产生“挤出”效应

自20世纪80年代以来，我国农村经历分别以“存量”和“增量”为侧重点的金融体系改革，银行主导的县域金融机构体系已发生深刻变化，特别是数字金融借助大数据、云计算、区块链和人工智能等信息技术在一定程度上改善了传统金融高风险溢价和高运营成本问题（黄浩，2018），为拓展金融的服务范围和触达能力提供了稳定的技术支撑（郭峰等，2017），发挥了对农村金融供给“增量补充”和“存量优化”的作用（唐松等，2020）。同时，数字金融发展通过挤压银行各类业务空间，迫使银行之间为争夺剩余市场份额而相互竞争；数字金融发展的长尾效应让银行重新审视中小客户资源的市场潜力而加入了开发和抢夺相应市场的竞争（封思贤、郭仁静，2019）。数字金融的发展与农村金融的深化改革，以及数字金融与传统商业银行之间的竞合关系（袁鲲、曾德涛，2021），使得传统商业银行有充足动力且能够扩大业务触及面，降低营销获客成本和人力成本，以及通过改善业务服务流程降低运营成本（王曙光、杨北京，2017），导致商业银行在县域内业务不断下沉。

农村合作金融以小微企业、新型经营主体、农户等在内的“长尾群体”为主要客户，但商业银行业务的业务下沉促进金融资源向“长尾群体”倾斜，在一定程度上缓解了“长尾群体”的融资困境，但同时也无疑对合作金融产生“挤出”效应。根据课题组的调查，湖南沅陵县域内建设银行、农业银行采用跟随策略，给予沅陵农商行授信的客户以同等额度授信，并以最低3.85%的利息直接与沅陵农商行展开客户竞争。沙县农商行2015年推出“五福贷”“小吃贷”等产品，可直接实现对村级融资担保基金升级替代，不仅如此，沙县农商行在对全区完成整村授信基础上，于2021年推出最高可达30万元以内授信的“乡村振兴贷”产品。沙县政府还设立源丰担保基金，主要支持经营主体的发展型资金需求；福建省农业担保公司2021年4月推出“新农直通贷”，面向乡村有一定规模的经济主体。

（二）数字金融的“长尾效应”对合作金融产生替代

传统金融机构通过面对面交流的方式发掘客户需求，需要大量的客户经理来发掘和维护市场。农村金融市场中的长尾客户由于信用评估和合同执行的监管过程复杂，金融机构在对其服务时的运营成本和交易成本高，甚至收益不能弥补成本，长尾客户基本上难以获得金融服务（李明贤、何友，2019）。随着互联网、物联网等新兴技术在农村地区的快速普及，金融科技在普惠金融深化中的作用日益显现，数字金融的发展正深刻改变着农村金融市场的发展格局。数字金融的快速发展得益于传统金融服务的供给短缺、监管环境的相对包容以及信息技术（特别是智能手机、大数据和云计算等）应用（黄益平、陶坤玉，2020），被视为具有促进金融普惠的显著特征（张勋等，2019）。

数字金融通过大数据征信等模式的具体应用降低了信贷交易中的信息不对称程度，通过数字化技术降低了开发市场的成本，通过移动支付和在线借贷克服了地理障碍与传统风险评估的盲点，实现了以较低成本向中小企业和各地各类人群服务，特别是经济落后省份的数字普惠金融的发展更为迅猛（黄益平、黄卓，2018）。截至2018年底，中国网民规模达8.29亿，互联网普及率达59.6%，其中，全国农村网民规模达2.22亿，互联网普及率为38.4%，比2017年提高3个百分点。农村网民规模和互联网普及率的提升为以大数据、人工智能、物联网为代表的数字金融应用于普惠金融发展领域、服务长尾客户提供了物质基础和客户条件，数字金融的长尾效应日渐显著，新型合作金融的业务在较大程度上被数字金融提供的产品和服务替代了。

（三）地方金融发展和监管升级挤压合作金融发展空间

普惠金融的主旨是缓解金融排斥，尤其是缓解对弱势群体的金融排斥，是对于市场的某种矫正机制，属于要素配置、分配和再分配的范畴（李建军、韩珣，2019），但传统金融机构受金融抑制、代理人成本和成本收益不匹配等方面的约束，在推动普惠金融的过程中存在先天性不足，缺乏激励与主动性，因此我国普惠金融发展模式主要以政府主导为特征（丁攀等，2020），尤其是地方政府在地方金融中居于核心地位。

首先，为推进县域普惠金融深化，地方政府加大政策金融服务长尾人群的力度。福建沙县是农村金融改革试点地区，地方政府不断创新政策金融产品，加大对经营主体的服务，如地方政府成立沙县源丰农村土地承包经营权信托有限公司，并由沙县国有资产经营公司出资建立沙县源丰农业支持保护基金，与当地邮政储蓄银行合作，发放担保贷款，主要支持经营主体的扩大型资金需求。自2003年起，沙县开展林业改革，配合沙县产权交易中心，于2016年试点林权抵押贷款，2017年成立林业担保基金，推出“福林贷”产品。此外，沙县还开发出“党建+金融助理+多社融合”模式，其中，“党建”部分主要由地方政府部门人员加入，“金融助理”由商业银行员工参与，“多社融合”包括供销社、农民合作社等，不断推进地区授信，对农民合作社、家庭农场的法人发放个人名义贷款。政策金融服务产品的推陈出新提高了长尾群体的金融满足程度，使得原本只能通过新型合作金融获得融资满足的长尾群体有更多的融资渠道选择，挤压了合作金融的发展空间。

其次，由于地方金融风险事件的处置难度较大，加之出于政绩考虑，地方政府对于农村合作金融的发展实施严格监管。由于地方金融发展权与金融监管权的错位，地方金融监管责任划分较为模糊，常见的处理办法是“谁同意，谁管理，谁担责”。地方金融业务涉及跨机构交叉业务，“多头”监管现象较为普遍，出现风险时难以及时预警、干预。同时，金融风险事件爆发的社会影响面较大，一旦爆发风险，从干预介入到风险处置完毕周期冗长、过程烦琐，隐性处置成本远大于金融风险事件损失成本，风险处置实践难度较大。因此，较多地区对新型合作金融“准入与续存”实施严格控制、甚至关闭业务开展通道。根据课题组的实地调研，河北玉田县、江西新余市的新型合作金融业务已难以为继，多头监管、监管责任不清是主要原因。河北玉田县内的新型合作金融组织是在民政局注册，并发放营业牌照，五年一审；由工商部门对其进行年检，一年一检。玉田县内的集强农村资金专业合作社运作 3 年，由于年检无法通过，社长已自行于 2020 年清理关闭合作社；福泰农村资金专业合作社自 2018 年被民政局拒绝年检，五年的营业执照期即将到期，其业务发展几乎停滞。

（四）合作金融难以满足乡村经济转型与升级的需求

伴随着乡村振兴与新型城镇化战略加速推进、农村经济体制与农村金融改革的深化，农村产业组织化程度提升、三产深度融合、新型农业经营模式的出现等深刻改变着农村社会的经济发展模式和形态，农村金融的需求主体、需求结构、需求层次正在发生变化，即从单一农户生产性需求向乡村振兴战略加速推进背景下多元需求转化，需求主体与需求形态发生了深度变迁（郭连强，2020）。

特别是在农村普惠金融发展不断深化发展的背景下，数字金融应用与发展对农村的影响，无论是通过对传统金融存量的改变，还是增量水平的替代，都对农村金融需求产生了不同方向的影响（傅秋子、黄益平，2018）。

首先，数字金融在电子商务的发展下刺激了农村新型需求的提升，拓展出更多的消费方式和服务方式，催生大量新型金融服务需求，数字金融发展对农村居民消费结构升级产生显著影响（张李义、涂奔，2017）。与此同时，数字技术给金融不甚发达的农村带来了更便捷的金融服务，将低收入人群连接到数字化信息超级高速公路，改进其市场、服务和信息的可得性，使得金融服务能够更精准地被送达有需要的人群（余文建、焦瑾璞，2016；马九杰、吴本健，2014；谢绚丽等，2018）。随着城镇化和三产融合的推进，县域中的涉农企业、小微企业、创新创业者及农村转移人口等主体存在的生产性、消费性和投资性多样化金融需求可以更加便捷地通过数字金融服务得到满足。

其次，数字金融通过移动互联网的方式触达农村各类经济主体，快速降低了金融服务的成本，可能会减少传统金融服务需求，具体表现为信贷业务、理财服务、支付结算手段和供应链金融服务上的创新，显著提高了传统金融机构的服务效率（王曙光、杨北京，2017）。随着新型农村经营主体的发展，农业产业化、现代化、规模化发展不断深入，对农业保险、农产品期货保值、农机融资租赁、农业供应链管理等方面的需求提升，现有合作金融模式难以满足。

此外，数字金融的增收效应（Zhang et al.，2018），尤其是对农村低收入群体的增收效应（张勋等，2019），减少了生存型金融需求和维持型金融需求。

从影响结果来看，农村信贷需求呈现大额化和长期化的趋势（何广文，2019）；从需求结构来看，数字金融降低了农村生产性正规金融需求的概率，有效增加了农村的消费性正规信贷需求概率，且数字普惠金融越发达，农村生产性正规金融需求减少的概率越大，农村消费性金融需求被激发的概率越大（傅秋子、黄益平，2018）。随着经济的发展，供给引导需求产生的供给领先型市场，将逐步让位于需求追随型市场（Patrick，1966）。农村合作金融以长尾客户为主要客户群体，以小额生产性贷款为主要服务产品，无论资金规模还是资金用途都有着较大的限制，难以满足转型与升级的农村金融需求。

六、农村合作金融可持续发展的政策建议

在普惠金融深化背景下，农村合作金融的发展空间受到压缩，可持

续发展受到挑战。然而，合作金融作为一种制度安排，并不源于单纯的融资需求，而是来自在正规金融市场（如银行信贷、发行证券）上受到差别待遇的中小经济个体以利他（互助）换取利己（融资）的现实可能性（张琦，2007）。从国际发展来看，各类合作金融组织遍及全世界（马忠富，2001），彰显出强大的生命力，但这也表明世界范围内存在的“金融排斥”并未得到彻底解决。因此，只要中小经济个体存在融资需求，且这种融资需求在正规信贷市场上存在差别待遇，合作金融就有存在的必要。通过对样本县域的实地调研，课题组对农村合作金融可持续发展提出以下政策建议。

（一）构建合理的治理结构，完善利益共享机制，实现风险与收益相匹配

1. 坚持以交易量为基础的利益返还机制，完善利益共享机制

按照社员与合作金融组织的交易量返还利润是合作金融原则的重要内容，也是现代合作金融组织激励机制核心所在。传统合作金融按照交易量返还利润，主要是按照存入资金量返还利润和按照借款量返还利润，按照存入资金量返还利润，可以激励社员在合作金融组织不断增加存款，在合作社信用合作资金来源短缺情况下积极意义突出；按照借款量返还利润，实际上可以看成是对合作社成员借款利息的补贴，有利于激励合作社成员在守信基础上不断与合作社之间发生重复借款行为，重复博弈，实现合作社与成员的共赢（何广文，2021）。

但是根据本次对样本地区的考察，大部分的合作金融借贷业务都需要有另外两名成员以入股资金为借款成员提供担保，这种担保本质上也是通过承担借贷风险责任对合作金融做出了贡献，也应算作参与合作金融的交易量，有些成员如果做担保户次数多，担保的贷款金额大，理应因承担风险多而获得利润返还（刘西川，2018）。

2. 加大入股资金规模，提高股金分红的比例，强化股东剩余支配权和硬化风险约束

合作金融以按照交易量返还利润为主要盈利分配方式，也是合作金融独特的利益分享机制，是区别于其他类型金融模式的重要特征。但是这种盈利分配方式是与合作金融民主决策“一人一票”方式相呼应的，难以与风险责任相匹配。合作金融由于股金规模差异导致的成员异质性，使得实践中造成小股东手里的“一票”仅以其出资为责任底线（陈东平等，2017），大小股东所承担的真实风险不相匹配，因而在实践中难以落实。实践中更多的合作金融以发起人控制模式运作，但这种模式以集权为主要特征，主要由出资人、理事会尤其是理事长承担风险责任，由于普通成员基本不承担风险，因而更加难以落实按照交易量返还利润为主要的盈利分配方式。合作金融在现实发展中面临风险与收益不匹配的困难。

按照股金贡献度即缴纳发起人股和投资股的份额分配利润，是股份制金融企业的盈利分配方式（何广文，2021），基于经济产权的盈利分配方式具有风险与收益较易匹配的优势。合作金融不是股份制金融企业，但可以在坚持“以交易量为基础”的利益返还机制的基础上，借鉴股份制金融企业通过经济产权来匹配收益与风险的优势加以利用。但是，通过经济产权实现收益与风险的匹配需要提高股金在资金来源中的占比，即加大成员入股资金规模，同时必须提供股份分红的比例。

3. 完善动态合理的治理机制，落实收益与风险相匹配

合理可行的治理机制应能妥善解决风险问题，要能明确界定风险承担主体、合理分配风险责任、有效管理风险，最终实现权利、风险与收益的统一。合作金融是弱势群体自我联合的一类金融组织形式，其成员是所有者、管理者、客户三重角色的重叠，合作金融治理机制的关键在于处理好内部成员之间的利益关系，即主要包括成员与理事会之间的委托代理关系、大户与小户之间的委托代理关系、理事会与借款者之间的委托代理关系、净借款者与净储蓄者之间的委托代理关系（刘西川，2013）。只有这些利益关系能够落实在合作金融的决策、激励与监督机制上，才能够真正实现收益与风险相匹配。

此外，从调研情况来看，农村合作金融已建立了一些制度和管理办法，但动态的治理机制仍未建立，比如农村合作金融的管理者主要是设立主体的管理者兼任，一旦设立主体的管理者发生换届、轮换、退休，能否保持互助担保的稳定存在不确定性。如沙县村级融资担保基金和金寨惠民农业服务专业合作社的互助担保都由村“两委”管理，一旦村“两委”换届，也面临类似难题。

（二）坚持自身市场化运作，不断提高对金融需求的满足程度

1. 确立与商业银行业务的差异定位，逐渐减少与银行信贷业务的交叉重叠区域

合作金融的存在与可持续的基础在于满足受金融排斥人群的需求，首先在业务定位上应该与银行业务有差异，不应该与银行信贷业务呈现竞争性替代关系。随着乡村振兴战略的实施，传统农业生产的小额资金需求逐渐萎缩，同时普惠金融的深化使得农村合作金融的替代信贷产品逐渐增多，但课题组通过对玉田、新余、沙县、沅陵、金寨5个样本县的调查发现，尽管当地金融市场供给已经较为充分，但现有银行信贷产品更多的是对小额资金需求与短期（一年以内）资金需求的满足，乡村振兴下的经济主体依旧面临着银行对其“转型金融需求”的排斥。满足弱势群体的新型融资需求将是农村合作金融存续的基础。

此外，合作金融可以发挥传统金融服务中的信息传递优势，促进与成员间的“关系型贷款”关系的建立，实现对银行信贷市场盲区的拓展和占领。

2. 贴近当地金融市场需求，丰富农村合作金融的产品服务

随着农村经济水平的提高，各类经济主体收入也在不断增加，财富的积累使得农村经济主体对财富保值增值的需求增加。在普惠金融深化背景下，合作金融发展到一定程度，农村各类经济主体，尤其是各类新型经营主体对

投资咨询、理财的金融需求将越来越多。国外合作金融的发展，如加拿大的储蓄互助中提供的理财服务，就是经济发展到一定阶段后的需求所致。

（三）加强监管创新，因地制宜选择合适的监管模式

地方政府因噎废食式的“一刀切”是造成样本地区合作金融的发展不断萎缩、合作金融低效率的重要原因。合作金融是普惠金融深化的一种模式，也是普惠不断深化发展的需要。加强监管创新，因地制宜选择合适的监管模式才能够打破农村合作金融“一管就死、一放就乱”的监管“魔咒”（罗兴，2018），在发展政策和监管政策的矛盾之中走出一条新路。

主要参考文献

[1] 陈东平，张雷，高名姿. 互联性交易与股份合作制专业合作社内信用合作契约治理研究——以旺庄果品专业合作社为例[J]. 农业经济问题，2017，38（05）：28-35+110.

[2] 高帆. 我国农村中的需求型金融抑制及其解除[J]. 中国农村经济，2002（12）：68-72.

[3] 郭峰，孔涛，王靖一. 互联网金融空间集聚效应分析——来自互联网金融发展指数的证据[J]. 国际金融研究，2017（08）：75-85.

[4] 何广文，王雪，刘甜. “三位一体”框架下的信用合作运行机制与绩效解析——基于江苏兴化案例[J]. 农村金融研究，2021（02）：3-10.

[5] 何广文，何婧，郭沛. 再议农户信贷需求及其信贷可得性[J]. 农业经济问题，2018（02）：38-49.

[6] 何广文，刘甜. 基于乡村振兴视角的农村金融困境与创新选择[J]. 学术界，2018（10）：46-55.

[7] 何广文. 农村资金互助合作机制及其绩效阐释[J]. 金融理论与实践，2007（04）：3-8.

[8] 洪正，王万峰，周轶海. 道德风险、监督结构与农村融资机制设计——兼论我国农村金融体系改革[J]. 金融研究，2010（06）：189-206.

[9] 李志平，郭沛. 金融支持新型农业经营主体模式研究[M]. 北京：中国财政经济出版社，2021.

[10] 李明贤，周蓉. 社会信任、关系网络与合作社社员资金互助行为——基于一个典型案例研究[J]. 农业经济问题，2018（05）：103-113.

[11] 刘西川，钟觅琦. 合作金融组织剩余控制权安排的另一种可能——分权型及半阁村实例[J]. 财贸经济，2018，39（10）91-104+144.

[12] 罗兴，安雪洁，何奇龙，马九杰. 政府委托监管与农村合作金融监管“魔咒”的破解[J]. 农业经济

问题，2021：1-12.

[13] 彭澎，张龙耀. 农村正规金融创新对关联信贷市场供给和风险的影响——以农产品仓单融资为例[J]. 中国农村经济，2021（11）：72-88.

[14] 汪小亚. 发展新型农村合作金融[J]. 中国金融，2014（5）：22-24.

[15] 王雪，何广文. 县域银行业竞争与普惠金融服务深化——贫困县与非贫困县的分层解析[J]. 中国农村经济，2019（04）55-72.

[16] 薛桂霞，孙炜琳. 对农民专业合作社开展信用合作的思考[J]. 农业经济问题，2013，34（04）：76-80.

[17] 张乐柱. 农村合作金融制度研究[M]. 北京：中国农业出版社，2005.

[18] 朱乾宇，龙艳，钟真. "三位一体"：从单一合作到综合合作的制度创新——基于三个案例的比较分析[J]. 农业经济问题，2021（06）：19-33.

[19] Avner，Greif. Reputation and Coalitions in Medieval Trade：Evidence on the Maghribi Traders[J]. *Journal of Economic History*，1989，49（04）：857-882.

数字乡村治理的理论机制、实践探索与政策建议*

乡村治理是国家治理体系的重要组成部分。但与城市治理相比，乡村治理水平相对落后，具体表现在农业产业基础薄弱、农村社会治理水平不高和农村人居环境持续恶化等方面，已成为实施中国特色社会主义乡村振兴战略的突出短板和薄弱环节，而数字技术重新形塑了乡村治理的时代背景，为改善乡村治理创造了新机遇。本课题阐释了数字技术全面赋能乡村治理的理论机制，总结了数字技术赋能乡村治理的实践经验，并据此提出相关政策建议。研究发现，在农业产业治理方面，数字技术深刻改变了农业生产端、加工流通端和销售端的发展模式，助力乡村产业兴旺和生活富裕；在农村社会治理方面，数字技术推动农村社会治理民主化、法制化、精细化、制度化和德教化，助力乡村治理有效和乡风文明；在农村人居环境整治方面，数字技术提高了人居环境整治规则供给、规则执行和规则维护的效率，推动乡村生态宜居。

---

* 本报告是清华大学中国农村研究院2021年重点研究课题“数字乡村治理的公共政策问题研究（CIRS2021-13）”的研究成果、国家社会科学基金重点项目“数字时代背景下推进农业农村现代化的战略、机制与政策研究（22AZD050）”以及清华大学文科建设“双高”计划专项“面向复杂社会生态系统诊断的公共事物治理研究”（2021TSG08204）的阶段性成果，报告观点仅代表课题组的看法。课题负责人：王亚华，清华大学公共管理学院副院长、教授，清华大学中国农村研究院执行院长。报告执笔人：王亚华、李星光。

一、数字乡村治理研究背景

（一）全球进入数字经济时代

近年来，数字经济快速发展正成为全球经济增长的新动能。数字技术加速与经济社会各领域深度融合，日益成为引领经济社会发展的先导力量，成为各国推动经济社会转型、培育经济新动能、构筑竞争新优势的关键力量。从规模上看，全球数字经济体量较大，是各国 GDP 的重要组成部分。2019 年，全球 47 个国家数字经济占 GDP 比重达到 41.5%，较 2018 年提高 1.2 个百分点。从结构上看，全球数字经济结构优化，传统产业数字化转型成为主导。全球 47 个国家产业数字化占数字经济比重平均为 83.9%，产业数字化在各国数字经济中的地位持续巩固。

在数字经济时代，数据成为推动经济发展的关键生产要素，供给和需求的界限日益模糊，数字基础设施成为新的基础设施。在农业经济时代，土地和劳动是经济发展的关键要素，在工业经济时代，资本和技术是经济发展的关键要素。而在数字经济时代，数据不仅是经济发展的核心要素，而且是未来国家和企业之间竞争的核心资产。随着数字化技术的成熟和深度普及，大规模定制化生产推动生产制造服务化转型，数字技术成为连接供给侧和需求侧的桥梁。当数据成为经济发展的关键要素时，承载数据流动的数字基础设施成为支撑数字经济发展的重要基础设施。

（二）农业农村发展进入新阶段

农村基本消除了绝对贫困。改革开放初期，我国农村贫困人口达 7.7 亿人，2020 年完成全部脱贫。农村居民的生活水平也发生了翻天覆地的变化，2021 年底，我国农村居民人均可支配收入 18931 元，连续 6 年增速超过城镇居民人均可支配收入增速。农村基础设施水平有了根本性改善，超过 99% 的建制村通硬化路，全国农村自来水普及率达到 80%，供水保证率和水质达标程度显著提高，基本实现了农村地区供电服务全覆盖，行政村光纤通达率和 4G 覆盖率均超过 98%。农村公共服务供给水平大幅提升，新型农村合作医疗、农村社会养老保险、农村义务教育实现全覆盖。

农业现代化取得长足进步。当前农业生产方式发生了革命性变化，科技水平和物质装备条件与过去相比已不可同日而语。农业科技进步贡献率达到 58.3%，良种实现全覆盖，旱涝保收、高产稳产的高标准农田达到 64 亿亩，粮食作物耕种收综合机械化率已经超过 80%，农民面朝黄土背朝天、人拉牛耕已经成为历史，我国农业进入主要依靠科技装备驱动的新阶段。质量兴农、绿色兴农加快推进，农药化肥使用量实现负增长，打农药也从过去的肩扛手提变为无人机作业。手机成为农民的新农具，农民在家中借助手机控制浇水和施肥，了解技术和市场信息。

十九大报告提出实施以产业兴旺、生态宜居、乡风文明、治理有效、生活富裕为总目标的乡村振兴战略。乡村振兴的基础是治理有效，而乡村治理有效离不开乡村政治、经济、生态、社会和文化的全面协调发展，离不开法治、自治、德治相结合的乡村治理体系。值得注意的是，乡村治理是国家一体化治理体系的重要组成部分，但乡村治理能力和治理水平远远落后于城市治理能力和治理水平，具体表现在乡村产业基础薄弱、产业链条延伸不足，乡村社会治理水平不高、公共事务治理能力衰退及乡村生态环境持续恶化等方面，已成为我国实施乡村振兴战略的突出短板和薄弱环节。

（三）数字技术为乡村治理现代化全面赋能

随着经济全球化和社会信息化的深入发展，以移动互联网、云计算、大数据、人工智能、电子商务及物联网为代表的数字技术（以下简称“数字技术”）蓬勃兴起，不断催生新模式、新产品和新业态，重新形塑了乡村治理的时代特征，为实施乡村振兴战略创造了前所未有的重大机遇。数字技术成为农业农村发展的新引擎，有助于激活土地、劳动力、资本等各种农业要素，提升数字化生产力，以信息流带动技术流、资金流、人才流、物资流向乡村地区流动，优化农业要素配置，提高农业全要素生产率，推动乡村经济、社会、政治、生态和文化等各领域全面发展。然而，与城镇地区相比，农村地区数字技术应用较为落后，极大制约了数字技术在农业产业治理、农村社会治理能力提升和农村人居环境整治等方面的推广，阻碍了乡村治理体系和治理能力现代化。

为此，2018 年《中共中央 国务院关于实施乡村振兴战略的意见》提出，实施数字乡村战略，大力发展数字农业；2019 年《数字乡村发展战略纲要》明确要求，以数字乡村建设作为乡村振兴战略的重要抓手，整体带动农业农村现代化发展；2020 年《关于开展国家数字乡村试点工作的通知》强调，积极推动数字技术在农村地区的应用和推广。然而，与城镇地区相比，农村地区数字技术发展较为落后，限制了数字技术在乡村治理领域的应用和推广，阻碍了乡村治理体系和治理能力现代化。作为典型的后发国家，中国不仅面临不同于发达经济体实现乡村有效治理的制度背景和环境条件，而且面临数字时代重大机遇和挑战。因而，探究数字技术全面赋能乡村治理的机制，是学术上很有价值的前沿课题。

二、中国数字乡村治理的发展状况

（一）数字乡村治理的研究现状

现有研究重点关注了乡村治理的概念特征、问题挑战、实现路径和绩效评价，强调了在不同历史时期和发展阶段，党和政府对乡村治理的制度安排、目标任务和政策绩效的认识存在明显的时代变迁过程。在新中国成立初期，土地问题是乡村治理面临的主要挑战，随后完成农业社会主义改造和构建人民公社制度成为乡村治理的主要任务。在改革开放时期，开展村民自治实践，完善农业生产经营体制改革是乡村治理关注的焦点问题，而在中国特色社会主义新时代，落实乡村振兴战略，推进“农业强、农村美和农民富”美好愿景的实现成为新时代乡村治理的迫切任务。

针对数字技术与乡村治理的关系，现有研究重点关注了数字技术赋能农业产业治理和乡村社会治理的影响机理。围绕数字技术赋能农业产业治理，现有文献主要从经营体系、生产体系和产业体系等方面展开分析。从经营体系角度，数字技术降低信息搜寻成本，提高信息可得性和完整性，改善农业经营决策科学性，增加农业要素配置效率和集约程度，助力农业经营方式精细化和决策智能化。从生产体系角度，数字技术改善农业经营主体之间的信息传递效率，促进农业生产精准运行和智能管理，重构农业生产体系。从产业体系角度，数字技术打通农业全产业链条，助推第一、第二、第三产业融合发展，获得农业规模经济效应和资源集聚效应，优化农业产业体系。

围绕数字技术赋能乡村社会治理，现有文献主要从乡村社会结构重构和乡村制度发展等方面展开分析。从乡村社会结构重构的角度，数字技术可构建一个高效合作、富有创新和集体理性的乡村社会结构，实现不同群组之间以及不同群组与政府之间的常态化互动参与，进而形成乡村社会治理新模式。从乡村制度发展角度，数字技术降低乡村社会治理决策、监督与管理过程的成本，提高乡村社会治理的透明性和科学性，完善乡村社会治理体制机制。

（二）数字乡村治理的应用领域和场景

随着信息技术在农业农村领域的不断渗透和发展，我国数字乡村建设取得了较快发展，在农业生产信息化、农村电子商务、农村电子政务等方面已打下了较好的发展基础。

1. 农业生产信息化

信息技术广泛应用于农业生产、经营和管理，在大田种植、园艺作业、畜禽养殖、水产养殖、农业设施等农业生产领域渗透应用，提高了农业发展的质量和效益。射频识别电子标签、远程监控系统、无线传感器监测、二维码等技术被逐步应用到数字化农业中，支撑农业生产管理，为农业生产提供精准化种植、可视化管理、智能化决策等依据，提高了农业生产管理效率，提升了农产品附加值。农业物联网试点成效显现，9 个省开展了农业物联网区域试验，发布了 426 项节本增效的农业物联网产品技术。

农业农村部建设了“国家农产品质量安全追溯管理信息平台”，推广农业绿色生产方式，提升农产品质量安全水平，配套建设移动专用 App、监管追溯门户网站、国家追溯平台官方微信公众号等。截至 2020 年 7 月初，国家追溯平台共有 9.41 万家生产经营主体，产品种类 981 个，企业上传数据量达 11.3 万条。

在园艺作业方面，经济作物监测信息系统得到扩展，蔬菜生产信息监测系统、花卉产业综合统计系统逐步完善。2018 年园艺作物数字农业试点总数达到 16 个，覆盖全国 12 个省（自治区、直辖市），在重点县采集跟踪 30 种蔬菜 42 个产品的生产信息。

在水产养殖方面，水产养殖装备工程化、技术精准化、生产集约化和管理智能化水平大幅提高，数字化技术逐步应用于水体环境实时监控、饵料自动投喂、水产类病害监测预警、循环水装备控制、网箱升降控制等领域。沿海 11 个省（自治区、直辖市）和大连、青岛、宁波、厦门 4 个计划单列市完成海洋渔船通导与安全装备升级改造 89654 台，建设数字渔业岸台基站 147 座，开发海洋渔船动态监控管理系统，确保海洋渔船“看得见”“联得上”“管得住”。

2. 农村电子商务

我国农村电子商务发展迅速。全国农村网络零售额由 2014 年的 1800 亿元增长到 2020 年的 1.79 万亿元，规模总体扩大了 9.9 倍。其中，农产品网络零售额达到5750亿元，同比增长45%。截至2019年底，农村地区的快递网点超过3万个，公共取送点达到6.3万个，乡镇快递网点覆盖率达到96.6%。全国具备电子商务配送站点的村占比为43.1%，开展休闲农业和乡村旅游接待的村占比为10.2%。农村地区收投快递超过150亿件，占全国快递业务总量的20%以上。农村电商迅速发展吸引了一大批农民工、大学生和退伍军人返乡创业。图1为2014—2020年全国农村网络零售额的具体情况。

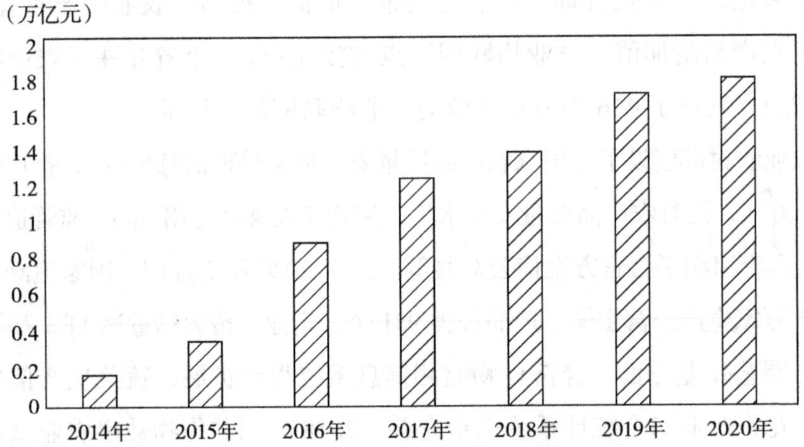

图1　2014—2020年全国农村网络零售额

3. 乡村数字化治理

农村基层党建信息化平台不断完善，“互联网＋党建”向农村基层延伸。2019年全国党员干部现代远程教育终端点有68.5万个，其中，乡镇（街道）3.8万个、行政村50.1万个，农村党员全年接受远程教育培训19984万人次。

电子政务向乡村延伸覆盖。电子政务服务向农村基层延伸，提升了政府部门公共服务的效率，节约了农村居民的办事成本。贵州省网上办事大厅覆盖省、市、县、乡、村五级，基本实现了全省政务、事务、商务服务“进一张网，办全省事”，实现了跨部门、跨地区、跨层级的数据共享交换、联动审批和全程追溯。

信息化助力村务管理透明度提升。“阳光村务工程”推动村务、财务网上公开。截至2018年底，利用专用财务软件处理财会业务的村共38.8

万个，占总村数的66%，全国实现村级财务网上审计和公开的乡镇分别为4569个和18423个，分别占乡镇总数的12.7%和51.4%。

腾讯“为村”定位为乡村治理的数字化平台，通过搭建平台，为村庄提供各类互联网技术和产品，帮动农村基层管理者解决基层党建、村务管理、村民增收、文化建设等各种乡村治理问题。截至2020年2月底，全国共有29个省（自治区、直辖市）、215个市、845个区县、2395个乡镇中的15176个村庄或社区加入腾讯“为村”数字化平台，认证村民超过251万人。

4. 农村智慧环保

新一代信息技术和传感设备应用于农村环境综合整治和环境生态保护工作。建设了涵盖基础地理、土地、地质、矿产资源、地质环境与地质灾害等数据的全国自然资源“一张图”平台，打造出“天上看、地上查、网上管”的自然资源监管新模式，实现对全国每一块土地开发的全流程、全覆盖监管。平台数据总量达到700TB，有效促进了水利信息资源全面整合，完善了国家基础水信息体系。

农村人居环境不断改善。农民群众的环境意识明显提升，绿色文明的生活习惯逐步养成。北京市大力推动农村供水和污水处理信息化，极大改善了农村地区的饮水条件，显著提高了农村地区污水的监管和处理效率。陕西省在农村环境连片整治示范项目中积极引入信息技术，陕南南水北调水源区、关中渭河和陕北延河等流域，以及道路沿线、人口密集地区等示范区域的农村环境明显改善。辽宁省建立了环境监管移动执法平台，汇聚规模以上畜禽养殖、屠宰加工企业的重点污染源信息，通过便携式手持移动执法终端，随时调取企业信息并开展现场执法。

5. 农村网络基础设施

随着“宽带中国”战略的深入实施，我国农村宽带网络覆盖率逐年提升，为推进信息技术在农业农村的创新应用提供了有力支撑。截至2019年底，农村宽带接入用户数全年净增1736万户，总数达到1.35亿户，比2018年底增长14.8%。行政村通光纤比例超过98%。2013—2019年农村宽带用户情况如图 2 所示。

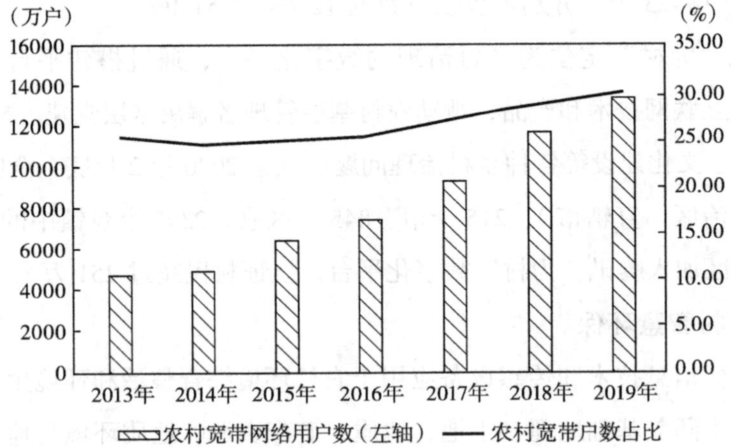

图 2　2013—2019 年农村宽带用户情况

2019 年，第四批、第五批电信普遍服务试点部署实施，重中之重就是行政村和自然村的 4G 基站建设。截至 2019 年底，我国行政村通 4G 网络比例超过 98%，已经提前实现了《“十三五”国家信息化规划》2020 年的目标。

截至 2020 年底，农村网民规模达到 3.09 亿人，占网民整体的 31.3%，农村地区互联网普及率达到 52.3%。信息终端和应用供给更加丰富，用于社保、就业、金融等服务的终端在农村地区正在加速普及。2013—2020 年农村互联网普及情况如图 3 所示。

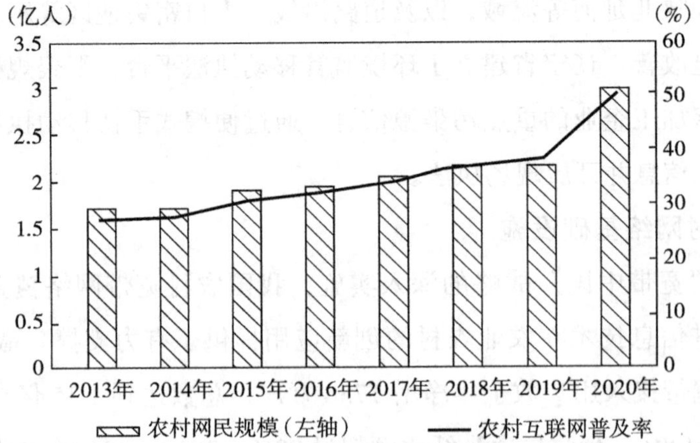

图 3　2013—2020 年农村互联网普及情况

农村地区广播电视也是信息化的重要平台渠道。近几年，农村地区广播电视通达率与数字化水平稳步提升。2019年农村有线广播电视实际用户0.73亿户，其中，农村数字电视实际用户0.67亿户，在有线网络未通达的农村地区直播卫星用户1.43亿户，同比增长3.62%。

三、数字技术与乡村治理的耦合分析

（一）乡村治理的概念和特征

1. 乡村治理的概念界定

现有研究认为，乡村治理的内涵包含广义和狭义两方面。狭义的乡村治理是指在特定的制度框架内，多元参与主体通过平等协商的方式，依法规范和合理引导社会组织、社会生活和社会事务，从而获得社会利益最大化；广义的乡村治理是指为了获得公共利益，多元参与主体以整个人类群体为对象，处理人与人、社会和自然之间复杂关系的行为方式的统称。然而，在不同发展阶段，乡村治理的目标、含义、方式和结构具有阶段性。这是因为乡村治理的根本动力在于解决乡村经济社会发展面临的关键问题。梳理新中国成立以来乡村治理政策变迁的研究文献可以发现，其关注领域由农业扩展至农村和农民，由土地产权延伸至经济、社会、文化、生态等多方面。基于上述文献，在乡村振兴战略背景下，本课题探讨的乡村治理包括农业产业治理、农村社会治理和农村人居环境整治。

2. 乡村治理的特征

现有研究认为，乡村治理的本质在于以政治经济制度、自然资源和经济资源占有情况，以及政府行政机构和其他服务机构的投入及服务能力为主要内容的乡村社会公共资源的合理有效配置，其主要目标在于保障农民生活富裕、农村经济高效运行、社会和谐稳定以及实现乡村全面振兴。因此，农业产业治理的目的在于农业生产经营精准运行和智能管控、农业产业链条延伸重组、乡村产业跨界融合发展、优质优价市场机制顺利运行，从而实现乡村产业兴旺和生活富裕的目标。农村社会治理的目的在于完善的自治、德治和法治相结合的农村社会治理体系，形成共建共治共享的乡村社会公共事务治理新格局，从而实现乡村治理有效和乡风文明的目标。农村人居环境整治的目的在于完备的人居环境参与式治理能力，健全的人居环境自主治理系统，从而实现乡村生态宜居的目标。

（二）数字技术的概念和特征

1. 数字技术的概念界定

20 世纪中叶，集成电路技术和计算机技术的诞生引发了信息技术革命，而数字技术起始于信息技术，是数字经济的前提和基础。已有研究认为，数字经济包含三层含义：一是由硬件、软件和信息通信技术（ICT）等构成的核心层；二是狭义数字经济，涉及基于数据和信息网络的平台经济等新商业模式；三是广义数字经济，涉及万物互联和精准农业等。值得注意的是，在完善农业产业治理、农村社会治理和农村人居环境整治的过程中，不同类型数字技术的应用和推广水平存在较大差异，因而本课题探讨的数字技术包括核心层的移动互联网、大数据、云计算、人工智能等技术，狭义数字经济层面的电子商务、区块链等技术，以及广义数字经济层面的农业物联网、精准农业等技术。

2. 数字技术的特征

数字技术是以“比特”表征信息的技术，其关键作用在于有效降低信息搜寻、复制、传输、追踪和验证成本，从而深刻改变社会经济活动的具体形态，并呈现日新月异的形态。在数字化情境中，以“比特”形式存储的信息不仅可使信息搜寻成本更低，扩大和提高搜寻对象的潜在范围和质量，助推平台经济发展，还可使信息复制成本和信息传输成本更低，促进先进产品和管理经验共享，突破社会经济活动的地理范围局限，降低信息追踪成本和信息验证成本，提高差异化商品和服务的市场供给效率，减少身份和声誉验证成本，最终重塑社会经济活动的形态和结构。

（三）数字技术与乡村治理的耦合关系

基于上述分析，数字技术可有效降低信息搜寻、复制、运输、追踪和验证等方面的成本，为农业产业治理、农村社会治理和农村人居环境整治全面赋能，进而推动乡村振兴战略的顺利实施（如图 4 所示）。为此，这里给出信息搜寻、复制、运输、追踪和验证成本与乡村治理的关系机理。

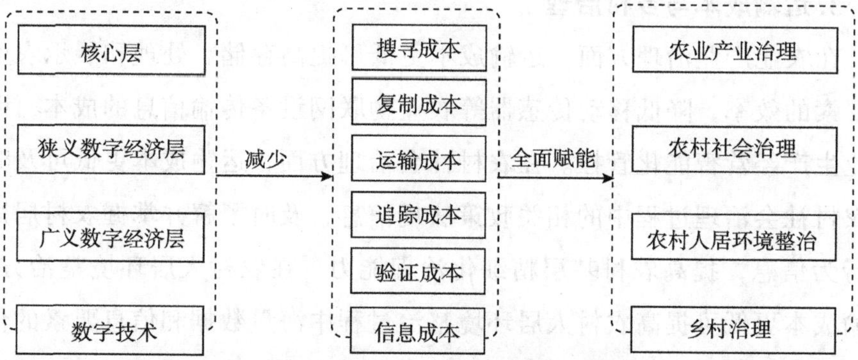

图 4　数字技术与乡村治理的耦合关系图

1. 搜寻成本与乡村治理

在农业产业治理方面，搜寻成本更低可减少搜集农业前沿技术信息、农产品市场和要素市场变动信息等农业情报和经营信息的成本，提高农业前沿生产技术采纳率，增强预测农产品市场需求的能力，实现农业生产决策科学化和智能化。在农村社会治理方面，搜寻成本更低可提高农村社会治理相关政策和法律法规的可得性，增强农村居民参与基层自主治理的意识，助力农村社会民主化治理。在农村人居环境整治方面，搜寻成本更低可提高农村人居环境整治的规则供给效率，改善农村人居环境整治规则的适宜性，提高农民参与人居环境自主治理的积极性。

2. 复制成本与乡村治理

在农业产业治理方面，复制成本更低可提高农业生产、加工、物流和销售等环节信息共享的效率，降低搭建以生产、加工、物流和销售为一体的农业全产业组织体系的成本，助推乡村产业跨界融合发展。在农村社会治理方面，复制成本更低可降低农村公共事务治理的信息共享成本，提高借鉴和应用先进社会治理经验的效率，完善农村社会法制化治理体系建设。在农村人居环境整治方面，复制成本更低可减少人居环境整治先进制度和管理经验的社会学习成本，改善多层次组织结构的运行效率，不断丰富农户参与人居环境整治的形式、内容和领域。

3. 运输成本与乡村治理

在农业产业治理方面，运输成本更低可提高存储、处理和展示农业信息要素的效率，降低移动传感器等农业物联网设备传输信息的成本，助推农业生产经营智能化管控。在农村社会治理方面，运输成本更低可及时传递农村社会治理过程中的相关政策法规信息，及时了解并掌握农村居民实际行为信息，提高农村基层精细化治理能力。在农村人居环境整治方面，运输成本更低可提高农村人居环境整治过程中海量数据和信息要素的传递速率，不断深化农民参与人居环境整治的程度，改善人居环境整治规则执行的效果。

4. 追踪成本与乡村治理

在农业产业治理方面，追踪成本更低可提高对农作物全生命周期信息追踪和农业全产业链条信息追踪的效率，打通农业全产业链条，助推农业生产精准化和农业各环节透明化。在农村社会治理方面，追踪成本更低可提高农村公共事务治理相关信息的追踪效率，助推了农村公共事务治理的公开透明性和实时动态性，提升农村基层制度化治理水平。在农村人居环境整治方面，追踪成本更低可实时动态监测农村人居环境整治的行为和绩效，及时反馈人居环境整治过程中存在的问题和难点，确保农村人居环境整治的可持续性。

5. 验证成本与乡村治理

在农业产业治理方面，验证成本更低可提高对生产、加工、流通、销售等农业全环节信息的溯源验证，推动农业质量溯源体系建设，助力农产品市场优质优价的顺利运行。在农村社会治理方面，验证成本更低可提高对违背农村社会治理相关条款惩罚措施的精准性和准确性，保证农村社会治理的公平性和公正性，改善农村基层德教化治理水平。在农村人居环境整治方面，验证成本更低可及时惩罚农村人居环境整治过程中的不合作行为，为人居环境自主治理的持续性提供技术支持和必要保障。

四、数字技术全面赋能乡村治理的理论机制

本研究将乡村治理的内涵特征概括为农业产业治理、农村社会治理和农村人居环境整治，而数字技术的蓬勃发展为乡村治理提供了工具性支撑和物质保障，大大降低了农村社会经济活动的各项成本。为此，本部分提出数字技术全面赋能乡村治理的理论机制，具体包含三组逻辑框架。

（一）数字技术赋能农业产业治理的逻辑框架

数字技术有助于降低信息成本，扩宽信息来源渠道，提高信息传递效率和处理能力，促进农业综合生产能力的持续提升，实现农业生产经营的精细化、标准化和智能化，从而形成农业生产端、加工流通端和销售端的新发展模式，助力农业高质量发展。如图 5 所示，数字技术重新形塑了农业产业生产端、加工流通端和销售端的具体行动情景，影响农业产业发展过程中行为

人的行动模式和交互模式，从而决定农业产业治理水平。

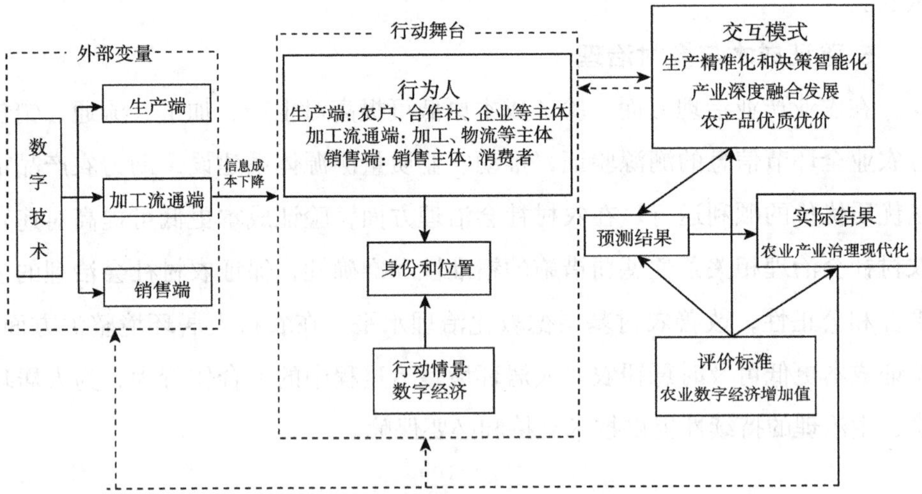

图 5　数字技术赋能农业产业治理的框架图

1. 在生产端，数字技术助力农业生产精准化和决策智能化

以模型和算法为基础的新型农业物联网系统提供了对农业生产各环节进行精准感知和顺利运行的有效手段。在此基础上，采用现代信息通信技术和移动传感网络技术等数字技术，实现对农业生产的精准化管控。在数字技术与农业生产趋于融合的情景中，构建数字信息决策支持系统，广泛搜集和识别海量数据，系统整合要素市场、产品市场和农业技术市场的农业情报和经营信息，提高农业经营主体响应速率，实现农业生产经营决策智能化。同时搭建数字农业培训平台，提高农业经营主体数字化素养和决策分析能力，不断适应数字化情景中农业生产和决策的要求。

2. 在加工流通端，数字技术助力农业产业深度融合发展

数字技术延伸农业产业链，提升农业价值链，打通农业信息链，推动第一、第二、第三产业深度融合发展，有助于获得农业生产的资源集聚效应和规模经济效应。这不仅可以实现不同产业组织间的协作分工和专业化生产，助推农业全产业链条的升级改造，还可以利用农产品数字信息平台和农业科技成果展示转化平台等农业数字化平台，准确及时掌握农产品市场和农业要

素市场的相关信息，实现农业生产、农产品交易和农业服务等多个环节的互通互融，优化农业产业体系。

3. 在销售端，数字技术助力农产品优质优价市场机制的运行

数字技术提高了农业情报和生产信息的传递和处理效率，降低了形成农业经营数据库和农业模型算法库的成本，助推农业全产业链条交易透明化以及生产、加工和物流标准化，确保农产品优质优价市场机制的顺利运行。与此同时，数字技术不仅可以构建以“信息链—证据链—信任链”为基础的农产品质量追溯系统和监管体系，实现对农产品质量的全过程可视化管理，还可以准确预测农产品市场需求，精准定位特定消费群体，提供差异化农产品，提高农产品市场供给和需求的匹配度。

（二）数字技术赋能农村社会治理的逻辑框架

农村社会治理的核心在于农村公共事务治理，而农村公共事务治理危机的根源在于农村集体行动能力全面衰落。以农田水利灌溉系统为例，随着国家组织逐步退出农田灌溉管理，农田水利设施维护及其相关事务治理依赖于村庄或村民组集体行动的有效性。已有研究认为，我国农村社会治理机制主要包括政府行政治理、乡村精英治理、宗族自治和村民自治等类型。更为重要的是，数字技术可为各类农村社会治理机制全面赋能，降低农村社会治理的信息成本，改善监督和奖惩机制的运行效率，提高基层行政治理能力和自主治理水平，激发乡村精英领导力，最终推动农村社会治理的民主化、法制化、精细化、制度化和德教化，完善“三治融合”的农村社会治理体系，实现农村社会治理现代化。同时，数字技术可促进农业产业发展，提升乡村精英领导力，增加对农业资源依赖性，降低农户间经济异质性，提高参与农村社会自主治理的预期收益，促进农村社会治理现代化（如图 6 所示）。

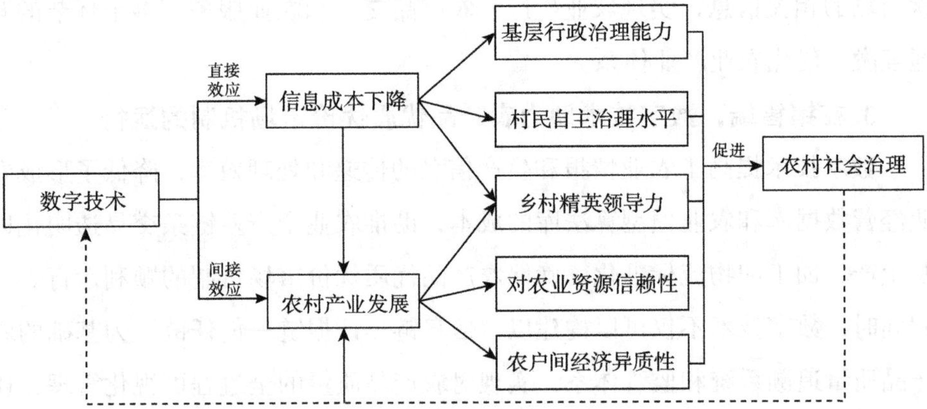

图 6 数字技术赋能农村社会治理的框架图

1. 数字技术降低农村社会治理的信息成本，推动农村社会治理现代化

政府行政治理的有效性依赖于高效、廉洁、精干的政府行政机构，完善的政策法规制定和执行系统，以及行政人员的高素质。而数字技术不仅可以推动不同层级政府机构之间高效便捷的互联互通，提高政府机构和村民之间双向互动交流的频率，打造实时动态、内外部相结合的监督机制，助力政策执行过程的透明化和制度化，提高行政机构从业人员的执法水平和治理能力，而且可以搭建各类电子政务服务平台，收集农村社情民意，及时反映农村基层实践的政策法规需求，推动政府行政治理现代化。在乡村传统文化的影响下，宗族自治和村民自治在我国农村社会治理中发挥了主要作用。数字技术所具备的开放、民主、连接、融合、参与和去中心化等优势，有助于提高各主体参与农村社会自主治理的积极性，改善农村社会自主治理过程中各类资源和制度的供给效率，构建公开透明和自觉能动的动态监督和奖惩机制，推动农村自主治理现代化。乡村精英治理是我国乡村社会治理的重要特征，包括拥有社会影响力的“体制外精英”以及拥有正式权力资源的“体制内精英”。数字技术可突破地理范围的限制，降低乡村精英治理过程中的协调沟通成本，增强乡村精英的组织动员能力，激发乡村精英领导力。

2. 数字技术助力农村产业发展，带动农村社会治理现代化

数字技术推动农业生产和经营决策智能化和精准化，延伸农业产业链条，保障优质优价市场机制的顺利运行，最终助力农村产业发展。更为重要的是，乡村产业兴旺不仅可以吸引更多外出务工乡村精英返乡创业，补充乡村流失的领导力资源，而且可以凸显乡村现有精英的领导才能，增强其在村庄共同体内部的权威和社会资本，激发乡村现有精英领导力，带动农村社会治理现代化。同时，数字技术可打破买卖双方时空限制，实现对村庄内农业资源要素的市场定价，但随着市场规模不断扩大和村庄内农业资源有限性，农户对农业资源的依赖性不断提高，对改善农村社会治理的需求增加，推动了农村社会治理现代化。此外，数字技术可助力农村低收入群体与外部市场的有效衔接，改善农村低收入群体的家庭经济状况，缩小农户间经济异质性，提升农户参与农村社会治理的意愿，带动农村社会治理现代化。

（三）数字技术赋能农村人居环境整治的逻辑框架

农村人居环境污染以污染面广且散、来源小且多为典型特征，导致农村人居环境整治的市场机制不完善，而政府干预人居环境整治的效果并不明显，同样存在政府失灵问题。农村人居环境设施包括公共环境设施和私人环境设施，而私人环境设施的良好运转依赖于配套公共设施和管护服务的有效性。同时，农民是人居环境整治的最终受益对象，因而激发农民自主治理的内在需求、充分调动农民参与人居环境整治的积极性，成为打造美丽宜居乡村的关键。在大转型过程中，农村人居环境自主治理失序问题的根源在于治理规则供给不足或不适宜、外部监督和正式惩罚难度较高以及对基层组织的自治性干预缺乏有效性等。更为重要的是，数字技术运用到农村人居环境整治过程中，可提高基层自主治理信息传递的速度，降低基层自主治理制度设计、制度变迁和制度执行的成本，改善农村人居环境整治规则供给、规则执行和规则维护的效率，深刻改变乡村治理规则、权力与制度，进而推动农村

人居环境整治现代化（如图 7 所示）。

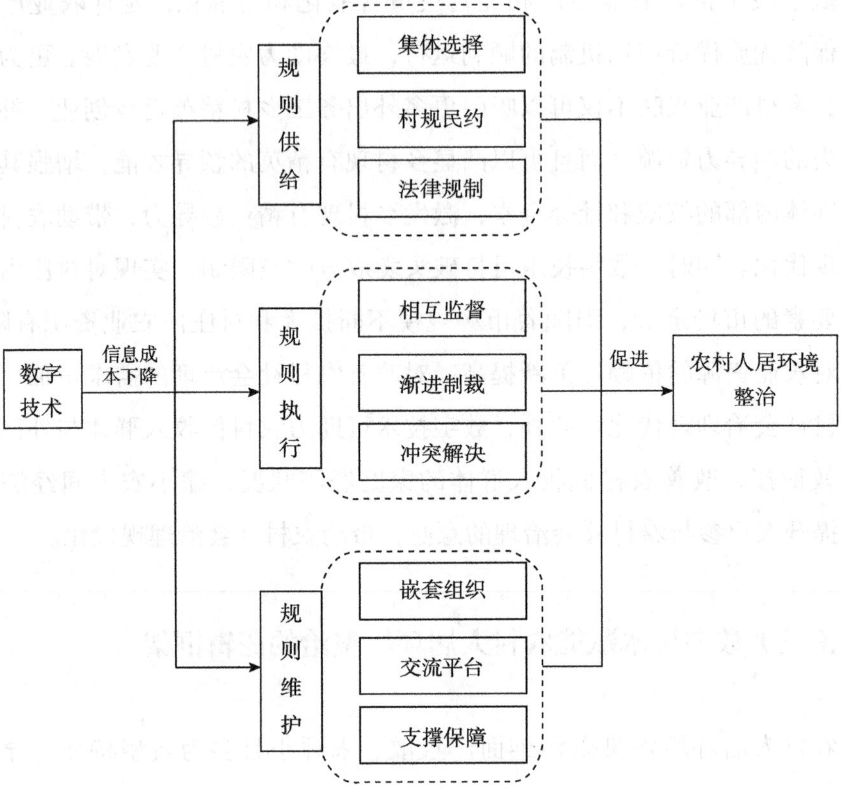

图 7　数字技术赋能农村人居环境整治的框架图

1. 规则供给维度：降低集体选择协商成本，改善村规民约和法规的适配性

数字技术可突破地理范围的限制，降低多元主体参与农村人居环境整治规则集体选择的协商成本和村规民约的宣传修订成本，改善农村人居环境整治法律规制条款的可得性和适配性，提高农村人居环境整治规则供给效率，助推人居环境治理法制化和制度化。随着乡村社会持续转型和市场化改革加速推进，乡村环境治理事务的数量和复杂性不断提高，乡村环境领域不断涌现出新矛盾和新问题，对乡村治理能力和治理体系提出了新的要求，而数字技术可为改善农村人居环境整治规则供给效率创造重要机遇。第一，数字技术可降低农村人居环境整治集体选择协商成本。数字技术减少了农村人居环境整治规则集体选择的谈判协商成本，充分表达多元主体参与乡村人居环境治理的利益诉求，尽可能形成多数人满意的农村人居环境整治规则。第二，数字技术改善农村人居环境整治村规民约和法规的适配性。数字技术可帮助实现多渠道、多形式展示宣传农村人居环境整治领域的村规民约和法规或规章，并可以依据农村人居环境整治实践需要及时补充、修改或完善相关规则条款，进而改善农村人居环境整治规则供给的效率。

2. 规则执行维度：改善监督与奖惩机制和冲突解决机制的运行效率

数字技术可实现农村人居环境整治全流程的公开透明化和动态可追溯，降低农村人居环境整治实时监测的成本，增强农村人居环境整治奖惩机制的有效性，提高化解农村人居环境整治冲突和矛盾的效率，促进农村人居环境整治规则有效落地，推动农村人居环境治理民主化和德教化。农村人居环境整治规则执行的效果依赖于农村人居环境整治监督与奖惩机制以及冲突解决机制的有效性，而数字技术可为提高农村人居环境整治监督与奖惩机制和冲突解决机制的有效性全面赋能。第一，数字技术改善农村人居环境整治监督与奖惩机制的运行效率。数字技术所具备的开放、民主、连接、融合、参与和去中心化等优势，不仅可以降低农村人居环境整治信息存储、传递和计算的成本，推动不同层级政府机构之间高效便捷的互联互通，提高政府机构和村民群体之间双向互动交流的频率，促进农村人居环境整治公开透明化（沈费伟、袁欢，2020），而且可以提高多元主体参与乡村人居环境自主治理的积极性和主动性，激发多元主体自觉能动地参与农村人居环境整治的相互监督，打造实时动态、内外部相结合的农村人居环境整治监督与奖惩机制。第二，数字技术提高农村人居环境整治冲突解决机制的有效性。数字技术可以实时搜集、准确记录和动态追溯多元主体参与农村人居环境整治的具体行为，有助于科学合理地划分多元主体之间冲突或矛盾的行为责任，为准确实施渐进制裁提供合理依据、丰富制裁手段，易于达成各方满意的冲突解决方案，最终促进农村人居环境整治规则的有序执行。

3. 规则维护维度：增强嵌套组织运行能力，提供交流平台等软硬件支撑保障

数字技术有助于提高农村人居环境整治过程中信息传输、处理和反馈的效率，改善嵌套组织参与农村人居环境整治的治理能力，降低搭建农村人居环境整治交流平台的成本，为农村人居环境整治规则维护提供工具性支撑和物质保障，推动乡村人居环境治理精细化和精准化。第一，数字技术增强农村人居环境整治过程中嵌套组织的运行能力。数字技术可提高嵌套组织占用和供应农村人居环境整治公共资源以及组织农村人居环境整治监督、强制执行、冲突协调和治理活动的效率，增强党政体系组织领导农村人居环境整治社会事务的能力。第二，数字技术提供农村人居环境整治交流平台等软硬件支撑保障。数字技术减少了搭建农村人居环境整治交流平台的成本，可以实现线上线下农村人居环境整治的信息共享和动态交流，畅通农村人居环境整治的信息沟通渠道和途径，延伸乡村人居环境治理的公共空间。此外，数字技术可为农村人居环境整治制度设计和运行、不同层级组织之间以及不同层级组织与村民之间的人居环境整治交流平台建设和维护，提供必要的技术保障和软硬件支持。

五、数字技术赋能乡村治理的实践探索

随着数字乡村发展战略的实施，数字技术在全国范围内迅速应用和推广，各地积极探索数字技术赋能农业产业治理、农村社会治理和农村人居环境整治的机制和路径，推动了乡村振兴战略的实施。

（一）数字技术赋能农业产业治理的实践探索

数字技术蓬勃兴起重新形塑了农业产业治理的具体情景，加速推进了农

业产业数字化水平，为生产端、加工流通端和销售端的农业产业治理创造了重要机遇。《2020全国县域数字农业农村发展水平评价报告》显示，2019年县域农业生产数字化平均水平达23.8%，其中种植业数字化水平达17.4%。在实践方面，中化集团等企业积极探索应用数字技术于农业生产实践，提出了数字农业技术发展方案，大力推动数字技术与农业生产深度融合。

1. 案例背景介绍

（1）中化MAP的发展概况和成效

1950年成立以来，中化集团长期致力于"三农"领域，为保障国家粮食安全做出了重要贡献。随着居民消费结构不断升级和农业供给侧结构性改革持续深入，为助推农业现代化转型，2017年中化农业提出MAP现代农业技术服务平台战略。随后，第一家MAP技术服务中心落户安徽，2018年MAP智农1.0正式上线。MAP平台依托线下技术服务中心和农场，依据不同区域与作物种植特点，为粮食作物、经济作物和特种作物提供差异化的专业技术服务。

MAP平台在衔接小农户与现代农业、促进农业农村可持续发展、助推农产品产销联动和产业扶贫等方面发挥了重要作用。从衔接现代农业角度，MAP平台服务农户2万多个，实现粮食增产1.7亿斤，农业经营主体增收6.8亿余元，助力小农户与现代农业有机衔接。从可持续发展角度，MAP平台推广优质良种77个，推进化肥农药减量增效和土壤质量提升，实现肥料和农药分别减量5%和18%，提高综合使用效果25%以上。从农产品产销角度，MAP平台实现与订单企业产销联动，打造农业全产业链条闭合互动。从产业扶贫角度，MAP平台在64个国家级贫困县服务土地面积104万亩，带动农户年增收2亿多元。截至2020年5月，MAP平台业务范围推广到全国24个省级行政单位，建立了线下技术服务中心218家和MAP农场300多个，打造了一支700余人的农艺师队伍，智慧农业系统服务面积3000多万亩，线下签约土地面积600万亩左右，累计注册用户20万以上。

（2）中化MAP天津中心的发展概况和成效

中化MAP天津中心地势低洼，土质呈碱性或强碱性，属于传统小站稻种植区。2018 年，天津制定了《天津小站稻产业振兴规划（2018—2022）》，推动小站稻振兴计划的实施。同年，该区域引入了中化农业 MAP 平台，在荒地种植 1.1 万亩粳稻和 7000 亩玉米。2019 年，集综合办公楼、标准粮库、烘干厂房和农资农机库于一体的 MAP 天津中心正式建成，为该区域 2 万亩盐碱地提供现代农业种植服务，并利用数字技术赋能小站稻产业振兴。

2. 中化 MAP 天津中心的运行机制

中化 MAP 天津中心以"种出好品质，卖出好价钱"为核心理念，以线下 MAP 技术服务中心和 MAP 农场为抓手，以 MAP 智慧农业平台为数字化手段，实现农业生产经营精准化、标准化和智能化，打通小站稻全产业链条，搭建"专业生产"与"消费升级"的桥梁，助推数字化品控溯源，全面振兴天津小站稻产业（如图 8 所示）。针对规模经营农户、家庭农场和农民专业合作社

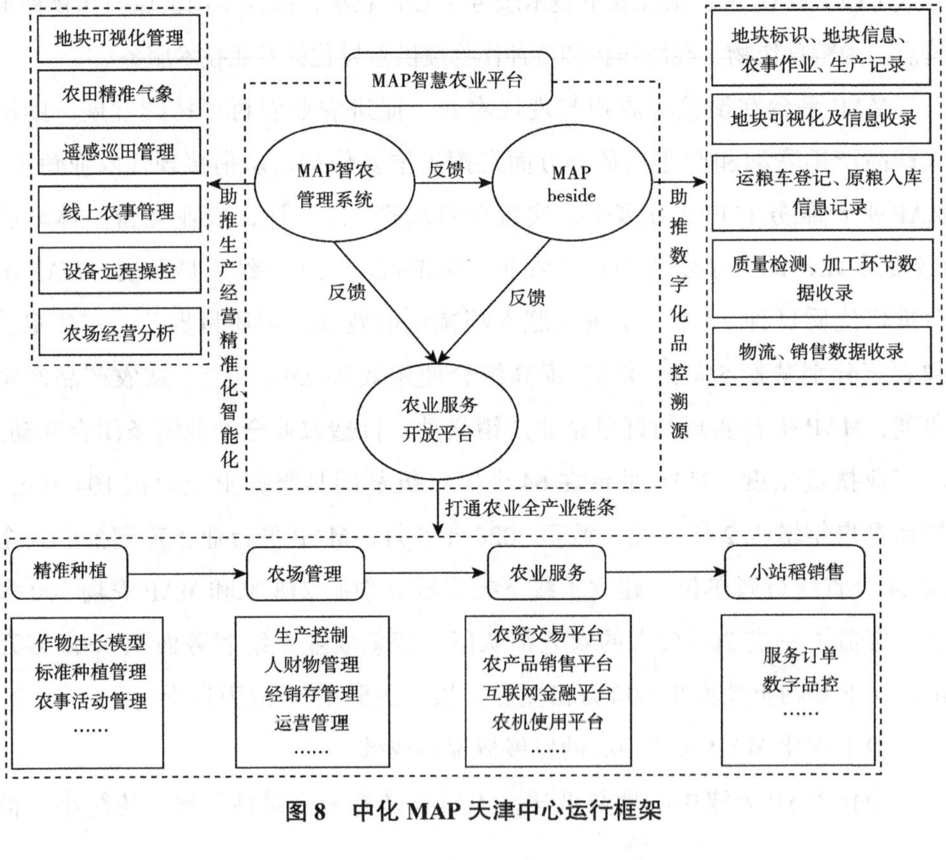

图 8　中化 MAP 天津中心运行框架

等新型农业经营主体开发设计 MAP 智农管理系统，建设以精准种植为主要特征的智慧农业生产基地，实现小站稻生产的精准感知、精准巡田和精准农事作业。以农业服务开放平台为抓手，打通精准种植、农场管理、农业服务和小站稻销售等多个环节，提升小站稻的全产业链条价值。以 MAP beside 为载体，搜集、储存、处理和展示小站稻种植、仓储、加工、物流和销售等全过程溯源信息或数据，加强小站稻关键生长期的品质管理，构建数字化品控溯源体系。

（1）MAP 智农管理系统助力小站稻生产经营精准化和决策智能化

MAP 智农管理系统对天津小站稻种植过程进行全程可视化和智能化的高效管理，通过检测和分析小站稻的种植大数据，提供小站稻中长期种植管理决策依据，降低小站稻种植各类风险，变被动防治为主动干预，促进小站稻生产节本提质增效。在此过程中，MAP 智农管理系统的实践应用主要包括：一是地块可视化管理。MAP 智农管理系统利用高分辨率遥感技术自动测量地块面积和位置，依托卫星底图，在线绘制小站稻农田地块边界，采集、储存、处理和展示小站稻农事作业记录、生长日志、遥感长势记录、实时历史气象、历史种植记录和当前种植计划等地块级数据，全景可视化管理小站稻种植。二是农田精准气象。MAP 智农管理系统提供了未来 3 小时降雨雷达图移动路径、地块未来 3 小时降雨概率和降雨量等天气预报，以及气象灾害发生的可能性和持续时间，异常天气预警和小站稻病虫害爆发概率、爆发时间、影响程度等灾害预警，并据此给出植保、施肥、收获作业适宜度和农事作业指数，推荐小站稻的最佳播种期。三是遥感巡田管理。MAP 智农管理系统采用卫星 + 无人机遥感技术，实时监测和识别小站稻病虫害、作物长势及冠层氮素营养，同时依据遥感影像处理结果及时发布巡田任务，借助导航系统准确定位问题地块和开展巡田管理，实时上传巡田信息和结果，通过在线互动平台与植保营养专家实时交流小站稻生产实践问题。四是线上农事管理。MAP 智农管理系统以“线上发布作业任务—作业任务反馈—任务进度跟踪”为主线，制定地块级小站稻农事活动计划，发布、跟进并可视化展示小站稻农事作业任务和进度，监督并评估农事任务质量和结果。五是设备远程操控。MAP智农管理系统自动传输和获取气象站、墒情站、病虫害测报、农机物联传感设备等农业物联设备数据，监督农业物联设备运行状态，智能管理和远程操控农业机械设备。六是农场经营分析。MAP智农管理系统记录并自动分析农资、人工和农机等多种投入的成本，给出种植季前投入预算，采用作物遥感测产，预估小站稻商品价格，分析小站稻产出效益，建议明年小站稻生产计划。

（2）农业服务开放平台打通农业全产业链条

MAP智慧农业平台以农业服务开放平台为抓手，打通小站稻精准种植、农场管理、农业服务和农产品销售等全产业链条，助推小站稻全产业链实现价值增值。在此过程中，MAP智慧农业平台的实践应用主要包括：一是打通精准种植与农场管理的联结。MAP智慧农业平台以农作物种植信息平台和农场事务管理平台等农业服务开放平台为抓手，搭建小站稻作物生长模型，实施标准化种植管理和农事活动管理，助推小站稻种植全程可控，促进农场运营管理智能化，改善小站稻农场管理效率。同时，小站稻农场运营管理智能化提高遥感巡田管理响应效率和线上农事管理能力，促进农场经营分析准确性和自动化，降低小站稻精准种植成本。二是打通精准种植、农场管理与农业服务的联结。MAP智慧农业平台以农资交易平台、互联网金融平台和农机使用平台等农业服务开放平台为抓手，助力农业产业链各环节参与者的有效联结和整合，改善种子、种苗、肥料、农药、农机、农具、农膜、农业新技术等生产要素可得性，促进人财物管理和经销存管理智能化，降低农场运营管理、农事活动管理和标准种植管理的成本。三是打通精准种植、农场管理、农业服务与农产品销售的联结。MAP智慧农业平台依托小站稻特色农业品牌，以农产品销售平台为抓手，借助大数据技术精准设计小站稻产能，打造定制化生产线，满足农业服务订单差异化需求，助力优质小站稻订单农业合作模式的实施。同时，农作物精准种植和农场智能管理推动小站稻生产技术方案标准化，提高小站稻生长环境、过程管理、品质检测以及加工过程的数据搜集和处理效率，助推小站稻实现生产、仓储、加工、物流到销售等全过程可追溯，保证小站稻产品质量。

（3）MAP beside 助推数字化品控溯源

围绕关键生育期、核心环境参数和品质检测指标等方面，MAP beside 以生产管理平台、收储监管平台和电商平台为依托，搜集、储存、加工和展示小站稻种植、加工、物流和销售等全过程品控溯源信息，助力优质优价市场机制的顺利运行。在此过程中，MAP beside 的实践应用主要包括：一是生产管理平台推动小站稻种植全过程信息收录。生产管理平台借助农业物联网、农业大数据和云计算等数字技术，既可以自动监测小站稻生长环境和肥料施用情况、设计小站稻标准种植方案，还可以精准预判小站稻种植地块气象环境，监管农机以及其他智能设备运行状态，及时准确记录、上传和储存小站稻种植管理、田间管理和采收管理的各种数据信息。二是收储监管平台推动小站稻采收、仓储、加工信息收录。收储监管平台借助农业物联网、农业大数据和云计算等数字技术智能测量小站稻产量，自动搜集水稻采收、收储、出库、加工和成品管理过程中的数据信息，实现小站稻收储过程的品质控制。三是电商平台推动小站稻物流和销售数据收录。电商平台借助大数据和云计算等数字技术记录、处理并展示小站稻物流和销售数据，同时以农产品感知评价系统“熊猫品评”为基础，整合消费者体验数据和感官评价员专业测评数据，准确客观评估小站稻质量，实现生产端和消费端的闭环互动。

（二）数字技术赋能农村社会治理的实践探索

数字技术有效降低农村社会治理的信息存储、传递和处理成本，不仅改善政府行政治理、宗族自治、村民自治以及乡村精英治理等农村社会治理机制的运行效率，而且带动农村电商发展，推动农村社会治理现代化。《中国数字乡村发展报告（2020）》显示，乡村数字化治理深入推进，“互联网＋基层党建”引领乡村善治，“互联网＋政务、村务”促进乡村社会监督公开化和透明化。在实践中，浙江省等地方政府积极探索数字技术与乡村社会治理深度融合，改善基层社会治理能力。

1. 数字技术提高农村社会治理效率，推动农村社会治理现代化

以浙江省为例，2014年浙江省率先开展“四张清单一张网”建设，扎实推进线上线下政务服务一体化建设，打造省、市、县、乡、村五级行政机构的互动联络体系，探索农村基层智慧治理新模式，推动政府行政治理现代化。湖州市德清县五四村构建了集村务公开、污染监测等功能于一体的网络化治理平台“数字乡村一张图”，海宁市搭建了集信息公开发布、咨询沟通、社情民意反馈、基层党建等功能于一体的村级服务管理平台“村民E点通”，助推了农村基层自主治理的法制化、民主化、精细化和制度化。

2. 数字技术带动农村电商产业发展，助推农村社会治理现代化

以浙江省为例，2020年农产品网络零售额达2.26万亿元，同比增长14.3%，全省共有淘宝村1757个，形成了一大批依托电子商务平台的农村电商产业集群。湖州市德清县依托果蔬、水产等产业，打造“一中心四平台六应用”的数字乡村田园综合体，拓宽村民就业渠道，提高农民对农业资源的依赖性，缩小农户间经济异质性，增强改善农村公共事务治理能力的需求，推动农村社会治理现代化。

（三）数字技术赋能农村人居环境整治的实证检验

随着数字乡村发展战略的大力实施，数字技术在全国部分地区得到迅速应用和推广，数字技术降低了制度设计、变迁和执行的信息成本，改善人居环境整治规则供给效率，促进人居环境整治规则有效执行，提升人居环境整治规则维护保障，助推生态宜居乡村建设。《中国数字乡村发展报告（2020）》显示，乡村地区数字化治理深入推进，数字技术在乡村人居环境整治等领域取得了明显进展，“互联网＋政务和村务”服务平台促进乡村社会事务监督公开化和透明化。在实践中，浙江省等地方政府积极探索将数字技术应用于人居环境整治，推动农村生态环境质量提升。

1. 规则供给维度：激发集体选择参与积极性，促进村规民约的制定和更新

实践中，数字技术的应用和推广激发了多元主体参与农村人居环境整治的积极性，拓展了农村人居环境整治规则供给的方式和渠道。政府行政治理依赖于高效、廉洁、精干的政府行政机构以及完善的政策法规制定和执行系统，但僵化的科层结构和信息不对称问题导致政府行政治理难以及时回应农村人居环境整治过程中出现的新问题。在乡村精英权力缺乏有效约束的情境中，乡村精英治理极易带来“精英俘获”问题，而事前规则供给不足会导致村民自治无法公平合理地解决农村人居环境整治过程中出现的新矛盾。数字技术可以缓解农村人居环境整治规则供给不足的问题，具体途径和案例如下。

第一，数字技术激发农户参与农村人居环境整治规则集体选择的积极性。浙江省杭州市戴村镇开展了基于区块链理念和技术的“映山红”乡村治理实验，通过引入以去中心化和不可篡改为特征的区块链技术公平合理地奖励村民参与农村人居环境整治的行为，激发了普通村民参与农村人居环境整治规则供给的主动意识和积极性。浙江省平湖市推出“股份分红+善治积分”的乡村治理新模式，将村庄股金分红和参与农村人居环境整治的积分挂钩，激励村民主动参与农村人居环境整治，随后推出的“善治宝”手机应用程序，可实时查询垃圾分类情况以及赋分得分情况，提升村民参与农村人居环境整治的积极性。第二，数字技术促进农村人居环境整治村规民约的制定和更新。越来越多的地区利用微信小程序或网络新媒体等数字化手段宣传和更新农村人居环境整治领域的村规民约，扩大村规民约的影响力和知晓度。

2. 规则执行维度：乡村政务村务监督便捷化，有效化解乡村社会矛盾和冲突

实践中，数字技术的应用和推广有助于实现农村人居环境整治过程中乡村政务村务全流程可视化，促进乡村政务村务信息公开透明化和监督便捷化，及时有效化解农村人居环境整治的各种矛盾和冲突。长期以来，我国农村人居环境整治过于依赖外部监督，正式惩罚困难，导致农村人居环境整治规则难以顺利执行，无法及时化解基层社会出现的问题和冲突，而数字技术的应用和推广可助推农村人居环境整治规则有效落地，具体途径和案例如下。

第一，数字技术推动农村人居环境整治过程中乡村政务村务监督便捷化。浙江省杭州市戴村镇借助区块链技术实时搜集、精准记录村民参与农村人居环境整治的日常行为数据，确保日常行为数据的准确公正性和公开透明性，推动监督农村人居环境整治的便利性。第二，数字技术有效化解农村人居环境整治过程中乡村社会矛盾和冲突。湖北省宜城市不仅借助“百姓通”数字化服务平台，设置了涵盖村庄土地征用、村庄资金使用、农村人居环境整治等信息的“宜汇说”模块，而且借助“宜汇管”模块，快速处理村庄内人居环境整治过程中的“大事小事麻烦事”“过去不知道找谁办的事”和“长时间处理不了的事”，有效化解了农村人居环境整治过程中乡村矛盾和冲突。

3. 规则维护维度：搭建乡村治理交流平台，提供技术支撑和物质保障

实践中，数字技术的应用和推广有助于降低村民参与农村人居环境整治线上交流讨论的门槛，拓展农村人居环境整治信息披露、信息交流和意见反馈的公共空间。在中央集权的科层体制下，上级政府对基层组织的行政、人事和财务自主性的干预较多，造成乡村人居环境自主治理运行不畅，而数字技术的应用和推广为维护农村人居环境整治规则提供了技术支撑和物质保障，具体途径和案例如下。

第一，数字技术搭建农村人居环境整治的交流平台，保障农村人居环境整治规则的顺利运行。浙江省海宁市搭建了集信息公开发布、咨询沟通、社情民意反馈等功能于一体的村级服务管理平台“村民 E 点通”，助推乡村人居环境自主治理法制化、民主化、精细化和制度化。第二，数字技术提供农村人居环境整治规则维护的技术支撑和物质保障。浙江省德清县依托“数字乡村一张图”平台，不仅智能识别和自动发现垃圾堆放等人居环境污染问题，实现人居环境整治可视化，而且创新工单管理体制，依托公共服务平台自动分发人居环境问题点位至村干部手机，自动上传村干部现场处置结果，实现人居环境整治全流程可核查。江西省武宁县打造了“一平台一中心一张图一个端”的人居环境整治管护模式，通过设立村容村貌、污水和垃圾处理、厕所革命、长效管护等模块，采集、存储和处理农村人居环境整治大数据，实现村容村貌监控、垃圾桶满溢监控、污水水质监测和厕所气味监测等功能。

六、政策建议

如何完善乡村治理体系、提升乡村治理能力是政策界、学术界和农业产业界始终关注的焦点问题。乡村治理依托乡村产业发展，以政府行政治理、宗族、村民自治及乡村精英治理为抓手，形成自治、法治、德治相结合的乡村治理体系，最终实现乡村振兴战略。随着人类社会迈入数字时代，数字技术为乡村治理创造了前所未有的重大机遇。以移动互联网、大数据、云计算、人工智能、电子商务、区块链和农业物联网为代表的数字技术有效降低乡村治理过程中的信息搜寻、复制、运输、追踪和验证成本，可为农业产业治理、农村社会治理和农村人居环境整治全面赋能。为此，本课题提出如下政策建议。

（一）优化数字技术与乡村治理深度融合的制度设计，完善乡村治理体系及相关配套措施

在数字经济时代推进乡村治理现代化是一项涉及体系优化、组织建构、

能力改善、绩效评价的系统性工程。在农业产业治理方面，优化数字时代农业产业发展的土地、金融、财税、科技等方面的制度安排，完善涉农企业、农业合作社构建与数字技术相适应的治理结构，增强涉农企业、农业合作社等多元主体应用数字技术的治理能力，推动农业产业发展现代化。在农村社会治理方面，优化数字技术与农村社会治理深度融合的顶层设计，加快构建农村社会数字化治理标准体系，推进农村数字化治理信息共享机制和监督评价机制建设。在农村人居环境整治方面，积极引入多元社会主体参与人居环境整治，创新人居环境整治规则供给的形式、内容和方式，完善人居环境整治的治理体系及相关配套措施。

（二）全方位提升多元社会主体的数字化素养，推动乡村治理信息交流平台建设

数字化素养是指借助数字技术和配套设备，安全有效地创造、理解、传输、集成、管理和评价信息的能力。在数字经济时代，数字化素养是各类社会主体应用数字技术和相关设备的基础和前提，因而有必要加强对政府行政机构从业人员、涉农企业或农业合作社经营管理人员、乡村精英群体和普通农户等多元社会主体的数字意识培训和数字思维训练，建立多元社会主体数字化治理的观念。与此同时，积极搭建生产、加工、流通和销售等农业全环节平台，数字化品控溯源平台，“互联网 + 政务、村务”信息平台以及人居环境整治信息平台等乡村治理信息交流平台，推动乡村治理现代化。

（三）推进农村电子商务发展，带动乡村治理转型升级

发展农村电子商务可突破地理范围的限制，降低农产品市场搜寻成本，有效缓解农产品“买难卖难”的困境，提高农产品销售价格和农业经营收入，增强对乡村治理现代化的内在需求。更为重要的是，在大力推进农村电

商发展的过程中，要加强农村电商扶持力度和政策普惠性，发挥乡村精英群体电商发展的示范引领作用，持续优化农村电商的营商环境，合理配置乡村内部各类资源要素，加大对小农户电商从业知识和相关技能的培训，缩小乡村内部以及城乡之间的收入差距，促进农业农村共同富裕，带动乡村治理转型升级。

（四）加快数字技术基础设施建设，降低数字技术在乡村治理应用和推广的成本

数字技术基础设施建设是数字技术赋能乡村治理的物质保障和先决条件，因而要推动乡村道路、水利、电力、冷链物流、农业生产和加工等重要基础设施的数字化转型升级改造工作，加快推进5G、农业物联网等新型基础设施建设，优化农业全产业链条、农村信息服务等数字化设备，加大落后地区数字化基础设施建设的支持力度，消除城乡之间和不同地区之间的“数字鸿沟”。

主要参考文献

[1] 赵一夫，王丽红. 新中国成立70年来我国乡村治理发展的路径与趋向[J]. 农业经济问题，2019（12）：21-30.

[2] 夏显力，陈哲，张慧利，赵敏娟. 农业高质量发展：数字赋能与实现路径[J]. 中国农村经济，2019（12）：2-15.

[3] 王乐君，寇广增. 促进农村一二三产业融合发展的若干思考[J]. 农业经济问题，2017（6）：82-88.

[4] 陈明，刘义强. 交互式群治理：互联网时代农村治理模式研究[J]. 农业经济问题，2019（2）：33-42.

[5] 阮俊虎，刘天军，冯晓春，乔志伟，霍学喜，朱玉春，胡祥培. 数字农业运营管理：关键问题、理论方法与示范工程[J]. 管理世界，2020（8）：222-232.

[6] 冯贺霞，王小林. 基于六次产业理论的农村产业融合发展机制研究——对新型经营主体的微观数据和案例分析[J]. 农业经济问题，2020（9）：64-76.

[7] 王亚华，高瑞，孟庆国. 中国农村公共事务治理的危机与响应[J]. 清华大学学报（哲学社会科学

版），2016，31（2）：23–29+195.

[8] 徐凤增，袭威，徐月华. 乡村走向共同富裕过程中的治理机制及其作用——一项双案例研究[J]. 管理世界，2021（12）：134–151+194.

[9] 沈费伟，袁欢. 大数据时代的数字乡村治理：实践逻辑与优化策略[J]. 农业经济问题，2020（10）：80–88.

[10] 仝志辉，贺雪峰. 村庄权力结构的三层分析——兼论选举后村级权力的合法性[J]. 中国社会科学，2002（1）：158–167.

[11] 聂召英，王伊欢. 链接与断裂：小农户与互联网市场衔接机制研究——以农村电商的生产经营实践为例[J]. 农业经济问题，2021（1）：132–143.

[12] 邱泽奇，乔天宇. 电商技术变革与农户共同发展[J]. 中国社会科学，2021（10）：145–166+207.

[13] 李冬青，侯玲玲，闵师，黄季焜. 农村人居环境整治效果评估——基于全国7省农户面板数据的实证研究[J]. 管理世界，2021（10）：182–194.

[14] 罗万纯. 中国农村生活环境公共服务供给效果及其影响因素——基于农户视角[J]. 中国农村经济，2014（11）：65–72.

[15] 江小涓. 数字时代的技术与文化[J]. 中国社会科学，2021（8）：4–34+20.

[16] 钟漪萍，唐林仁，胡平. 农旅融合促进农村产业结构优化升级的机理与实证分析——以全国休闲农业与乡村旅游示范县为例[J]. 中国农村经济，2020（7）：80–98.

[17] 曾维和，咸鸣霞. 乡村振兴的产业共同体模式及其形成机理——基于武家嘴产业兴村的实证调研[J]. 中国软科学，2019（11）：74–85.

[18] 梅燕，蒋雨. 乡村振兴背景下农村电商产业集聚与区域经济协同发展机制——基于产业集群生命周期理论的多案例研究[J]. 中国农村经济，2020（6）：56–74.

[19] 曾亿武，宋逸香，林夏珍，傅昌銮. 中国数字乡村建设若干问题刍议[J]. 中国农村经济，2021（4）：1–15.

[20] 陈学云，程长明. 乡村振兴战略的三产融合路径：逻辑必然与实证判定[J]. 农业经济问题，2018（11）：91–100.

[21] 陈一明，温涛. 数字经济与乡村产业融合发展的机制创新[J]. 农业经济问题，2021：39–49.

[22] 孙东升，孔凡丕，陈学渊. 小农户与现代农业衔接的经验、启示与建议[J]. 农业经济问题，2019（4）：46–50.

[23] 周浪. 另一种"资本下乡"——电商资本嵌入乡村社会的过程与机制[J]. 中国农村经济，2020（12）：35–55.

[24] Goldfarb，A.，Tucker，C. Digital Economics. *National Bureau of Economic Research*，2017，w23684.

新时期科技支撑乡村全面振兴的重点任务及政策举措

党的十九届五中全会对“十四五”时期新发展阶段优先发展农业农村、全面推进乡村振兴作出总体部署，提出“民族要复兴，乡村必振兴”。2021年1月，中共中央、国务院发布了《中共中央 国务院关于全面推进乡村振兴加快农业农村现代化的意见》，提出全面推进乡村振兴战略要坚持创新驱动发展，强化现代农业科技和物质装备支撑。乡村振兴，本质上是农业农村现代化的过程。世界经验表明，科技创新是推进农业农村现代化的根本动力。我国已进入全面推进乡村振兴、加快农业农村现代化的新发展阶段，坚持以人民为中心的发展思想，落实“产业兴旺、生态宜居、乡风文明、治理有效、生活富裕”的总要求，更加需要科技支撑，更加需要科技创新提供解决方案。

---

* 本报告是清华大学中国农村研究院2021年重点研究课题“新时期科技支撑乡村全面振兴的重点任务及政策举措”的研究成果，报告观点仅代表课题组的看法。课题负责人：曾劲松，中国城镇开发基金管理有限公司总裁；陈诗波，中国科学技术发展战略研究院研究员。报告执笔人：陈诗波、刘晓娟、郑丽秀。

一、新时期科技支撑乡村全面振兴的形势与要求

（一）我国乡村振兴战略实施进入新阶段、呈现新特点

新时期，我国“三农”工作重心历史性地转向全面推进乡村振兴。习近平总书记指出：“全面实施乡村振兴战略的深度、广度、难度都不亚于脱贫攻坚。”[①]这一重大论断，指明了全面推进乡村振兴的复杂性、艰巨性、长期性。立足新发展阶段、贯彻新发展理念、构建新发展格局，深入分析我国农业农村农民发展新特点，充分利用脱贫攻坚伟大实践创造的制度成果和精神财富，奋力推进乡村全面振兴。

1. 农业现代化建设迈上新台阶，农业发展由增产导向转为提质导向

（1）农业综合生产能力进一步夯实，但粮食安全和种业安全仍不容忽视

2018 年中央一号文件中，推进乡村产业兴旺的首要措施和任务就是“夯实农业生产能力基础”，其中主要内容就是切实保障粮食的生产能力。从国内粮食生产来看，2000—2020 年，中国粮食产量由 46217.5 万吨增长到 66949.2 万吨（见图 1），年均增长 2.17%，尤其是 2003 年至今，全国粮食产量实现“十七连丰”，且连续 6 年维持在 6.5 亿吨以上，人均粮食占有量超过 470 千克，远高于国际公认的 400 千克安全线，粮食生产形势整体向好。

在种业发展方面，根据农业农村部种业管理司《“十三五”时期现代种业发展情况报告》数据显示，目前我国主要农作物良种基本实现全覆盖，初步形成了由 1 个国家种质资源长期库（含复份库）、53 个中期库（圃）、205 个原生境保护点构成的国家种质资源保护体系，基本覆盖了主要农业生态区，国家及省级累计审定主要农作物品种近 2 万个，实现了新一轮品种更新换代，单产平均提高 5% 以上。初步构建了农作物与畜禽良种繁育和生产供

① 习近平：《论“三农”工作》，中央文献出版社，2022年，第11页。

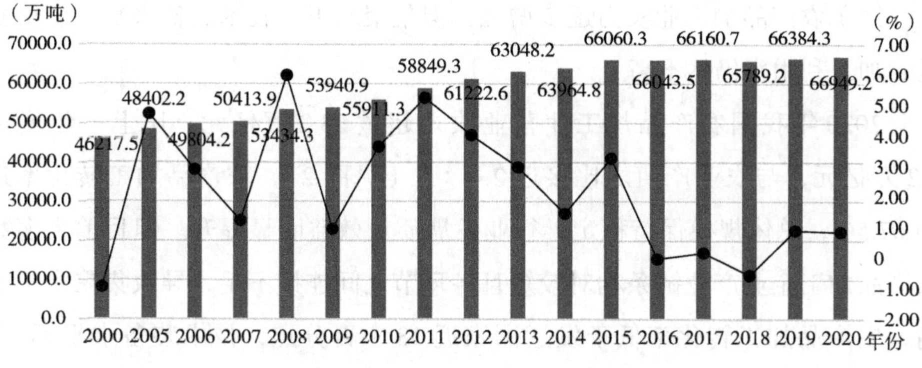

图 1　2000—2020 年我国粮食产量变化及增长率

数据来源：《中国统计年鉴2021》。

种体系，基本保障了全国 70% 以上的作物用种需求和 75% 以上畜禽养殖用种需求，杂交玉米、杂交水稻制种产量分别占到全国 85% 和 75% 以上，较“十三五”以前提高了 10 个百分点，主要畜禽核心种源自给率超过 75%，高产蛋鸡育种能力显著提升，市场占有率超过 60%，其中黄羽肉鸡品种全部为自主培育品种，白羽肉鸭打破了对国外引进品种的依赖[①]。种业企业实力不断壮大。隆平高科等中国种业企业逐步走进国际市场，2020 年种子市场规模达到了 1300 亿元，是 2012 年的 1.25 倍。

但不容忽视的是，我国粮食产量从 2011 年开始增幅呈现常态化逐年减少趋势，2016 年、2018 年出现了负增长，粮食增产的后劲明显不足。此外，我国在种子方面和世界发达国家存在的客观差距，比如大豆、玉米，和单产水平比较高的国家相比，存在着 30% 和 40% 的单产差距。此外，我国也是世界上最大的农产品进口国，据海关统计，2020 年我国包括大豆在内的粮食进口量达 1.43 亿吨，同比增长 28%。近几年，棉花、糖料等资源性农产品进口量相当于国内总产量的 30% 左右。农产品对外依存度有所提升，农产品供需平衡难度明显增加，紧平衡态势持续增强。在错综复杂的国际形势下，维护农业产业安全的任务刻不容缓。

① 农业农村部种业管理司：《“十三五”时期现代种业发展情况报告》。

（2）农产品加工业实力逐步增强，但集聚水平、技术装备水平、供给质量、加工利用率仍然不高

2020 年我国农产品加工业营业收入超过 23.2 万亿元，比上一年增加 1.2 万亿元，与农业产值之比接近 2.4 ∶ 1（见图 2），农产品加工转化率达到 67.5%，总体规模保持稳定，行业发展质量效益明显提升。但目前大多数农产品加工企业产业链条相对较短且各环节之间连接不足，导致集聚水平不高；农产品加工转化率低于发达国家近 18 个百分点，技术装备水平不高；精深加工产品品种不丰富，科技含量低和同质化严重等问题突出，导致产品供给质量不高；在加工资源利用方面，我国粮油、果蔬、畜禽、水产品等加工副产物高达 5.8 亿吨，其中超过 3 亿吨被作为加工废弃物低值化使用甚至随意丢弃，加工资源利用率不高。

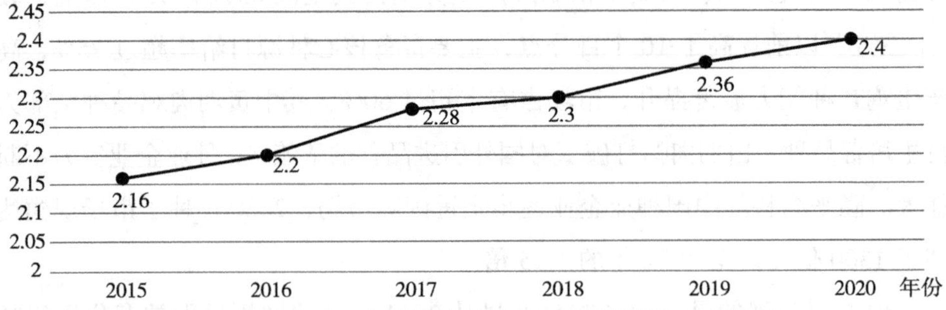

图 2　2015—2020 年我国农产品加工产值与农业总产值比

数据来源：农业农村部。

（3）乡村特色产业逐步向深度拓展，但产业链延伸、价值链提升面临障碍

休闲农业与乡村旅游等乡村特色产业不断拓展农业功能。近年来，休闲农业与乡村旅游已成为乡村产业的新亮点，根据农业农村部数据，2019 年观光休闲农业增加值达到 8500 亿元，休闲农业与乡村旅游经营单位超过 290 万家，全国休闲农庄、观光农园等各类休闲农业经营主体达到 30 多万家，7300 多家农民合作社进军休闲农业和乡村旅游，直接带动吸纳就业 1200 万人，带动受益农户 800 多万户，产业带农增收作用明显。特别是一些欠发达

地区，发掘出了独有的稀缺资源，带动农民脱贫致富。但从休闲农业与乡村旅游新业态发展来看，新产业新业态普遍规模小、模仿多，真正具有市场价值的创意活动比较少，缺乏依据市场需要的、持续的创意技术作为支撑。

（4）农业绿色发展水平不断提升，但资源约束与面源污染问题日趋严重

随着土壤修复、节水节肥节药、农业废弃物资源化利用等行动有序开展，农业发展更加绿色环保，更具可持续性。《2020中国生态环境状况公报》数据显示，2015—2020年，我国化肥施用量由6023万吨减少到5251万吨，减少12.8%；农药由2015年的178.3万吨减少到2019年的139.17万吨，下降21.9%。秸秆综合利用率、畜禽粪污利用率、农膜残留回收率分别达到85%、75%和80%，在绿色发展理念指导下，现代农业发展迈上新台阶。从农业发展来看，我国耕地面积居世界第三位，但人均耕地面积不足1.5亩，比世界平均水平低50%。同时，由于长期采取粗放型的农业生产方式，以及化肥、农药等农业资源的大量使用，导致耕地质量严重下降。此外，工业化、城镇化的迅速发展导致土地资源、水资源的严重不足，进一步加剧我国农业资源紧张状况。

2. 农民收入水平与现代化程度同步提升，农民由摆脱绝对贫困向逐步实现共同富裕转变

（1）农民收入水平显著提升，区域发展不平衡现象突出

党的十八大以来，农民的生活质量得到大幅提升。2012—2019年农民收入平均增速为7.5%，成功实现了“双超”，既超过了经济增速，也超过了城镇居民收入增速。2020年，农村居民人均可支配收入为17131元，提前实现收入翻番目标。城乡居民收入差距缩小，收入之比由2015年的2.73 ：1缩小到2.56 ：1（见图3），同期，农村居民人均消费支出由9223元提高到13713元，年均实际增长8.3%，农民的获得感幸福感显著提升，再次向共同富裕的目标迈进。农民在摆脱贫困、走向富裕的过程中，逐渐具备了融入现代化浪潮、与农业农村现代化进程相匹配的素质能力。但近两年城乡收入差距缩小势头明显减弱，加上新冠肺炎疫情的影响，收入差距扩大的趋势令人担忧。同时，农民收入区域差距明显。2020年农民收入最高的上海为34911元，最低的甘

肃为10344元，区域差距高达3.38倍。

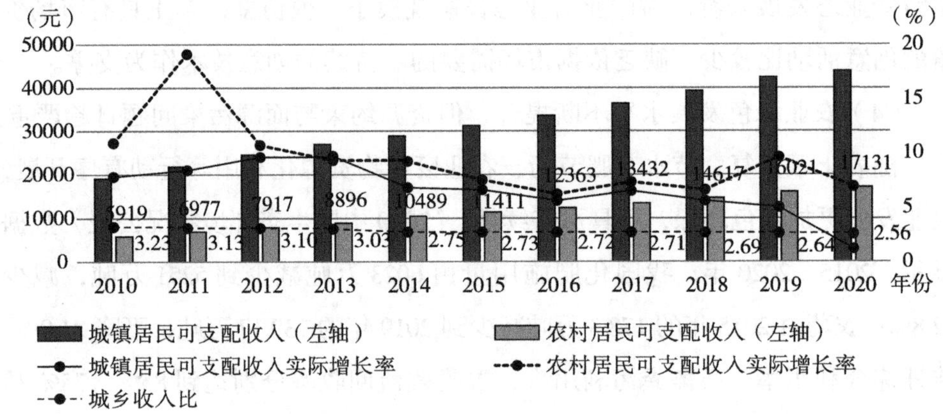

图3　2010—2020年城乡居民人均可支配收入增长情况

数据来源：历年国民经济和社会发展统计公报。

（2）脱贫攻坚取得决定性成就，减贫战略从消除绝对贫困转向缓解相对贫困

历经多年的艰苦奋斗，我国脱贫攻坚目标任务圆满完成，全国832个国家级贫困县全部摘帽，近1亿贫困人口全部脱贫，在消除了绝对贫困的同时，为世界减贫工作作出了巨大贡献。国家统计局历年贫困监测报告数据显示，贫困地区农民人均可支配收入从2013年的6079元增长到2020年的12588元，年均增长11.0%。“十三五”期间，国家累计投入以工代赈资金近300亿元，发放劳务报酬超30亿元，带动了100多万贫困群众就近务工增收，在激发内生动力、助力脱贫致富、积蓄发展后劲方面发挥了重要作用。但从目前来看，我国脱贫攻坚任务依然繁重，脱贫群众收入不高，就业不稳定，不少收入略高于贫困线的边缘户遇到波动或冲击有可能返贫或致贫，脱贫地区历史上发展长期滞后，发展基础薄弱、自我发展能力不强的问题依然存在。因此，需要尽快缩小收入差距，实现共同富裕的目标。

（3）新型经营主体发展壮大，农民素质不断提升，但人才振兴仍面临现实困境

随着工业化、城镇化的持续推进，土地所有权、承包权、经营权“三权

分置”制度日臻完善，在稳定土地“集体所有、家庭经营”制度的基础上，稳定承包权、放活经营权的制度设计，让土地由公有私营向公有共享发展。土地制度的不断创新为新型农业经营主体的蓬勃发展提供了肥沃的土壤，培育出家庭农场、合作社、农业企业等组织形式。截至 2020 年 6 月，全国县级以上产业化龙头企业约 9 万家，依法登记的农民合作社达到 221.8 万家，家庭农场名录系统填报数量超过 100 万家，各类新型经营主体正在成为引领适度规模经营、推动现代农业发展的有生力量。在组织形式创新的基础上，衍生出“公司 + 农户”“公司 + 合作社”“订单农业”“契约农业”等多种模式，这些模式使小农户与组织之间的利益联结机制和分配机制更加完善，成为实现小农户与现代农业有机衔接的最有效方式。此外，高素质农民加快培育。截至 2020 年底，全国高素质农民规模超过 1700 万人，高中及以上文化程度的占比达到 35%，全国农村实用人才约 2254 万人，大批高素质农民活跃在农业生产经营一线，成为新型农业经营主体的骨干力量。目前来看，多数地区的乡村人才总量不足、素质不高、层次不优等问题依然存在，《中国乡村振兴综合调查研究报告 2021》数据显示我国乡村全职务农人口具有高中及以上文化程度的仅占 10% 左右，且平均年龄超过 50 岁，“谁来种地，怎样种好地”仍然是一个重大而紧迫的课题。乡村外部环境并未给乡村人才振兴以可靠的社会支持，城市与乡村在教育、医疗卫生、社会保障、科技支持、公共文化供给、社会治理保障等方面依然存在较大差距，导致乡村人才外流严重、回流有限、下乡不足，乡村人才困境仍亟待破解。

3. 农村的生产生活及发展环境实现较大改善，农村建设向坚持生产、生活、生态有机融合，提升乡村品质转变

根据农业农村部数据，截至 2020 年底，农村生活垃圾收运处置体系已覆盖全国 90% 以上的行政村。部分条件较好的地区已推行城乡环卫一体化。全国累计改造农村户厕 4000 多万户，农村卫生厕所普及率超过 68%。东部地区、中西部城市近郊区等有基础、有条件的地区，实现无害化治理的农村卫生厕所普及率超过 90%，累计建成农村生活污水治理设施 50 余万套，农村生活污水治理率达到 25.5%。全国 95% 以上的村庄开展了清洁行动，部分地区因地制宜拓展了“三清一改”内容，4 亿多人次参与到这场集中整治农村环境脏乱差的行动中，我国农村人居环境整治取得重大进展。但由于资金缺乏、监管力度不足、农民环保意识欠缺等多种原因，当前农村仍面临着点源污染与面源污染并存、生活污染和工业污染叠加、城市污染向农村转移等多重压力，生产生活生态等系统性治理任务艰巨，特别是偏远、经济欠发达地区环保基础设施投入严重不足，是下一步农村人居环境整治面临的重大挑战。《2020 中国生态环境状况公报》数据显示，我国农膜回收率为 80.0%、畜禽粪污综合利用率为 75.0%、秸秆综合利用率为 86.7%，未能实现无害化处理和资源化利用的农业废弃物数量大、面积广，对生态环境的影响严重。

乡村基础设施建设与公共服务事业取得新突破，但与城市差距依然明显。在交通运输方面，截至 2019 年底，累计新改建农村公路超 120 万千米，乡镇和建制村道路硬化率均达到 99% 以上。在住房安全方面，支持改造农村危房 830 余万户，全面完成建档立卡贫困户等 4 类重点对象存量危房改造。在饮水安全方面，实施农村饮水安全巩固提升工程，受益人口达 2.27 亿人，615 万氟超标人口饮水问题得到妥善解决。此外，我国建立了世界上规模最大的社会保障体系，统一城乡居民基本养老保险制度，整合城乡居民基本医疗保险制度，全面实施城乡居民大病保险，基本医疗保险覆盖 13.6 亿人，基本养老保险覆盖近 10 亿人。2020 年全国 6098 万符合条件的建档立卡贫困人口参加基本养老保险，基本实现了应保尽保。但从乡村基础设施与公共服务发展来看，目前 2/3 的行政村通组道路还没有硬化，水、电、路、气、房、网等供给虽然数量大大提升，但质量不高，管护机制不健全，难以发挥长期效益，乡村信息化基础设施建设滞后，互联网普及率仅为 57.6%，数字素养总体偏低。此外，农民工参加城镇医疗保险的不到 30%，农村居民养老金水平和低保标准远远低于城市居民，新农合与城镇居民医保的差距还很大，农村学校、卫生院与城市的差距也不小。

乡村治理格局焕然一新，但村委自治能力不足、社会组织服务能力不足等问题依然存在。各级政府、各有关部门在长期实践探索中形成了较为完整的乡村治理政策体系，涌现出一批典型案例与有益经验，建立了积分制、网格化管理、小微权力清单等切合农村实际的制度安排，实现了有序、有效管控。“村民说事”“红白理事会”“社区居民公约”等创新探索丰富了乡村治理的方法路径。自治、法治、德治相结合的乡村治理体系持续推进，村民民主协商意识不断增强，乡村治理效能有效提升。但在农业农村现代化建设不断加快的步伐下，当前一些不合时宜的生活方式、价值观念在农村依然广泛存在，留守儿童关怀与教育不足，乡村空巢老人无人照顾，村民自治主体缺失、基层干部治理决策科学性有待提升等一系列问题仍然需要继续引起关注并得到有效解决，为实现乡村振兴提供强大的精神动力。

（二）新时期乡村全面振兴对科技支撑提出新任务

进入新发展阶段，全面推进乡村振兴不仅需要应对城乡发展失衡、农村市场化进程缓慢、农业质量效益和竞争力偏低、乡村环境污染与生态退化等诸多挑战，也需要补齐人才、资金、技术、基础设施、公共服务、环境治理等方面存在的短板，亟须深入挖掘内生动力，构建新的动力机制。乡村振兴的综合性和系统性意味着科技在支撑乡村振兴时也应该是全方位、多维度、宽领域和深层次的。面向“十四五”时期经济社会发展的宏伟目标，要巩固前期取得的成绩，总结经验，规避风险，深入总结科技支撑乡村振兴的重点领域，在实现农业增产、农民增收、农村美好方面全面推进乡村振兴。

1. 以科技创新赋能现代农业提质增量

要实现产业兴旺，应加快农业现代化步伐，而农业科技创新是农业现代化的战略支撑，“十四五”时期亟须以科技创新加快构建现代种业创新体系和乡村产业发展体系。

一是推动种业科技创新，稳固提升粮食安全水平。坚定落实“藏粮于地、藏粮于技”战略，加快构建现代种业科技创新和产业发展体系。“十四五”期间全国粮食综合生产能力要继续稳定在6亿吨以上。同时打好种业翻身仗，确保水稻、小麦这两种口粮100%靠自己供给，逐步克服大豆、玉米等种业单产差距，在保护自有种质资源的同时在种业方面有所突破。

二是构建高效加工体系，集成加工技术成果，打造农业全产业链。通过加大科技创新投入支持，强化技术集成创新，“十四五”期间力争在农产品精深加工、新产品研制、工艺和鲜活农产品冷链运输技术等方面取得重大进展。

三是提升农业科技装备水平。通过持续提高农业生产领域的科研投入和科技转化率，加强农田水利设施建设，更要提升农业生产科技进步贡献率，从过去拼资源、拼消耗、过度追求产量增长的发展模式，向依靠科技创新提升科技装备水平和促进劳动者素质转变。到2025年，农业科技进步贡献率达到64%左右，农作物播种收综合机械化率达到75%以上。

四是强化农业的信息化支撑。推动“十四五”期间建设一批5G智慧农业园区、数字农业创新应用基地、数字农业农村创新中心，通过建设基础数据资源体系，实现农业农村产业、农业经营主体、人才资源、自然资源、种质资源等信息汇集共享和分析利用，到2025年，农业信息化发展水平明显提升，支持农业发展能力显著增强。

2. 以科技创新稳步实现城乡融合发展

尽管乡村与城市在功能景观、社会形态、生产和生活方式等方面存在差异，但农村居民在收入和消费水平、就业机会、人居环境、公共安全和社会保障等方面，应该拥有与城市居民大体等值的生活质量[①]。以大数据、物联网、人工智能和区块链等技术为代表的新技术变革将进一步拉近城乡之间空间联系，促进城乡之间要素流动，为调控城乡收入分配差距提供技术基础。

一是以数字赋能公共服务普惠均等。支持人工智能、AR/VR等数字技术在学习教育、卫生健康、公共安全、文化传播等社会事业领域的应用，促进

① 孙久文：《新技术变革下的城乡融合发展前景展望》，载《国家地理》2021年2月第3-4期第34页。

在线教育、智慧医疗、智能防灾减灾、在线文体等新服务新业态发展，推进城市优质教育、医疗、文化等社会资源与农村共享，稳步实现城乡基本公共服务均等化。

二是支持科技赋能欠发达地区跨越发展新机制。支持国家创新型城市和创新型县（市）推进“科创飞地”“产业飞地”建设，以科技成果“转移支付”的新方式，引导技术、人才、信息等要素向欠发达地区有效转移，以产业发展和就业转移为核心，强化自身造血功能，提升乡村收入水平，巩固拓展脱贫攻坚成果。

3. 以科技创新推动生态环境建设全面改善

绿水青山就是金山银山，良好的生态环境是乡村最大优势和宝贵财富，乡村生态振兴，就要把乡村的生态资源优势充分挖掘并发挥出来。新时期应以数字化、网络化、智能化的新技术为载体，进一步完善农村物流设施条件，完善农村水利土木工程，实现农业农村资源的现代化循环利用，构建农村现代化的信息网络体系。开发偏远、干旱、寒冷等特殊条件地区缺乏有针对性的农村人居环境整治相关治理技术，借助远程视频等手段，为农户提供及时有效的设施维护等方面的技术支持，提高农村生态治理的效率。到2025年，农村人居环境显著改善，化肥、农药使用总量和强度大幅度下降，农业面源污染得到有效控制。

4. 以科技创新服务乡村文化建设

中国拥有几千年的农耕文明，要从文化视角强化优秀传统文化的传承，需要在保护传承的基础上推动乡村传统优秀文化实现创造性转化、创新性发展，借助互联网、大数据、云计算、人工智能等先进技术手段，大力挖掘、弘扬淳朴民风、良好家风和优良家训的文化引领作用，重拾优秀传统文化精髓和文化自信，革故鼎新。建立专门的农村文化产品开发科研平台，运用先进科技使动漫产业、电影业、广播电视业融入农村元素，以乡村文化振兴引领乡村全面振兴，大力发展乡村文化产业，为构建自治、法治、德治相结合的乡村社会治理体系提供动力。

5. 以科技创新优化现代化治理体系

科技在政府决策中的作用已众所周知，现代化的通信手段极大地简化了审批决策程序，也为公众监督、参与社会管理、公共管理提供了切实有效的现代化渠道和工具，社会协同、法治的保障更需要通信技术、电子计算机技术、大数据等现代化科学技术的支撑；现代化的法律咨询或远程法律咨询就是科技在乡村文化发展中最简单的运用。因此，科技支撑乡村振兴的重要内容之一就是优化现代化乡村治理体制。通过电子计算机技术、通信技术、数字化技术、传媒技术等现代化技术收集并梳理乡村公共事务数据信息，精准预测治理问题，提升乡村基层干部和村民的手机应用、数字内容创建、数字安全等方面素养，促使基层干部科学决策并高效处理村民的实际诉求。持续提升治理能力，打破传统治理壁垒限制，破解传统治理无法规避的难题。

二、“十三五”时期科技支撑乡村全面振兴的进展与成效

（一）科技创新为农业产业兴旺培育新动能

涉农领域市场主体和高校研发能力持续提升，作物育种和机械化耕种等创新技术推动粮食产量稳步增长。以龙头企业为引领的农业市场科研力量初步构建，2020 年中国“500 强”农业企业科技研发投入总额为 229.58 亿元，其中，科技研发投入排名前十的企业科技研发投入额占科技研发投入总额的 28.39%，其均值为“500 强”企业均值的 9.68 倍，隆平高科和先正达成为全球种企的前十强。农业基础性科技创新能力逐步增强，涉农领域“双一流”建设高校以作物学、智慧农业、农业工程等为主的专业学科体系不断完善（见表 1）。2019 年，我国在兽医学、生物学、食品科学与技术、农业工程、

分析化学与应用和农业信息技术 6 个学科科技论文竞争力指数排名第一；园艺学、农业工程和分析与应用化学 3 个学科在高质量论文数量百强排名第一位；农作物良种培育和机械化生产等农业科技高速发展，2020 年中国农业科技进步贡献率突破 60%。农作物良种覆盖率稳定在 96% 以上，耕种收综合机械化率达到 71%；全国农业技术合同成交金额为 7476774 万元，是 2015 年全国农业技术合同成交金额的 2.35 倍。

表1　“双一流”建设高校农业相关学科情况

学校	入选“一流学科”情况
中国农业大学	作物学、农业资源与环境、植物保护、畜牧学、兽医学、草学、农业工程
浙江大学	园艺学、植物保护、农业工程
华南理工大学	农学
中国海洋大学	水产
兰州大学	草学
西北农林科技大学	农学、农业工程
南京农业大学	作物学、农业资源与环境、农业工程
华中农业大学	园艺学、畜牧学、兽医学、农业工程
海南大学	作物学
四川农业大学	作物学
东北农业大学	畜牧学、农业工程
北京林业大学	林学
贵州大学	植物保护
东北林业大学	林学
上海海洋大学	水产
江苏大学	农业工程
吉林大学	农业工程
华南农业大学	农业工程
河海大学	农业工程
河南农业大学	农业工程

资料来源：根据公开资料整理。

科技创新助推农产品加工高质量发展，形成以工业反哺农业的有效路径。全国各地加快推进农产品加工技术创新载体建设，建立产学研相结合的长效机制，加速农产品加工业高新技术产品的研制和开发。关键技术领域，小麦制粉、低温榨油、冷却肉加工、传统食品工业化等农产品精深加工、产后减损和绿色供应链产业化等方面的关键技术装备不断突破，制粉、榨油、榨汁、畜禽屠宰分割等关键核心装备实现由进口依赖向自主制造的重大转变。依托农产品加工技术的有效提升，过去十年中国大宗粮油产后损失率由10%左右降低到6%以下、大宗果蔬产后损失率由30%左右降低到25%以下、畜禽宰后损失率由10%降低到8%以下，农产品加工实现了加工原料“专有化”“优质化”、产品“高值化”、提供精准营养、满足“个性化”需求、加工生产线和核心装备“智能化”“无人化”、物流体系“智能化”“精准化”“中央厨房化”六个趋势转变。此外，农产品加工与物流保鲜技术的突破，为以“安全、营养、美味”健康食品为主导的农产品加工业和现代流通业发展提供了有力的科技支撑。根据中国农业科学院相关信息，当前，我国科技对农产品加工产业发展的贡献率达到63%，为农产品加工业长久稳定发展提供了强有力的支撑。

科技支撑农机设备加速转型升级，农业机械化生产有效提升了农产品产出效率。在农业劳动力大量转移的情况下，全国农作物耕种收综合机械化率由2015年的63.82%提高到2020年的71.25%，主要用于农、林、牧、渔业的各种动力机械的农业机械总动力达到10.56亿千瓦，较上年增加2.79%。农产品初加工作业机械、畜牧机械、水产机械持续稳定增长，拥有量分别达到1571.99万台、811万台、479.5万台，较上年分别增长2.11%、2.74%、2.24%（见表2）。全国农作物耕种收综合机械化水平的提高，有助于从第一产业中解放更多劳动力，促进社会生产大分工，推动乡村第二、第三产业的发展。

表2　　全国农机作业水平年度变化情况

年份	全国农作物综合机械化率（%）	机耕面积（千公顷）	机耕率（%）	机播面积（千公顷）	机播率（%）	机收面积（千公顷）	机收率（%）
2013	59.50	113757.8	76.00	80309.6	48.80	77416.0	48.20
2014	61.60	117417.7	77.50	83956.3	50.80	83270.0	52.30
2015	63.80	119876.4	80.40	86651.2	52.10	87644.4	53.40
2016	65.20	121017.7	81.40	87917.8	52.80	91722.4	56.00

续表

年份	全国农作物综合机械化率（%）	机耕面积（千公顷）	机耕率（%）	机播面积（千公顷）	机播率（%）	机收面积（千公顷）	机收率（%）
2017	67.20	122704.0	83.00	90045.7	55.00	94900.5	58.50
2018	69.10	123611.1	84.00	94440.6	56.90	100260.5	61.40
2019	70.02	124132.5	85.22	95085.3	57.30	101886.1	62.46
2020	71.25	–	85.49	–	58.98	–	64.56

数据来源：农业农村部农业机械化管理司。

“互联网+”等新技术助力乡村电子商务和智慧旅游等第三产业蓬勃发展。《中国数字乡村发展报告（2020）》显示，自农业农村部会同相关部门组织实施“互联网+”农产品出村进城工程以来，在110个县（市）开展了试点工作，并建立起完善的、适应农产品网络销售的供应链体系、运营服务体系和支撑保障体系，截至2020年，全国设有邮政电商服务站点的建制村达到24.5万个，覆盖率为44.8%。针对疫情防控需要，阿里巴巴、京东、拼多多等互联网电商平台均开辟了助农直播间，推出直播卖货、移动菜篮子、无接触配送等新模式，扩展了农产品网络销售渠道，2020年我国农村网络零售额达到1.79万亿元，较2019年增长5.29%，在全国网络零售总额中占比达到15.2%（见图4）。

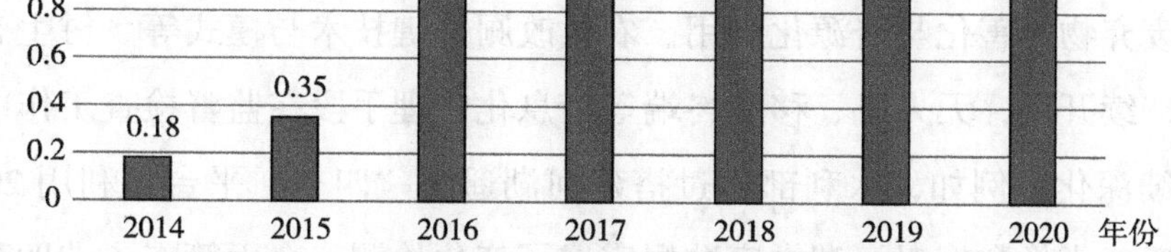

图4　2014—2020年全国农村网络零售额变化

数据来源：商务部。

信息技术的广泛应用大幅提升乡村旅游智慧化水平。依托新型的直播、短视频和流媒体等技术手段，我国乡村景点的宣传推广水平大大提升，截至2020年上半年，“乡村旅游”专门话题累积点击浏览已超过9000万次。2020年，由农业农村部指导各地创新开展了乡村休闲旅游“云观赏”“云体验”“云购物”等线上体验，举行了“云主播”“云锁客”“云认养”等线上活动，更多传统村落实现了全景网络漫游，“数字文旅”“智慧旅游”等新型服务模式不断推出。

（二）科技创新为农村生态环保提供新方案

互联网等数字化技术推动了农业绿色生产和乡村生态保护信息化水平，在乡村生态改善中起到了重要作用。2019年起，农业农村部会同国家发展改革委、科技部、财政部、自然资源部、生态环境部、水利部、国家林草局7个部门在全国范围先后评估认定了80个国家农业绿色发展先行区，先行区针对节地节水、节肥、节药、节能，畜禽粪污、秸秆、农膜等农业废弃物资源化利用，提升绿色优质农产品供给能力等方面不断探索，并形成了一批可推广可复制的农业绿色发展模式。2020年，我国畜禽粪污综合利用率达到76%，规模养殖场粪污处理设施装备配套率达到95%以上。秸秆综合利用率达到86%，农膜回收率达到80%，农业资源保护利用水平得到显著加强，绿色农业发展进程加快推进。

此外，在农业农村部的积极引导下，针对乡村典型污染物监测与评价、乡村废弃物无害化与资源化利用、农村改厕关键技术与模式等乡村生态环境研究持续开展，无人机、移动终端等信息化管理手段在监督检查工作中的应用持续深化。例如，水利部通过搭建河湖遥感“四查”平台，利用2020年最新遥感影像数据对河湖本底数据完成了变化检测，全面筛查了“四乱”问题，为乡村水环境治理提供了高效便捷的技术支撑。

（三）科技创新为农村乡风文明引领新风尚

新技术不断推动乡村文化创新发展。随着数字技术的快速发展和“互联网+”的深入推进，文化和旅游部“创意进景区”“创意下乡”等工作持续开展，通过互联网平台整合设计企业、高等院校、行业协会、新媒体平台等社会力量对历史建筑、非物质文化遗产、民俗节日等进行宣传，增强了乡村民风关注度，展现乡村文明新气象（见表3）。例如，腾讯视频、爱奇艺等8家网络平台联合举办“云游非遗·影像展”，将1600余部非遗传承记录影像、非遗题材纪录片搬上网络进行公益性展播，吸引包括农民在内的网络用户发布非遗相关视频总数超8万个，各平台非遗专区累计播放量超8.7亿次。通过线上集中展播、展览等方式举办2020年全国非遗曲艺周、第六届中国非物质文化遗产博览会等活动，帮助广大群众足不出户领略乡村非遗文化魅力。此外，乡村科技教育活动日益丰富。例如，中国平安在2019年启动了“AI不孤读——青少年科技素养提升计划”，面向全国上千所乡村学校开展科技素养课堂活动，通过科技赋能研发课程实验包，引入城市优质教育资源，助力发展乡村教育事业，切实提升乡村学生的科技素养水平，助力乡村青少年的科学教育发展。

表3　科技在乡村文化领域的应用

领域	应用内容
文创+旅游	通过特色文旅的发展为乡村振兴注入新活力，实现经济和人口的导流，让更多城市游客走进来，让更多传统农民和现代农民留下来成为乡村振兴的重要突破口
直播、短视频	在短视频时代，与农村、农民、农业相关的“三农”内容有了更大的展现舞台。无论是乡间的青山绿水，还是遍布田间的特产，乡村的全新风貌得以展示，短视频和直播已成为新的趋势
非遗文化+现代设计	非遗文化的创造性转化与创新性发展也是激发乡村文化创新活力的重要推手，把现代美学和设计的元素注入非遗当中，用现代美学理念和设计赋能、活化非遗文化与传承已成为新潮流
电商平台	线下营销受到巨大冲击，与此同时为“互联网+农业”模式的进一步探索提供了契机，促进农货电商行业市场规模迅速扩大

（四）科技创新为农村社会治理构建新模式

伴随着数字经济的发展，“互联网+政务服务”加快向农村延伸，多地基于数字技术积极开展新型乡村治理模式，持续推动乡镇政务服务事项一窗式办理、部门信息系统一平台整合、社会服务管理大数据一口径汇集等工作，不断推进政务系统服务平台终端延伸至村一级，涉及村民日常生活的劳动就业、社会保险、社会救助、计划生育、农用地审批、新型农村合作医疗及涉农补贴等各个村级事项行政审批服务事项授权镇村级便民服务中心进行受理，实行“一窗受理”“一条龙”服务，行政审批和公共服务“一站式”办结。一些地方在农村推广“互联网+党建”，通过健全农村基层党建信息平台、加强党员干部远程教育等措施，促进基层党组织更好地发挥战斗堡垒作用。有的农村实施“雪亮工程”，深化平安乡村建设，广大农民的安全感大幅提升。一些地方通过“互联网+公共法律服务”助推建设法治乡村，农民群众依法维权更方便，法治意识也明显增强（见表4）。例如，湖北宜都在全市所有村（社区）全面推广家庭文明诚信档案，通过全市建立统一的信息系统平台，各村（社区）建立专门档案馆（室），实现全市155个村（社区）线上线下家庭文明诚信建档全覆盖。

表4　科技在乡村治理各领域的应用

应用领域	应用内容
乡村党建	运用互联网、大数据技术，推动农村党务、学习、活动、监督、工作、宣传的全面整合，实现村级党建工作的一体化、数字化、智能化，不断提升党建管理效率和科学化水平，合力实现智慧党建
乡村政务	加快推动互联网+政务服务向农村基层延伸，实现涉农政务服务网上办、马上办、一网通办，打通乡村政务服务最后一公里
村务管理	借助互联网+村务实现村务、财务网上公开，利用数字手段不断创新村民自治形式，农民自治能力显著提高
乡村综治	运用物联网、人工智能、大数据实现智慧综治，构建立体化基层综治联动体系，提升基层综治的预测、预警、预防能力，实现平安乡村，提升农民群众的安全感

续表

应用领域	应用内容
乡村应急	构建乡村智慧应急体系，实现灾情有效预警、预防、应急事件快速处理，应急资源高效调度，最大程度保障村民人身和财产安全
远程教育	远程教育模块中，包括三个课堂、智慧教育等产品，解决城乡之间的教育资源不均衡问题，带动乡村教育发展
远程医疗	远程医疗模块中包含区域健康医疗大数据平台，以区域居民全程健康为核心，通过数据标准规范、数据治理、数据共享、大数据决策、智能分析模型等大数据核心能力，为卫健疾控部门、医疗机构、居民提供大数据服务，构建区域大健康监管服务体系

（五）科技创新为农民生活富裕拓展新空间

信息基础设施建设引领农村电商快速发展，带动乡村群众增收致富。近年来，工业和信息化部、财政部不断加强乡村新型基础设施建设工作，全国行政村通光纤和 4G 覆盖比例均超过了 98%，贫困村通宽带覆盖比例超过 98%，基础电信企业针对贫困地区推出特惠套餐，近两年贫困地区固定宽带网络资费下降幅度达到 50%，惠及 1200 多万户贫困群众。随着信息、物流等基础设施的持续建设，贫困地区电商发展取得阶段性成果，目前电子商务进农村综合示范已实现对 832 个国家级贫困县全覆盖，以市场需求带动提升了贫困地区群众在农业发展方面的造血能力。

“网络扶智”培育乡村贫困群众自我发展的内生动力，提高贫困群众文化素质和就业能力。中央网信办会同相关部门推进网络扶智工程，通过加快学校联网、推广远程教育、开展网络培训、提升贫困群众网络技能等方式努力提高贫困地区教育水平和就业创业能力。农业农村部开展全国农民手机应用技能培训，农民手机培训受众累计近 6000 万人次。人力资源社会保障部免费向贫困地区开放“技工教育网”相关服务功能，全国 1300 余所技工院校、20 万名师生利用网站进行教学活动，创建课程约 2 万个、教学资源约 4000 个，显著提升农民就业能力。建立农科教结合助力产业发展新机制，

50多万名基层农技人员、4100多个专家组、4000多名特聘农技员深入一线通过推广现代化农业科技精准扶贫，实现“三区三州”产业技术专家组全覆盖、贫困地区特聘农技员计划实施全覆盖、贫困地区农民教育培训全覆盖、贫困村农技员精准服务全覆盖。

三、科技支撑乡村全面振兴面临的主要问题

（一）乡村科技创新投入较低

从农业科技投入来看，2020年我国农业科技投入强度不到1%，远低于全国所有行业平均2.4%的投入强度，与世界第一梯队（农业科技投入强度大于2.5%的国家，如日本和美国等）和第二梯队（农业科技投入强度大于1.5%、小于2.5%的国家，如巴西和智利等）存在不小差距。从农业科研经费支持来看，发达国家对国家级农业科研机构的稳定投入占比达70%～80%，而我国这一比例不足30%[①]，符合农业科研规律的稳定投入机制尚未形成。从我国涉农市场主体研发投入来看，2020年全国“500强”农业企业科技研发投入总额为229.58亿元，占全部营业收入总额的0.57%，与我国规模以上工业企业研发经费投入强度1.41%相比，我国农业企业的科技创新投入强度仍有待加强。此外，社会资本对农业领域科研投入积极性不高，虽然2020年农业农村部办公厅印发的《社会资本投资农业农村指引》提出引导社会资本有序投入农业农村，加快形成乡村振兴多元投入格局，但综合政策实施效果看，社会资本下乡依然面临用地难、融资难、缺人才等问题，阻碍了乡村科技创新要素支撑。

① 张合成：《建立农业科技优先发展的政策体系》，载《农民日报》2022年1月4日第3版。

（二）乡村科技有效供给不足

一方面，乡村涉农科技成果供需结构失衡，高等院校与科研机构的大多数研发成果仍然是以完成上级任务为导向，没有对科技诉求者的实际需要进行深度了解，研发的新技术、新工艺、新方法与乡村振兴实际需求不匹配，科技创新与实际应用“两张皮”现象严重。另一方面，涉农学科建设与专业设置应用性不强，在聚焦新时代乡村振兴在农村改革、农村基本经济制度、农村土地、农民工等方面的理论和实践探索的农业经济学学科体系有待进一步完善，与管理学、社会学、食品与环境科学、信息科学等学科交叉融合发展还有较大空间，最新研究成果难以纳入课程讲授，无法对农业发展新形势新需求给予及时回应，在有效服务农业发展方面的能力相对薄弱。

（三）乡村科技推广服务体系亟待完善

政府主导的农技推广模式存在体制机制障碍，难以进一步提高农技推广效率。中国农技推广体系以政府主导的公益性农技推广为主，机构日常推广工作的经费依赖各级政府根据国家农业政策而拨付的推广项目，经费来源渠道单一，离开政府项目的扶持后没有独立自主开展农技推广工作的能力。此外，当前全国有 60% 的乡镇推广机构由乡镇政府主管或由乡镇政府与县级农业部门共同管理，这些机构普遍存在管理体制不顺、业务管理职责不明确等问题。调研发现，乡镇农技人员主要以乡镇“中心工作”为主，县级农业部门的业务指导难以发挥作用，上下级农业技术推广机构之间的业务难以衔接。部分地方对农技推广体制的改革方向不清，导致基层地方农技推广工作出现“线断、网破、人散”的问题，服务功能被大幅削弱。此外，农业科技服务服务模式仍以传统的“技术 + 行政”为主，“技术 + 市场”的新型服务模式尚未建立，市场化主体无论是技术服务能力还是市场盈利能力都仍然较弱，尚难以满足乡村新兴和多元化的科技需求，与此同时，涉农科研、教育和推广服务三者尚未紧密结合，技术咨询、科技评估、检验检测等服务供给水平有待提升。

农技推广机构配套设施条件相对落后。全国的乡镇农技推广机构中，仅有 7% 的业务用房能够满足工作需要、27% 有交通工具、39% 有业务必备的仪器设备。尤其是经济发展程度较低的偏远地区，通信设备落后、交通办公条件恶劣，信息传递存在障碍，严重影响农技推广效益。以畜牧技术推广为例，目前全国县、乡两级独立设置畜牧技术推广机构的不足一半，县级独立设站占比不到 50%，乡镇级独立设站占比仅为 20% 左右。

（四）乡村科技人才总量不足与人才结构不优

当前农业科研工作公益性强，创收能力不足，在各行业激烈的人才竞争中处于劣势地位，同时，由于近些年政策性安置的压力下移，掌握新兴技术的大学生很少进入县级涉农部门，专业技术人才队伍只出不进，老龄化趋势明显，规模逐渐萎缩。大量基层农技推广人员学历低、无职称、非专业，全国基层农技推广人员中专以下文化程度的占比超过 20%，另外还有近三成的农技人员没有专业技术职称，部分乡镇无专业技术职称人员比例高达 60%，在职农技推广服务人员专业技能知识更新缓慢，农业农村部的调查统计资料显示，近三年来累计接收 30 天以上农技相关培训的基层农技人员只有 30% 左右，农技队伍推广能力明显不足。此外，乡村实用技术人才对新兴技术的接受度不高，难以满足现代化农业、电子商务等新业态的需求，据中国农业大学预测，2025 年中国农村电商人才缺口将达到 350 万人。

（五）乡村信息基础设施建设滞后

相比于城市，当前我国农村地区信息化基础设施建设严重滞后，互联网普及率仅为 57.6%，物联网、大数据、人工智能等新技术在乡村科技服务体系中的应用普及程度还不够，缺乏经济实用的农业生产智能化设施设备和技术，特别是在中西部偏远地区，由于产业基础薄弱和财力不足，现代化物流、智能仓储布局较为缺失，已经成为影响西部偏远地区经济社会发展的瓶颈。农村数据资源体系建设处于起步状态，农业大数据资源分散，有效数据资源不足，导致大量的农村相关信息和数据无序、孤立，有价值的数据无法被妥善应用于乡村治理和惠民服务，进而导致乡村治理低效，公共服务供给不足，数字化政务发展不完善，信息化基础服务设施体系构建困难，尚无法为乡村产业转型升级和数字乡村治理提供精准支撑。

四、新时期强化科技支撑乡村全面振兴能力建设的政策举措

（一）建立乡村科技创新投入稳定增长机制

完善以政府为主导、企业和农户为主体的多元化乡村科技投入机制。一是持续加大政府投资对农业新品种选育、农业精深加工、农村人居环境、基本公共服务等重点领域和薄弱环节相关技术研发支持力度，使农业科技研发投入占农业总产值比重逐步提高到 2% 以上。对从事基础性研究、农业和社会公益研究的科研机构加大稳定性科技投入比重，结合科研机构职责定位，对国家级科研机构加大财政支持力度，构建科研经费稳定增长机制。鼓励各地区乡村龙头企业、社会组织或者个人出资设立科技公益基金会，通过接受社会捐赠、政府资助等方式筹集经费设立科技公益基金，为优质科研项目、高校院所和科研机构、高层次人才等提供经费资助。二是积极探索和完善乡村振兴科技创新资金投入机制，对一些农业科技创新重大项目，采取政府资金、商业资金及社会资本相结合的方式，扩大资金投入量，优化风险分担和

收益分配机制，促进农业科技创新项目合理实施和应用，从根本上改变农业科技研发投入严重不足的状况。三是逐步建立农业科技创新风险基金和风险投资基金、融资制度和保险制度，以分散农业科研机构进行科技研究的投资风险，支持各地区设立科技领军型涉农企业专项基金，推动一批创新成长性好的涉农企业在创业板、科创板等上市。

（二）优化调整涉农高校学科体系

深入解析实施乡村振兴战略在不同时期和不同区域对现代工程和管理技术及其人才需求的特征，面向农业农村现代化的全方位需要与社会经济形态的转型升级，扩展自学科知识体系与研究方向，因地制宜培育农林特色优势专业集群，建设一批国家级一流涉农专业。吸收新技术革命在信息网络技术、大数据、人工智能、生物工程和材料科学技术等领域的新成果，用生物技术、信息技术、工程技术等现代科学技术改造现有涉农专业，布局智能农业、农业大数据、休闲农业、森林康养、生态修复等新产业新业态急需的新专业，加快推进在农村电子商务、乡村景观营造与维护、乡村新业态生产空间营造、乡村生态环境、乡村社会经济管理与治理体系和治理结构系统等方面开展农业工程学科创新，调整淘汰不能适应农林产业发展和社会需求变化的老旧专业。统筹人才培养、科学研究和社会服务（农业推广）职能，创新学科交叉、科教协同和产教融合的合作机制，将农林研究生教育纳入农林科技创新体系，促进跨越学术组织边界的培养方式，区别学术性学位与专业性学位的培养模式，将专业性学位研究生论文选题与培养工作更多地融入产业发展和经济社会发展活动。

（三）系统布局乡村科技重大创新平台载体建设

聚焦种业耕地及农机装备等重点领域，支持在高效育种、耕地保育、智能装备、绿色低碳等领域新增一批重点实验室，加快全产业链技术集成创新及成果转化，提升基因种质、信息数据、设施装备等创新资源供给质量和效率，全面提升科技条件保障能力。围绕现代畜牧业、智慧农业、有机旱作农业、特色高效农业等主题，支持以产业链条为主线，以市、县、乡为主体单元，加强农业科技园、创新示范区、科技小院和农业嘉年华等高水平的“顶天立地”的乡村科技创新服务平台与基地建设，完善资金支持、人才引进、科技转化、产权交易、产品化包装等相关扶持、鼓励制度，先行先试，持续提升科技与产业转化力度，强化落地以及对所在区域乡村的产业带动、就业吸纳。优化科技创新和农业农村现代化的对接机制，吸引更多的高层次科学家、技术专家、企业家、科技特派员和乡土创新创业者汇聚乡村大地，实现科技成果的快速、高效、精准供给，进而培育乡村人力资源和创新资源，营造科技创新驱动乡村产业兴旺的微生态，激活区域科技创新驱动农业现代化的内在动能。

（四）优化科技创新支撑乡村振兴的源头供给

一是强化乡村前沿以及关键核心技术攻关。系统化部署基础研究、前沿攻关和关键技术研发，将优势科技资源集中到突破重大科技基础前沿、解决国家产业重大需求、响应重大应急性任务上来，推动机构、人才、项目、资金等科技资源要素优化配置。围绕粮食安全、食品安全、生态安全等目标，针对重大育种价值基因克隆、生物育种、智慧农业等开展原始创新，抢占农业科技竞争制高点；围绕“藏粮于技”、质量兴农，研究与推广生物育种、健康养殖、农产品精深加工、农产品质量安全和智慧农业等技术，保障国家重大需求；积极拓展都市农业、休闲农业和循环农业等新业态相关技术研究，因地制宜地开发乡村资源优势和价值及农业的多功能性；针对农业规模化、设施化、机械化、智能化中的科技及生产实际问题加快农产品加工及保鲜物流、智能农机装备与新一代工厂化农业等应用研究，服务农业农村现代化主战场；强化农业生物安全、营养健康领域的科研攻关，保障国家生物安全和人民生命健康；针对人居环境改善，在节本增效、优质安全、绿色环保、投入品减量、面源污染控制、废弃物资源化利用、农业防灾减灾等领域的技术研发与集成方面有所突破；加强信息化技术研发促进物联网、云计算、移动互联网、卫星遥感、人工智能等高新科技信息技术与农业农村深度融合发展。

二是着力构建"专家领衔、依托企业、引领农民"的协同创新体。把技术创新主体从个体转移到创新共同体上来，合力攻克产业技术"瓶颈"，就地研发、就地转化。由农业科技人员指导，解决各种农业技术难题，激发农民参与成果转化的积极性。同时，引入现代产权交易治理体系，鼓励地方政府和有关部门搭建权威性的农业科技成果交易平台，探索通过经济手段实现农业科技成果向现实生产力的高效转化模式，更好推动科技成果在乡村的落地。

（五）进一步完善乡村科技推广服务体系

一是发展壮大多元化的农技推广主体。建立科学、高效的政府公益性农技推广机构，科学合理设置省、市、县、乡（镇）、村"五级联动"的农技推广公益性服务体系，明确乡镇农技推广机构公益性培训服务职能。培育支持农业经营性服务组织开展农技推广活动，让农户得到产前、产中、产后全过程的技术服务。鼓励高校、科研院所积极参与农技推广服务，开展农业技术创新的信息整理与传递，充分利用农业院校和科研机构的科技人才、资源优势及相关的扶持政策开展项目合作。加大财政资金投入，建立具有市场竞争力的基层农技人员薪酬体系和激励机制。

二是推动公益性农技推广机构与经营性服务组织融合发展。强化农技推广融合发展的体系建设。应强化政府公益性技术推广机构的主导地位，加强对经营性服务组织的引导，通过政策和资金支持，培育一批新型农业经营主体组织参与农业社会化服务，承担国家科研项目及农业公益性服务项目，为农民提供低成本、便利化、全方位的农技推广服务。支持当地有潜力的涉农龙头企业参与当地农业数字基础设施建设，并联合政府、大学、科研单位探索搭建国家级“公益性农技推广机构＋经营性服务组织”的农技推广服务平台，强化农技大数据服务。

三是提升基层农技推广队伍专业水平。以全国基层农技推广补助项目和科技入户工程为平台，组织农业科技推广人员进村入户，以新型农业经营主体为重点培育农业科技示范户。降低乡镇农技推广人员招聘门槛，吸引农科大学生进入基层农技推广队伍，加大保障力度，完善使用机制，推进农技推广体系走上依法建设轨道。加大农技人员集中培训力度，鼓励农技推广人员攻读硕士或长期研修，提高广大推广人员的素质和技能，以适应农业发展和经济建设的需要。提升农村专业合作社科技推广服务能力。支持各地区以优秀农民专业合作社为着力点，整合科技示范户科技资源，培育一批农民科技示范专业合作社，支持其与政府公益性农技推广机构、涉农高校院所和科技型企业等加强协作，共同做好农业、新品种、新技术、新装备的推广应用。

四是建立科研成果与人才评价激励机制。实行职称评定晋升，将成果、发展与农民增收挂钩，推行“一个团队、一个技术、一个产业、一个品牌、一个成果”农技推广体系，实行创新、研发、展示、生产、营销、市场一体化的推广体制，将科研成果与土地的有效利用相结合，形成农技推广活力。增强农技科研机构的“造血”功能。允许鼓励科研院所兴办涉农惠农经济实体，并给予税收减免、返还和利润自留等优惠优待政策，以积累科研经费，带动农业科技发展。

（六）强化乡村科技人才的引进与培育

一是加强乡村高层次人才队伍建设。依托国家和省级人才工程，加大农业农村领域高层次人才引培力度，全面提升科技支撑乡村振兴源动力。聚焦乡村发展需求，制定人才需求目录，支持企业和高校、科研院所联合引进高端复合型人才，支撑农业高新技术产业发展，持续加强省现代农业产业技术体系创新团队建设。

二是深入实施科技特派员制度。建立健全科技特派员激励政策，加大对科技特派员工作支持力度，实现涉农县（市、区）科技特派员服务全覆盖。充分发挥星创天地、农科驿站等载体作用，鼓励创建省、市级科技特派员创新创业共同体，拉动农业产业集群崛起，打造科技特派员农村创新创业新模式。进一步优化科技特派员等新型科技人员服务农村体制机制，支持科技特派员选派专业向工程机械、农机装备、电子商务和创意设计等领域拓展，服务领域从农业向农产品精深加工、农业服务业等产业链后端延伸，增强农业科技创新支撑乡村振兴能力。

三是大力培育农业农村科技人才。针对农村科技人才、专业人才、乡土人才、职业人才“四类人才”分层分类进行培育，培养区域乡村振兴科技服务支撑人才。面向农村基层人才需求，实施科教人才助农工程，强化高校和科研院所人才培养和乡村技术服务职能。实施基层农技推广队伍素质提升工程，开展公费农科生定向培养。以全国基层农技推广补助项目和科技入户工程为平台，组织农业科技推广人员进村入户，并以新型农业经营主体为重点，培育一批农业科技示范户。实施高素质农民培育计划，提升农民综合素质。

四是推进农业创新创业人才队伍建设。积极整合各种教育资源，引导科研院所和高等学校的创新人才与乡土创业人才紧密结合，建立农业科研院所、涉农高等学校及农业龙头企业专家学者、技术人员到乡村基层和中小企业挂职、兼职及离岗创业制度，扩大农村劳动力培训规模，提高农村职业教育质量，形成上下贯通、产学研用紧密衔接的创新创业人才体系。加强对新型农业经营主体、回乡下乡创业青年、乡村致富能人的职业技能、生产技术、经营管理、品牌建设、产品营销和市场运作等产业发展全过程综合能力培训，培育一大批合格的乡村创新创业人才队伍，完善教育培训、认定管理和政策扶持“三位一体”的新型职业农民发展制度。

（七）完善科技支撑乡村振兴的基础设施建设

加大对农村地区特别是偏远落后地区数字基础设施建设投入力度，有序推进农村地区的5G及千兆互联网的建设以及水利、公路、电力等基础设施的数字化智能化改造转型；出台产业和数字人才的培养举措，为智慧农业和智能供应链等产业层面的发展打好数字化基础设施。通过财政补贴、税收、人才等政策，引导和鼓励大型企业和社会资本加大西部偏远地区供应链基础设施如产地仓、冷链及大型智能供应链中心等的投资。鼓励具备数字技术能力和实体运营经验的新型实体企业推动基础设施下沉，应用其产业数字化和基础设施建设能力，通过大数据、云计算、物联网、区块链溯源等技术，提升农业生产和流通环节的数字化程度，提高农业供应链效率，助力农业数字化升级。

主要参考文献

[1] 推动全面推进乡村振兴取得新进展——中央农办主任、农业农村部部长唐仁健解读2022年中央一号文件[J]. 中国农业综合开发，2022（02）：4.

[2] 董晓绒. 习近平关于乡村振兴重要论述的理论内涵[J]. 西藏发展论坛，2022（01）：53-58.

[3] 崔元培，魏子鲲，薛庆林. “十四五”时期乡村数字化治理创新逻辑与取向[J].宁夏社会科学，2022（01）：103-110.

[4] 李凯悦，韩越. “十四五”时期农村数字经济发展的挑战与建议[J]. 农村经济与科技，2021，32（24）：101-103.

[5] 许佳君，田晓娟. 农村空心化背景下乡村人才振兴现状及对策分析[J]. 辽宁农业科学，2021（06）：62-65.

[6] “十四五”：扎实推进乡村振兴重点工作[J]. 山西农经，2021（23）：166.

[7] 王应宽，蒲应燕.如何推进人才振兴为乡村振兴提供支撑[J]. 科技导报，2021，39（23）：36-47.

[8] 王腾. 新发展阶段推动共同富裕的三个维度[J]. 社会主义论坛，2021（12）：41-42.

[9] 曹均学，代文姣. 党的十九大以来乡村振兴战略研究综述[J]. 长春师范大学学报，2021，40

（11）：40–46.

[10] 国务院发展研究中心农村经济研究部课题组，叶兴庆，程郁. 新发展阶段农业农村现代化的内涵特征和评价体系[J]. 改革，2021（09）：1–15.

[11] 张哲晰，高鸣，穆月英. “双循环”格局下中国粮食安全路径与展望[J]. 世界农业，2021（07）：4–10+118.

[12] 文辉. 用科技支撑国家粮食安全的思考及建议[J]. 中国食品，2021（11）：115.

[13] 吴宏耀. 准确把握新发展阶段“三农”工作的历史方位和战略定位[J]. 中国农垦，2021（04）：7.

[14] 于法稳. “十四五”时期农村生态环境治理：困境与对策[J]. 中国特色社会主义研究，2021（01）：44–51+2.

[15] 牟锦毅. 农业科技在巩固拓展脱贫攻坚成果同乡村振兴有效衔接的支撑作用研究[J]. 四川农业科技，2021（01）：5–8.

[16] 刘良军. 把握“全面推进乡村振兴”的内涵与外延[J]. 新西藏（汉文版），2021（01）：31–33.

[17] 吴佩芬，初春华. 十九大以来我国乡村文化振兴研究回顾与趋势解析[J]. 中共济南市委党校学报，2020（04）：112–118.

[18] 储节旺，曹振祥. 乡村振兴战略科技支撑路径的理论模型构建[J]. 安徽大学学报（哲学社会科学版），2020，44（04）：133–143.

[19] 赵淑芳. 我国农业科技投入研究[J]. 科学管理研究，2019，37（03）：123–127.

[20] 苗永新. 对乡村振兴战略统计监测指标体系的探索[J]. 内蒙古统计，2018（04）：44–46.

后 记

2022年是党的二十大召开之年，是“十四五”规划承上启下之年，也是实施乡村振兴的关键之年，稳住农业基本盘，做好“三农”工作具有特殊重要意义。党的二十大报告指出，全面建设社会主义现代化国家，最艰巨最繁重的任务仍然在农村。坚持农业农村优先发展，坚持城乡融合发展，畅通城乡要素流动。加快建设农业强国，扎实推动乡村产业、人才、文化、生态、组织振兴。应对各种风险挑战，必须着眼国家战略需要，稳住农业基本盘、做好“三农”工作，措施要硬，执行力要强，确保稳产保供，确保农业农村稳定发展。2022年1月，《中共中央 国务院关于做好2022年全面推进乡村振兴重点工作的意见》指出，乡村振兴要牢牢守住保障国家粮食安全和不发生规模性返贫两条底线，扎实有序做好乡村发展、乡村建设、乡村治理重点工作，推动乡村振兴取得新进展、农业农村现代化迈出新步伐。

本书是清华大学中国农村研究院最新科研成果的汇集，共包含13篇专题研究成果，重点围绕乡村振兴、农业现代化、粮食安全保障、耕地保护、土地制度、农业可持续发展、脱贫攻坚与乡村振兴有效衔接、农村金融、数字乡村治理、农业科技等，为进一步明确中国特色的乡村振兴路径、解决农业农村现代化进程中的难题、全面推进乡村振兴战略提供了具有重要决策参考价值的政策建议。

本书出版之际，我们衷心感谢本书编委会和各专题研究团队倾注的大量心血。全书的统稿和汇编整理工作由清华大学中国农村研究院工作团队完成。中国发展出版社对本书出版给予了大力支持，高质量地完成了本书的编辑出版工作，保证了本书如期与读者见面。

后记